经典战史回眸 空战系列

底板行动

二战德国空军的最后反击

张天骏 著

WUHAN UNIVERSITY PRESS
武汉大学出版社

图书在版编目(CIP)数据

底板行动:二战德国空军的最后反击/张天骏著.—武汉:武汉大学出版社,2020.11

经典战史回眸.空战系列

ISBN 978-7-307-21552-8

Ⅰ.底…　Ⅱ.张…　Ⅲ.第二次世界大战—空军—军事史—德国　Ⅳ.E516.9

中国版本图书馆 CIP 数据核字(2020)第 091364 号

责任编辑:蒋培卓　王军风　　责任校对:李孟潇　　版式设计:马　佳

出版发行:**武汉大学出版社**　(430072　武昌　珞珈山)

(电子邮箱:cbs22@ whu.edu.cn 网址:www.wdp.com.cn)

印刷:武汉中科兴业印务有限公司

开本:787×1092　1/16　印张:16.5　字数:406 千字

版次:2020 年 11 月第 1 版　　2020 年 11 月第 1 次印刷

ISBN 978-7-307-21552-8　　定价:50.00 元

目　　录

第一章　最后的豪赌

从盟军在诺曼底滩头登陆开始，其航空兵就一直如影随形地为地面部队提供着有力的支援。战斗机部队掩护着突击步兵，轰炸机部队端掉一个个德军的据点和交通线，侦察机部队持续监视着战线后方德军的活动，战斗轰炸机部队则一路荡平沿途的所有防御阵地。

在盟军掌握绝对制空权的情况下，撤退中的德国士兵们几乎看不到他们自己空军的身影。实际上，德国空军已经拼尽了全力。先后有超过20支战斗机大队在法国浴血奋战，在缺飞机、缺油、缺飞行员的极度艰难条件下与占据绝对优势的盟军战机厮杀。大多数大队在“血肉磨坊”中耗尽了鲜血，6月6日至8月28日，德国空军在法国战场损失Bf 109和Fw 190多达1522架。

为了尽快取得对德战争的胜利，盟军发起了代号为“市场花园”的作战行动。虽然在地面上，盟军的此次作战以失败而告终。不过在空中，德军丝毫未能撼动盟军的绝对优势地位，在不到十天的战斗中就损失了122架战斗机。

到1944年10月初，西线战场的局势已经趋于稳定。盟军的突击逐渐失去了锐气，而且当他们抵达帝国边境时，德军的抵抗变得更顽强了。在接下来的几个月里，德军守住了他们的阵地，此时德国空军也将前线的数支战斗机部队撤回国内休整，大量刚完成训练的新飞行员加入进来。通过让原先的驱逐机部队改飞单发战斗机，德国空军改组成立了更多的战斗机单位。西线的战斗机部队逐渐恢复了元气，虽然从整体来看，其飞行员的作战水平已经远不如半年前。同样在这段时间里，战斗机总监阿道夫·加兰德（Adolf Galland）中将开始策划代号为“重击”的行动，计划动用约2500架战斗机对美国第八航空队实施一次大规模进攻作战。而且在接下来的一个月里，战斗机总监与负责本土防空的第一战斗机军

希特勒和他的参谋军官们在讨论作战计划。

就此事展开了探讨。但是加兰德并不知道这次作战没有实施的可能性，高层对于如何动用这些重建后的战斗机部队有不同的想法。

1944年秋，希特勒开始谋划在西线展开一次大规模反攻，反攻地点选定在阿登地区。9月16日，希特勒向德国空军参谋长维尔纳·克赖珀（Werner Kreipe）航空兵上将告知了攻击计划。10月21日，克赖珀将军命令帝国航空队准备将六到七个战斗机联队和一个对地攻击机联队转移到西线空军司令部。11月14日，戈林为即将在西线展开的反攻发布了如下命令：

1. 第二战斗机军要与附属的第3战斗机师一起对前线附近机场上的敌军战斗轰炸机实施一次攻击。

2. 第二战斗机军更重要的职责是为陆军提供战斗机掩护，使其可以自如调动。

3. SG 4（第四对地攻击机联队）主要参加越过马斯河期间的作战。

4. 第3航空师要用他们的喷气式轰炸机攻击机场，用轰炸机和夜间攻击机部队攻击其他目标。NJG 2（第二夜间战斗机联队）也要将它的Ju 88投入到夜间对地攻击中。

这些准备工作要在11月27日前完成，所有作战单位要在三天内进入战斗状态。到此阶段已经很清楚，德国空军要对盟军机场实施一次大规模攻击以配合西线德军的反攻。以加兰德为首的不少德国空军军官指出，新飞行员在航校所接受的训练以对抗美军重型轰炸机为重点，与在靠近前线的小型机场进行密接支援作战完全不同，然而他们的这些警告都被当作了耳边风。11月18日，德国国防军最高统帅部下发的“守望莱茵”行动准则也证实了空军高层的计划：

……当天气条件改善，战斗机部队的主要任务将是为挺进中的装甲部队提供空中掩护。而且，要执行一次对敌方战术航空部队前线机场的突然打击。

这些命令被整合进了莫德尔元帅给B集团军群在1944年12月9日的作战指令中。此时各战斗机联队的指挥官们也已经得到了通知。12月4日，德国空军西线司令部命令除JG 300[①]和JG 301外的所有战斗机联队和大队指挥官前往第二战斗机军司令部，参加第二天中午的会议。司令部地址在弗拉默斯费尔德（Flammersfeld）的一间小旅馆内。会议由11月15日上任的第二战斗机军司令官迪特里希·佩尔茨（Dietrich Peltz）少将主持，30岁的佩尔茨是宝剑橡叶骑士十字勋章获得者。他起初驾驶斯图卡俯冲轰炸机在波兰和法国战斗，不列颠空战中改飞Ju 88（容克-88轰炸机），之后又参加了苏德战争。他是一位出色的指挥官，年纪轻轻就获得了很高的军衔。其他与会者包括瓦尔特·格拉布曼（Walter Grabmann）上校、汉斯·特吕本巴赫（Hanns Trübenbach）上校、戈特哈德·汉德里克（Gotthardt Handrick）中校和其他参谋军官。佩尔茨向听众告知在近期攻击盟军机场的计划，还发给了每一位联队长标注有当时战线的地图。随后对作战进行了讨论并细致地研究到了每一分钟的安排，他们设想同时对每一个机场实施打击，并就关于作战的暗号达成

① JG 300，第300战斗机联队。JG为德文Jagdgeschwader（战斗机联队）的缩写。后类推。

一致意见：

“金星”：代表作战将在24小时内开始。

“条顿人”：有权向飞行员通知作战，并安排在机场边上为飞机做好战斗准备。

“赫尔曼”：下达攻击的准确日期和时间。

“多萝西娅”：代表攻击延期。

“晚收”：在起飞后取消攻击。

联队长和大队长们在傍晚返回到各自的部队，他们可能对于作战有各自的想法。

12月4日，就在第二战斗机军司令部召开会议的前一天，第一轮作战准备工作已经开始。当天第一战斗机军命令NJG 100[①]第二大队、NJG 101第一和第二大队提供Ju 88在接下来两周为多个战斗机联队担任导航工作。安排导航机的目的是确保昼间战斗机大编队在恶劣天气下完成高效集结，机组要向被导航的部队指挥官报告。当天第7战斗机师也向NJG 6第二大队下达了类似的命令。第二天，第3战斗机师命令NJG 1第二和第三大队为JG 1提供导航机。

第二战斗机军司令官迪特里希·佩尔茨少将主持了1944年12月4日的会议并介绍了底板行动计划。

下列夜间战斗机联队奉命为参与底板行动的战斗机联队提供Ju 88引导机：

NJG 1第二大队 2架Ju 88派往JG 1第三大队

NJG 1第三大队 4架Ju 88派往JG 1第一、第二大队

NJG 5第三大队 8架Ju 88派往JG 6第一、第二、第三大队和JG 54第四大队

NJG 6第二大队 20架Ju 88派往JG 26第一、第二、第三大队，JG 27第一、第二、第三、第四大队，JG 77第一、第二、第三大队

NJG 100第二大队 12架Ju 88派往SG 4第一、第二、第三大队，JG 53第二、第三、第四大队

NJG 101第一大队 16架Ju 88派往JG 11第二、第三大队，JG 2第一、第二、第三大队，JG 3第一、第三、第四大队

NJG 101第二大队 10架Ju 88派往JG 4第一、第二、第三、第四大队和JG 11第一大队

每个大队接收2架Ju 88，这样共有72架Ju 88被用作导航机。此外NJG 1第四大队和NJG 4第一大队还至少提供了1架Ju 88作为引导机，这2架飞机分别被交给德罗普（Drope）机场的JG 1第二大队和阿尔滕施塔特（Altenstadt）机场的JG 2第三大队。

由于德军资料缺损，后世研究者尚无法确定Ju 88导航机在它们的目的地是否做了一些特别的准备，德军的保密工作做得相当好。从盟军“极”破译组的文件中我们只能找到德军在筹划着些什么的线索。第一条线索是在12月4日，第二战斗机军命令在一些指定地点储存用于导航辅助的火箭式照明弹和烟雾炸弹，使用它们的命令将在合适时机下达，行动时间持续一个小时。盟军情报

① NJG 100，第100夜间战斗机联队。NJG为德文Nachtjagdgeschwader的缩写。后类推。

部门没有根据这些信息写下任何评论，表明他们认为这些第二战斗机军的命令没什么重要性。第二条线索出现在12月12日，第二战斗机军向Ju 88导航机下达了第一道关于在引导战斗机编队时如何使用照明弹的命令。第二天同样的命令和关于Ju 88导航机的使用由JG 27司令部下发给了它的大队。盟军情报机构总结认为导航机将要引领编队执行战术支援任务，而不是拦截轰炸机——多么准确的判断！然而直到此时，盟军一方还没有获得关于攻击目标的信息。12月20日，一条来自第3战斗机师的命令确认用于“特殊行动”的应急降落场保持不变，但是盟军情报部门没有对此作出评价。接下来的几天，一条截获自第3战斗机师的消息显示，好几个大队在对靶子和假飞机练习低空攻击。而且一条来自JG 11司令部的命令还要求它的每个大队报告低空攻击练习的次数。这两个情报都没有被与“特殊行动”联系起来。最后的警告出现在12月31日，第3战斗机师表示用于“特殊行动”的吕伐登应急降落机场可以“有条件地使用”。对此，盟军情报人员认为“特殊行动”仅仅是一般的支援地面攻击行动，换句话说就是没什么特别的，实际上，他们没有意识到自己犯下了一个多大的错误。

随着突出部战役在12月16日爆发，德国空军的活动集中在支援前进中的装甲集团军上。为此集结了多达2460架作战飞机，其中1770架单发战斗机是当然的主力，配合作战的还有140架双发战斗机，55架轰炸机，40架喷气轰炸机，390架对地攻击机和65架侦察机。战斗机部队尽了最大努力，即便在恶劣的天气下也试图为装甲部队提供掩护。它们多次遭到盟军第二战术航空军和第九航空队战斗机的拦截，损失很大。在12月17日至27日这段时间内八天的战斗中，德国空军战斗机部队损失了644架战斗机，还有227架受损。约322名飞行员阵亡，23人被俘以及133人负伤。23日至25日的损失格外严重，仅仅三天就失去了多达363架战斗机。实际上，有的大队在战场上空失去了一半的兵力。德国空军的努力被其对手看在眼里，沃尔克尔机场上的英国皇家空军第122“暴风”联队长约翰·雷（John Wray）上校回忆了12月17日的战斗：

大约在1944年结束前两周，德国空军在我们的前沿机场上空发起了一次战斗机扫荡作战，但是对于他们来说，不幸的是那些机场上的几乎所有中队刚好完成升空，我的一个中队正在从前往奥斯纳布吕克的一次访问中归来。这些德国佬真的是落入了一个口袋中，包括那些撞见返航中“暴风”的家伙。第122联队当天总战绩为11架，其他联队也作出了它

1944 年或 1945 年，一架德军 Fw 190A 被美国陆航第 29 战术航空司令部的战斗机击落，德国空军在 1944 年末遭到了非常严重的损失。

们的贡献。

随着12月底的临近，地面上的攻势陷入停顿，没有多少联队长和大队长还在考虑对盟军机场的攻击计划了。实际上一些人已经猜测计划被取消了，持续的恶劣天气妨碍了作战的实施。

然而那一刻还是到来了，暗号“金星-条顿人”在12月31日午后发布。这是行动要在24小时内执行的提示，意味着攻击将发生在1945年1月1日。像之前提到的那样，“条顿人”代表可以将飞机完成战备并推到机场的边上。下午六点半左右，最后的暗号“赫尔曼”下发到作战单位：“命令 赫尔曼 1945.1.1 时间09.20。”即（飞机）要在1月1日执行作战，9时20分到达目标上空。1945年1月1日将成为一个值得铭记的日子。

在新年广播中，希特勒这样宣告：“所以，世界必须要清楚这个国家将永不投降……德国将像凤凰一样从城市的废墟中升起，并将作为20世纪的奇迹被载入史册。”

第二章　JG 1和比利时西部机场

2.1　JG 1的战前状态

JG 1（第1战斗机联队）是成立于第二次世界大战爆发前的一支老牌战斗机联队，长期担当守卫帝国领空的职责。战争前期，当德国空军战斗机部队的各支劲旅在苏联及非州等战场大显身手的时候，JG 1的地位相当不起眼。不过，随着1942年美国第八航空队的到来，JG 1的重要性变得越来越突出。1943年至1944年上半年，该联队成为帝国本土防空的主力，积累了丰富的战斗经验，但是也付出了巨大的伤亡代价。1944年5月11日，战功卓著的联队长瓦尔特·奥绍（Walter Oesau）上校阵亡。为了纪念他，JG 1被冠以“奥绍”联队的称号。

随着盟军霸王行动的展开，JG 1的全部三个大队都投入到诺曼底战场，由于战机和飞行员的损失极其严重，联队在8月中旬开始陆续从法国撤回到国内进行休整。第一大队撤到德国北部小城胡苏姆（Husum），第二大队转移到

JG 1 第 8 中队一架在诺曼底战场被击毁的 Bf 109G-6 战斗机。

莱茵塞伦（Reinsehlen），第三大队则继续留在法国和JG 11第二大队一起边战边撤到德国境内。到11月中旬，第三大队也被从前线调离，转移到安克拉姆（Anklam）进行重组。

在休整期间，JG 1接收了一些新手飞行员，他们绝大部分是从作战训练单位直接调来的，大多不超过20岁。此外，一些来自被解散的轰炸机部队及航校的老飞行员也加入了联队。加入JG 1前，他们接受了很短一段时间的在战斗机上的训练课程，这些训练完全不足以让他们做好战斗机昼间作战的准备。从纸面兵力上来看，联队比之前强了很多，然而绝大部分的新飞行员经验严重不足，而且燃油短缺问题限制了他们接受进一步训练。到11月初，JG 1第一大队转移到格赖夫斯瓦尔德（Griefswald），第二大队前往图托（Tutow）继续进行训练，它也将在那里重新投入到帝国防空战中。

1944年11月21日，第一大队从格赖夫斯瓦尔德执行第一次作战任务，战斗结果将训练不足的问题暴露无遗。当天，大队出动了多达57架Fw 190拦截攻击洛伊纳（Leuna）合成石油厂的盟军轰炸机部队，结果遭遇了美国第八航空队的大批“野马”战斗机。组成一

1944 年 11 月初，第 2 中队的一架 Fw 190A-8 停放在格赖夫斯瓦尔德机场上。

个大编队的JG 1第一大队遭到了重击，被击落超过半数Fw 190，15名飞行员阵亡，5人负伤。第二大队和第三大队分别在11月26日和12月5日完成重组后的初战，结果遭到了相似的惨败——各自损失24名和5名飞行员。

12月16日早晨，德国陆军第5装甲集团军和党卫军第6装甲集团军在阿登山区发起突击，JG 1的三个大队全部奉命前往西线支援德军装甲部队的反击。联队司令部和第一大队转移到荷兰边境地区的特温特（Twenthe），德国空军在该地建立了一个大机场，作为NJG 1第三大队的基地已有数年时间。17日，JG 1的第一批飞行员抵达特温特。同日，第二大队的飞行员也到达了林根（Lingen）东北部的德罗普，进驻当地的一个小型机场。第三大队则来到赖讷（Rheine），与JG 27第一大队和KG 51第一大队会合。

12月18日，JG 1执行了阿登前线的第一次作战任务。从这时开始至12月31日，联队共有39名飞行员阵亡，11人负伤。虽然损失的绝大部分是初次出战的年轻飞行员，但是其中也有几个重要的指

突出部战役中JG 1损失了包括第一大队长汉斯·埃勒斯上尉在内的一大批老飞行员。

挥官，包括第一大队长汉斯·埃勒斯（Hans Ehlers）上尉、第三大队长埃里希·沃伊特克（Erich Woitke）上尉、第2中队长戈特弗里德·尤斯特（Gottfried Just）少尉、第4中队长理查德·弗尔斯特（Richard Förster）少尉、第10中队长弗里茨·比尔芬格（Fritz Bilfinger）中尉。此外，像格奥尔格·胡特尔（Georg Hutter）军士长、莱因哈德·弗莱克斯（Reinhard Flecks）军士长和弗雷德里希·灿德尔（Friedrich Zander）军士长这样伴随JG 1多年的老军士们的阵亡也严重地削弱了部队的战斗力。

此外，第二大队长赫尔曼·施泰格（Hermann Staiger）上尉也在26日的一次战斗中负伤，将指挥权暂时交给第6中队长弗里茨·韦格纳（Fritz Wegner）中尉。所以，在1944年的最后几天时间里，JG 1的三个大队的核心领导被重新更换了一遍，三位新任大队长都不知道即将到来的作战行动。

以上就是JG 1在1月1日行动前的状态。下面是一封第一大队飞行员于12月29日写给自己妻子的信，这足以说明相当数量的德国飞行员完全明白自己的凶险处境：

我现在感受如何？一个字说明一切：惨！每天早上醒来你都不知道自己能否活到日落。但是你会适应这个状态并接受将发生的一切。通常一个人起初会愤愤不平，同样的日子一天天过去后，我们都习惯了……

2.2 为新年突袭的准备

在经历12月的惨重损失后，一批新飞行员抵达特温特、德罗普和赖讷填补空缺，补充的物资还包括新飞机。第二大队在12月最后两天接收了多达19架Fw 190，这意味着大队有远比飞行员数量更多的飞机。这个问题以一种非常规的方式得以解决，韦格纳中尉回忆道：“由于我们大队在之前几天损失了太多的飞行员，我奉命将约15名转场飞行员留在大队里。他们刚将全新的Fw 190运到德罗普。其中有些是因为负伤而不参战的老飞行员，但是也有从未参加过一次作战的菜鸟！不论如何，我把他们留下来了。”

当天，JG 1第一大队迎来了一支特殊的援军，3架第一近程侦察机大队第3中队的Bf 109G-8从尼德门迪西（Niedermendig）飞来。他们奉命和大队一起参加此次行动，负责进行拍照工作，以便马上获悉空袭的效果。

12月31日午后，JG 1三个大队的代理大队长——第一大队的格奥尔格·哈克巴特（Georg Hackbarth）上尉、第二大队的弗里茨·韦格纳中尉和第三大队的哈拉尔德·莫尔登豪尔（Harald Moldenhauer）上尉奉命来到特温特的联队司令部，接受赫伯特·伊勒费尔德（Herbert Ihlefeld）中校的特别指示。

按照计划，JG 1联队司令部和第一、三大队将要进攻位于比利时西北部的马尔德赫姆（Maldegem）机场，在这之中，第4中队要在汉斯·戈特弗里德·迈因霍夫（Hans-Gottfried Meinhof）中尉的率领下在布鲁日附近脱离编队，转而攻击于瑟尔（Ursel）机场。同时，第二大队的目标是比利时根特市西南部的圣但尼-韦斯特雷姆（St. Denis Westrem）机场。明确目标后，三位指挥官马上返回到他们的部队准备第二天的作战，把任务传达至中队和小队指挥官。

对此，第2中队的威廉·阿德（Wilhelm Ade）军士长回忆道：“在12月27日尤斯特少尉阵亡后，哈克巴特上尉命令我接管第2中队。我那时还只是个军士长。我虽已被晋升为少尉，但是通知还没有下发到中队。晚饭刚结束，哈克巴特上尉就给我们做了作战简报，他告诉我们这是最高机密，还不能告诉其他飞行员们。所有飞行员都不允许参加新年前夜的庆祝活动，而且禁止饮酒。得到通知后我们回到了床上，但是大家还是熬到半夜并进行了新年庆祝。有一枚V-2导弹半夜从荷兰沿岸地区发射，我们在特温特可以看到它。”

随后，指挥官们向绝大部分飞行员告知了作战的基本情况和目标，还命令他们要在攻击中跟好各自的队长，只有当大队长在无线电中下达命令或看到大队长离开目标区域后才可以撤出攻击。每位JG 1飞行员都对第二天的作战有自己的看法，他们对胜利有着或多或少的企盼，因为飞行路线大部分在德军占领区内。

2.3　比利时西北部，1944年12月

盟军方面，JG 1的目标——布鲁日以东15公里的马尔德赫姆机场（机场编号B-65）的防空火力被调往荷兰，因而缺乏地面火力掩护，同样的问题也出现在周围的于瑟尔机场（机场编号B-67）和圣但尼-韦斯特雷姆机场（机场编号B-61）。

1944年10月，英国皇家空军第二战术航空军第135联队从法国里尔附近的梅维尔（Merville）转移到马尔德赫姆。在梅维尔经历过大雨、齐踝深的烂泥和帐篷生活后，第485中队很高兴地发现自己可以住进马尔德赫姆的砖房里。新的驻地还有一个小机库，可以容纳两架“喷火”战斗机、零备件和军械。第135联队下属三个中队：第349、485、602中队，各拥有18架“喷火”。地勤人员住在一座距离机场和机库不远的房子里，所有飞行人员则居住在几公里外的一个村子里。此时，第602中队还远在英格兰，第349中

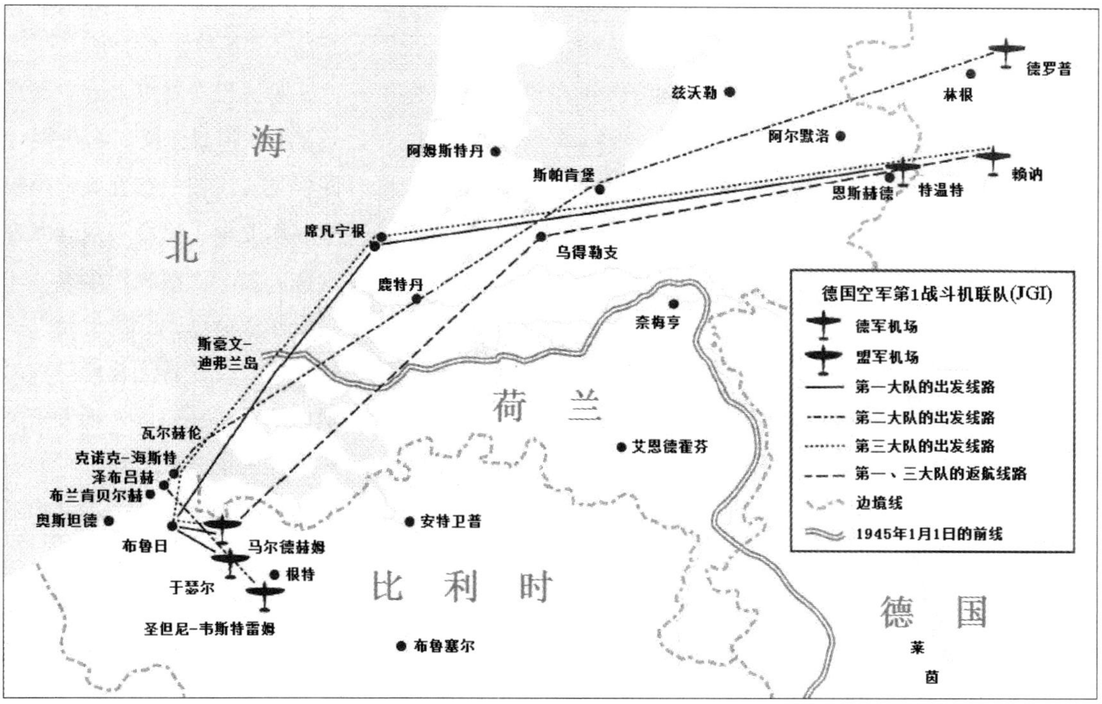

JG 1 的攻击和返航线路。

队在马尔德赫姆机场的另一侧活动，除了飞机起降和吃饭时间外，很少与第485中队的战友碰面。

于瑟尔机场（B-67）位于布鲁日和根特之间，进驻的是第424补充部队，机场的职责是为暂时到此执行任务的皇家空军战斗机中队补充油料和弹药。该机场最多可容纳12个中队，然而在1945年1月1日这里仅停留了1架受损的B-17轰炸机、2架受损的“兰开斯特”轰炸机和1架“蚊”式战机，有一个由8名空军工作人员组成的小分队住在于瑟尔的村子里。

圣但尼-韦斯特雷姆机场是英国空军第131（波兰）联队（下辖第302、308、317中队，驾驶“喷火”战机）和第85大队联络中队的基地，后者装备阿夫罗“安森”、“奥斯特”联络机、“蚊”式和“喷火”等战机。该机场还可以收容完成空袭任务后无法返回海峡对面的皇家空军和美国陆航轰炸机。10月中旬，第131联队在亚历山大·加布塞维茨（Aleksander Gabszewiczs）上校的率领下从里尔来到这里，他们在12月底接到了调往赫林贝亨机场（机场编号B-60）的命令。所以绝大部分人都在忙于打包行囊，联队长加布塞维茨上校已经飞到B-60机场检查他们的新基地，塔杜斯·萨维茨（Tadeusz Sawicz）中校代理联队指挥官一职。第308和317中队装备“喷火”9战斗机，第302中队还拥有一些更新的“喷火”16战斗机，这三个中队都将在新年的第一天早晨执行飞行任务。

皇家空军第131（波兰）联队第302中队的一架“喷火”9战斗机。

2.4 德军第一、三大队对马尔德赫姆和于瑟尔的攻击

天还没亮，在特温特的德军JG 1飞行员们就起床了。为了让尽可能多的Fw 190战机做好战斗准备，地勤人员整晚都在工作。奥古斯特·米哈尔斯基（August Michalski）下士是第1中队的一位地勤人员：“12月31日天黑前，长官来到了我们在机场外六七公里处的宿舍，让我们出去工作。要在早上五点前让所有的飞机做好起飞准备。我负责的是一架滑油槽损坏严重的Fw 190，我们在极度严寒中干了一夜。到凌晨三点，飞机终于整备完毕。”

哈克巴特在早上七点又召开了一次作战会议。威廉·阿德回忆道：“我们在五点钟被唤醒，用完早餐后我们来到军官食堂。整个大队在那里集合并接受作战命令。我们被要求不惜一切代价保持无线电静默。他们用地图和照片告诉大家关于目标的信息。哈克巴特上尉命令我和我的第2中队负责马尔德赫姆上空的掩护工作，在天空被肃清前不参与对地攻击。我们奉命在只有50米的极低高度飞行，以避免被雷达发现，他们甚至还修改了无线电

的设定！”

会议上，飞行员们收到了当天任务的航线图，飞行路线为特温特—海牙—斯豪文—布鲁日—马尔德赫姆。按照计划，两架Ju 88轰炸机会引领编队直到斯豪文附近，第4中队将在布鲁日离开编队并飞向于瑟尔。返航的大致路线则是从马尔德赫姆到乌得勒支，然后再回到特温特。

8时10分，NJG 1第9中队的两架Ju 88导航机从特温特起飞，约瑟夫·黑特里希（Josef Hettlich）少尉驾驶的是主机，英戈玛·迈尔（Ingomar Mayr）下士的飞机则是备用机。8时12分，联队长赫伯特·伊勒费尔德驾机起飞，跟随的是第一大队的22架Fw 190。第1、3中队首先起飞，随后是第2中队，第4中队排在最后。Ju 88在大队完成集结后带领战斗机群以距地面50米的高度向西前行。第3中队的弗里茨·霍夫曼（Fritz Hofmann）上士在起飞前飞机遭遇引擎故障，直到十分钟后才起飞。因此他选择笔直飞向斯凯尔特河以求最快速度追上编队。在斯凯尔特河上空，他看到了一架与自己航向相反的Ju 88，然后出现了一个由约30架Fw 190组成的编队，机身上的标志显示它们来自JG 1第二大队。霍夫曼决定加入这个攻击队伍。

赖讷机场上，第三大队也开始了准备，莫尔登豪尔给他的飞行员们下达指示并发放标注航线的地图。威廉·维夏特（Wilhelm Wichardt）候补上士回忆道：“起床铃在5点30分敲响，我接到了第一道作战命令，我得去顶替另一位飞行员。我收好自己的物品，请求另一位飞行员在我万一无法返回后处理好它们。我是否意识到自己无法回来了？我们在八点起飞，我们中队仅能出动五架飞机。作战命令：对比利时的马尔德赫姆机场实施低空攻击。”

到马尔德赫姆的航线与JG 1第一大队基本一样，从赖讷到席凡宁根，再到斯豪文、凯诺克、布鲁日，最后抵达马尔德赫姆。当第三大队的飞行员们来到赖讷机场时，他们看见罩着伪装网的Bf 109成排停放在机场的边缘，所有Bf 109都被推到机场以节省时间和燃料。大队不超过12架Bf 109于8时15分起飞，在2架Ju 88的带领下处在100米高度顺着和第一大队同样的路线向西飞去，大队长本人率领第一个四机小队。

几天前，由于弗里茨·比尔芬格（Fritz Bilfinger）中尉在一次作战中阵亡，安东·古哈（Anton Guha）少尉惊讶地得知自己被任命为第10中队的队长——之前他仅参加过10次作战。不过，由于他的中队拥有比飞机数量更多的飞行员，古哈被告知他不必参加底板行动。结果，到了元旦那天早上，古哈被粗鲁地唤醒。看起来，他的一位本该参加作战的舍友宿醉严重。古哈拿上这位“朋友”的地图，来到跑道上时已经太晚了，他只得加足油门追赶中队的队友们。他那架全新的Bf 109G-14甚至都来不及涂上任何标记。

两个编队在荷兰德军占领区上空开始他们的征途，下方看上去十分宁静。威廉·维夏特回忆：“我们以100米高度飞行在荷兰的乡野上空。夜里下了一点小雪，将地面涂成了白色。农场、田野、运河和其他水道一片清净，它们都在提醒我今天是元旦，一个星期天。”

然而宁静的氛围并没有持续太久。在荷兰上空，第一和第三大队遭到了大量德军防空炮的攻击。高炮手们并不知道此次作战的存在，而且他们已经很久没有见过德国飞机了。突然看到了如此大规模的编队，他们的选择只能是开火。

在希尔弗瑟姆（Hilversum）以西十公里处，第一大队出现了第一个阵亡者。第3中队海因茨·于尔根·基利安（Heinz-Jürgen Kilian）上士的Fw 190被高炮击中，坠毁在弗雷兰（Vreeland）附近。基利安成功逃离飞机，然而由于跳伞高度不足而摔死。他是一位经验丰富的飞行员，1943年6月加入JG 77第8中队并在非洲获得了8次空战胜利。基利安不是一位典型的德国空军战斗机飞行员，他是一位艺术家并具有一定的自由主义精神。尽管如此，这位古怪的老兵颇受他的队友喜爱。

来到荷兰沿岸的航线转折处，灾难再次降临，海军炮台的火力将欧根·孔特斯（Egon Comtesse）下士的“白色3号”座机击落入海中，孔特斯的尸体

JG 1联队长赫伯特·伊勒费尔德中校，这位参加过西班牙内战的老兵经验十分丰富，但是底板行动当天其座机在出发途中就被己方高炮击落。

在两个月后被冲上海岸。联队长赫伯特·伊勒费尔德的Fw 190也被击中，但是他成功迫降在鹿特丹附近。最后一个殒命的是海因茨·伯默尔（Heinz Böhmer）下士，他的“黄色15号”Fw 190准确坠落地点未知，但是其尸体于1945年7月在斯特赖恩附近的一处沼泽地被发现。威廉·阿德回忆道：“我们从须德海向海岸边飞去，海边的炮台没有得到通知并向我们开火。Ju 88还在带领着我们，所以我们没有像往常那样观察自己所处的位置。突然这架Ju 88调头飞走，我们不得不自己找寻目标了。”

当负责导航的Ju 88返航后，格奥尔格·哈克巴特率领着第一大队余部继续前往布鲁日附近的下一个转向点。与此同时，沿着同样道路前进的第三大队也遭到友军炮火的“洗礼”。带领大队越过乌德勒支后，约瑟夫·黑特里希的Ju 88领航机被防空炮击中起火，迫降于一块淹了水的圩田。黑特里希遭受了致命伤，另外两名机组也身负重伤，在乌德勒支的医院一直呆到1945年4月。根据一些目击者的描述，编队中还有一架飞机被击中，拖着浓烟飞往阿姆斯特丹方向，然而此说法无法得到证实。事情发生得太快了，第三大队大部分飞行员都没有注意到领航机的坠落。

现在，英戈玛·迈尔的备用Ju 88接过了领队的责任，然而他的运气也用完了。其后Fw 190队列中的威廉·维夏特后来这样回忆当时所发生的一切：“我们抵达了在席凡宁根（Scheveningen）的荷兰沿海地区。Ju 88将在这里离开我们，由我们自己找寻方向。在战场的特定地标上，我们的野战师设置了烟雾信号。这些红色、黄色和白色的烟雾将指引我们正确的道路。在席凡宁根我们遭到高炮射击，德军高炮弹的曳光划过我的飞机。向右手边看去，我见到那架Ju 88领航机燃烧着坠落。我们以四机小队为编组，顶着猛烈的炮火继续前进。”迈尔的Ju 88G-6坠毁在罗曾堡（Rozenburg）西部的戴比尔岛，3名机组人员全部身亡。

历经重重磨难，第一和第三大队继续向斯豪文飞去，在那里改变航向直奔布鲁日。当编队逼近凯诺克附近的比利时海岸时，装备“喷火”5b侦察机和“海象”式水上飞机的皇家空军第276海空搜救中队注意到了他们，一位名叫埃里克·鲍登的地勤人员这样描述当时的情形：“1月1日的早晨阳光明媚，我们在比利时沿海

小镇凯诺克的一条机场跑道上工作。九点整，一架单独的Fw 190从太阳方向冲出来攻击我们。他一共进行了四轮攻击，每次都是从太阳方向冲出，所以我们看不见他。我们已经有相当长时间没有执行过飞行任务了，所以我猜大家有点自负。所有飞机都呈直线排列，这是一个很好的目标。他的射术想必很糟，因为他偏差了太多，没有留下一个弹孔及造成人员伤亡。除非他也像我们一样对战争感到厌倦，或者没有在努力尝试。”根据现有资料分析，攻击凯诺克机场（B-83）的这架Fw 190极有可能来自JG 1第一大队。

当第一大队终于到达位于布鲁日的最后一个转向点时，第4中队在中队长迈因霍夫的率领下直奔于瑟尔机场。此时，大队主力仅剩约12架飞机，转向东飞往马尔德赫姆机场。按计划，每个小队需要在机场上空执行五轮攻击。然而该部实际未能如计划那样进行，且发生了相当大的混乱。

威廉·阿德是这样描述当时的战况的：“我的中队飞到机场上空时，我还没反应过来，我们压了一个坡度，投入到攻击中。我记得在马尔德赫姆看到了3架四发轰炸机。我紧跟着中队的其他战友，现在我们不再是相邻伴飞，而是一架跟着一架。我们还必须得保持无线电静默，所以无法下达任何指示，这实在是蠢透了。我们只能猜想其他人也和我们做的事情一样。我不明白为什么在目标上空还要保持无线电静默。他们知道我们在那儿，所以还有什么意义呢？由于害怕造成负面影响，没有人胆敢打破无线电静默。后来我才发现我的无线电完全没用，没有人能听见我说话！我不知道别的飞机是不是也这样，总之我们无法相互沟通。这一阶段我们还有大概10架飞机，现在烟雾笼罩了一切，给定位造成困难。掠过机场，我向停放着的飞机射击，相信取得了一些命中后再次爬升。机场上空相当混乱，我的小队里混入了第1中队，甚至还有第二大队的飞机，看起来我们好像还飞到了圣但尼-韦斯特雷姆上空！突然有人打破无线电静默大喊‘喷火！’很明显它们正从一次早间行动中返回基地。我看到了一架‘喷火’，心想把那架交给我！我射中了那架‘喷火’，但是燃料指示器显示我该返航了，所以我没有再追逐它。后来一位第4中队的飞行员证实了我的空战胜利。我向右侧飞，突然发现自己已是孤身一人。我到处张望找寻我的中队的其他飞行员们，但是看到燃料余量后我意识到，如果不想当战俘的话就得返回基地了。”

研究者分析，空袭中发生的混乱导致一些第一大队的飞机加入到第二大队中，反过来第二大队也有飞机混入了第一大队。阿德遭遇到的“喷火”来自英军第308或317中队，它们的事迹将在第二大队对圣但尼的攻击中详细描述。突入圣但尼上空的第一大队飞行员中就有大队长格奥尔格·哈克巴特，他卷入到第二大队和波兰中队的空战中。当时，英军第308中队的约瑟夫·斯塔诺夫斯基（Jozef Stanowski）上士率先击落一架Fw 190，随后看到了哈克巴特的“白色23号”：“然后我就调头攻击了另一架向东飞往根特的Fw 190。我在距敌机约100码处火力全开，从15度偏转角一直打到正后方的位置。第一轮射击后，敌机放下了起落架。我继续进行了一轮长点射，看见命中了座舱和机身，那架Fw 190随即俯冲坠毁在城镇里。”

被击毁的战斗机落在了一家花店后面，它径直穿过店铺前门的玻璃，猛冲入一条电车轨道内。哈克巴特上尉的遗体在街上被找到并葬入当地的公墓。他之前长期作为JG 108

被哈克巴特的 Fw 190 撞毁的花店。

第一大队和JG 103第一大队这两支训练部队的队长，第一次接手作战部队时曾心怀很大期望，但是1944年12月的多次战斗已经证明了他在这场战争中生还的几率微乎其微。

空战结束后，斯塔诺夫斯基上士也耗尽了燃料，他把飞机降落在根特东北部的一块田野上，队友回忆道：“约瑟夫·斯塔诺夫斯基把他的‘喷火’降落在城市的另一边，搭乘市里的电车回到基地，他的降落伞还挂在肩膀上。当晚，他收到了来自那个花商的一大篮鲜花。后来有人多次看到他和一个美丽的褐发女子出入各个场所，传说她就是那个花店的老板。但是谁真的在乎这个呢？约瑟夫总是在和各种女孩谈情说爱。”

在与波兰飞行员的战斗中，德军第3中队的汉斯·贝格尔（Hans Berger）少尉击落了一架“喷火”。撤出战斗后，残余的Fw 190向自己的基地飞去。第一大队完成对马尔德赫姆的攻击后，第三大队也在布鲁日完成了转向。威廉·维夏特清楚地记得自己进行攻击时的情景：“下方是布鲁日，我们的转向点，再过五分钟我们将抵达马尔德赫姆。我们抛下了外挂油箱，没有再遇到任何高炮射击。我的小队长通过无线电下令发起攻击。机场上有一些飞机，由于注意力都放在僚机身上，我无法辨认它们的型号。我发起了数次对地射击，这里没有防空火力。突然我的弹药打光了，小队长下令返回我们的基地。我再一次转向并向北飞去。”

虽然第一大队之前攻击引发的数股浓烟干扰了视线，第三大队的Bf 109战斗机还是能够在完全不受防空炮火干扰的情况下轻易选择目标进行攻击。来自英军第135联队及其下属两个中队的报告清楚地说明了攻击造成的后果。

第135联队报告：“德国空军在8点45分到来，由于没

JG 1第3中队的汉斯·贝格尔少尉，他在底板行动当天击落了一架“喷火”战斗机。

有高炮的存在，它们可以为所欲为，就差把飞机降下来喝杯茶了。多达14架飞机完全报废。有一些事后看起来很搞笑的插曲，但在当时可一点都不好笑。”

第349中队报告：“德国人早起并横扫了我们的机场，我们损失了相当多飞机，我猜这是他们给予新年问候的方式。空袭约9点20分开始，来了大约12架Bf 109，持续了七八分钟。先是一轮虚张声势，然后他们在大约树顶高度以全部火力射击，扫射持续了至少3轮，第一轮是从太阳方向过来的。他们瞄准的都是飞机，建筑物和机库受到的损伤非常轻微。我们很幸运地只损失了1架飞机，第485中队则失去了13架。原因是我们的所有飞机都分散放置在一个斜坡上，由于机库的遮挡，他们看不到它们，等飞到这些飞机头上时要进行射击已经太晚了。机场的高炮几天前被转移走了，我们唯一能用来自卫的是步枪、司登冲锋枪和左轮手枪，它们对这些飞机起不到什么效果。”

第485中队报告：“新的一年以一连串机枪和机炮射击声拉开帷幕，6架Bf 109在9点10分袭击机场并点燃烧毁了11架‘喷火’，另有2架损伤过大无法修复，在联队司令部的联队长‘喷火’座机被完全摧毁。中队在新年开始只剩下了5架飞机。当烟柱和火焰在机场上空腾起时，联队长带着飞行员们从宿舍的房门和窗口用左轮手枪射击敌人，他自己拿着一杆毛瑟步枪。大家的‘战斗服’各色各样，有哥萨克睡衣、马球领毛衣，还有打底裤。缺乏可以打击敌人的方法，机场没有哪怕一门高射炮。”

实际上，如果马尔德赫姆机场的跑道没有结冰，这些“喷火”早在半个小时前便可起飞升空，躲过一劫。

抓住这个机会，第三大

队的战斗机向停放在地面上的“喷火”倾泻完弹药后，调头北上斯凯尔特河。该部仅在目标区损失1架飞机，而且它并不是被敌军击落的。离开马尔德赫姆后不久，这架由第10中队安东·古哈少尉驾驶的Bf 109引擎发生故障，他不得不迫降在马尔德赫姆东北方约20公里的比尔弗利特（Biervliet）附近，成为一名战俘。对于其他的梅塞施密特战机来说，回到赖讷还有很长一段路要走。

上文提到迈因霍夫中尉率领第4中队在布鲁日附近离开第一大队编队，飞往于瑟尔，抵达目的地之前他们就损失了一架Fw 190。阿尔弗雷德·弗里切（Alfred Fritzsche）下士的“红色1号”被防空炮击中，他在根特南部的一片冻土上完成迫降，带着严重烧伤住进了根特的一所医院。

于瑟尔机场上，爱德华·格林（Edward Green）中士在一个由废弃皮革厂改造成的餐厅里吃完了早饭，他和其他7位住在机场附近的战友一起乘卡车前往汽车运输部。格林被告知要开一辆小货车去接一个在机场对面的工作组，把他们带到指挥塔，那里有一架严重受损的“蚊”式飞机需要维修。附近有一架来自美国第八航空队第486轰炸机大队被击毁的“飞行堡垒”，美国机械师已经修理了数周之久。还有两架被防空炮火重创后降落于此的皇家空军“兰开斯特”轰炸机。它们停放在机场燃料库和“喷火”炸弹库旁边。每天从英国曼斯顿（Manston）飞来的“喷火”就在这里装载好炸弹，然后前去俯冲轰炸德军的V-2导弹基地。格林在带着维修组前往目的地的半途中想起来自己忘记检查另一辆卡车的燃料和里程数，于是他停下货车并跑回到卡车停放的位置。格林听见从远方传来了飞机的声音，他以为这一定是从曼斯顿飞来的“喷火”中队——但他大错特错了。

第4中队阿尔弗雷德·弗里切下士的“红色1号”在根特附近被防空炮击落。

根据英方记录，刚过早上9点整，可能不超过3架Fw 190组成的德军小编队突袭了于瑟尔机场，它们向机场上停放着的飞机展开射击。彼得·克罗伊斯特（Peter Crowest）中士回忆道：“对于在于瑟尔的机场指挥员来说有两个位置可选。一个是在跑道中央对面由木头搭成的敞顶指挥塔上。另一个在跑道下风那端的地面上，那里有一些低矮的混凝土墙，遭到射击时可以躲在后面。幸运的是1月1日早晨我在后一个位置。我们在早上九点钟就位执勤，还没来得及判断自己在前夜过后的宿醉程度就听见并看到一个中队的低飞战斗机逼近。我的上司询问是否有‘喷火’要来，我回答他这些不是‘喷火’而是Fw 190！然后我就死死地趴在了地上。那3架飞机飞过来向机场射击。地面上有四五架无法出动的各型号飞机，它们被摧毁掉了。幸运的是12个‘喷火’中队已经在一天前回到英格兰了。我们没有地面防空，那位负责消防车的下士询问是否应该用自己的司登冲锋枪迎击敌人。我告诉他躲起来不要动。据我所知，那个早晨在于瑟尔没有人员伤亡。”

吉姆·罗伯特森（Jim Robertson）是于瑟尔机场的一位士官，他回忆道：“我当时和另一位来自格拉斯哥的士官乔克·劳一起站在机场的边上，这时低空出现了4架飞机。我当时有严重的宿醉，一边用模糊的眼睛看着它们，一边对乔克说：‘这些死美国佬飞得真低。’乔克静静地回复我：‘他们不是美国佬，他们是Fw 190，我得走了！’突然间它们开火了，我以这辈子从未有过的速度躲到了附近一处树林。过了仿佛有数小时后，我爬了出来，看到一架‘飞行堡垒’烧成了黑炭。当天于瑟尔的英雄是比尔·艾尔森（Bill Ireson）少校，他是我遇到过最好的长官，总是把下属的福利放在第一位。他绕着躲在一辆吉普后面，用手中的一把司登冲锋枪向德机射击。不过他也没法改变机场上所有飞机都被击毁或击伤的结局。”

现在德军JG 1的奇袭任务告一段落，第一、三大队的剩余飞机全部开始返航，它们大多数都在单独飞行，少数组成双机编队。归途同样被证明是危险的，第2中队对此深有体会——最近加入该中队的卡尔·海因茨·鲍赫（Karl-Heinz Bauch）代理下士被防空炮击落，他选择跳伞逃离坠落中的福克战机，落地后成为一名战俘。另一位是保尔·文德利希（Paul Wunderlich）下士，这名第2中队的飞行员的飞机在荷兰边境附近被防空炮击中，回到德占区的尝试以失败告终，飞机撞上一座堤坝并迫降在奥登博斯（Oudenbosch）东北部。当地民众找到了失去意识的飞行员，他的头部受了重伤，被加拿大宪兵发现并送往当地的医院救治。

就连刚上任的第2中队长威廉·阿德也未能成功返航：“我沿着和出发时一样的路线在海边飞行，很快看见前方有一艘船。一开始我以为那是我方的，但是它随后开始向我射击。我也开火还击直到弹药耗尽。我想：‘是时候离开这个鬼地方了！’我转向内陆并看到了另一架Fw 190。机身上有白色的标志，我猜它肯定来自第1中队。它也沿着海岸线飞行，突然它的踪影又消失了。几分钟后在阿姆斯特丹附近，我差点撞上了一个拦截气球，转眼又看到前方出现了另一个气球并惊险地再次避开了它。随后我来到须德海上空并看到了一个小岛，我朝巴恩（Baarn）方向再次转入内陆，刚从北方越过海岸线，飞机的螺旋桨就停转了。我心想：‘没油了，我一定是忘了切换到另一个油箱，但是……’我已经这么做过了，真的没油了！那时我的飞行高度仅有500米，我开始寻找一块可以迫降的地方。海边有一个小村庄，有一条道路从南边通向村子里。突然我看见了一些电线，心想：‘我等的就是这个！’我不可能飞越它们，只能穿过它们。左边是一块平地，看上去像一个冰封的湖泊；右边是一块有数条水沟交叉的平地，我转向这块地方并把飞机降落在第一条水沟后面，飞机颠簸越过几道沟渠并停在了另一道水沟前。我爬出了座舱，试图用无线电汇报，但是它没有反应。然后我爬上了我的福克战机，等待接下来会发生什么。过了一会儿有一些学生走过来，停留在水沟外的安全距离。我身上有一套应急装备和一些巧克力，其中有几位走过来，我把东西分给他们，然后其他人也都过来爬到飞机上。我把他们送走，看到一位中尉骑着挎斗摩托过来。他把我送到了在巴恩的德军司令部，我在那里获得了一些食物，当晚我乘车回到了特温

威廉·阿德在底板行动当天驾驶的 Fw 190A-8。

特。”

JG 1第4中队的几架Fw 190在返回特温特的途中遭到了惨重损失。刚到布雷达东部，迈因霍夫中尉的“红色8号”就被盟军高炮击中坠毁，飞行员的遗体在距离飞机残骸150米外被找到。

第三大队也在返回赖讷途中损失了飞机。上文提到第9中队的威廉·维夏特在完成对马尔德赫姆的攻击后转向北方：“越过斯凯尔特河，我受到了密集防空火力的‘欢迎’。红色曳光嗖嗖地掠过。为了躲避炮火我降到了20米高，再降到10米高。我的注意力全部放在身下的土地上。突然砰一声巨响，一枚炮弹击中了我的飞机。我看不到哪里被打到了，检查了一下操控，一切正常。我启动应急动力，试图飞得更低。我以超过500公里的时速飞越郊野。下方是一片插满了竖直防空桩的地区，德军用它们来阻挡空降袭击。几分钟后我看到座舱两边都冒出了白烟，它们来自发动机的位置。快速检查仪表后我发现冷却液的温度太高了，发动机一定是受损了，所以它很快就将停转。几分钟后它完全熄火了，我准备好进行一次迫降。我调整好安全带，摘掉受话器，开始找寻一块降落的地方。哪里有呢？桩子到处都是。右方有一座城市，所以我转向左侧。然后螺旋桨也完全停转了，座舱里全都是烟。我把飞机降下并祈祷会有好运。我先是撞上了第一根桩子，一声巨响后飞机继续滑行并撞上了其他障碍物。突然一切安静下来，只有乙二醇沸腾的声音。几分钟后我冷静下来，开始检查我的胸背、大腿、胳膊和头。没有疼痛感，一切正常。我爬出我的‘白色19号’，看着自己的飞机，降落过程中它翻转了100度，五个桩子被掀倒在地。我看了一下高炮弹打到什么地方，它直接命中了液冷散热器。机身上还有更小的被命中痕迹。绕着飞机走时我看到了一些荷兰围观群众，又一架Bf 109从我头上飞过，可能来自我的部队，我挥了挥自己的黄色围巾。我打开了燃料手柄并用一根火柴点燃了飞机。我用手枪射击了无线电，然后离开了飞机。警察向我走来，我用混着德语和英语的话问我在哪儿。他只是说让我跟着他，我看了下自己的手表，差不多是十点钟了。我们一起向主路走去，我点燃了自己的小烟斗，没有与他进行交谈。穿着漂亮衣服的人们惊讶地看着我，我以友善的方式向他们打招呼，但是他们仅以点头回应。我知道他们之前经历了什么吗？我还不知道我现在是否在德方占领区。走到主路前我看到一辆卡车已经在等我们，车身侧面的白色五角星告诉了我答案——美国人。一个小个子美国兵用枪指着我走过来，大喊‘举起手来！’这是我被俘后听到的第一句英文。这句话让我想起了我曾特别喜爱的卡尔·麦所著小说的故事。然而今天一切都变了，我突然意识到……战争结束了。”

另一位第三大队的飞行员在返航的路上可就没那么

幸运了。第10中队的威廉·克劳特（Wilhelm Kräuter）上士在斯凯尔特河口也被防空炮击中，他跳出了坠落中的战机，降落伞却缠上了飞机的机尾，克劳特就这样被带着一起坠地身亡。虽然坠机地点位于德占区，但是这架飞机到底是被哪一方的防空炮击落仍然未知。

第一大队和第三大队的飞机一架接一架地返回到他们的基地。10时30分至11时，约10架Fw 190降落在特温特。联队司令部和第一大队共损失了13架Fw 190，9名飞行员未能返回——其中5人阵亡，另外4人被俘。13架Fw 190和9名飞行员的损失意味着大队失去了56%的飞机和39%的飞行员。当联队长伊勒费尔德从鹿特丹附近归来后，面对这个空前的损失气得七窍生烟，怒骂造成多起误伤的德国高炮部队。另外，他还因为马尔德赫姆上空的混乱严厉批评了哈克巴特。与之相比，莫尔登豪尔的第三大队则幸运很多，该部仅有3架Bf 109G-14失踪，1名飞行员阵亡，2人成为战俘。

第一大队声称在马尔德赫姆的对地攻击中摧毁30架“喷火”，此外威廉·阿德和贝格尔还声称在空战中击落2架“喷火”战斗机，第4中队和第三大队的上报战果则是未知数。第一近程侦察机大队第3中队的2架Bf 109G-8起初报告在马尔德赫姆有5架飞机起火，在于瑟尔有1架四引擎飞机可能被摧毁，另有2架飞机坠毁。然而进一步评估照片后，德方判断在马尔德赫姆有16架飞机被摧毁，在于瑟尔则消灭了另外6架。

这些数字基本和两个机场的实际损失对得上。在马尔德赫姆，英军第135联队损失了联队长的“喷火”战机，第349中队损失1架“喷火”，第485中队损失13架“喷火”，在马尔德赫姆总计损失了15架“喷火”。在于瑟尔机场，所有暴露在外面的飞机都被摧毁了，包括1架B-17、2架“兰开斯特”和1架“蚊”式。考虑到16架飞机和12名飞行员的代价，第一和第三大队取得的约20架飞机的战果并不能让人满意。

马尔德赫姆机场上被德军摧毁的战机残骸。

2.5 第二大队对圣但尼-韦斯特雷姆的攻击

在德罗普机场附近的村子里，第二大队的飞行员们早早地醒来。他们集合在一个小型草地机场上，接受韦格纳中尉的最终指示，再次明确了关于航线、无线电的使用、攻击的方式和返航路线等细节问题。8时10分，第二大队的36架Fw 190起飞。在NJG 1的一架Ju 88导航下，大队飞向须德海南岸。抵达斯帕肯堡（Spakenburg）附近的转向点后，第二大队转向西南航线前往鹿特丹。保持低空飞行的大队来到了斯凯尔特河口，第3中队的弗里茨·霍夫曼在这里加入了他们。

当第二大队的Fw 190在荷兰上空翱翔时，它们在圣但尼的对手——英军第131联队正计划着进行一次轰炸任务。率先起飞的是伊格纳齐·奥尔谢夫斯基（Ignacy Olszewski）上尉率领的第308中队。奥尔谢夫斯基指挥红色小队，白色和蓝色小队的指挥官分别是瓦茨瓦夫·霍伊纳茨基（Waclaw Chojnacki）上尉和布罗尼斯拉夫·马赫（Bronislaw Mach）上尉。12架“喷火”各携带着1枚500磅炸弹和2枚250磅炸弹在8时15分起飞，它们的目标是瓦尔河上的渡船。由于能见度良好，很简单地成功完成了攻击。

第317中队第二个起飞，马里安·凯尔梅奇（Marian Chelmecki）少校带着他的11架“喷火”9挂载同样的炸弹于8时35分起飞。目标是马特威河上的渡船，攻击没有产生什么效果。最后起飞的是第302中队的两个“喷火”小队，目标是在阿默斯福特（Amersfoort）—兹沃勒（Zwolle）—阿珀尔多伦（Apeldoorn）地区的铁路线。第一个小队携带4枚500磅和8枚250磅炸弹，第二个小队只携带8枚250磅炸弹。爱德华·亚沃尔斯基（Edward Jaworski）中尉指挥第一个小队在8时40分起飞，他还记得12月的最后几天和1月1日清晨的情况：“新年要来了。一个美国地勤组完成了在根特一架‘飞行堡垒’上为期3个月的工作并测试了它的引擎。我们期盼着它早点飞回到自己的基地。在机场塔台附近有一架双引擎的阿弗罗‘安森’。准备带着8名乘客飞往英格兰。天气十分寒冷。地面上有一层薄薄的积雪。所有的情报军官和中队指挥官都得到通知，我们全体中队将在1945年1月1日执行一次作战。他们呼吁所有飞行员在新年前夜庆祝时恪尽职守。凌晨起床号响起，早餐比较简单。地勤人员准备着飞机，给发动机暖车，挂上炸弹。飞行员们参加了简报。奥尔谢夫斯基上尉指挥的第308中队和凯尔梅奇少校指挥的第317中队轰炸瓦尔河上的渡船。第302中队轰炸兹沃勒和阿默斯福特之间的一条铁路线。司令部给第302中队指派的工作是：以四机小队间隔45分钟发起攻击。第一个小队在8时49分起飞。我是第302中队第一个小队的指挥官。德特卡（F.Detka）中士、克拉舍夫斯基（Kraszewski）中尉和切拉克（S.Celak）中士与我一起飞。这是寒冷的一天，没有云，能见度绝佳。我们爬升到3000米并飞向我们的目标。我们的航线：安特卫普—蒂尔堡—阿默斯福特以东10公里。我们的目标：一条从兹沃勒起沿着须德海西南走向的铁路线，德国人用这条线路补给他们在荷兰的军队。”

当英军第131联队的“喷火”外出执行各自的任务时，德军第二大队的Fw 190机群正沿着荷兰—比利时海边飞行，它们在泽布勒赫（Zeebrugge）转向内陆方向，直奔圣但尼-韦斯特雷姆。9时30分，编队到达圣但尼并从北方发起了超低空攻击。它们使用机枪和机炮向停在地面上的“喷火”和其他型号飞机扫射，一架又一架飞机燃起了大火。

西蒙斯（L.A.Simmons）是一位一战老兵，二战爆发后他再次加入英国空军，当天早晨他本打算搭乘一架“安森”前往英格兰，结果却与死神擦肩而过：“我把我的包从吉普里拿出来，但是当我试图打开‘安森’的舱门时发现门卡住了，五分钟后门终于被打开。当我们在与门作斗争时，两三位与我同行的旅客也到了。门打开后两个人在我前面走进飞机。我把我的包扔了进去，半个身子进入飞机时我偶然回头，看见大量飞机从北边向机场飞来，当我还在看着时，大量火光开始从它们身上冒出，一秒钟后就听见‘哒——哒——哒——砰——砰’，这是你听过的最可怕的响声。我头朝下趴在吉普之间的地面上，头埋在我的帽子下面。那架离我很近的‘安森’在两分钟内就燃起大火，油箱因此发生爆炸。我瞥了一眼左边的地面。曳光弹击中地面并以优美的曲线弹开，看起来似乎有数百枚。德国佬飞行员们完全不受妨碍，因为那里完全没有任何地面防御！它们飞来飞去，一遍遍地攻击，直到它们的弹药耗尽。当我向吉普下面张望时，我发现自己并不孤单。至少有五个人在它下面，在我看来他们都被打得很惨——裤子撕破了，露出血淋淋的皮肤。我决定向机场边缘冲刺，打算以短距离完成冲刺。每当有一架Fw 190俯冲时，我便卧倒在地上，在三四次尝试后我来到了一个废弃的火炮掩体，一半装满了油桶。”

由于地面防空武器早已转移到赫林贝亨，第二大队初期的攻击可谓轻松而愉快，但是它很快就将得到一个“惊喜”。当Fw 190攻击基地时，英军第308和第317中队正在返航的路上。首先意识到出事了的是指挥第308中队的奥尔谢夫斯基：“观察地面时，我突然注意到一队Fw 190从北到南穿越我们的飞行线路。我跟着转向左边的Fw 190，开始俯冲追逐它们并下达从左侧攻击德机的命令。我们的高度差很大，但是它们很快就进入到我的瞄准器视野内。突然编队里的最后三架飞机转向左边，从我的视线中消失。我把飞机拉升起来，它们很快又出现了。我在瞄准器里选择攻击哪个目标。突然敌机翻了个身，我觉得它们做这个机动的高度太低了。很快我就看见地面上出现了三个火球。”

奥尔谢夫斯基看到的编队实际上是正前往布鲁塞尔地区的JG 26第一大队和JG 54第三大队。四架Fw 190被击落，布雷纳中士声称击落两架，马赫上尉和索辛斯基上士各一架。战斗结束后，英军第308中队继续返航飞行，这时他们已经收到了自己基地遭到攻击的警告。飞近之后，飞行员清晰地看见机场被浓烟覆盖，Fw 190编队正在扫射地面上的飞机和建筑物。第308中队第一个飞到机场上空的是霍伊纳茨基。他所驾驶战机的投弹装置出了故障，为了弥补损失的时间，他选择了最近的路线返回。正准备降落时，突然注意到有几架Fw 190从反方向逼近。霍伊纳茨基升起放下来的起落架，发起攻击并在所有地面人员的注视下击落了一架Fw 190。地面上，第308中队的飞行员斯特罗贝尔中士报告：“空袭开始后约七分钟，我注意到一架单飞的‘喷火’在2000英尺高度左转飞临基地上空。三架Fw 190正要过来进行扫射，霍伊纳茨基上尉驾驶着标记为‘ZF-P’的‘喷火’转向，并在800码外向最后一架敌机射击。敌机被命中尾部，一大

第308中队的瓦茨瓦夫·霍伊纳茨基上尉在他的“喷火”旁，霍伊纳茨基在底板行动当天展现了波兰飞行员勇猛无畏的精神。

块机尾被射飞。飞行员无法继续控制飞机，它的右翼撞到了一棵树，然后又撞上了机场边界上的一座小建筑物，最后钻进了停在地面上的一架‘飞行堡垒’内。燃烧的‘堡垒’冒出的烟雾挡住了‘喷火’的身影，但是很快我又看见他在追逐另一架Fw 190，机尾后面还有三架Fw 190。那架‘喷火’右转退出了攻击，身后跟着三架Fw 190，那是我最后一次看见他。”

被霍伊纳茨基击落的可能是JG 1第5中队的卡尔·哈恩（Karl Hahn）上士，他的Fw 190在机场上解体，哈恩当场阵亡。对于勇敢的霍伊纳茨基来说，在身后三架Fw 190的追杀下，他已无路可逃。他的遗体在机场西北方仅五公里处被发现。

下一个来到机场上空的是因燃料不足提前脱离编队的约瑟夫·斯塔诺夫斯基：“终于，我比中队更早来到基地，在1500英尺高度我看见敌机正在扫射机场。我靠近一架Fw 190，并在1200英尺高，距离200码外以约60度偏转角打开全部火力。那架Fw 190当即着火并坠毁在根特西部。”

随后，斯塔诺夫斯基又击落了一架Fw 190，并因为燃料不足迫降在根特东北部。此时，第308中队的其他战机也在3000至4000英尺高度陆续返航，立刻利用高度优势与德机在机场附近交战。奥尔谢夫斯基继续描述：“我向左转弯穿过烟雾，搜寻着敌军战斗机。似乎一片平静，但是我突然看见另一边有一架飞机钻出了烟云。我的第一反应是那是一架准备降落的友机，但是随后注意到它是一架Fw 190。我俯冲下来追逐敌机并用机枪射击它的机尾，看见它尾部的烟雾变得越来越大。”那架Fw 190很快翻身坠毁在根特以东。

第308中队的其他飞行员也声称击落数架Fw 190。塔德乌什·斯莱吉尔（Tadeusz Szlenkier）中尉击落了一架追逐英机的Fw 190：“从早晨作战返航途中我们只剩下很少的燃料了。尽管如此，我们占据高度优势，因此处于有利的位置。虽然数量上是1:2的劣势，这（高度优势）让我们能够大获丰收。我当天上报了一个Fw 190A-8战果。它落在一个叫洛斯达姆（Rosdam）的小地方附近，在兹维格纳德（Zwignaarde）西边约五公里，杜尔勒（Deurle）东边两公里。飞机的一大部分埋入了地下，包括发动机和座舱。这是撞击的巨大动量和松软的潮湿土地共同造成的。对于我来说，德国指挥官没有派出一个福克-沃尔夫小队爬升到15000或20000英尺高保护他那些低空飞行扫射的飞机始终令人困惑。如果他这么做了，故事将完全不同。在我们与Bf 109和Fw 190交战中一个有趣的事情是其中有几架飞机是由在德国空军服役的拉脱维亚飞行员驾驶的。”

布罗尼斯拉夫·马赫上尉先是击伤一架向北飞的德军战机，然后又消灭了另一架Fw 190。斯坦尼斯瓦夫·贝德纳尔奇克（Stanislaw Bednarczyk）准尉声称在机场西南部击毁一架Fw 190，耶日·格洛夫切夫斯基（Jerzy Glowczewski）中士声称在根特西北可能击落了一架德机。最后，安杰伊·德罗姆莱维茨（Andrzej Dromlewicz）少尉也声称击落一架Fw 190：“我随后向基地转弯并看见一架Fw 190正在攻击我们的一架‘喷火’。我靠近并在2000英尺高，600至700码外的正后方以机炮和机枪射击。敌机停止攻击并向右转弯，我紧跟着靠近到约300码外继续以全部火力短点射，看见击中了敌机的机身和机翼。然后我的机炮哑火了，敌机继续飞行并开始爬升。我又用仅剩的机枪打出一段长点射，看见碎片从敌机右翼上飞出。那架Fw 190随后翻

JG 1 第 8 中队的一架 Fw 190A 被波兰飞行员塔德乌什·斯莱吉尔中尉击落在圣但尼-韦斯特雷姆机场上。

了个身，飞行员跳了出来。”

这位倒霉的德军飞行员就是在斯凯尔特河口上空加入第二大队的弗里茨·霍夫曼。他在圣但尼完成了三轮攻击，第一轮攻击击毁了一架“喷火”，第二轮射击一架四发轰炸机。完成第三轮攻击后又击落了一架“喷火”，然后他的飞机就被击中机翼和座舱。霍夫曼在200米高度跳伞，这是他第三次被击落了，前两次分别在法莱斯和巴黎，落地后霍夫曼被当地的民众捉住痛打一顿。在根特附近的一个警察局待了两个小时后，他被交给了英国人：“我先是在他们的机场上被检查。那里有许多火焰。第二天我被带到布鲁塞尔附近的一个机场。我被两位英国特工部门的上尉审问，有一支枪顶在我背后。他们打了我，我没有透露任何细节信息。我和10位在同一天被击落的朋友一起从那慕尔（Namur）搭乘一架双引擎道格拉斯飞机。我们被‘喷火’护送到了伦敦，在那里我们被再次审讯到1月底。我在牛津附近马什的一所战俘营一直呆到了1945年3月。”

虽然德军第二大队已经在和英军第308中队的战斗中伤筋动骨，但是它的劫难还远未结束。英军第317中队现在也加入到混战中。卡齐米日·休伯特（Kazimierz Hubert）中士报告：“从作战中返航时我在无线电中听到B-65正在被敌军飞机攻击。中队在该地区巡逻了大约十分钟，之后另一条消息传来，遭到攻击的是B-61。我们马上全体飞过去，抵达基地上空2000英尺的高度。我从后方攻击了一架飞行在约300英尺高的红鼻子Fw 190，在约400码外用全部武器开火。我打了一个长点射，那架Fw 190马上起火，翻身坠落在根特的一条街上。”

与此同时，率领第317中队的凯尔梅奇少校也来到了基地上空。切斯瓦夫·姆罗奇克（Czeslaw Mroczyk）上尉很快超过他，向一架Fw 190开火，后者在空中解体。这时另一架Fw 190缠在了姆罗奇克的“喷火”身后，凯尔梅奇前去攻击这架Fw 190。但是还没有来得及开火便飞到了敌机身前，夹在它和姆罗奇克之间。那架Fw 190向左急转撤出攻击。凯尔梅奇也向太阳方向爬升并攻击了另一架从根特方向飞来扫射机场的Fw 190。他在机场上空击落了那架Fw 190，他的目标撞上了霍伊纳茨基的猎物撞击的那个建筑。第302中队的情报官本迪克斯上尉目睹了此事：“我刚离开我的房间，敌人对机场的攻击就开始了。我看见了空袭的全过程，看见一架Fw 190从根特方向过来扫射我们排成一条线的‘喷火’。这架Fw 190飞得非常低并稍微向右转弯，当它钻进燃烧着的‘堡垒’烟雾中时，看起来好像失去了控制。这架Fw 190撞上了一座小建筑并燃烧着坠落在铁路线后面。这是第二架击中同一座建筑的敌机了。片刻后我注意到一架‘喷火’从根特方向过来，在‘堡垒’的烟雾上方爬升右转。”

奇诺比厄斯·弗多夫钦斯基（Zenobiusz Wdowczynski）准尉在根特上空攻击了一架Fw 190，它开始冒烟。突然它俯冲并坠落在根特东北。这可能是埃里希·文格斯（Erich Wenniges）下士的飞机。这位第5中队的飞行员坠落在代斯特尔东克（Desteldonk）附近，撞击引发爆炸并杀死了他。BMW 801发动机在冰冻的土地上弹跳着落入一条运河里。飞机和飞行员的遗骸散落在很大一片区域。附近一个农场的比利时居民被命令收集文格斯的遗骸，那一景象他们永生难忘。文格斯被葬在洛克里斯蒂（Lochristi）当地的公墓。

还有其他几位飞行员也声称分别取得了一个战果。斯坦尼斯瓦夫·皮西克（Stanislaw Piesik）准尉和兹比格涅夫·兹米格罗茨基（Zbigniew Zmigrodzki）上尉都声称摧毁一架Fw 190并击伤另一架。斯坦尼斯瓦夫·伊万诺夫斯基（Stanislaw Iwanowski）上士击伤一架Fw 190。罗曼·赫里查克（Roman Hrycak）上尉获得了一个可能击落的战果，虽然地面目击者的证言支持他击落了德机，一位地勤人员甚至指出了赫里查克“喷火”上的标记。但是都没有用，他的摄像枪没有记录下任何决定性的证据。

最后两个中队一共报告在根特上空摧毁14架Fw 190。第317中队损失了一位飞行员，塔德乌什·波维尔扎（Tadeusz Powierza）上尉驾驶的“喷火”被德军第二大队的一位飞行员击落。他的飞机坠落在根特南部数公里处，波维尔扎上尉头部受重伤，当天在根特的一家医院离世。此外，还有7架“喷火”因燃料不足或战斗损伤迫降在根特附近。波兰中队宣称的战果与JG 1在根特上空的损失极为吻合，德军第二大队一共在根特附近失去了12位飞行员。很不幸无法将双方的损失和战果一一对应，而且其中4位第二大队飞行员至今仍被列为失踪，他们的实际坠机地点还是个未知数。

率领第二大队完成四至五次对地攻击后，韦格纳中尉下令部队返航。约9时50分，最后一架Fw 190向北飞离机场。9时50分至10时10分，英军第308、317中队的“喷火”也开始陆续降落。第二大队此次攻击造成的损失统计很快完成，机场受到了相当程度的破坏，至少18架第131联队的“喷火”被摧毁，还有5架受损。B-17完全损失和受伤各1架，第295中队损失1架“斯特林”轰炸机，第85大队联络中队损失4架“安森”、1架“蚊”式、1架“喷火”和1架“奥斯特”联络机。此外机场建筑物损毁较为严重，地面上有3人身亡，21人负伤。

最后还要交代一下第302

第308中队的飞行员们聚集在1月1日击落的一架Fw 190机翼残片旁。

中队的情况，它没有加入到与JG 1第二大队的空战中，虽然他们是最后一个从圣但尼起飞的中队。如上所述，第302中队的第一个小队负责攻击在阿默斯福特—兹沃勒—阿珀尔多伦地区的一条铁路线。亚沃尔斯基中尉讲述了当天他的故事：“我们的作战除了敌军高炮的少数几次炮击外很安静。在奈梅亨—乌得勒支附近，我收到了来自第84大队指挥员的消息，乌得勒支附近有约20架敌军飞机在我左方15000英尺高度。我们按照命令继续我们的作战任务。距离目标还有40公里。敌军机群在乌得勒支上空盘旋。我打算攻击目标然后爬升到更高的高度，从东方背对炫目的朝阳攻击它们。突然，我的计划改变了。就要抵达目标，前指挥员命令我们立刻投下炸弹并高速飞向艾恩德霍芬（Eindhoven）。在艾恩德霍芬的机场我们遭到了德国人的攻击。我决定将炸弹投向目标，因为它就在我们前面。我们的3架飞机投下了它们的炸弹，但是第四架遇到了一些问题，没有投下炸弹。距离艾恩德霍芬大约100公里。我们全速飞向艾恩德霍芬南部。几分钟后我们看见遥远的前方有爆炸的火光和黑色的烟雾。我们只是面对这一惨剧无能为力的目击者。终于我们抵达了艾恩德霍芬，但是德国人已经飞走了。我通过无线电汇报敌军已经离开了该地区并询问敌军的航线。我打算追击他们。但是我被命令在艾恩德霍芬地区巡逻。在几分钟徒劳的巡逻后我收到了飞向布雷达的一条新命令。希尔泽-里根（Gilze-Rijen）机场遭到了攻击。距离布雷达大约50公里。我们低空飞向布雷达。在前往布雷达途中我们受到了来自我军高炮的炮击。我们爬升了。在低空被任何高炮命中都可能是危险的。当时轻型防空炮使用的是磁力感应炮弹。它们比其他弹种更加危险。切拉克中士被击中并迫降了。幸运的是他将他那架受损的飞机飞到了安特卫普西南并成功迫降。我们的三机小队逼近了希尔泽-里根机场。我们看见了燃烧着的飞机和冒着烟的建筑。指挥塔没有回应，也许被德国飞机破坏了。我通过无线电向第84大队指挥员报告损毁和德国空军不在场的情况。几分钟后由于缺油我们降落在了希尔泽-里根。我在地面上看不到任何未受损的飞机。我们刚降落后找不到一个人。后来一些地勤人员出现了。他们需要几个小时来给我们的飞机寻找燃料。我们在中午再次起飞。我们在安特卫普地区看见了黑烟。这是在城市南部的德尔讷（Deurne）机场。我试图与我们在圣但尼的指挥塔联系。但是我联系不上。当我们看见黑云时我们确信我们的机场也被攻击了。我们看见了大规模的破坏。我们指挥塔的无线电设备在德国空军战斗机的第一轮攻击中就被摧毁。那架阿弗罗‘安森’已经在塔台附近烧毁。‘飞行堡垒’也不复存在，一架Fw 190与它的垂尾相撞。那架Fw 190的残骸到处都是。那架‘堡垒’的仅剩残骸就是它的翼尖和巨大的垂尾了。大约有40架不同的飞机被摧毁在地面上。其中半数是我们的‘喷火’。”

第302中队第一个小队的炸弹落在了阿默斯福特和阿珀尔多伦之间的铁路线上。至少一枚500磅和6枚250磅炸弹落在巴讷费尔德（Barneveld）西北泰尔斯许尔（Terschuur）附近的铁轨上。第二个小队在地面指挥的命令下将它的炸弹抛在斯凯尔特河东部，然后在该地区巡逻却没有遇到任何德机。这样第302中队的8架“喷火”都颗粒无收，飞行员们的心情在听到另外两个中队取得的成功后并没有好转。

虽然第302中队未能加入根特之战有些遗憾，但是第

德军空袭后的圣但尼-韦斯特雷姆机场。

第131波兰联队主要负责对地支援，较少与德国战斗机交手的经历。但是在1945年元旦它给JG 1带来了沉重打击，不过联队也有18架“喷火”在地面上被摧毁。

131联队的表现毫无疑问是极为出色的，当地民众将一条街道更名为“波兰联队”以表达他们的感激之情。联队长加布塞维茨还收到了来自上级第84大队的表扬信：“为这个早晨的精彩表演向你和你的中队们致以我最衷心的祝贺。通过摧毁21架（原文如此）德机，你们不仅弥补了在地面上的损失，还给敌人上了一堂他将无法很快忘却的课程。”

对于德军JG 1第二大队来说，归途依然漫长而凶险，抵达斯凯尔特河口前他们就遭受到盟军防空炮的打击。由于在一小时前就被出击中的德国战斗机惊动，盟军炮手们已经为敌机的归来做好了准备。第54轻型高炮团的两个连就驻扎在斯凯尔特河口岸边，他们一听到德国战斗机的轰鸣声就开始准备用40毫米博福斯高炮射击。

24岁的第5中队长恩斯特·冯·约翰尼德斯（Ernst von Johannides）少尉的“白色1号”被击落，这位经验丰富的飞行员当场身亡。在泽多普（Zeedorp）附近，第8中队的保罗·迈尔（Paul Mayr）上士也被击中，他来不及完成跳伞，随机坠落丧生。两位飞行员都被葬入扎姆斯拉赫（Zaamslag）当地的公墓。最终在荷兰东部地区，第7中队长的僚机奥斯卡·维特（Oskar Vetter）下士被一架“喷火”击中，带着肩部的重伤他一直坚持飞行到荷兰阿尔默洛（Almelo）地区再跳伞，随后被送入当地的一所医院。

随着一架架Fw 190降落在德罗普机场，第二大队的损失很快就被查清。出动的36架Fw 190中有17架未能返回，其中12架被列为失踪，1架被摧毁（奥斯卡·维特的座机），另外4架严重受损，损失率高达47%。失去像冯·约翰尼德斯少尉和迈尔上士这样经验丰富的飞行员是第二大队难以接受的。根特上空的空战中第二大队声称击落5架“喷火”，这多少能与英方战报相符——霍伊纳茨基和波维尔扎阵亡、众多“喷火”因战伤和燃料不足而迫降。

随后，第一近程侦察机大队第3中队的侦察机也对圣但尼机场进行了拍照，最终上报的结果为摧毁28架单发战机和4架四发战机，这与盟军的实际损失很接近。

2.6 总结

最终德军JG 1的攻击在地面上摧毁约54架飞机，空战击落2架英军第131联队的战机，并造成7架“喷火”在迫降中受损。虽然取得了一定的成果，JG 1却为此付出了巨大代价：完全损失29架飞机，还有4架受损，出动的约70架飞机损失了47%。更糟糕的是，有24名飞行员未能返回，其中仅7人被俘，其余全部阵亡。再加上伤重入院治疗的奥斯卡·维特下士，JG 1实际失去了25名飞行员。以损失25名飞行员换来摧毁60多架敌机实在难言大获全胜，但是它至少给马尔德赫姆和圣但尼-韦斯特雷姆造成了相当大的破坏。

第三章　JG 2和SG 4前往圣特雷登

3.1　JG 2和SG 4的战前状态

德军JG 2“里希特霍芬”联队也是一支成立于战前的老部队。与JG 1相比，“里希特霍芬”联队可谓战功卓著。从战争爆发开始到1944年一直在西线与盟军作战，几乎参与了西线的所有主要战役。作为著名的两大“海峡联队”之一（另一个是JG 26[①]），自1940年起长期驻守法国的JG 2构成了帝国西部领空的第一道防线，是经过这里的美英战机的头号敌人。

然而常年的消耗也使联队越来越疲惫，在诺曼底登陆后数周的战斗中，JG 2第一大队遭受了较大损失，并在7月底撤回德国北部进行休整。然后，该部在8月中旬再次返回法国作战。1944年9月初，第一大队撤回到距法兰克福西北约27公里远的梅尔茨豪森（Merzhausen）机场，它将在这里战斗到1945年3月。1944年9月，该部又出现了更多的损失，其中之一就是长期担任大队长的埃里希·霍哈根（Erich Hohagen）少校，他在月底的一次紧急降落中负伤。瓦尔特·马托尼（Walter Matoni）上尉接过了前者的职务。

1944年12月初，第一大队拥有约34架Fw 190A-8/R6战斗机。他们在月初又执行了多次作战任务，主要在科布伦茨（Koblenz）西部地区。12月6日，马托尼在一次起飞事故中受重伤，24岁的弗朗茨·赫尔德利奇卡（Franz Hrdlicka）上尉替代了他，这是一位拥有超过40次空战胜利的老兵。大队在12月17日遭到一次痛击，

1944 年 6 月 7 日，取得第 100 次空战胜利的 JG 2 联队长库尔特·布利根中校在描述刚经历的战斗。

① JG 26，即德国空军“史拉格特”战斗机联队。

至少6架Fw 190在圣维特上空被盟军的“雷电”战斗机击落。圣诞节前几天，他们接收了12架最新型的Fw 190D-9战斗机，整个12月共收到54架全新Fw 190D-9。12月24日，第一大队在梅尔茨豪森遭到美军第1轰炸机师198架B-17的突然袭击。空袭分5个波次进行，美军5个大队都将炸弹投向机场。跑道上的弹坑实在太过密集，只能从东南角和西北角艰难完成起飞。机场靠北侧的几乎所有建筑都被摧毁或损坏。人员损失倒是不大，飞行员一死一伤，地勤人员也是一死一伤。只有1架Fw 190被炸弹炸毁。地勤人员立刻展开修复机场跑道的工作，到12月31日已经能再次正常执行作战。至月底，第一大队上报拥有46架Fw 190，其中38架是D-9。

1944年9月下旬，第二大队和联队司令部转移到巴特瑙海姆（Bad Nauheim）东北约20公里外的尼达（Nidda）机场，他们也将在这里待到1945年3月。接下来几个月，第二大队接收了大量新飞机，在12月初拥有多达58架Bf 109战斗机。然而，12月的头几次作战就令大队损失惨重。12月17日，3架Bf 109在掩护JG 2第三大队时被击落。还有1架飞机在转场飞行中被击落，1架在尼达机场迫降时损毁。23日，在为SG 4护航时又有3架Bf 109G-14被击落，还有1架飞机在起飞时坠毁，飞行员丧生。12月24日，美军第1轰炸机师的53架B-17空袭了尼达。由于联队司令部已经得到了预警，所有人都躲避在掩体里。空袭后，机场上数出了约160个弹坑，但是无人受伤，也只有一架Bf 109被摧毁。第二天，地面人员和当地招募的劳工填出了一条900米长用于起降的跑道。JG 2第二大队在12月26日和27日继续出动，并再次受挫。大队在过去的几周损失相当严重，虽然又得到16架Bf 109K-4的补充，第二大队的飞机数量还是在月底降到了29架。

在1944年七八月的战斗中伤筋动骨后，第三大队撤出法国，来到柯尼斯堡接受重组。自从约瑟夫·武姆海勒（Josef Wurmheller）上尉在6月阵亡后，大队的指挥权就转交至西格弗里德·莱姆克（Siegfried Lemke）中尉手中，他是JG 2最优秀的飞行员之一。在柯尼斯堡，大队得到了超过40架Fw 190A-8/R6并开始训练，在10月中旬做好战斗准备并转移到法兰克福东北约30公里远的阿尔滕施塔特（Altenstadt）。它在10月20日的第二次作战中损失了8架Fw 190，6名飞行员阵亡，2人负伤。第二天又有4人阵亡，3人受伤。11月没有好到哪里去，在18日和19日损失了13架Fw 190，导致8名飞行员丧生，3人负伤。更糟糕的是，该部到月底已经有3位中队长阵亡，1位中队长受伤。

大队在12月的压力并没有减轻，战斗在继续，损失也在累加。他们在12月中旬转移到了埃廷豪森（Ettinghausen）。戈林在12月21日访问大队并通知了即将到来的底板行动。在此期间，大队也开始得到新型Fw 190D-9战斗机，12月共获得多达53架。12月24日，美军第1轰炸机师的43架B-17也光顾了埃廷豪森。收到简短的预警后所有人都躲进了堑壕里。所幸大部分飞机都出动执行任务去了，剩余的飞机也分散停放在机场四周。只有1架飞机被毁，1架受损，2位地面参谋人员负伤。空袭结束后，所有地面工作人员在大量本地居民的帮助下马上开始填平弹坑，在第二天中午已经清理出一条足够满足作战需要的跑道。12月25日，第9、10中队转移回到阿尔滕施塔特，余部继续留在埃廷豪森。12月26日，第12中队长赫尔曼·安塞尔（Hermann Ansel）中尉在科布伦茨西部阵亡。12月31日，大队报告拥有43架Fw 190，其中35架是D-9。

1943年10月，德国空军对所有对地攻击部队进行了大规模整编，SG 4（第4对地攻击机联队，SG 4为Schlachtgeschwader 4的缩写，后类推）就是在此时组建完成的，它的前身是装备Fw 190的SG 2和SKG 10（第10快速轰炸机联队，SKG 10为Schnellkamptgeschwader 10的缩写，后类推）。1943年底到1944年5月，SG 4的第一和第二大队都在意大利上空作战。两个大队都在6月从前线撤离并在都灵附近重组。与此同时，SG 4第三大队驻扎在法国并在地中海执行反潜作战，但是该部没有看到过一次潜艇出现。盟军登陆诺曼底期间，第三大队在滩头执行了多次作战任务，收效甚微却代价高昂。1944年7月，联队的三个大队都被转移到东线。从位于东普鲁士和波罗的海沿岸国家的基地出击，支援北方集团军群和中央集团军群。他们在那里用Fw 190取得了较多战果并多次拯救前线的危局。到1944年10月底，苏军在东普鲁士的攻势陷入停顿。11月，SG 4的所有大队再次撤离前线进行休整。

将SG 4投入到西线作战的想法第一次出现在10月21日，德国空军参谋长克赖珀将军命令帝国航空队调遣一个对地攻击机联队增援德国空军西线司令部。对地攻击机总监胡贝图斯·希特朔尔德（Hubertus Hitschhold）上校向戈林强调了对地攻击机联队在西线如果无法得到战斗机严密护航将无法有效作战的问题。戈林于是含糊地许诺JG 2将专门负责为SG 4护航。

12月初，SG 4联队司令部和第一大队调往阿尔斯费尔德（Alsfeld）北部21公里处的齐根海恩（Ziegenhain）。第二大队在11月转移到西里西亚地区的奥珀伦（Oppeln），12月初也来到居特斯洛（Gütersloh）加入在西线的第一大队。两个大队投入到恶劣天气飞行和仪表飞行训练中，这被认为是减少损失的唯一训练方法。然而，11月至12月初的糟糕天气

12月21日，帝国元帅戈林访问在梅尔茨豪森的JG 2第三大队。

在意大利作战时期SG 4的一架Fw 190。

使得这样的训练也无法进行，SG 4在攻击行动开始时尚未达到要求的标准。

第三大队也在11月初撤离东部前线，地勤人员被转移到索尔陶（Soltau）北方18公里外的莱茵塞伦。接下来几天里，第三大队得到了近50架全新的Fw 190F-8攻击机。飞行员们则来到了乌德特菲德（Udetfeld）训练使用配备M.8弹头的Pb1型反坦克火箭弹。从11月4日到12月4日，第三大队的所有飞行员都完成了5次使用新武器的训练飞行。然而射击的效果非常糟糕，很明显他们需要更多的时间来熟悉这些火箭弹。11月13日，第一批完成5次Pb1训练飞行的飞行员来到了莱茵塞伦。11月14日，戈林命令SG 4将要负责支援在西线即将展开的进攻，并把重点放在越过马斯河上。大队清楚他们还需要更多的训练，特别是编队飞行和使用Pb1火箭弹。11月22日，帝国航空队命令大队派出一支由20架携带火箭弹的Fw 190组成的特别行动队前往斯图加特附近的黑尔芬根（Hailfingen）。第三大队长格尔哈德·魏尔特（Gerhard Weyert）少校觉得他的队伍还没有做好准备，试图更改这一命令，但是命令还是维持不变。然而黑尔芬根被发现不适合作战，于是大队转移到基尔拉赫（Kirrlach）。11月26日，Fw 190飞离莱茵塞伦，但是由于天气恶劣，它们的转场飞行被延期。到12月5日，只有13架Fw 190抵达了基尔拉赫。

使用Pb1的第一次作战发生在12月7日，7架SG 4第三大队的Fw 190F-8攻击了斯特拉斯堡到阿格诺（Hagenau）地区的运输线。一位飞行员未能返航，其他所有Fw 190都被防空炮火击伤，2架伤势严重。魏尔特将此次作战定义为失败，并提议在未来攻击防御较弱的目标。接下来几天是坏天气，从基尔拉赫没有再出动一架飞机。不过SG 4联队长埃瓦尔德·扬森（Ewald Janssen）中校命令他们继续转移到科隆的瓦恩（Wahn）机场，11架Fw 190于傍晚降落在那里。由于频繁调动，第三大队失去了它的凝聚力，它的48架可用飞机散布在至少5个不同机场上。

SG 4的其余大队也转移到科隆地区的机场。大约在12月18日，联队司令部和第一大队转移到波恩的汉格拉尔（Hangelar）机场，第二大队从基尔托夫（Kirtorf）转移到科隆的布茨维勒霍夫（Butzweilerhof）。SG 4第一大队由经验丰富的维尔纳·多恩布拉克（Werner Dörnbrack）少校指挥，他从1942年12月起就一直指挥该大队。第二大队长是汉斯·施托尔贝格（Hans Stollnberger）上尉，他早在1940年就参加了英吉利海峡上空的作战。所有大队集中在一小块地区的SG 4将在战役中扮

汉斯·施托尔贝格（中）上尉迎接一位从作战中归来的对地攻击机飞行员。

演重要的角色。

12月18日，第三大队执行了第一次作战任务，4架Fw 190计划用M.8弹头火箭弹攻击圣维特。然而，目标上空覆盖着云层，所有飞机都携带着炸弹返回了基地。第二天，似乎只有第二大队出现在前线上空，大队司令部的一位飞行员在埃尔森博恩（Elsenborn）附近阵亡。由于恶劣的天气，两个大队直到12月23日才再次出动。当天天气条件改善，SG 4的全部大队都要去轰炸巴斯通尼，由JG 2负责提供战斗机掩护。10时20分，14架第三大队的Fw 190起飞。16分钟后，来自联队长扬森的一通电话取消了作战。2分钟后，魏斯纳上尉否决了扬森的命令，又过了2分钟大队被再次召回。但是地面人员无法与部队取得联系，不过由于没有看到承诺的战斗机护航，魏尔特少校自己下令返航，所有飞机都安全回到了瓦恩。

第二天，SG 4奉命再次攻击巴斯通尼。8时55分，7架第三大队的Fw 190升空，加入它们的还有第一和第二大队的各约15架Fw 190。在战斗机的掩护下，集结时间花费了将近半个小时。最终，编队在第二大队的引领下飞向巴斯通尼。由于指挥官的一个导航错误，编队继续向南飞过了巴斯通尼并轰炸了目标南方约60公里外的一个小镇。一架第8中队的Fw 190F-8被高炮击落迫降在盟军占领区，飞行员成为战俘。当护航战斗机因为燃料不足而返航后，局势变得更为凶险。几分钟后编队遭到了“野马”和“雷电”战斗机攻击，接下来的格斗中至少有3架Fw 190被击落。当天晚些时候又传来一道升空作战的命令，但是联队司令部驳回了此命令，阻止任何飞机出动。

12月26日又进行了一次攻击巴斯通尼地区的作战。SG 4的各个大队独自执行了此任务。第一大队的作战因为盟军战斗机的拦截而灾难性地终结了，损失了2位指挥官，分别是骑士十字勋章获得者第3中队长海因茨·容克劳森（Heinz Jungclausen）上尉和第1中队长埃里希·舒默（Erich Schümer）上尉。第二大队在巴斯通尼附近与盟军战斗机的作战中损失了1位飞行员。最后第三大队的7架Fw 190在攻击了巴斯通尼西北的一处林地后报告失去了1架飞机，在与12架“雷电”和2架“台风”的空战中，第7中队的卡尔·楚姆克勒（Karl Zumkeller）军士长阵亡。

SG 4在阿登地区的糟糕表现在12月27日达到极致。所有三个大队再次奉命轰炸巴斯通尼附近的盟军部队。7时55分，第三大队的10架Fw 190升空并与第一和第二大队会合。编队由第一大队长多恩布拉克率领，当他因为引擎故障而不得不返航时，整个第一和第二大队都跟着他飞了回去并把炸弹投在德国境内。第三大队见状也飞回了家。多恩布拉克飞机上的无线电设备坏掉了，所以没有人听到他下达的继续执行作战的命令。稍后SG 4再次出动，但是在20分钟后就因有大型盟军战机编队逼近而被召回。当天晚些时候军事法庭派人来到联队司令部，就早先的那次作战情况展开了调查。

接下来几天联队因为恶劣的天气状况而无法出动，由于需要为部队的糟糕表现找一位替罪羊，联队长扬森在12月29日被解职。之前几周灾难性的战斗和无法让联队在前线机场集中全力是他被解职的主要原因。扬森被派去指挥科特布斯机场，考虑到他作为一位身经百战飞行员的经历，这是一个很低的职位。

阿尔弗雷德·德鲁施尔（Alfred Druschel）上校接替扬森担任SG 4联队长。27岁的德鲁施尔已经是对地攻击机部队中的一位大人物，他从1939年的波兰战役起就开始参战，到1943年10月已经成为中校和第一对地攻击机联队长。当时他已经执行了超过800次作战任务。1943年10月，他加入了对地攻击机总监希特朔尔德的司令部并于1944年7月1日晋升上校。SG 4在1944年的最后几天因为恶劣天气而没有执行任何作战任务，新到任的联队长在这段时间里访问了各个大队。联队要在新年迎来又一次重要的作战任务。

3.2 为新年突袭做准备

毫无疑问，德军JG 2联队长库尔特·布利根（Kurt Bühligen）中校参加了12月5日在阿尔滕基兴的会议，几周后他向他的大队长们公布了底板行动的计划。那是在圣诞节前三四天左右，大队长们被召集到位于尼达的联队司令部开会。他们得知要对圣特雷登（St.Trond）机场展开一次低空袭击，目的是打击前线盟军航空部队。布利根强调了此次作战的重要性，并要求在场的高级军官向飞行员们做出特别认真而细致的说明。他们手上拥有圣特雷登机场的航拍图，其中一些是在12月中旬拍摄的，附上的报告指出机场上有约130架P-47“雷电”，约6架四引擎飞机和几架C-47运输机。还有一些照片显示了机场上的高炮防御力量。

布利根说明了其他联队也会同时攻击其他盟军机场，但是他没有指明参战部队和机场的名字。作战的暗号是“金星”，日期和抵达目标上空的时间将在以后公布。JG 2的三个大队将分别从各自机场起飞，安排好的线路和飞行时间会让三个大队到达科布伦茨的时间差不超过两三分钟。三个大队从科布伦茨到圣特雷登的航线是相同的，都是科布伦茨—施奈埃菲尔山—通厄伦—圣特雷登。

施奈埃菲尔山上空的转向点将用地面发出的橙色烟雾作为标记。对目标完成攻击后，飞行员们要向东直飞以尽快回到德军战线后。每个大队都将由一架Ju 88导航机引领到前线，前往目标时的飞行高度为45米，以避免被雷达发现，尽管这会使盟军轻型防空炮的威胁加大。德军期望盟军在圣特雷登的防空火力会措手不及。简报结束后大队长们回到了他们的部队并准备向飞行员们做行动介绍。

两周前的12月4日晚，第一战斗机军命令NJG 101第一大队准备好两个Ju 88机组，各前往JG 2的一个大队。他们要确保在不良天气条件下完成大型昼间战斗机编队的集结。大概是在圣诞节后一天，两架Ju 88抵达了位于尼达的JG 2第二大队。其中一架停放在第8中队的飞机旁，飞行员们在指挥部与机组见面并了解了他们的任务。只有一架飞机在12月31日抵达梅尔茨豪森，似乎没有Ju 88飞到阿尔滕施塔特找JG 2第三大队，但可能飞到了埃廷豪森。不过确信有一架NJG 4第一大队的Ju 88为JG 2第三大队担任导航，因此或许NJG 101的飞机没有前往第三大队。

在梅尔茨豪森，第一大队的飞行员们直到12月的最后一天才得知作战行动。第一大队司令部的一位飞行员维尔纳·霍恩贝格（Werner Hohenberg）上士回忆：“12月31日中午，第一大队长赫尔德利奇卡上尉向身为僚机的我透露了关于底板行动的密令。根据这些命令，将要在1月1日清晨攻击圣特雷登机场。投入的兵力为整个联队（三个四中队编制大队）和SG 4。整个编队将由赫尔德利奇卡上尉率领。我们就作战讨论了一段时间。第二天的这次任务是非同寻常的，将要动用约1500架战斗机和战斗轰炸机。我们认为这个数目相当大，毕竟我们知道绝大多数联队的兵员力量。尽管如此，我们相信这个数字是真实的（可能是因为我们希望这是真的）。此次作战是最高机密，可能会影响到战争的走向。接下来所做的事情都是为了提升士气、希望和战斗精神。这可能是为了将我们的注意力从占压倒性数量的敌军航空部队身上转移。”

JG 2第一大队的所有其他飞行员都在下午三点钟听取了赫尔德利奇卡或他们的中队长做的简报。简报说明了从梅尔茨豪森到科布伦茨及之后的航线，飞行员们将它标注在自己的地图上。他们被命令低空飞行直到靠近前线，再降低到树顶高度直到抵达目标。简报解释了Ju 88导航机的作用，飞行员也知道了在施奈埃菲尔山的地面信号，并被要求严格保持无线电静默。第2中队的飞行员汉斯·维索拉（Hans Wyssola）下士这样回忆那次简报：“一位我记不得名字的中尉在新年前夜做了简报。赫尔德利奇卡上尉和布利根中校都不在场。计划在天一亮就起飞。我们要去摧毁飞机和机场设施，需要执行两到三轮攻击。我们在早上得到了关于编队战术和高度的简短指示。我们还被告知其他中队也将攻击不同的目标。我们要被作为对地攻击机使用。”

简报结束后，飞行员们被建议有节制地进行新年庆祝活动，很多人都把这句话当作了耳边风。

在尼达的第二大队飞行员们更早就得到了指示。格奥尔格·施罗德（Georg Schröder）上尉在从布利根那里听完报告几天后就向他的飞行员们做了一次简单的说明。具体是哪天还不确定，幸存的第二大队飞行员们对此有不同的回忆，也没有留下可供查阅的档案。不过确定这一定发生在圣诞节后不久。

由于飞行员们这么早就知道了行动的消息，施罗德命令他们必须留在机场以防泄密情况发生。由于大队在12月中旬实力依然强大，而且飞行员们比较熟悉圣特雷登，他们相信

JG 2联队长库尔特·布利根中校为西格弗里德·莱姆克颁发骑士十字勋章。

自己可以给“雷电”们带来致命一击。12月31日晚，施罗德做了最后一次作战简报，将标注有航线的地图交给飞行员们并告诉他们定在9时20分到达目标上空。

莱姆克中尉也提前几天就通知了他的第三大队。第9中队的维尔纳·希尔伯特（Werner Hilbert）下士回忆：“几天前给我们部分介绍了关于1月1日的作战。详细的介绍是在31号，我们得知了机场的名字。还向我们展示了航拍照片。每个飞行员都被分配到了在圣特雷登的目标，我负责机场的西南角。要执行两轮攻击，第一轮使用21厘米火箭弹和机炮，第二轮只用机炮。元旦前夜没有任何聚会或饮酒活动。早上我们再次接受指示。”

12月31日晚，JG 2所有三个大队的地勤人员都尽力使尽可能多的飞机完成作战准备。第一大队在梅尔茨豪森整备完成46架飞机中的35架，其中29架是Fw 190D-9。由于第一大队只有33名可以出战的飞行员，大队上报33架Fw 190完成战备。第二大队汇报29架Bf 109中有20架可出战，其中13架是Bf 109G-14。同样驻扎在尼达的联队司令部有三名飞行员和三架Fw 190D-9可以出战，联队长布利根不参加此次

作战。第三大队有多达40架Fw 190可出动，其中34架是Fw 190D-9，队长莱姆克中尉的问题是他没有足够的飞行员，大队的43名飞行员中只有28人可以出战。所以他拜访了一些在医院里受轻伤的老飞行员，希望他们能参加战斗。可能是因为确信这些人都无法参战，莱姆克离开了医院并报告28架Fw 190D-9可用。这样，JG 2为底板行动一共准备了84架飞机。

关于SG 4的备战资料就少多了，联队在前线基地有多少架飞机一直存在争议。虽然SG 4在12月31日拥有多达152架Fw 190F-8和129名可用飞行员，但是在汉格拉尔、瓦恩和布茨维勒霍夫的Fw 190估计不超过60架。由于大队将飞机分散在数个机场，1月1日的具体实力数据很难判断。联队司令部汇报在12月31日有三架Fw 190和两名飞行员完成战备，第一大队报告有21架Fw 190和27名飞行员完成战备，这样汉格拉尔机场共有约20至22架Fw 190可以参加底板行动。第二大队在12月31日报告27架Fw 190可以出战，但是另一份报告显示在布茨维勒霍夫机场仅有约16架飞机。最后，第三大队在12月31日汇报有24架Fw 190，其中在瓦恩机场也是只有16架。这样估算下来，SG 4参与1月1日作战的飞机大致为55架Fw 190F-8。

SG 4飞行员们备战的信息留存不多。12月31日中午，魏尔特少校在瓦恩做了一次简单的介绍，飞行员们得知第三大队将由一架Ju 88领飞，要在树顶高度飞向目标。每位飞行员要对圣特雷登机场完成四轮攻击。

在SG 4基地南方约45公里，另一支部队也在准备1月1日的作战。这就是装备Bf 109G-6和G-8侦察机的第一近程侦察机大队第2中队。中队长科拉中尉后来写道："中队的任务是以各个双机编队在会合点加入低空飞行的战斗机联队并在攻击中拍摄照片。"汉斯·克拉文（Hans Klawen）中尉和哈拉尔德·莱曼（Harald Lehmann）少尉就是负责跟随SG 4和JG 2攻击圣特雷登的双机飞行员。莱曼少尉回忆："我们每个人都对德国战斗机

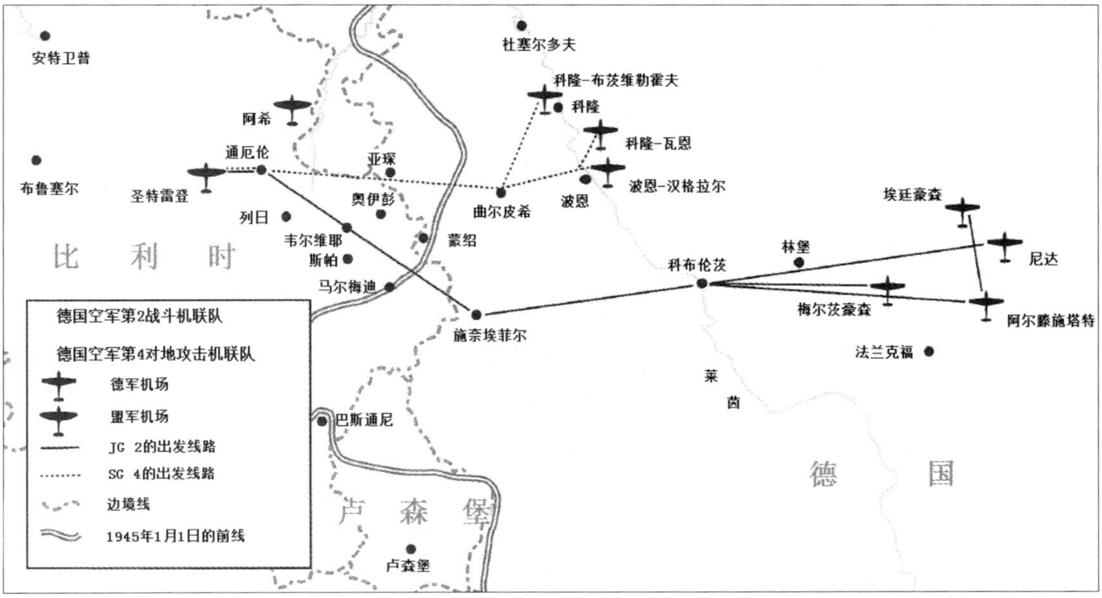

JG 2 和 SG 4 的攻击路线图。

和战斗轰炸机对荷兰比利时机场的大规模攻击充满热情。我们在12月31日收到了暗号，因此安静地度过了新年前夜。”

3.3 比利时东部圣特雷登机场，1944年12月

德国空军在1941年将圣特雷登机场扩建为一个永久机场。作为鲁尔区的门户，圣特雷登迅速成为了德国空军最重要的夜间战斗机基地之一。从1941年5月至1944年3月一直是著名的NJG 1第二大队的基地。此后直到1944年9月美军逼近，施瑙费尔上尉带领的NJG 1第四大队都是从这里出发猎杀夜空中的英国轰炸机。10月的头几周，美国第九航空队的两支作战单位进驻该处，它们分别是第404和第48战斗机大队，均装备P-47“雷电”战斗机。当时圣特雷登机场是最靠近前线的盟军机场，拥有混凝土跑道，可以收容作战中受损的轰炸机，而且最重要的是它得到了大量防空炮的掩护。

3.4 JG 2的攻击

德军JG 2的飞行员们在1月1日很早起床准备作战。地勤人员已经将Bf 109和Fw 190推到了机场边上，不能浪费一滴油。早晨8点过后不久，飞行员们收到了起飞命令。霍恩贝格回忆道：“大约在早上6点钟，大队长和我离开了我们在乌辛根（Usingen）的宿舍。我们的两位僚机飞行员已经在等我们了。我被指定驾驶涂有大队联络官标记的Fw 190D-9，这纯粹是巧合。我们在大约八点钟起飞，前面是两架Ju 88夜间战斗机。他们负责为我们做导航工作并要在接近前线的某个位置返航。我在大队长的四机小队中担当僚机，身后跟着的是我们的四个中队。”

第3中队的飞行员卡尔·切利斯尼希（Karl Tscheliesnig）上士刚起飞就发现自己的起落架无法收回，他降落在梅尔茨豪森，经过紧急维修后再次起飞追上了第一大队的编队。在赫尔德利奇卡上尉的率领下，第一大队的约30架飞机以松散V型编队飞向位于科布伦茨的集合点。

在尼达，施罗德上尉也在和他的手下准备即将开始的作战。他在早上5点到6点做了最后一次简报。每位飞行员都检查了口袋，以防被俘后可能会给敌军留下任何含有用信息的文件。首先出发的是联队司令部的Fw 190D-9。有报告指出这些飞行员加入的是另一个大队，可能是JG 2第三大队。最后在8时30分，20架第二大队的飞机集合在机场上空。两架已经在空中的Ju 88在编队前方按预定的航线出发。施罗德位于领头四机编队的左侧。剩下的16架飞机以四个四机编队飞行在相同的高度。飞了4分钟后，一架Ju 88调头离开，还好剩下的那架还可以继续带领编队。

西奥·哈特曼（Theo Hartmann）下士清楚地记得飞行的开始阶段：“迎着1945年1月1日的初光，我和我的战友们从尼达机场起飞，沿着一条向西的线路前往科布伦茨方向。我们在一架Ju 88或Ju 188夜间战斗机的后面飞行在非常低的高度。我还能记得这个是因为飞机上有像鹿角一样的天线。莱茵河至美因河段走廊的整个航线中，我们都遭到了己方高炮的射击。”

低空飞向科布伦茨的JG 2第二大队保持着无线电静默。在越过陶努斯山时，第5中队长保罗·明格斯多夫（Paul Müngersdorff）少尉看到了可能来自另一个大队的一架Fw 190坠机，没有人开口说话。

像前文提到的那样，第三大队分散在两个机场上。由莱姆克领导的大队司令部带着第11、12中队率先从埃廷豪森起

飞，与Ju 88导航机会合并前往阿尔滕施塔特加入另外两个中队。这时第9、10中队的“多拉”也开始陆续出动，突然一架战斗机脱离编队并坠毁在机场一角。飞行员奥托·维勒齐克（Otto Wylezich）军士长幸免于难，被送入医院治疗受伤的大腿。受到惊吓的第10中队其余飞行员升上天空，集结在Ju 88后面。完成集结的第三大队约28架Fw 190位于约460米的高度，跟随Ju 88向科布伦茨飞去。途中第11中队弗里茨·阿尔特佩特（Fritz Altpeter）下士的“黄色4号”遇到引擎故障起火，由于跳伞高度不足，飞行员和他的“多拉”战机一起坠落，当场身亡。

一个接一个大队来到了科布伦茨上空。赫尔德利奇卡的第一大队很可能是第一个抵达的，第三大队也差不多同时到来，因为两个大队的飞行员都看到了对方的编队。大约九点，全部三个大队飞临施奈埃菲尔山上空，一些飞行员看到了地面上的烟雾标记。在施奈埃菲尔山上空机群右转40度，继续飞向通厄伦和圣特雷登。第二大队的航线可能比另外两个大队稍微更偏西一点。

快到达前线时负责领航的Ju 88开始返回基地，然而不是所有的导航机都能回得了家。埃哈德·杜特曼（Erhard Düttmann）少尉的Ju 88G-1就遇到了麻烦，他遭到了美军第50战斗机大队第10中队飞行员约翰·金德（John W. Ginder）中尉驾机攻击。飞机坠毁于亨斯特巴赫（Hengstbach）附近，三名机组人员全部身亡，根据现有资料，其余的Ju 88都安全返航。

9时5分左右，JG 2的飞机越过位于马尔梅迪和许特根之间的前线，这时它们遭遇了盟军大量防空炮的热烈“欢迎”。这可以从飞行员们的描述中清楚地看出来，第2中队的维索拉下士回忆道：“当我们起飞后，起初看起来一切顺利。我们飞行在约300米高度。大概在马尔梅迪和奥伊彭（Eupen）之间的城镇处，我们越过了一座山，之后突然遭到一个装备四联机枪的美军高炮阵地的射击。之后的一切发生得太快了。我感受到了两三次冲击，座舱盖的前部被燃油覆盖。冒出的烟雾越来越多，发动机发出了粗暴的声响。由于不希望坠落，我决定跳伞离开飞机并抛掉了座舱盖。然而离开飞机没那么容易，我的大腿撞到了机尾。是时候打开降落伞了，我向下方的林地看了一眼，考虑落在何处。看了一眼我左脚的位置后，我觉得我的左大腿是断了，因为脚趾头是指向身后的。不过因为我的处境危急，我都没有感觉到一丝疼痛。降落伞缠在了一棵树顶上，把我吊在距离地面大概两米半的空中。我解开了身上的索具，脸朝下落在地上。用手枪打了几发子弹后，有人注意到了我。大概45分钟后美军士兵出现在我面前。他们把我带到了他们的营地，之后又送到奥伊彭的一家医院。”

实际上，从马尔梅迪至亚琛之间的整个区域都是盟军防空炮部队的重点保护地段，因此一架又一架德军战机被击落。让我们把视角转向高炮部队，以美军第531高射炮营为例，它的报告如下：

9时50分。在第30步兵师防区上空的两次空袭（0840-0848）（0900-0950）中，辨认出下列敌机：21架Bf 109，6架Bf 210，8架Ju 88，2架Ju 87和1架Fw 190。我营在与敌机的大量交战中消耗了1414发40毫米炮弹和30745发0.5英寸子弹。声称取得16个I类战果和5个II类战果。I类战果中包括13架Bf 109，2架Ju 88和1架Bf 210。II类战果包括4架Bf 109和1架Bf 210。敌机的行动被限制为低空扫射和侦察。第30步兵师和第11高炮集群得到了通知。13个

阿登战役中的美军车载四联防空机枪。

I类战果和3个II类战果得到承认。

靠近亚琛地区，美军第19军的高炮部队守卫着前线。1944年至1945年秋冬的埃菲尔山脚下，激烈的战斗在亚琛及周边的郊野爆发。惨烈的许特根森林战役正在进行中，战火也烧到了亚琛北部地区。数架JG 2的战机在这里折翼，只有少数坠机地点被找到，还有许多飞行员葬身在茂密且难以进入的森林。当最后一门炮熄火时，美军第九集团军已经打下了90架德机。让我们回到JG 2看看它遭到了高射炮怎样的折磨。

如上文所述，第2中队的维索拉是最早的受害者之一，他的“黑色8号”坠毁在奥伊彭附近，第一大队在前线上空至少因防空炮损失七架Fw 190。实际上第一大队的第一个受害人是候补军官理查德·施托坎（Richard Storkan），据报告，他的飞机坠落在埃尔森博恩附近，飞行员至今仍被列为失踪。第1中队还有两位飞行员损失于高炮火力，奥托·多斯特（Otto Dost）下士的Fw 190A-8“白色9号”被一发炮弹直接命中爆炸。飞机坠毁在奥伊彭东部数公里外，多斯特被美军埋葬在一处军人公墓中。赫尔穆特·布赖特韦格（Helmut Breitweg）下士的座机也被轻型防空火力击中，但是他幸运地在埃尔森博恩附近完成了一次成功的机腹着陆，随后成为了一名战俘，他驾驶的也是大队剩余不多的几架Fw 190A-8之一。

第2中队的胡贝特·许马（Hubert Schyma）二等兵也撞上了密集的防空火力，他的Fw 190D-9多次被击中。许马脱离编队并在韦尔维耶（Verviers）附近跳伞。同样来自第2中队的切利斯尼希的座机也在抵达韦尔维耶前被轻型高炮击中。他向左侧俯冲以避开炮火，却碰到了一棵树的树顶。飞机的引擎开始着火，因此他爬升到180米高并跳伞。飞机坠落在亚琛西南部。第4中队同样受到了防空火力的打击，中队长汉斯·艾森（Hans Eisen）少尉回忆道：“我们身前身后都是高射炮，我的中队被击中数架飞机。之后编队被完全打散了。”

损失者包括23岁的格奥尔格·威尔肯斯（Georg Wilkens）下士，他驾机在亚琛至列日之间飞行时高炮击中了引擎和机翼。飞机的引擎当即着火，他随后把飞机拉升到300米高并跳伞。他的“蓝色8号”坠毁在亚琛南部。威尔肯斯成为一名战俘，在1945年7月10日因病死于英格兰的一所战俘营。第4中队的维尔纳·皮斯克（Werner Piesker）三等兵和威廉·埃格特（Wilhelm Eggert）候补军官失踪。最后，第3中队的阿尔伯特·布特纳（Albert Büttner）二等兵可能也是在此区域失踪的。

格奥尔格·威尔肯斯下士（右）靠在第2中队的一架Fw 190上。

莱姆克的第三大队在几分钟后来到同一区域，它也因密集的防空火力损失约十架飞机。第10中队的西格弗里德·宾格（Siegfried Binger）下士几乎刚越过前线就被高炮击中，他跳伞逃出自己的Fw 190D-9，成为了一名战俘。第9中队的希尔伯特下士也在经过前线后被击中，他回忆道："在前往目标的途中我被高射炮射击命中，我的起落架坏了。我无法辨别我是被友军还是敌军高炮击中的。我认为是敌军高炮。我随后带着坏掉的起落架继续低空飞行，调头返回阿尔滕施塔特。在法兰克福附近，靠近博纳姆斯，发动机突然停转了。由于我的起落架坏了，所以我选择跳伞，但是由于高度太低，降落伞没有完全打开。我落在了一块冻土上，摔坏了脚，头上和脸上也受伤了。我得到了博纳姆斯一个假机场里的工作人员的照顾，约两小时后我被送到了在法兰克福的德国空军医院。"

实际上，希尔伯特算幸运的了。他不但活着，还没落到敌军手中。第三大队在此损失的其他飞行员就不是这样了。第10中队的恩斯特·克莱因（Ernst Klein）下士被高炮击落，坠机身亡在奥伊彭附近。第10中队的约瑟夫·佩沙克（Josef Peschak）上士很可能在同一个地区被击落，没有留下更多的信息，但是佩沙克幸运生还并成为一名战俘。第11中队也失去了两位飞行员。理查德·拉佩尔（Richard Ruppel）下士坠机身亡在蒙绍（Monschau）西北数公里处。威廉·舍尔瓦特（Wilhelm Scherwadt）二等兵更幸运些，他在自己的Fw 190D-9"黄色8号"被高炮击中后拉起飞机并跳伞，降落在奥伊彭附近被俘。

最惨的是第12中队，它在这里损失了四名飞行员。约翰·雅格（Johann Jäger）下士在亚琛西南约12公里远的隆特岑（Lontzen）附近被击落。虽然美军辨认出了他的遗体，他还是被以无名氏的身份葬在隆特岑当地的公墓。1947年，雅格的遗体被转移安葬在洛默尔（Lommel）的战争公墓。阿道夫·雷德利希（Adolf Redlich）下士失踪至今，他和他的Fw 190D-9"蓝色1号"无迹可寻。候补军士长弗里茨·舒勒（Fritz Schuler）坠机在奥伊彭以西约五公里处的巴伦（Baelen）附近，这位参加了52次作战任务并取得五次空战胜利的王牌飞行员就此失踪。最后，米夏埃尔·施皮斯（Michael Spiess）下士在马尔梅迪附近被击落，他的"蓝色12号"被击中时，飞行高度仅有十米。这位24岁的飞行员在坠机中生还，带伤住进美军的战地医院。和第三大队在一起的联队司令部也损失了一名飞行员，维尔纳·埃德尔霍夫（Werner Edelhoff）少尉在奥伊彭地区被击落。没有更多的报告可查，但是可以确信他成为了战俘。

现在就剩下航线稍微靠西的第二大队了，在马尔梅迪附近越过前线后，第二大队遭遇的防空火力似乎弱于另外两个大队，不过它也遭受了一些损失。第5中队赫尔穆特·博尔韦克（Helmut Bollwerk）下士的Bf 109G-14“白色14号”被击落后完全烧毁，飞行员被列入失踪者名单。第8中队的弗里茨·开普勒（Fritz Keppler）上士很可能也被盟军高炮击落，在马尔梅迪西北约八公里处的索尔布罗特（Sourbrodt）附近坠机身亡。第8中队长洛塔尔·卡贝（Lothar Kabbe）少尉也在越过前线后多次被高炮击中，他立刻调头往东，成功迫降在安德纳赫（Andernach）东部，几天后返回到尼达。

继续向西，第二大队在韦尔维耶附近再次遭遇炮火。开炮的是美军第602和第789高射炮营的炮兵连。第5中队的明格斯多夫少尉回忆道：“就在到列日前我们碰上了高射炮，它在列日上空的火力非常猛烈。我后来称这段飞行为‘列日地狱’！这块区域可能是V-1导弹的飞行路线。我在城市西边一点距离注意到一架燃烧着的梅塞施密特战机在坠落。”

鲁道夫·艾克林（Rudolf Aickelin）四等兵的Bf 109K-4“黄色13号”被直接击中坠毁，这位第7中队的飞行员之前在12月23日的一起降落事故中受了轻伤，这是他负伤后的第一次飞行，当场丧命。施罗德上尉的梅塞施密特也被防空火力击中了散热器，大队长成功以机腹降落在韦尔维耶附近。盟军第602和第789高射炮营在1月1日共声称取得七个梅塞施密特 I 类战果。

此时，JG 2的编队已经被完全打乱，对圣特雷登的攻击已经不可能成功。然而一些单飞或组成双机的小编队依然试图抵达目的地，其余的战机则选择攻击该地区其他有价值的目标。盟军汇报宣称JG 2的Fw 190使用空对空火箭弹攻击奥伊彭地区的地面目标，这些应该是第三大队装备W.Gr.21火箭弹的Fw 190。虽然被高炮打得元气大伤，JG 2所有大队的飞行员们依然没有放弃战斗。第一大队有一些飞行员攻击了一个机场，第4中队长艾森少尉回忆道：“当我们来到圣特雷登上空时，看到地面上有火光，在进行攻击时我们直接飞到了一个四联高射机枪阵地上方。我的飞机被多次击中，特别是在座舱盖上。结果我被迫在没有击中任何目标的情况下放弃攻击，并向基地方向飞回。”

赫尔德利奇卡的僚机飞行员霍恩贝格也完成了他的攻击：“在航线的某处，有一道烟雾信号标记前线的位置。越过前线和飞到目标上空期间我们都遭到了轻型防空火力的射击。在圣特雷登的飞机排成了数排。由于每次攻击仅在数秒钟内完成，无法估测敌机的数量，我们的注意力全部都要放在瞄准和射击上。而且我们还要用眼角观察高射炮的动向。我觉得地上绝大多数飞机都被击中了。第一轮攻击进展顺利。第二轮则因为烟雾和火光而造成了困扰。在第二轮攻击中我的垂直尾翼被击中。我转向了左侧并向德国飞去。正巧在攻击结束时，敌军战斗机来到了机场上空。”

第一大队司令部小队的维尔纳·霍恩贝格上士。

第二、三大队也有一些飞行员攻击了机场。第二大队至少有数个四机小队对一个机场发动了攻击，但是遭到了机场防空火炮的猛烈打击，之后德军飞行员更是与盟军战斗机展开空战。格尔哈德·奎伦格塞尔（Gerhard Querengässer）候补上士当时率领着第8中队的一个小队："我们遭到了机场东侧防空火力的射击，不过它瞄准的点太高了。我和我的小队一起攻击了机场的南部，那里的飞机明显正在加油。完成此次攻击后，我猛地转向左侧并注意到只有我的僚机赖因霍尔德·乌费尔（Reinhold Ufer）下士还跟着我。我们尝试完成第二次攻击，却遭到了从西方2000米高处俯冲下来的'野马'的攻击。他们的数量优势迫使我们放弃攻击并沿低空朝南航线飞回基地。"

候补军士海莫·冯·格雷布默（Haymo von Grebmer）驾驶着第9中队一架携带21厘米火箭弹的Fw 190D-9："我和我的战友们一起逼近目标圣特雷登机场，并用21厘米火箭弹和机炮对地面上的飞机进行了两到三次攻击。"

几乎所有声称攻击了圣特雷登机场的JG 2飞行员都提到了盟军战斗机，特别是"野马"的存在。大量飞行员在返航后报告在空战中被盟军战机击伤。然而在1月1日没有一架盟军战斗机活动在圣特雷登上空，圣特雷登机场自身的报告也显示它遭到了来自JG 4的八架Fw 190和Bf 109的攻击，其中数架德机被防空炮击落，它们全都属于JG 4而不是JG 2。以此判断，很明显绝大部分JG 2飞行员攻击的是阿希（Asch）和奥普霍芬（Ophoven）机场，而不是圣特雷登。当时，美军第352战斗机大队的P-51和第366战斗机大队的P-47曾出现在这些机场上空。第4中队的一架Fw 190D-9就在阿希南边被击落，这更是证明了该结论的正确性。这架飞机可能是被阿希的防空火力或一架美军战斗机击落，飞行员未能生还。现在剩下的就是一段返回法兰克福的漫长旅程了，天空中依然充满了杀机。

完成攻击后，第一大队的Fw 190D-9调头往东撤退，霍恩贝格回忆返航时说道："第一次被击中后我的飞机马上又被打中第二次。在我眼前上演了真实的烟火秀。我全速进行低空飞行。在山区越过一个村子时，我被大量爆炸的炮弹包围了，其中一些击中了街道和房子。天空充满了曳光弹划出的光轨。我刚离开村子就再次遇到了同样的情况。我的发动机被直接击中，我关掉了点火器并准备进行迫降。发动机慢慢地停转了，螺旋桨则继续转了几圈。在我面前是一块栅栏围起来的牧场，再往前好像是一个山谷。我没法飞到那么远，因此我冒险将飞机向地面降下，试图碰到一些栅栏以缩短滑行的距离。然后我滑到了一个美军防空阵地里，扬起的泥土和小石块落在了我的飞机上。几秒钟后一切安静下来，危险结束了，我的战俘生涯开始了。美军士兵围了上来，看上去既不友善也无敌意，可能是有一点好奇。宪兵把我带上一辆吉普车送到一座房子里。一位少校在一名翻译的协助下在那里问我话，没有什么可说的。审讯的过程很文明。我的下一站是营地里的一个帐篷，里面已经有很多当天早上被击落的飞行员。大家的情绪都挺好的，可能是因为他们意识到自己已经熬过了这场战争。"

击落霍恩贝格的是美军第430高射炮营B连。9时35分，他的Fw 190D-9迫降在多夫（Dorff）的村子附近。第一大队的另外三位飞行员就没这么好运了，他们都阵亡在许特根森林东南地区。他们的飞机落在了德军战线后方，不清楚他们是否殒命于返航途

两位美军士兵在检查维尔纳·霍恩贝格的Fw 190D-9，这里距离击落他的防空阵地不远。

中，但是从坠机地点和时间上来看是这样。9时30分，第3中队的三等兵弗里茨·布舍尔（Fritz Büscher）在梅谢尼希（Merchernich）西南坠机身亡。第3中队的弗朗茨·德沃劳克（Franz Dworak）二等兵也在这块地方阵亡。最后，第4中队的埃尔温·卡策尔（Erwin Katzer）下士死于在埃克斯（Eicks）附近的坠机。只有少数第一大队的飞行员直接回到了梅尔茨豪森。

第二大队在返航途中遇到了不同的麻烦。第5中队长明格斯多夫回忆道："返航途中我遭到了敌军战斗机的攻击。无线电和发动机被击毁，我不得不在科隆和波恩之间的戈多尔夫（Godorf）迫降。我的僚机埃尔温·科尔曼尼奇（Erwin Kolmanitsch）下士降落在了尼达。我们可能遭到了'野马'的攻击。"

第6中队的哈特曼下士在飞向圣特雷登途中已经遇到了好几个问题。因为供弹装置故障他无法开火，更糟的是他的无线电也是坏的。他继续飞行并以手势与施罗德上尉交流，指出他的飞机有两个系统无法启动。施罗德上尉也以手势告诉哈特曼和编队在一起要比一个人飞回去更安全。所以哈特曼参加了攻击却未发一弹。他的归途同样是危险的："我调转机头，向南方的前线飞去以回到我军领土。由于无线电和武器都有问题，我无法进行空战，因此我保持在不到十米的超低空向法兰克福地区飞去。我觉得驾驶一架没有武器和无线电的飞机非常不方便。地面的雾气迫使我降落在格里斯海姆（Griesheim）机场，而且我的油也要用完了。我向飞行控制中心报告并马上被审问我来自哪里和我的任务是什么？他们知道底板行动的存在。参加审问的有军警和穿着平民服装的人，可能是秘密的战地警察。我当时相当害怕，因为士兵们会因为最轻微的不当行为而被粗暴地遣送到在苏联的空军野战师。”

他的Bf 109G-14马上被检查，很快在引擎罩下找到了工具，检查发现连接机炮和无线电的电线没有被接上。哈特曼认为这只能是由于12月24日对尼达的空袭导致机械师紧张而犯错。他们可能是忘记了彻底检查他的飞机。不过还是有三位机械师被送去了一个空军野战师。同样只有少数飞行员直接飞回了尼达。奎伦格塞尔就是其中之一，他回忆道：“当我降落下来时，我和乌费尔下士是仅有的两位回到尼达的飞行员。我的飞机被击中了左翼和水平尾翼。晚上我得到通知，我的僚机开普勒上士可能被高炮击落了。”

实际上还有其他一些飞行员也回到了尼达，其中就有第5中队的赫尔穆特·瓦格纳（Helmut Wagner）少尉。虽然在对一个机场的袭击中被高炮击中负伤，他还是将受损的Bf 109G-14飞了回来，他被送进了第二大队的医护站。

第三大队似乎是以更靠东的航线从阿希—奥普霍芬地区返航。第10中队的克里斯特弗里德·克莱门斯（Christfried Clemens）少尉和他的Fw 190D-9一起坠毁在米伦（Millen）附近。德方的报告显示他被盟军战斗机击落。他很可能是被皇家空军第610中队的托尼·加泽（Tony Gaze）上尉击落。加泽在8时50分从奥普霍芬机场起飞进行巡逻，返航时看到基地遭受了攻击：“我独自一人返回到基地，惊讶地看见数架飞机和燃料库着了火。我将飞机转个身，看见一群超过30架Fw 190和Bf 109从低空飞来。不过因为我们的飞行方向相反，当我把飞机转回来开始追击时他们已经飞走很远了。很快我注意到有八架Fw 190D在更好的位置，所以转而跟着他们。我在越过马斯河后追上了他们，但是由于他们的高度太低，气流影响到了我的射击。过了一会儿他们越过了一个树林，当他们把飞机拉起来时我可以很好地向一架飞机射击，扯下了它的襟翼和一个起落架。它随后高速坠地。我又追了一会儿另外几架飞机，考虑到已经进入德国领土且敌众我寡，我爬升脱离。我被德军高射炮一路追到了河边，然后在过河后又被美军的高炮射击。于是我与一架‘野马’组队飞行，他们这才停止了射击。”

第三大队还有一位飞行员在同一地区被击落。这就是第12中队长弗里茨·斯沃博达（Fritz Swoboda）少尉。这位原第11中队飞行员刚完成了在战斗机部队指挥官学校的课程，并在12月27日被任命为第12中队长。1月1日指挥中队的他可能是在低空飞行时被高炮击中，斯沃博达试图避开一排杨树，但是他的一侧机翼撞上了一棵树，那架Fw 190D-9翻身坠毁在瓦森贝格（Wassenberg）以西约一公里处。斯沃博达当场丧命，遗体被德军第176步兵师发现并葬在瓦森贝格当地的公墓。

第10中队的马丁·恩格（Martin Enge）少尉的Fw 190D-9“黑色9号”坠毁在维斯基兴（Wisskirchen）西南约两公里处，飞行员未能生还。他可能也是死于美国第九集团军高炮部队之手。最后，雅斯佩尔·冯·施利芬（Jasper von Schlieffen）下士在返航途中完成迫降，他受了轻伤，Fw 190D-9座机50%损坏。

只有少数飞行员回到了埃廷豪森或阿尔滕施塔特，其中之一是冯·格雷布默，他回忆道：“返航途中我还攻击了一支卡车队。我无法辨认攻击的效果如何。为了确认位置，我们降落在一个机场，它的名字我不记得了。我们马上再次起飞并降落在阿尔滕施塔特。”

JG 2在下午算好了账，很明显损失非常惊人。位于梅尔茨豪森的第一大队汇报损失18

架Fw 190，还有六架被高炮或敌军战斗机击伤，占出动比例的73%。至少15名飞行员失踪，其中六人成为战俘，一名飞行员被防空炮击伤。第二天，大队报告仅剩14架Fw 190可以出动。第二大队损失五架Bf 109，另有三架受损，是参与行动兵力的40%。四名飞行员失踪，一人受伤，失踪的飞行员中仅大队长施罗德上尉成为战俘。联队司令部的三架Fw 190D-9损失一架，飞行员被俘。第三大队损失最惨，莱姆克中尉报告有19架Fw 190被摧毁，三架受损，占出击兵力的79%！九名飞行员丧生，四人被俘，二人受伤。第10中队受到了特别沉重的打击，它有五位飞行员失踪，一位负伤。

JG 2没有详细的战果记录，但是显然战果极为有限。仅有少数飞行员抵达盟军机场，而且那还不是预定的攻击目标圣特雷登。此战之后，JG 2第二天报告仅剩28架战机可用，对于曾经无比“辉煌”的“里希特霍芬”联队来说这是一个极低的数字。

3.5 SG 4的攻击

SG 4第三大队的飞行员自早上六点半就已经处于预警状态，地勤人员设法整备好16架Fw 190F-8参加底板行动。起飞时间定在8时45分至50分，大队先要在机场上空完成集结，随后赶往波恩北方两公里处与SG 4联队司令部和第一大队会合，会合时间定为8时57分。编队之后要继续向西前往曲尔皮希（Zülpich）西北方五公里处，第二大队将于9时3分在那里加入大部队，之后整个SG 4就直奔圣特雷登。

然而在起飞前第三大队就遇到了麻烦，室外气温降到零下十度，大队要求的发动机加热器迟迟没有到来。好几台BMW发动机启动时遇到问题，四架Fw 190的发动机完全无法启动，这样大队的出发时间被迫延迟。最终在8时53分，约12架Fw 190F-8开始起飞。其中两架在起飞后不久就立刻返航。第8中队的赫尔曼·戈特沙尔克（Hermann Gottschalk）下士因为发动机故障而将他的“黑色11号”机腹降落在瓦恩。第7中队的一位飞行员也因为飞机的油压降到零而返回了瓦恩机场。

大队长魏尔特少校继续带着剩下的十架Fw 190赶往波恩附近的集结点，然而前往阿希的JG 11庞大编队挡住了他们的线路。为了防止撞到友机，魏尔特压低飞行高度进入一片厚重的地面雾气层中。他的半数飞行员立刻与队长失去了联系，其中一些人选择加入JG 11，另外一些则自主向西前行。发现为了规避JG 11编队而浪费宝贵的时间后，魏尔特决定带着剩下的四架飞机直接前往曲尔皮希加入SG 4的其他大队。在该城东部不远处，两个编队的约25架Fw 190F-8正在盘旋。魏尔特认为它们是第一和第二大队的飞机，甚至还认出了部分第二大队的飞机。它们从9时5分一直盘旋到9时15分，这意味着SG 4实际上已经比原计划晚了12分钟了。9时15分，三架Fw 190向东飞去，魏尔特相信那是SG 4联队司令部小队，所有其他Fw 190都保持一定距离跟着这个小队。魏尔特猜测作战可能是被取消了，但是他还是和自己的僚机留在那里，试图用无线电与联队地面指挥中心联系。魏尔特询问是否发布了代表取消作战的暗号“晚收”，但可能是因为飞行高度太低，他没有得到任何回应。9时20分，魏尔特也开始返航，经过汉格拉尔时他可以看见一些第一大队的飞机处于着陆姿态。魏尔特和第三大队的其他四位飞行员降落在瓦恩机场，并立刻向联队司令部报告自己的归来。

事后证明SG 4试图集结一个大编队的努力完全失败了。

顶尖的对地攻击机王牌阿尔弗雷德·德鲁施尔，德国空军显然希望他能扭转SG 4近期的颓势，可结果并不遂人意。

JG 11的编队在同一时间横穿了SG 4在曲尔皮希的航线可能是造成混乱的最大原因。不过还有其他错误发生，魏尔特看到的向东飞的三架飞机不是他所认为的联队司令部小队，更可能是施托尔贝格指挥的第二大队司令部小队。SG 4司令部和第一大队在更偏西的地方盘旋，当第二大队向东飞的时候，第一大队似乎也跟着放弃了行动。最终，仅有联队长德鲁施尔上校和他的僚机以及第三大队与队长失联的另外五名飞行员继续飞向战场。

德鲁施尔从曲尔皮希继续向圣特雷登西行。他将在许特根附近越过前线，一些美军防空部队驻扎在亚琛地区，所有的炮兵连在看到低飞的德军战斗机时都选择了开火。许特根附近的是第445高射炮营装备40毫米博福斯高炮的炮兵连，他们开始射击，并在接下来的半小时里宣布摧毁了七架德国战斗机。德鲁施尔的座机极有可能是其中之一，他至今仍被列为失踪。

现在，还剩下继续执行作战任务的五位第三大队飞行员。第8中队的候补上士格奥尔格·里施比特（Georg Rischbieter）和他的僚机汉斯·施米德尔（Hans Schmieder）军士长也在亚琛附近被防空炮击中。施米德尔的飞机被轻型防空火力击中机翼和引擎，由于引擎剧烈震动，他向东调头试图返回德军防线。但是因为飞机无法继续坚持，他爬升到125米高并在盟军战线内跳伞。里施比特的Fw 190被高炮击中了引擎、机身和机翼，他当即返航并安全降落在瓦恩机场。

第7中队的理查德·海因茨（Richard Heinz）上士可能与JG 11一起继续进行作战，他最终在亚琛附近被击落丧生。第9中队的鲁道夫·罗斯（Rupert Rose）和鲁道夫·菲（Rudolf Fye）两位上士组成的双机加入了JG 11的队列，他们来到了阿希机场上空。罗斯完成了一次攻击并声称击伤了一架“野马”。攻击完成后，他们的双机遭到了美军第366战斗机大队的四架“雷电”追杀。两位飞行员都钻进了云层中并失去了联系。菲的Fw 190F-8“棕色12号”最终被击落坠毁在一条公路附近，他的遗体被埋葬在坠机地点。罗斯则逃离了P-47的追杀，他甚至还击中了其中一架“雷电”，并于10时10分安全降落在瓦恩机场。

结果，超过50架Fw 190F-8中，只有六架执行作战，其中四架还没能回来。不过，没有什么能和失去德鲁施尔这位顶尖的对地攻击机飞行员相比。多恩布拉克少校当天接管了SG 4并带领着联队参加了在西线的最后几次作战，从1月中旬起联队转向东线作战。

最后，在应该参与SG 4攻击的两位第一近程侦察机大队第2中队的飞行员身上发生了什么呢？莱曼生动地描述了他的那次作战：“我在8时35分起飞，克拉文中尉是我的僚机。这是我的第三次作战任务。我们得到的命令是和超过400架战斗轰炸机、Fw 190D-9、Fw 190A和Bf 109G结伴飞行，攻击哈瑟尔特（Hasselt）西部的一个大机场。我们要为这次攻击拍照。时间和集结点是九点整在科隆。我们低空飞向科隆。我发现自己的无线电设备坏掉了，我不能再与克拉文中尉联络，也不能接收来自地面指挥所的信息。又过了一会儿我的罗盘不能用了。这是一大打击，因为这意味着在一次空中格斗后我很容易会找不到方向。不过我还是继续前进，没人希望错过这次重要的作战。那些战斗轰炸机在九点整到来了，超过400架，多么壮观的景象！德国空军还没有被消耗殆尽。现在我们知道这是错误的，但是当时我们没有意识到这点。我们跟在编队的后面并降低到10至20米高度向西飞去。抵达马斯河，我们看见左边出现了第一批爆炸，其他的部队已经在攻击他们的目标了。当看到数架飞机被击落时，我的身体在颤抖。敌军的防空火力是恐怖的。我们继续飞行着，越过马斯河后飞机上的Rb 20/30和Rb 50/30相机已经在拍照了。再过几分钟我们就要到那里了，就是那里！当战斗轰炸机们用炸弹和火箭弹攻击机场时，克拉文中尉和我使用应急动力爬升到1200米高度。不久只剩下克拉文和我还在敌机场上空。敌军的高射炮向我们集中火力。我们以应急动力两次飞越机场，照相机在不停地拍照。现在我们再次向东前进，留下身后一片大火、爆炸和废墟。在马斯特里赫特（Maastricht）上空我们突然遇到了密集的防空火力。我们爬升到云层中并失去了联系。我向东飞行，穿出云层后冲向明亮的太阳。在杜塞尔多夫上空，我向下穿出云层并顺着莱茵河谷返回基地。降落时我看到卡拉文中尉也回来了。大家都安全返航了，这是一个巨大的成功。”

400架战斗轰炸机的景象明显是被夸大了。莱曼少尉不记得有看到任何混乱情形发生，所以他的双机可能也是加入了JG 11的编队并目睹了他们对阿希和奥普霍芬的攻击。而且1月1日奥普霍芬的航拍照片也很可能是克拉文和莱曼拍摄的。发生大火和爆炸的可能是奥普霍芬的油库，它在JG 11的攻击中被点燃。

3.6 总结

JG 2和SG 4的攻击行动毫无疑问是完全失败的，JG 2在阿登上空被密集而准确的防空炮火击溃。43架飞机被摧毁，12架受损。实际上，JG 2在这次作战中失去了半数的攻击部队。选择越过马尔梅迪和亚琛之间的战区是一个代价甚高的错误。SG 4则实际上没有执行攻击任务，看看之前几周的作战就不应该对他们有任何期待。训练不足和糟糕的领导使得作战行动在真正开始之前就被取消了。

第四章 JG 3攻击艾恩德霍芬

4.1 JG 3的战前状态

德国JG 3“乌德特”联队是与JG 1和JG 2成立于同期的老牌战斗机联队。作为法国战役、不列颠战役、巴巴罗萨行动、斯大林格勒战役、库尔斯克战役等主要战事中的王牌部队，它立下了显赫的战功。随着1943年本土防空吃紧，JG 3的全部四个大队从东线和南线调往西线参加帝国防空战。在1943年6月至1944年5月的本土防空战中共击落超过700架盟军战机，其中第四大队更是因突出的表现被选中改造成采用特别战术及装备专门拦截美军轰炸机的突击大队。

在1944年5月29日联队长弗雷德里希·卡尔·穆勒（Friedrich-Karl “Tutti” Müller）少校死于降落事故后，海因茨·巴尔（Heinz Bär）少校接管了该联队。盟军登陆诺曼底期间，巴尔的JG 3司令部驻扎在法国。指挥了来自不同联队的几个大队后，司令部在1944年9月返回德国接管参加帝国防空战的JG 3诸大队。第二大队是个例外，它在1944年11月25日被撤出前线改名为JG 7第一大队，将要装备Me 262喷气式战斗机。12月初新的第二大队得以重建，核心成员来自KG 1第二大队。但是这个大队直到1945年2月初才能够投入战斗，因此联队能够参战的只有第一、三和四大队。首先简要回顾一下各个大队在1944年秋天的作战。

在六月底从法国撤离后，第一大队转移到居特斯洛并接手了一批Bf 109G-6/AS子型号。七月被用来训练新来的飞行员，月底大队再次投入到帝国防空战的舞台。他们在八月参加了大量作战，主要是守卫石油工业设施。总体来说，损失高昂而战果却乏善可陈。九

JG 3 联队长海因茨·巴尔少校从一次作战中归来。

月，大队在市场花园行动中支援了德军的防御战，之后在9月27日重回本土防空岗位。此时，大队已经降至只有30架作战飞机和不超过九名做好战斗准备的飞行员。不过和许多其他本土防空大队一样，第一大队没有被撤离前线并弥补其损失，而是继续参加战斗。在十月，该部只参加了有限的几次作战。大量新飞机和新飞行员在11月初到来，大队的力量达到顶峰，共有以Bf 109G-14/AS为主的80架Bf 109和64位飞行员。然而，11月和12月初的行动使大队再遭重创，损失了约43架Bf 109，还有22架受损。22名飞行员阵亡，包括两位大队长，还有八名飞行员受伤。战果相当可怜，仅在12月12日取得了一定成功，第一大队攻击了一支无护航的“兰开斯特”编队，宣称击落13架轰炸机。

12月16日，第一大队驻扎在帕德博恩（Paderborn）机场，大队现在由阿尔弗雷德·塞德尔（Alfred Seidl）中尉领导。塞德尔已经获得了30次空战胜利，全部在JG 53期间赢得。下属四名中队长也是相当成功的飞行员，分别是18次空战胜利的第1中队长弗里茨·姆罗策克（Fritz Mrotzeck）少尉，38次空战胜利的第2中队长瓦尔特·勃兰特（Walter Brandt）少尉，22次空战胜利的第3中队长西奥多·凯泽（Theodor Kaiser）少尉，37次空战胜利的第4中队长弗兰茨·鲁尔（Franz Ruhl）少尉。其中，勃兰特和鲁尔都已经获得了骑士十字勋章。大队在新驻地的第一次作战发生在12月17日，宣称击落两架P-47，但是姆罗策克在作战中失踪，凯泽也因伤住院。在失去了两位中队长后，由于队内没有其他经验丰富的军官，塞德尔不得不让阿诺德·布林格曼（Arnold Bringmann）上士和西奥多·施米特（Theodor Schmitt）上士这两名军士分别代理第1、3中队。12月24日的战斗让情况变得更糟，广受欢迎的第4中队长鲁尔在阿登上空被击落失踪。接替他的是在12月底刚来到第4中队的弗雷德里希·哈迈斯特（Friedrich Hameister）军士长，然而他并没有作为战斗机飞行员的作战经验，这清楚地表明了德国空军此时极度缺乏有经验的编队指挥官。不过，第一大队的霉运还没完，第二天勃兰特就在一次起飞事故中负伤，这样第一大队的四名中队长将全部是士官。12月下半月的损失令第一大队的力量进一步缩水，至12月31日夜，第一大队报告仅剩30架Bf 109，其中22架可用。全部35名飞行员中，仅18人完全做好作战准备，另外14人部分完成战备。

1944年8月31日，第三大队在卡尔·海因茨·朗格尔（Karl-Heinz Langer）上尉的率领下从法国撤回德国。大队处境凄凉，只剩下少数飞行员从法国归来。9月22日，大队终于撤出战斗。10月初，大队残部集合在诺德豪森（Nordhausen）东南约34公里外的埃斯佩斯泰特（Esperstedt）。它在西线三个月的作战期间损失惊人。至少56名飞行员在作战中阵亡，这几乎是一整个大队的飞行员数量，还有23人负伤和四人被俘。除了大队长和三名中队长外，仅五名飞行员毫发无损地返回。接下来的数周时间里，新的第三大队围绕着这些人开始重建，接收了70架全新Bf 109G-14和刚训练完毕的飞行员。各中队指挥官分别是：28次空战胜利的第9中队长奥斯卡·齐默尔曼（Oskar Zimmermann）少尉，15次空战胜利的第10中队长汉斯·乌尔里希·容（Hans-Ulrich Jung）少尉，26次空战胜利的第11中队长雷蒙德·科赫（Raimund Koch）上尉和20次空战胜利的第12中队长埃伯哈

1944年6月10日，第三大队的飞行员们在法国留影，其中只有少数能够从诺曼底战役中归来。

德·菲施勒·格拉夫·冯·特勒贝格（Eberhard Fischler Graf von Treuberg）中尉。

11月2日，第11中队遭受一大损失，中队长科赫在一次训练飞行中被僚机冲撞，两名飞行员全部殒命。在继任者到来前，库尔特·克莱门斯（Curt Clemens）上士将代理中队长一职。11月24日，大队宣布完成作战准备，转移到卡塞尔西北方的沙赫滕（Schachten）机场。12月2日的第一次作战中就损失了六架Bf 109，四名飞行员阵亡，其中包括刚上任的第11中队长卡尔·海因茨·维勒克（Karl-Heinz Willeke）少尉，两人负伤。大队的45架Bf 109于12月16日前往帕德博恩东北几公里外的巴特利普施普灵格（Bad Lippspringe）机场。第二天，大队执行第一次支援阿登攻势的作战。12月17日至31日，第三大队有15名飞行员阵亡，6人负伤，25架Bf 109被摧毁，13架受损。至12月31日，第三大队仅剩24架Bf 109，其中17架可用，44名飞行员中只有26人可以参加1月1日的底板行动。

第四大队也就是所谓的“突击大队”，装备Fw 190A-8/R2重装甲战斗机。它参加了1944年夏秋两季的帝国防空战。大队在10月执行了少量作战，该月还接收了大量全新的Fw 190战机。11月2日，突击大队声称摧毁21架B-17，但是自身有至少十名飞行员阵亡和五人负伤。阵亡者中就包括击落过22架四发轰炸机的第14中队长维尔纳·格特（Werner Gerth）中尉，他是突击大队最优秀的飞行员之一。因为惨重的损失和燃料的短缺，大队在该月剩余时间不再参战。11月19日，大队转移到帕德博恩西南约25公里外的斯托姆德（Störmede）。12月2日，第四大队执行了下一次对抗美军轰炸机的行动，成功逼近美军第2轰炸机师的编队。声称共击落22架B-24轰炸机。之后，该部在与P-51的交锋中损失八架Fw 190，四名阵亡的飞行员中有第16中队长威廉·埃里希·福尔克曼（Wilhelm-Erich

Volkmann）中尉。12月5日，大队长威廉·莫里茨（Wilhelm Moritz）少校因精神压力过大而离开大队，替换他的是胡贝特·约克·魏登哈默尔（Hubert-York Weydenhammer）上尉。

12月16日下午，大队转移到居特斯洛机场。从这里出发，大队将负责支援德军的阿登反击战。接下来几天他们击落了八架盟军战斗机，损失五架Fw 190，飞行员一死一伤。12月23日，天气明显改善，盟军航空兵全力投入到战斗中。第四大队在11时20分起飞。在波恩西部飞行时，大队拦截了一个B-26双发轰炸机组成的编队并声称击落30架盟军飞机，大队仅损失六架飞机和两名飞行员。第14中队的飞行员格尔哈德·莱普霍尔茨（Gerhard Leipholz）写道："23日，我们在前线上空执行一次作战并遇到了一个由30架美军双发轰炸机组成的编队，没有护航战斗机。几分钟后它们全部在地面上燃烧着。我击落了其中两架飞机。圣诞前夜，加兰德访问了我们并说我们是西线最成功的战斗机大队。"

这是第四大队在1944年的最后一次大获全胜。德国空军共声称击落72架B-26，实际美军损失了42架B-26，并有182架受损，其中一些再没有起飞过。美军第9轰炸机师的指挥官安德森将军为如此巨大的损失而感到震惊，请求第八航空队和英国空军轰炸机司令部对德国空军机场展开攻击。他的请求得到许可，德军机场在12月24日遭受空袭。24日，JG 3第四大队在盟军占领区上空攻击了一个B-17编队，声称击落至少八架"飞行堡垒"。大队损失六架Fw 190，一名飞行员阵亡，五人跳伞后被俘。不久，大队又卷入到和一群英国"台风"战斗机的空战中，四架飞机被击落。第13中队长沃尔夫冈·科斯（Wolfgang Koss）上尉在战斗中失踪。12月25日，在一次类似的作战中，大队声称击落一架B-24和

JG 3 第 14"突击"中队在 1944 年末的留影，中队在 12 月 23 日当天击落了六架 B-26。

四架P-47。不过在攻击B-24编队时，大队长魏登哈默尔在列日附近被击落失踪。第16中队长西格弗里德·穆勒（Siegfried Müller）少尉暂时代理大队长职务。

12月的最后几天，大队在前线上空还执行了几次作战，战果不多。又损失了九架Fw 190，七名飞行员阵亡，其中之一是第14中队长戈特哈德·格劳比格（Gotthard Glaubig）少尉，中队里比较有经验的军官卡尔·海因茨·冯·登施泰嫩（Karl-Heinz von den Steinen）少尉接替了他。至12月31日，大队的实力已经缩减为30架Fw 190，其中19架可用，约46名飞行员中有33人可以参加作战行动。

4.2 荷兰艾恩德霍芬机场，1944年12月

盟军在1944年9月18日占领了艾恩德霍芬机场（B-78），当时机场的设备还相当完善。匆忙撤离的德军没有时间在那里埋雷。军需官们在9月21日来到机场。一天后即9月22日，皇家空军第124联队的两个中队进驻此地。中队位于机场的西北区域，他们做的第一件事情就是确保飞机尽可能地分散放置。这些第二战术航空军的战士们对这个原德国空军机场相当满意。这里有宽裕的疏散区跑道、坚固的据点、砖砌建筑、甚至还有中队营房。不久后，联队的另外两个“台风”中队也来到这里，这样第124联队完成了集结，包括第137、181、182和247中队。

第124联队长诺思·刘易斯（C.D.North-Lewis）中校描述了1944年末联队的状态：“联队在1944年9月从布鲁塞尔转移到了艾恩德霍芬，包含四个中队：第181、182、137和247中队，各拥有20架携带火箭弹的‘台风’。此外，还有一架‘奥斯特’和我在战役期间获得的私人‘飓风’一架。由于我们是艾恩德霍芬的第一批驻军，联队疏散得相对较好，我的联队司令部设在被一大块护墙围绕着的一个小房子里。除了第83大队的第124联队以外，那里还有另外两个联队：第84大队的加拿大轰炸型‘台风’联队和第83大队的‘喷火’侦察联队。这些联队都没有很好地疏散，加拿大‘台风’联队实际上在机库前排成了一条线。艾恩德霍芬此时只有一条柏油跑道，草地区域坑坑洼洼的。第124联队的军官们已经计划好在12月31日举行一场盛大的元旦晚会。然而到晚会举行时，我们的损失有些严重，联队全力参与到反击几天前德军在阿登地区发起的攻势中，我们失去了查尔斯·格林（Charles Green）上校和四位中队长中的三人。他们的继任者到1月1日都还没来，因此只有一位指挥官和我来指挥整个联队。尽管如此，在我记忆中所有人都在元旦前夜度过了尽情狂欢的时光。”

第137中队的装配维修工戴斯蒙德·谢泼德（Desmond Shepherd）二等兵回忆道：“我们的飞机是发射火箭的‘台风’，我想我们的疏散区是在机场的半道上一块与我们联队其他三个‘台风’中队共用的地方。在跑道的尽头是三个加拿大中队，我相信有一个携带炸弹的英国‘台风’中队。在泽尔斯特（Zeelst）那头是三个摄像侦察‘喷火’中队。有大量别的飞机来访此处——观测机、运输机和其他迫降后在维修中的飞机。机场上满是飞机，没有疏散而是几乎翼尖碰着翼尖。在战争的这一后期阶段，我们并不真地预计会有一次大规模的敌军空袭。”

第143联队也在该机场进驻了四个“台风”中队：第168、438、439、440中队。这些加拿大人把家安在

1944 年的荷兰艾恩德霍芬机场，英军第 124 联队的“台风”在钢铁跑道上滑行。

了机场的东南区域，他们的飞机疏散区正对着原先德军的机库。第168中队长兰伯特（L.H.Lambert）少校刚从英格兰回到这里：“我在12月31日晚上从英格兰回来，由于天气原因不得不搭了个便车返回。有个小型聚会正在进行中，但是疲惫的我在半夜上了床，不过没人真的有心思搞一次大派对，因为每个人都对巴斯通尼突出部的情况感到颇为紧张。大家认为德军可能会突破，除非天气放晴，我们就可以向地面部队提供从诺曼底开始一直可以提供的那种空中支援。”

由于艾恩德霍芬机场规模很大，它还容纳了第39（侦察）联队的三个中队：第400、414和430中队，装备“喷火”和“野马”。他们搬到了机场的东北边，沿着未被使用的跑道。由于空间有限，他们的飞机只能排成一条线。由于几乎没在机场上空见到过德国空军，这么做也没什么好担心的。

除了这三个联队外，还有第403维修后勤部队和一些运输机、联络机在此活动。他们都位于东西走向的废弃跑道尽头。此外，有一些“波士顿”、一架“哈德森”、一架“飓风”和至少一架B-17紧急降落后在进行修理。艾恩德霍芬，特别是第143联队所在地，成了底板行动德军目标中最为拥挤的机场。

底板行动前的几个月里，驻扎在艾恩德霍芬的飞行员们为支援地面作战、战术侦察和炮兵侦察作战而忙碌。不需要出动的时候，飞行员们就享受着开吉普赛车的乐趣。至11月，欧洲大陆迎来了特别寒冷的一个冬天。在最极端的天气条件下，希特勒在12月中旬发动了阿登战役，艾恩德霍芬的中队们积极投入到阻止德军挺近的战斗中。为了强化对V-1导弹的防御，部分高炮部队被向南调离，不过还是有四个皇家空军地面团下级中队守卫着机场。他们装备着博福斯高炮和布伦机枪，分别是第2703、2773、2806和2817中队。新年前夜，艾恩德霍芬的绝大部分将士们在享受盛大的聚会，期盼着战争快点结束。

4.3 为新年突袭的准备

NJG 101之中，第3中队霍尔斯特·特施克（Horst Teschke）三等兵的日志记录了一些关于第一大队的备战细节。他将成为JG 3第一大队导航的Ju 88机组成员之一。12月6日，这个机组从英戈尔施塔特（Ingolstadt）飞往帕德博恩，于8时2分降落。第二天，为了对比Ju 88和Bf 109的速度，进行了一次测试飞行。12月20日，进行了一次持续30分钟的编队飞行。此后直到1月1日都没有再执行飞行行动，可能是为了防止飞机受损。

联队长巴尔少校应该是参加了12月5日下午第二战斗机军的会议，不过没有充足的证据，而且他的日志没有留下关于他当天的活动线索。我们也不清楚是否有哪位大队长参加了此次会议，不过即便他们都参加了，到12月底也就只剩下朗格尔这一位大队长还在了。根据巴尔的日志，他在12月18日飞到第一大队所在的帕德博恩。但是他只是去视察的，似乎可以确信第一大队所有的中队长和普通飞行员直到12月的最后一天才得知作战的消息。

12月31日下午六点钟左右，第一大队的所有飞行员聚集在军官食堂接受塞德尔的指示。任务是攻击艾恩德霍芬机场，飞行员得知这将是一场“大戏”，整个联队及其他联队都会参战。会议中没有特别详细的计划说明，但是飞行员们被要求在新年前夜有节制地庆祝并禁止离开机场。与JG 3的其他大队不同，第一大队的飞行员直到第二天才得知他们的目标，每个人都得到了一张详细标注飞行线路的地图。塞德尔向他们展示了艾恩德霍芬的航拍照片，并声明将在那里找到停放着的盟军战斗机。

在居特斯洛，代理第四大队长的穆勒告诉飞行员们，第二天早上要对荷兰和比利时的盟军机场发动一次袭击，所有人当晚不允许饮酒。第14中队的一位老飞行员奥斯卡·伯施（Oskar Bösch）上士回忆道：“12月31日前夜，我们得到通

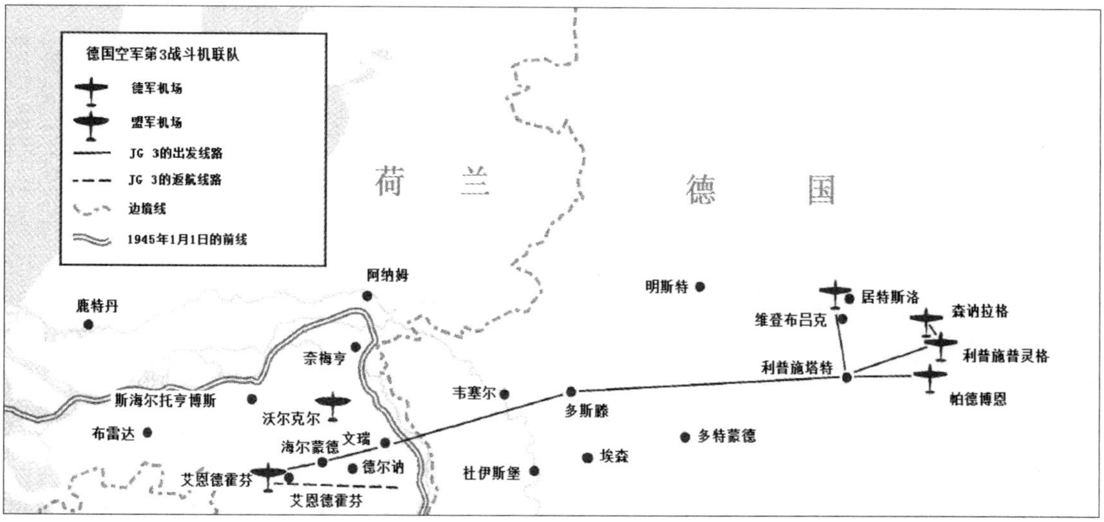

JG 3 的攻击与返航路线图。

知将不允许参加元旦前夜的宴会。我们在十点钟就得上床睡觉。由于我们住在镇里的秘密宿舍，无法与居民进行任何接触。我们不知道将发生什么，但是猜测上面正在筹划着些特别的事情。”

12月31日，第三大队长朗格尔向他的飞行员宣布第二天早上将有一次“特别作战”，所有飞行员禁止饮酒，也不允许他们离开宿舍，第二天才会给进一步的指示。这时，第10中队长容少尉已经做好了战死的准备，他手下的米夏埃尔·福格尔（Michael Vogl）是这样回忆的：“12月31日晚上，容少尉把他的中队飞行员们叫到了自己的房间。他向我们通知了即将到来的新年攻击，但是没有给出关于目标的细节。他已经捐出了1000马克经费，用于他死后中队在酒水上的开销。他确信自己无法归来，将在此次作战中丧命。他告诉我们第10中队将出动一个小队并点出了参战的飞行员姓名。最后他举起酒杯预祝作战取得胜利。因为保密原因我们不被允许离开这座建筑，要立刻去上床睡觉。”

1944年12月，第14中队飞行员奥斯卡·伯施上士。

参加第三大队简报的还有JG 3司令部的飞行员们，包括巴尔。联队司令部小队住在施朗根（Schlangen）的村子里，他们的Fw 190A-9停放在一个军事训练场的跑道上。博多·西格弗里德（Bodo Siegfried）三等兵是司令部小队的一员，他回忆道：“12月31日我们奉命呆在宿舍里不出去。大约下午六点我们聚集在机场上的一个兵营。天气很冷，地面上覆盖着一层薄雪。简报期间所有的门都被锁上了。我们首先得到命令说接下来的消息都是高度机密且不允许对它进行讨论。然后就是作战命令：我们要在一架Ju 88的引领下于凌晨时分向荷兰边境飞去。我们没有得到任何关于目标的细节。简报结束后我们奉命回到宿舍马上上床休息，不允许参加任何庆祝活动。我们的地勤人员被命令整备我们放置在露天的飞机，确保它们达到作战状态。”

埃里希·米德尔（Erich Miedl）下士是司令部小队的另一名成员，他在12月28日从第15中队调来。他回忆道：“12月31日傍晚，联队长巴尔少校和他的司令部小队飞行员驱车前往利普施普灵格参加第三大队的一次简报。大队将在1月1日清晨执行一次特殊作战。除联队长外的JG 3司令部小队将参与第三大队的编队。我们的小队在长机的率领下将加入第10中队长容少尉的小队。出发航线上大队将在一架Ju 188（原文如此）的导航下低空飞行。抵达前线后，Ju 188将打开红色信号灯指示大队。就这些细节了。因为作战的成功需要飞行员身体和心理处于一个好的状态，飞行员被命令在晚上八点上床睡觉，我们不被允许参加新年前夜的庆祝活动。”

巴尔为什么要在此次作战中单飞呢？JG 3司令部的米德尔和西格弗里德都清楚地记得巴尔在1月1日驾驶的是一架Fw 190D-9。这架飞机停放在巴特利普施普灵格机场用于测试，巴尔命令地勤人员将这架飞机调整为战斗状态。米德尔声称“多拉”战机的巡航速度比Bf 109和Fw 190A要快太多，这就是巴尔要独自参加作战的原因。巴尔的日志中也没有说清楚问题的答案。虽然很明显巴尔驾驶的是一架Fw 190D，从巴特利普施普灵格机场起飞，日志上标注的工厂序列号却是205267，这是一个典型的A-9型工厂序列号。而且JG 3联队司令部在12月31日的作战力量报告中列出的也是五架Fw 190A-9。不过根据两位目击者的证词，巴尔在1月1日驾驶的应该是一架Fw 190D-9。后面我们将明白巴尔不率领JG 3参加战斗的原因。

4.4 JG 3攻击艾恩德霍芬

在居特斯洛，第四大队的飞行员在五点钟就被叫醒。简短的早餐时间后，穆勒在七点钟做了一次简报。终于揭晓目标是艾恩德霍芬，没有给出其他候选目标。飞行员得到了标注航线的地图，航线为居特斯洛—利普施塔特—多斯滕—海尔蒙德—艾恩德霍芬。返航线路与目标地区呈约90度角，飞行员被告知可以在地图上标记的任何机场降落。闪光、地面信号和探照灯也标记在地图上用于辅助导航。在凯沃拉尔（Kevelaer）有一个施放橘色烟雾的红色地面信号，在韦塞尔（Wesel）有一个指向探照灯，最后在克雷费尔德（Krefeld）附近的航线南方有一个施放白色烟雾的绿色地面信号。

飞行员得到指示在抵达莱茵河后打开FuG 16无线电设备，但是在完成攻击离开目标之前不允许发送任何信息。他们还得知可能会在行动进行中收到来自编队指挥官的命令，告诉他们作战行动被取消了。一架已经在居特斯洛的Ju 88原本将引领他们到前线，但是在清晨却得到了它无法参战的报告。穆勒清楚地记得接下来发生了什么：“1月1日清晨，我们的两架（也许只有一架？我记不清了）导航机都上报无法参战。我们将在没有它们的情况下飞行。大约两周前我从巴尔少校那里得到JG 3要为‘×’日的作战做准备的命令。作战在格拉布曼将军的指挥下进行。为此我研究了一张两米长一米宽的艾恩德霍芬航拍照片，而且我清楚地知道每一条去那里的线路。这就是为什么巴尔少校在清晨问我是否有能力率领编队前往目的地。他和他的司令部小队将飞在编队上方，这样一旦有意外发生时他可以及时干预。”

穆勒同意了联队长的请求，他和他的第四大队将引领整个JG 3参与攻击。其他大队将在利普施塔特加入第四大队，先是第一大队加入，第三大队将在编队的殿后位置。

在帕德博恩，第一大队的飞行员们在六点半收到了一份简短的天气预报。两架Ju 88将带领大队到前线。和第四大队一样，飞行员们得知了辅助导航的信号位置。飞机将依次起飞，以四机编队集结在机场上空，然后组成梯队前进。塞德尔将位于领飞小队的最左侧。飞行员得到指示保持约350公

第16中队长西格弗里德·穆勒将在底板行动中引领整个JG 3的飞行。

里时速以防超过Ju 88导航机。在前进线路上只有大队长和两个领飞小队的机长可以打开FuG 16无线电设备，其余飞行员要在完成攻击前保持无线电静默，在抵达目标上空时才可以打开FuG 16。

在利普施普灵格的第三大队飞行员也早早起床，接受朗格尔少校的最终指示。他概述了目标、航线和攻击计划，飞行员得到通知要以小队模式执行攻击，每位飞行员要完成数轮攻击。在每轮攻击之间，飞机要在机场上空以逆时针方向盘旋。特别准备的地图被交到飞行员手中。

首先起飞的是第四大队的Fw 190。8时22分，穆勒驾着他的“红色10号”起飞并在机场上空绕圈直到所有飞机升空。飞行员们找到了他们的位置，穆勒在左侧率领第一个小队，成员包括伯施上士的“黑色14号”、普施下士的“黑色12号”和莱普霍尔茨的“黑色16号”。小队飞行在距地面约20米高度，其他小队都依次飞行在前方小队身后100至200米远，并且越靠后飞行高度越高，殿后的小队飞行高度约为50米。第四大队总共19架Fw 190将参加这次攻击，完成组队后他们前往利普施塔特与其余两个大队会面。

第三大队现在也准备起飞了。阿尔弗雷德·多斯（Alfred Dors）下士正坐在他的“黑色3号”飞机内，这时他的中队长容少尉在最后一分钟命令他离开飞机。多斯后来从地勤人员口中得知容的飞机还没有准备好。他自己被命令驾驶另一架Bf 109稍后起飞。不过这架飞机引擎出了故障，所以多斯没能参加作战。第三大队的第一架Bf 109在8时25分出动，数分钟前联队司令部的三架Fw 190A-9已经在赛尼（Senne）完成起飞，它们奉命加入了第三大队的编队。总计约15架第三大队的Bf 109完成起飞，在Ju 88领航机的带领下向西南方的利普施塔特赶去。起飞后不久，联队司令部的西格弗里德就遇到了麻烦，他的Fw 190A-9出现了多处故障而无法继续作战，于是只好先行返回利普施普灵格机场。在通过技术检查后，西格弗里德舒了一口气，否则他可能会被送上军事法庭。

在帕德博恩机场，贝尔奇军士长的Ju 88于8时25分起飞，总计22架第一大队的Bf 109在塞德尔身后组队，之后编队向利普施塔特飞去。几分钟后，代理第2中队长因为发动机故障而不得不放弃作战。

在利普施塔特上空，JG 3的三个大队完成集结，一整个大编队的近60架战机浩浩荡荡地向多斯滕飞去。第四大队领头，跟在后面的依次是第一大队和第三大队。大约同时在8时45分，联队长巴尔驾驶飞机从利普施普灵格起飞，独自前往艾恩德霍芬。

9时左右，机群平安无事地飞越多斯滕，并继续向海尔蒙德方向飞去。越过莱茵河后，飞行员打开了FuG 16无线电，一些飞行员在凯沃拉尔附近看到了红色的地面信号。来到前线附近，Ju 88闪了几下灯后转向离开，现在JG 3需要独自寻找艾恩德霍芬机场了。

与此同时，艾恩德霍芬机场的盟军飞行中队也开始准备各自的早间任务。早晨的天气利于空中活动，第439中队的四架“台风”在8时20分首先起飞，在鲍勃·劳伦斯（Bob Laurence）中尉的率领下前往圣维特地区进行气象侦察。接下来是第137中队的六架“台风”，由乔治·克鲁布里（George Clubley）上尉指挥在8时50分起飞，任务是在明登（Minden）地区进行一次武装侦察。除了这六架以外，还有一架由兰斯·伯罗斯（Lance Burrows）军士长驾驶的后备“台风”也起飞了。他当天本不用飞行，后来却不得不顶替

装备火箭弹的“台风”是一件令人生畏的武器，图中是一架第137中队的“台风”战机。

另一位身体不适的飞行员。按照计划，后备机最远飞到轰炸线即可，如果一切正常他就可以返航。

此时，第414中队的八架“喷火”9也排成一排，准备参加一次作战。8时55分，六架“喷火”出发进行战术侦察。多诺万上尉和皮尔逊上尉飞向科隆；麦克雷上尉和格里尔上尉前往门兴格拉德巴赫/埃克伦茨地区；沃洛舒克上尉和索沃斯上尉则是侦察科隆地区。8时59分，戈登·旺纳科特（Gordon Wonnacott）少校和查普曼上尉也起飞到海因斯贝格（Heinsberg）地区进行一次炮兵侦察作战。9点整，第168中队的七架“台风”也在乔·斯塔布斯（Joe Stubbs）上尉的率领下起飞进行武装侦察。其他诸如第438、440中队的“台风”和第430中队的“喷火”则在跑道上等待着出发的命令。最后，第83大队联络中队的四架“喷火”停在主跑道附近，三位飞行员在座舱内进行着日常检查工作。

回到德军的JG 3，9时15分，他们的编队越过前线接近海尔蒙德，这时灾难降临了。第三大队的编队要穿越一条从海尔蒙德到海默特（Gemert）的输电线。突然，容少尉的Bf 109座机燃起大火并坠落地面解体，飞行员没有任何逃生的机会。编队的飞行员们看到这样惨烈的景象都惊呆了。福格尔下士当时是他的僚机飞行员：“我位于我的中队长右手边稍微靠后的地方，当时我们要把飞机短暂扬起以越过一条输电线。突然我看到他的飞机剧烈燃烧，机鼻朝下翻身落在地面。我在一瞬间看见在一个小森林的角落里有轻型高射炮在向我们开火。我受到惊吓，握着操纵杆的手和踩着踏板的脚都不稳了。我的中队长没有从火海中生还的机会。他在前一天的预感成真了。”

绝大多数飞行员以为高炮击中了容的飞机，但是事实不是这样的。根据一位荷兰警察的报告，容的副油箱击中了电线，将十毫米粗的线缆扯断并拉倒了一根电线杆。被大火吞噬的飞机越过了海尔蒙德和阿尔勒-里克斯特尔（Aarle-Rixtel）之间的运河并坠毁在阿尔勒-里克斯特尔南边。容是大队最优秀的飞行员之一，最近刚被授予德意志金质十字勋章。

抵达艾恩德霍芬前，第一大队也损失了一位飞行员。候补军官弗雷德里希·塔兹赖特（Friedrich Tazreiter）的“绿色6号”被轻型防空炮击中引擎，他的飞机坠毁在艾恩德霍芬机场附近。他回忆道：“我在极低的高度跳伞，我想只有天使才能救我一命了。在各种胡思乱想后我的降落伞在我落入一棵冷杉时打开。当我恢复意识时我正挂在这棵树上，距离冰冻的地面只有几厘米。我解开自己的降落伞，想要去捡起几米外的一只靴子。突然我感到右脚传来剧烈的疼痛。几分钟后我全身都开始发痛。后来才发现我摔断了右脚的两根骨头，碰伤了脊柱和右肩，还有脑震荡。过了一些时候，有荷兰居民看见我，并和一名警察一起将我交给英国士兵。”

就在容的飞机坠落时，司令部小队的米德尔看见巴尔从右边超过了编队。米德尔和他的长机莱奥·舒马赫（Leo Schumacher）军士长把他们的Fw 190A-9加到满速追上联队

第 10 中队长汉斯·乌尔里希·容（左）少尉在底板行动中阵亡。

第 438 中队长皮特·威尔森上尉（右二）在底板行动当天被巴尔击落身亡。

长。他们比第四大队的第一个小队还要早来到艾恩德霍芬机场上空。向左侧转向后，巴尔瞄准了两架正在起飞的“暴风”并将它们击落，这是他的第204和205个战果。两架飞机其实都是第438中队的“台风”，当时它的八架飞机刚刚开始起飞滑跑。包括中队长皮特·威尔森（Pete Wilson）上尉在内的两名飞行员全部身亡。

来自皇家空军地面团的普雷斯顿（R.Preston）上校亲眼目睹了威尔森被击落的景象：“我们顺着道路前往距离我的司令部几英里远的艾恩德霍芬机场。我们平安地抵达了，但是突然间我看见大量德国飞机在我头上飞过，接下来一切都乱套了。我看见一个‘台风’中队正在起飞，德国人在它们正离开地面时攻击了它们。我看见被杀死的小伙子中有一位是加拿大高级专员的儿子，我记得他曾有一次在牛津赛艇队中担任舵手。”

JG 3全队现在已经飞临艾恩德霍芬机场上空，第四大队的领头小队紧跟着巴尔和两名联队司令部的飞行员，突击大队在路途中没有任何损失。几分钟后，第一大队和第三大队的Bf 109也跟着到来了。

第438中队剩余的六架“台风”很快遭到攻击，唐·坎贝尔（Don Campbell）中尉在敌机扫射时蜷缩在座舱里。其他五位飞行员则拼命跳出飞机并趴在地上躲避敌机射击。其中两人安全躲进了附近的一条战壕里，其他人则趴在沙包后面或是冰冻的车轮印子里。这八架本要起飞的飞机中有三架烧毁、一架解体、两架受损，还有两架没有损伤。哈尔少尉回忆：“1月1日我要在一个‘台风’四机小队中飞四号机位置。我们接到指示，前往荷兰北部进行一次武装侦察。大约九点钟，飞机开到跑道准备起飞。当我们接近跑道的尽头时，我注意到从我们起飞位置后方传来亮光。当我们来到跑道末端准备出发时，我看见中队长皮特·威尔森和他的二号机罗斯·科勒已经在起飞了。就在这时，我看见有大量Fw 190和Bf 109面对我笔直向跑道冲过来。我看到它们的机炮在射击，炮弹砸到了地面上。接下来几分钟（我不记得到底是多

皮特·威尔森上尉的墓碑。

长时间）我尽可能地躲在‘台风’巨大的发动机后面，几秒钟后我解开了安全带，跳出了座舱，离开机翼，滚到跑道的一边并躲进附近的一个弹坑里。”

一些飞行员看到了德军最初的攻击并四散逃命。罗比·范·辛尼克·贝格曼（Robby van Zinnicq Bergmann）上尉是第181中队的一位荷兰籍飞行员。前一天晚上他在父母的家里度过。他的哥哥陪他返回艾恩德霍芬机场，贝格曼正在向他哥哥展示机场的时候空袭开始了。他们跳进了附近的一个弹坑并目睹了这场空袭：“就算是他们闭着眼睛也不会打空。地面上有约300架飞机，绝大多数排成一条线，机场里到处是各种型号的车辆、燃料库、弹药库和各种库存设备。机场上到处都是火，‘台风’们正在努力升空，有些则放弃了起飞，飞行员离开了他们的飞机并寻找掩护。这些飞机都没能免遭攻击。一架‘台风’拼死升上天空，击落一架德机后自己也被击落。离我们几米远外，一位勇敢的加拿大人正在跑道尽头用他的司登冲锋枪射击入侵者。”

除了第438中队，其他在机场跑道上摆放着的飞机也成了德军的攻击目标。第440中队的八架“台风”正在跑道上准备起飞时德国空军来了，沃森少尉在地面上用他的机炮击伤了一架Fw 190，然后他的飞机也被点着了。幸运的是所有飞行员都在空袭中生还，只有一人受伤较重。第430中队的两架“喷火”14被逮个正着，两位飞行员都在扫射中负伤。戈尔登中尉被射入座舱内的一枚炮弹炸伤，吉尔上尉在离开他的“喷火”时头部负轻伤，胳膊也摔断了。第83大队联络中队的飞行员们爬出座舱后就看到他们的飞机机尾解体了。

第137中队的兰斯·伯罗斯军士长就没有这么幸运了，他在刚降落后不久就遭到了攻击，于当日战死。德斯·谢泼德（Des Sheppard）是第137中队的一位军械工，他有幸逃过一劫：“许多飞行员跳出他们的飞机，我看见一架德国飞机坠落在一排停放着的‘喷火’中，引发了更多的大火。卡车被击毁了，包括那辆‘早餐专车’，导致我们的一位军械工诺里斯三等兵第二天因伤丧命。许多飞机在燃烧着，一辆油罐车爆炸了，棚屋和其他建筑被摧毁了。随着越来越多皇家空军飞机的加入，空战在机场附近展开。德军的机炮炮弹击中我周围的地面，一发擦伤了我的右膝盖，所以我无法奔跑寻找掩护，虽然主要原因是我因为恐惧而瘫软了。我甚至试图用手在地上挖一个洞躲进去，但是地面冻得僵硬。一枚德国机炮空弹壳落在我的头上。当它冷却下来后我把它放到我的作战服上衣里，想着如果我今天能活下来我就要把它留下作为1945年元旦的纪念物。我现在依然保存着它。”

空袭开始时第182中队的帕廷森（H.G.Pattinson）中尉正在待命中：“那一定是早上九点过后不久，我们正在想着被接岗去吃早饭，这时思绪被非常粗暴地打断了。一切都乱套了，大量飞机向我们俯冲过来的噪音伴随着机枪和机炮开火的噪音。空袭由Bf 109和Fw 190执行，我们甚至看见了一些喷气机提供高空掩护，但是没有直接参与到攻击中。幸运的是我们的木屋逃过一劫，因为它位于树林和帐篷之间，德国飞行员看不见它。后来我听说有一位威尔士‘小蝙蝠侠’依然沉浸在前一夜狂欢中的亢奋状态，他跑到食堂屋顶拿着一把0.303英寸步枪射击，彻底放纵自我试图击落敌机，但是没给它们带来半点威胁。”

第124联队长刘易斯中校不敢相信他的眼睛：“九点过了一段时间，我偶然看向我的司令部窗外，我看见8至12架陌生的飞机排成一列飞过。当我发觉它们并不属于我们时，我意识到这些是Bf 109。我记得当时还好奇它们在艾恩德霍芬做什么，因为从诺曼底滩头到荷兰的整场战役中我们的机场都没有被攻击过。意识到一支德国战斗机部队在低空来到机场后，我冲到外面看发生了什么事，我觉得肯定有约20至25架德国飞机在机场上空盘旋。它们马上开始对停放着的飞机发起低空攻击。加拿大联队将他们的飞机在原德军机库前排成几条线。在德军攻击的那一刻，他们的一个中队已经装好了炸弹，一个中队刚准备好要起飞。德国人集中攻击了这些飞机，这些等待起飞的飞机几乎都没有幸免。中队长做了一次勇敢的尝试，但是当我最后一次看见他时，他的起落架还没有收起来，身后跟着好几架排着队要击落他的德国飞机。”

刘易斯看见的应该是第438中队那两架被巴尔击落的“台风”。第168中队的霍华德·吉本斯（Howard Gibbons）上尉在完成测试飞行后返回机场，正好看到JG 3的飞机在攻击基地。他迅速上前从后上方击落了一架Fw 190，然而很快三架Bf 109咬住并击落了他，吉本斯最终坠落在自己的猎物身旁。

第168中队长兰伯特讲述了吉本斯最后的故事：“吉比（吉本斯的昵称）当天早晨被留下来做一次飞行测试。我从一位上士那里听到的故事是，他在降下跑道的半途中，第一批空袭的飞机过来了。我不确定他是否得到了无线电警告或是直接看到了它们，但是他急转弯回头冲向它们。吉比与它们进行格斗并很快击落了一架Fw 190，它坠落在我们的疏散区后面，但是吉比也落在了它身边。两架飞机都是机腹落地，两位飞行员都在空中就已经死去了。这确实是一个非常英勇的举动。”

吉本斯击落的可能是格尔哈德·莱普霍尔茨上士的“黑色16号”。这位第14中队的飞行员在艾恩德霍芬机场坠机并当场丧生。莱普霍尔茨是中队里的老飞行员，加入突击大队前属于JG 2联队。击落吉本斯的则很可能是JG 3第9中队长齐默尔曼少尉，他声称在艾恩德霍芬机场上空击落一架“暴风”作为自己的第30次空战胜利。只有他一名Bf 109飞行员在艾恩德霍芬机场上空声称击落一架“暴风”或“台风”战机（很多德国飞行员将“台风”错误地辨认为“暴风”）。第四大队长穆勒也声称击落一架“台风”，他的回忆是这样的：“前往目标途中我看到了一些飞机在和我们伴飞。当我们开始扫射时，它们从右边过来攻击我们。我拉起飞机转向它们。我的射击打断了一架‘台风’的左翼，它坠落在机场边界内。”

这架飞机的身份无法得到确认，可能穆勒和齐默尔曼声称击落的是同一架飞机。对艾恩德霍芬机场的攻击持续了二十多分钟，英军第143联队司令部对事件进行了总结：“9时20分，两波Fw 190和Bf 109混编机群以地平线高度来到机场，其中一波从东往西来自太阳方向，另一波从北向南直奔跑道。之后以约12架飞机为一组，敌机有组织地一波波对机场展开持续攻击。”

德国飞行员对他们的攻击有自己的感受，伯施上士回忆道：“在穆勒少尉的指挥下我们以地平线高度来到艾恩德霍芬上空，然后我们拉升飞机对机场展开攻击。很快地狱之门打开了。一架‘台风’旁边的燃料站遭到射击并在我的Fw 190面前爆炸。在极短的时间里机场被大火和浓烟所覆盖，在四到五轮攻击后能见度几乎降至零。在我面前经过的一架Fw 190到几米远外就看不到

1944 年 8 月，奥斯卡 · 伯施上士准备进入他的 Fw 190A-8。

了。在第一轮或第二轮攻击后每个人就都单独在机场上穿行了，没有在碰撞中丧命真是奇迹。”

伯施的说法是正确的，机场上空很危险，至少发生了一次空中撞击事故，不过搞不清是哪架飞机了。JG 3司令部小队的米德尔有他自己的独特经历要讲述：“我试图和跟‘台风’战斗后的联队长取得联系，结果把我的长机也跟丢了。后来我才知道军士长因为被高炮击中飞机而离开了。我没法跟上巴尔少校，于是独自一人继续攻击机场上的目标。第一轮击中了一架双引擎飞机，第二轮攻击了一架在跑道上看起来没有受损的战斗机。在第二轮攻击中突然发生了大爆炸，冲击波把我的飞机抬了起来。我以为这下全完了，但是我的Fw 190还在空中，发动机好好地在运转。现在我冷静下来，开始在机场上空盘旋。在一片寂静中，我可以看见燃烧的飞机，被射成碎片的防空塔，以及距离机场边缘约200米外的一个兵营附近的许多辆救护车。消磨完时间后，我转头离开向基地返航。”

米德尔看到的大爆炸毫无疑问是加拿大第440中队炸弹库的爆炸。机场上的高炮部队也在全力守卫着基地。由于德国战斗机的飞行高度太低，博福斯机炮很难进行瞄准。“必须赞扬入侵者的优秀攻击，但是同样也要表扬炮手们的非凡表现。飞机飞得太低了，所以它们不是博福斯或四联机枪的好目标，否则防空武器的表现会更好。”

第2703中队声称摧毁五架德机，击伤19架。第2817中队声称摧毁十架德机，击伤另外31架。在对所有中队的战果进行评估后，第2703、2773、2806和2817中队共享击落五架德机的战果。防空人员损失为两人阵亡，五人负伤。

皇家空军高炮中队的战果和JG 3因防空火力的损失可以对得上。第一大队至少有三架Bf 109在机场上空损失于高炮火力。第3中队的霍尔斯特·舍内（Horst Schöne）下士在第一轮攻击中坠机身亡。不过他也可能是卷入到了空中撞击事故中。第1中队的赫尔穆特·赖内克（Helmut Reineke）下士第一波攻击的是一个防空阵地，没有看到攻击的效果。在第二轮攻击一架“野马”时他被高炮击中，飞机马上就失去了控制。不过他在低空又飞了一段时间，完成了一次糟糕的机腹迫降后被加拿大人俘获。他的“黄色7号”坠落在艾恩德霍芬机场北部约40公里处。自1943年2月就为德国空军征战的赖内克已经厌倦了战争，他很高兴自己还活着，加拿大人发现他表现出十分配合的态度。

保罗·菲舍尔（Paul Fischer）上士的Bf 109在第三轮攻击中被击中冷却器，冷却液慢慢地流光了。这位第2中队的飞行员试图返回德军战线，但是发动机起火后他被迫弃机跳伞。

一门皇家空军团炮组操作的40毫米博福斯高炮。

菲舍尔降落在芬洛（Venlo）西北五公里远的一些冷杉树之间。断了左臂的他被送到哈瑟尔特的一家医院。

其他大队在艾恩德霍芬上空是否有遭受损失并不确定，但是经验丰富的第12中队长冯·特勒贝格很有可能就是被防空炮击落的。还有资料称特勒贝格的飞机被一架盟军战斗机击中，有人看到他挣扎着试图离开飞机。特勒贝格和他的飞机的下落至今还是未解之谜。除了莱普霍尔茨以外，第四大队还有一架Fw 190可能也是被击落在艾恩德霍芬机场。根据皇家空军第264号坠落敌机报告，在机场上找到了一架拥有两门20毫米机炮和两门30毫米机炮的Fw 190A。但是无法判断飞机来自何处，它可能是第16中队的阿洛伊斯·施密特（Alois Schmidt）下士的Fw 190A-8/R2“红色9号”。施密特也是失踪者名单上的一位，他的线索同样消失至今。

皇家空军高炮中队的防空火力并不是JG 3面临的唯一威胁。地面人员看到了一架单飞的“喷火”追逐数架德国战斗机并击落了至少一架入侵者。这架“喷火”由第442中队的史密斯上尉驾驶。他在8时57分从海斯（Heesch）起飞前去扫荡林根地区，中途因为外挂油箱的问题而取消作战。返航途中他收听到了关于敌机的报告，还听到中队一位战友迫降在基地南边的消息。在去看战友的路上，史密斯来到了艾恩德霍芬附近并注意到机场遭到了攻击：“我看到Fw 190和Bf 109环绕飞行在约200英尺高度。我下降到400英尺并在它们上方盘旋。当我找到了一个离其他飞机较远的目标后，我下降并快速完成一次射击，然后脱离并再次爬升。我以这种方式攻击了三架Bf 109，不过我没有看到是否击中了敌机，全程都在观察其他敌军战斗机。我也还没有看到任何盟军飞机。向第三架Bf 109射击后，我注意到一架Fw 190从左

一架在艾恩德霍芬机场被击落的德国战斗机。

侧接近我，当我向左转弯时他开火了。他一直跟着我，于是我进行大角度爬升，他向左侧下落。我追上了他的机尾并在约200码外完成一次短点射，没有看到击中目标。随后我再次向左转追逐一架Bf 109到地面高度。有油溅到我的挡风玻璃上，于是我停止攻击并爬升到约800英尺高度。然后我注意到左边有一架Fw 190从地表高度升起。我俯冲下来完成一次迎面攻击。我们都在300码外开火，没有看到命中敌机。他在最后一秒转向左侧，然后越过我的上方飞走了。我看到低空又有一架Fw 190在逃走。我追逐着他，这是一位非常出色的飞行员，我无法完成一次射击。最后他终于直着飞了，我靠近却发现弹药已经耗尽了。我撤出了攻击并向基地飞去，因为我的燃料已经很少了。我的发动机在7000英尺高度停转，我滑翔到基地并完成了一次成功的降落。”

返回基地的路上，来自地面观察员的报告声称看到一架“喷火”击落了一架Bf 109，飞行员跳伞逃出，还击伤了另一架Bf 109。由于史密斯的飞机是当时附近唯一一架升空的飞机，他上报摧毁击伤各一架Bf 109。奇怪的是，根据第二战术航空军的伤亡、战果、评估和损失日志，史密斯上报的战果没有得到承认。这可能是因为旺纳科特少校也声称在相同的时间于艾恩德霍芬机场上空击落一架Bf 109。

9时30分，另一架“喷火”出现在艾恩德霍芬机场上空，这就是第414中队长旺纳科特驾驶的“喷火”9。由于海因斯贝格地区较低的云层和猛烈的防空炮火，他与他的二号机失散，独自返回基地。靠近基地时他看见大量烟雾和许多敌机，他报告：“我立刻从约5000英尺高度发起攻击。我以20至30度偏转角在约450码外射击我看到的第一架敌机，那是一架Fw 190或是Bf 109。我没有看到击中目标，因为飞机似乎有点漂，我无法准确地控制射击线路（一门机炮无法射击），所以我停止了攻击。我拉起飞机，看见一架Bf 109并仅使用机枪攻击它。我在100码外开火，看见击中目标后敌机采取规避动作。我再次靠近并从下方进行10度偏转角射击，再次看到击中敌机。在继续做了一些规避动作后，飞行员抛掉了他的座舱盖并跳伞。我随后攻击了另一架Bf 109并在300码外以一定偏转角开火。我看见击中了敌机，它做出剧烈的规避动作，翻了个筋斗直到非常接近地面才改出。我向这架敌机俯冲，接近到250至100码，做短点射并看到多次命中它，敌机冒出了烟雾和火焰。我没有看到这架敌机落到地面，因为我得躲开三架Fw 190从侧面对我的攻击。我转向它们并从200码外攻击一号机，看到击中目标后猛转向左边避开身后两架飞机，然后攻击最后一架Fw 190。我的机枪在射了大约十发后就用光了弹药，我试图用我的机炮射击，但是它在射出三到四发炮弹后哑火了。没有看到击中目标，我看见约1.5英里外有一大团烟从我攻击的最后一架Bf 109身上冒出。我上报摧毁两架Bf 109并击伤一架Fw 190。”

第一大队特别提到了在艾恩德霍芬上空与盟军战斗机交手。似乎旺纳科特击落的有来自第4中队的瓦尔特·鲁特科夫斯基（Walter Rutkowski）上士。鲁特科夫斯基对机场上停放的飞机完成了四轮攻击，在离开目标地区时被一架“喷火”击落。他逃出了燃烧着的梅塞施密特战机并降落在艾恩德霍芬东面。鲁特科夫斯基被击落时，加上先前的训练时间总共只在Bf 109G上飞行了55个小时。

旺纳科特攻击的另一架Bf 109可能是弗雷德里希·哈迈斯特军士长的“绿色7号”。由于机场上空的烟雾，哈迈斯特在他的第一轮攻击中什么都没看见，但还是继续完成数次攻击，其间选中了一辆加油车和双引擎飞机，他判断那是一架C-47运输机。他将两个目标都点燃击毁。离开目标后，他攻击并击落了一架刚刚击落Bf 109的“喷火”。这架“喷火”的身份无从查询。不久他遭到了身后一架“喷火”的射击，但是他躲开了。此后他几乎立刻迎上了轻型防空火力，虽然他没有感受到冲击，发动机却突然起了火。由于防空火力精度很低，哈迈斯特认为刚才那架“喷火”击中了他的散热器。因为火焰和座舱受损，哈迈斯特无法打开座舱盖，他决定进行一次机腹降落。他将自己的战机迫降在艾恩德霍芬机场东北约25公里处。由于剧烈的撞击，哈迈斯特得以打开他的座舱盖并逃离燃烧的飞机。离开50到100米远后，他的飞机爆炸并完全烧毁。哈迈斯特成功地躲避了盟军当天的搜索，但是第二天还是被俘虏了。

约9时45分，艾恩德霍芬机场所受的磨难终于结束，JG 3剩余的飞行员组成小编队或单独开始返航。然而，归途对于他们来说依然很危险，第11中队的乌韦·瑙曼（Uwe Naumann）就在海斯上空被对手发现，皇家空军第2734和2819高炮中队马上开火并击落了这位倒霉的德国飞行员。瑙曼坠落在海斯机场以东数公里远，当场死亡。

第15中队汉斯·约阿希姆·格雷尔（Hans-Joachim Grell）下士的殒命更加离奇，他可能是在前进途中与战友失去了联系并在约9时35分从东方低空攻击沃尔克尔（Volkel）机场。第2874中队的三号防空炮开火并一击命中。格雷尔的Fw 190向右侧急速拉起到约600英尺高。第2874中队的一些火炮开火并再次命中两发。烟雾从那架Fw 190飞机身上涌出，随后它遭到了一架“暴风”的攻击并在地面上爆炸。那架“暴风”属于第486中队，由比尔·特罗特（Bill Trott）中尉驾驶，他报告：“我在机场上空2500英尺高处，看见敌机攻击机场的火光。我转向并从太阳方向钻出发动攻击，在其正后方约250码开火，又在100码和50码处再次射击。我看见击中了座舱盖、右侧翼根和左侧机身。当我飞越那架Fw 190上方时，它的右翼似乎断裂了，它转身撞击地面燃烧起来。”

格雷尔下士的“黄色10”号坠落在米尔（Mill）西部，飞行员阵亡。

大约在9时45分，完成圣维特附近气象侦察的第439中队的四架“台风”在罗伦斯中尉的率领下正在返航。他们通过无线电得到关于敌机的预警并在海尔蒙德东边遇到了它们。“台风”攻击了约15至20架Fw 190组成的编队，这批飞机可能隶属于JG 6。一两架“喷火”

友军也加入了这场战斗，四至五分钟后以损失一架“台风”的代价击落四架Fw 190。

十点整，第414中队由沃洛舒克和索沃斯驾驶的两架“喷火”也在返航途中遭到Fw 190的攻击。接下来的战斗中，沃洛舒克成功摧毁一架Fw 190并击伤一架Bf 109。他报告：“我的二号机呼叫两架飞机在攻击我们，让我闪到左边。我的二号机很快跟在了领头敌机的身后，我看见第二架敌机在攻击我的二号机。我在600码外开火希望能打断敌机的攻击，它真的这么做了。我继续射击并接近到150码处，然后在1500英尺高处脱离，敌机被火焰和黑烟包围，失控向下坠落。我们失散了，并各自向基地进发。约五分钟后，我在西北方向飞行搜寻二号机时看到右边半公里远有12架Fw 190在4000英尺高度飞向东南方。跟在这些敌机后面的是一架东南航向的Bf 109，它的高度稍微低一些。我转向右侧，在350码外进行25度偏转角射击，我开火并看见击中左侧机翼。敌机在约5000英尺的高度钻入云里，我随后继续向基地前进。”

那些Fw 190可能来自JG 11，因为JG 11第三大队有一架Fw 190A-8坠落在该地区。在艾恩德霍芬东北与“喷火”“台风”和“暴风”的空战中，JG 3也有一定损失。飞在第四大队第一个小队中的普施下士就很可能是在和盟军战斗机的空战中被击落丧生。他的中队队友伯施则在与一架“台风”的遭遇战中惊险逃生，他回忆道：“我已经在对地攻击中用光了我的弹药，除了卡弹闪红灯的30毫米MK 108机炮。这可能会要了我的命。当我在低空飞向基地后不久，一架‘台风’突然出现在我身前。我在未被他察觉的情况下从后面靠近到约30米，试图给我的机炮上膛。如果击中了一发炮弹我可能就得救了！他毫无察觉地继续向前飞，我也继续呆在他的视野死角。我们都特别幸运，如果我能告诉他的话……”

第四大队中，15中队的格尔哈德·施密特下士也在同一地区被“喷火”击落。在对艾恩德霍芬机场完成一轮攻击后，施密特的小队散开以降低防空火力对自身的威胁，之后各自进行攻击。他摧毁了地面上的两架“喷火”，在目标上空呆了约20分钟后，他沿着向东的路线离开。向基地飞行了约30公里后，他看见相邻的飞机身后有一架“喷火”。通过无线电向那位飞行员发出警告后，他击落了“喷火”。之后他自己也马上被身后一架“喷火”击落并完成机腹迫降。这位乐极生悲的飞行员降落在文瑞（Venray）西南数公里远。施密特藏了起来，直到第二天早晨被捕。他的那架几乎完好的Fw 190在接下来两周被荷兰民众拆毁。

在盟军领空上损失的最后一人可能是第4中队的鲁道夫·维施霍夫（Rudolf Wieschhoff）三等兵。他的“绿色16号”被轻型防空炮击落并坠毁在塞弗讷姆（Sevenum）南部一公里，这位19岁的飞行员未能生还。

JG 3的飞行员们大多独自飞向他们的基地。不过其中有些人被迫进行紧急降落。司令部小队的舒马赫军士长因为高炮战伤而完成一次机腹降落，受了一点轻伤。在第一大队，3中队的西格弗里德·罗伊特（Siegfried Reuther）二等兵最初被宣布失踪，但是他后来还是开着自己的飞机回来了。第10中队的福格尔下士遇到引擎故障，机腹降落在卡尔卡（Kalkar）南部。他回忆道：“在向东飞了些分钟后，我向后快速瞄了一眼，正好看见两架飞机来到了我身后。我立刻辨认出它们是试图拦截我们的敌军战斗机。从那之后我不再向身后看，只有在超低空使用应急动力才可能让我得救。突然我意识到我一定是已经穿越了前线，因为地上有人在向我招手。由于我使用了太长时间的应急动力，引擎罢工了，我只得把飞机拉起寻找降落的地方。我在卡尔卡南部完成机腹着陆，无伤离开飞机，感觉自己再次逃离了死神的魔爪。第二天我夹着降落伞回到了中队，由于我们的小队损失惨重，士气非常低落。”

最后，第16中队的乌尔里希·特尔纳（Ulrich Töllner）下士在他的战机被敌军战斗机击中后被迫进行机腹着陆。他没有受伤，但是在2月8日的另一次作战中阵亡。

一架又一架德国飞机返回了基地，JG 3联队司令部小队的米德尔下士也安全降落在赛尼。他回忆道：“在赛尼降落后，我发现我是唯一一个回来的人。联队长巴尔直到午餐后才回来报到，我的军士长长机则直到傍晚才来。两个人都进行了机腹迫降。你可以想象在巴尔少校没回来之前联队司令部的心情是怎样的。直到他回来报到后他们才注意到了我。在那之前他们没有看我，可能是以为我已经溜走了。直到巴尔少校问我是否可以为他的战果作证时，我才得到了关注。”

奇怪的是没有报告可以证明巴尔在1月1日进行了机腹迫降。根据他的日志，他在10时10分正常降落在利普施普灵格。唯一的解释是巴尔没有向他的司令部报告，在利普施普灵格呆了几个小时后回到了他在施朗根的司令部。

第一大队出动的22架Bf

空袭结束后艾恩德霍芬机场上的飞机残骸。

109中，有13架在中午一点前返回，还有两位飞行员在当天晚些时候归队。第三大队有约10架Bf 109返回利普施普灵格。领导JG 3编队的穆勒少尉在10时10分降落到居斯特洛，伯施上士也安全返到居斯特洛，其他人分散降落在别处机场。虽然遭受了相当大的损失，JG 3的作战还是取得了成功。巴尔在他的日志中总结了当时的感受：

> 元旦这天所有战斗机部队在荷兰和比利时上空完成了一次大作战。JG 3攻击了艾恩德霍芬：摧毁了地面上的40至50架飞机，空中击落10架敌机。我在09:23至09:25击落了两架“暴风”。空中侦察显示地面上的170架飞机中有80至100架被摧毁了，干得漂亮！

下面的报告出自JG 3第三大队的战争日志：

> 战斗机部队对荷兰、比利时和法国北部的盟军机场展开攻击。我们的大队出动了15架飞机加入本联队编队中，奉命“肃清”艾恩德霍芬机场。这可能是德国空军的最后一次大胜，JG 3在艾恩德霍芬摧毁了116架飞机，占了很大比例。

根据德国空军西线司令部的报告，攻击艾恩德霍芬机场的作战摧毁了53架单发飞机和11架双发飞机，击伤了五架单发飞机和一架四发飞机。之后的侦察摄像则表明有约90架单发飞机被摧毁在艾恩德霍芬。另一份报告则指出由于机场上空的浓烟，无法确定艾恩德霍芬的全部损失。除了这些对地攻击战果外，JG 3还声称取得了如下空战战果：

“台风”	海因茨·巴尔少校 艾恩德霍芬机场	JG 3 联队司令部
“台风”	海因茨·巴尔少校 艾恩德霍芬机场	JG 3 联队司令部
“喷火”	弗雷德里希·哈迈斯特军士长 艾恩德霍芬地区	JG 3 第 4 中队
“暴风”	奥斯卡·齐默尔曼少尉	JG 3 第 9 中队
不明	斯特雷贝尔上士	JG 3 第 9 中队
“喷火”	彼得·贝希霍尔德下士	JG 3 第 11 中队
“喷火”	格尔哈德·施密特下士 文瑞地区	JG 3 第 15 中队
“台风”	西格弗里德·穆勒少尉 艾恩德霍芬机场	JG 3 第 16 中队
“台风”	哈里·瓦尔德上士	JG 3 第 16 中队

JG 3司令部在傍晚举办了一次小聚会庆祝联队的胜利和巴尔的归来。布置了一张咖啡桌并准备了一些蛋糕。蛋糕硬得和混凝土一样，将它撕成几片后，巴尔命令米德尔去拿把锯子。米德尔找到了一把生锈的锯子，巴尔用它把蛋糕切成小块，这样可以把它们泡在咖啡杯里再吃。

早晨的战斗并不是JG 3在1月1日执行的唯一一次作战。15时5分，第一大队和第三大队的十架Bf 109与第四大队的四架Fw 190一起出动掩护KG 76的喷气机作战。这14架飞机中有一架因为遇到问题而提前返回，很可能是第四大队的一架Fw 190。剩下的13架飞机报告与十架“喷火”和一架“野马”在明斯特上空交战。两架Bf 109被击落，飞行员全部跳伞逃生，一架Fw 190因技术问题而损失。剩余的JG 3飞机在返航时再次遭到皇家空军第412中队“喷火”的攻击，代理第3中队长的施密特上士被击落丧生。“喷火”也有一架损失，第四大队的伯施驾驶Fw 190击落了英军詹姆斯·多克（James Doak）上尉的飞机。所有德国飞机在16时30分返回基地。

虽然不同的报告对于损失的评估有差异，但是毫无疑问艾恩德霍芬机场遭到了巨大破坏。很明显JG 3和JG 6均以飞机为最主要的攻击目标，因此建筑物和跑道几乎没有受到多大破坏，当天下午就被打扫干净。但是飞机和航空设备的损失情况格外严重。至少44架飞机被完全摧毁，还有约60架受损。人员损失相对其他遭到德军攻击的目标也显得较为严重，至少15人在攻击中丧生，超过40人负伤。这些人员和装备损失主要来自空间较为拥挤的侦察联队和加拿大“台风”联队。

底板行动后的艾恩德霍芬机场。

艾恩德霍芬机场上第439中队的一架“台风”残骸。

第124联队共有约24架飞机被摧毁或受损，其中第182中队几乎损失了全部的可用飞机，人员一死一伤。它的姊妹中队第181中队的情况好多了：“很明显他们的目标是飞机，他们在机场上做得非常好，但是第181中队很幸运没有人员伤亡，只有一架飞机被摧毁。”第137中队的飞机损失也不大，只有两架飞机被击伤。人员伤亡却是联队中最多的，共有两人死亡，九名飞行员受伤住院。第247中队上报六架飞机被摧毁或损伤。

第39联队遭受了最惨重的装备和人员损失，很明显它承受了主要的攻击。总计约30架飞机被摧毁或受损，两人死亡，至少15人负伤。第400中队的飞机损失最严重：“幸运的是只有一位飞行员被击伤，结果只给我们留下了三架可用的飞机。”

第143（加拿大）联队是损失第二严重的，共有约29架飞机被摧毁或受损，位于机场南边开阔地上的飞机无处藏身。德国空军集中攻击的不仅是联队的飞机，还有许多设施遭到了打击，最可怕的就是在JG 3离开后炸上天的炸弹库。虽然情况极为危险，但飞行员的损失相对较轻微。第438中队仅有在空袭初始阶段被巴尔

第 440 中队在艾恩德霍芬机场上的一架“台风”战机正准备出战，该中队在 1945 年元旦损失惨重。

击落的中队长及其僚机飞行员丧命，损失飞机五架。第168中队损失了上文提到过的吉本斯上尉，但是在地面上中队仅有一架飞机受损，“三名飞行员也在空袭中丧生”。空袭开始时，第439中队的许多飞行员正在中队营房里，其中一些人跳入了附近的一道战壕里，战壕里有三英尺深的水，表面还结了一层两英寸厚的冰。中队报告六架飞机损毁或损伤。第440中队则直接被消灭干净，至少13架飞机在空袭中被摧毁，中队在获得补充飞机前被迫退出前线。

在艾恩德霍芬机场还有其他部队遭受损失，包括第403维修后勤部队、第83大队联络中队和第二战术航空军联络中队，以及造访的其他部队。那些在机场上接受修理的轰炸机中有很多被付之一炬，机械师们数周的努力全白费了。

4.5 总结

毫无疑问，JG 3对艾恩德霍芬的攻击是成功的，虽然JG 6第一大队可能也作出了贡献，但是盟军至少2/3的损失是由JG 3造成的。联队损失15架Bf 109和Fw 190，为出动兵力60架的25%，另外还有三架飞机受损。15名失踪的飞行员中有九人阵亡，六人成为战俘。

第五章 JG 4寻找库洛特

5.1 JG 4的战前状态

JG 4是德国空军成立于战争中期的一支战斗机部队，1942年7月以JG 77第1中队为核心组建了第一个大队，负责守护罗马尼亚油田。1943年12月至1944年7月间，大队来到意大利参加防御作战，他们在“浪潮”行动中给空袭普罗耶什蒂油田的美军B-24轰炸机造成了巨大损失。不过在意大利作战期间，第一大队也有多达40位飞行员战死或失踪，26人受伤，7人被俘。从8月开始，该部来到了西线战场，至1944年12月，大队驻扎在达姆施塔特-格里斯海姆（Darmstadt-Griesheim）。12月3日在亚琛附近的战斗中，该部遭受严重损失。联队司令部1944年6月设立，由27岁的格尔哈德·米哈尔斯基（Gerhard Michalski）少校担任联队长，他当时拥有接近70次空战胜利的成果。

第二（突击）大队在1944年7月成立，由汉斯·京特·冯·科尔纳茨基（Hans Günther von Kornatzki）中校担任指挥官。大队以原ZG 1第一大队的飞行员和地勤人员为核心，还有一些来自第1突击中队的飞行员。1944年9月开始的两个月作战中，大队就损失了大队长冯·科尔纳茨基和一批原ZG 1第一大队的老飞行员。1944年12月底，第二大队驻扎在巴本豪森（Babenhausen），大队长是格尔哈德·施罗德（Gerhard Schröder）少校。他虽然已经32岁，作为战斗机飞行员的经验却很匮乏。他曾是KG 55的一位观察手，直到1943年才接受了飞行员训练。他在大队里不受欢迎，由于较少执行飞行任务，很多年轻飞行员认为他是个懦夫。在绝大多数作战中，领导突击大队的是经验丰富的第7中队长埃哈德·尼泽（Erhard Niese）中尉。作为非常老练的战斗机飞行员，尼泽中尉到1944年12月底时已经执行了超过570次作战任务，击落23架敌机。他的战果主要是在JG 77取得的，在1944年7月26日被授予德意志金质十字勋章。

JG 4 联队长格尔哈德·米哈尔斯基少校，他在来到JG 4之前长期服役于JG 53。

第三大队在1944年7月以ZG 1第一和第三大队残部改组成立。大队长是原先指挥JG 1第三大队的弗雷德里希·埃贝勒（Friedrich Eberle）上尉，他们装备的是Bf 109。1944年8月

1944 年 12 月 3 日，JG 4 第 14 中队一架被防空炮击落的 Bf 109G-14。

完成最初的训练后，大队投入到作战中，在9月11日遭到灾难性损失。至少17架Bf 109被击落，九名飞行员阵亡。一周多后，第三大队再次在阿纳姆附近卷入到战斗中并有严重损失。他们在10月和11月参加了帝国防空战役。12月17日，第三大队转移到达姆施塔特-格里斯海姆参与阿登反击战。此时，它的大队长依然是埃贝勒上尉。

第四大队的前身是JG 5第二大队，该部在1944年6月返回德国并于月底参加了在法国的作战。1944年7月，大队被召回德国参加帝国防空战，直到在10月底成为了JG 4的第四个大队。1944年11月，弗朗茨·温胡森（Franz Wienhusen）上尉率领大队转移到莱茵-美因地区。不过在12月初，第四大队受到了严重损失，包括它的大队长温胡森。恩斯特·劳贝（Ernst Laube）上尉在温胡森死后接管大队。1944年12月底，大队驻扎在法兰克福南边的莱茵-美因机场。

由于JG 4各个大队在1月1日多少算是单独进行作战，关于JG 4对比利时中部库洛特（Le Culot）机场的攻击需要分开进行介绍。

5.2 比利时库洛特机场，1944年12月

库洛特位于沙勒罗瓦（Charleroi）东北方约45公里，拥有两座机场。主机场库洛特（A-89）位于博弗尚（Beauvechain），辅助机场是库洛特东机场（Y-10）。德国人几乎不使用辅助机场，仅JG 26第三大队曾于1940年5月在这里呆了一周时间。主机场则在1940至1944年间成为德国空军轰炸机和夜间战斗机部队的重要基地，在被盟军攻占后，这里进驻了大量加拿大“喷火”中队和一个“蚊”式夜间战斗机中队。

然而到了1944年10月的最后一周，美国第九航空队接管了两个机场。第36战斗机大队下属第22、23、53战斗机中队带着他们的P-47从法国瑞万库尔（Juvincourt）来到A-89机场。加入他们的还有另一个装备P-47的第373战斗机大队，第410、411、412战斗机中队也

1944年12月，库洛特机场上第36战斗机大队第22中队的一架P-47陷入泥泞中，地勤人员正在将其吊起来。

从法国兰斯飞到这里。第363战术侦察大队则将它的侦察型“野马”和侦察型“闪电”降落在了辅助机场。不过在元旦当天，第160和161战术侦察中队被派到了法国，只有装备“闪电”侦察机的第33和155摄像侦察中队在1月1日留在Y-10机场。所有这些部队都参与了突出部战役，天气允许的情况下他们频繁在这两个机场上起降。在库洛特作战期间，第36和373战斗机大队共确认击落48架德机。

5.3 联队司令部和第四大队的攻击

联队长米哈尔斯基参加了12月5日第二战斗机军的会议，因此是JG 4队内少数知道底板行动的人之一。他在1月份的月度作战报告中这样写道：

> 特别作战：第3和第8战斗机师的部队在1945年1月1日执行了一次特别作战，目标是摧毁驻扎在荷兰及比利时地区的盟军战斗机和轰炸机部队。早在12月初就已经在准备这次作战了。第4战斗机联队的任务是以全部大队攻击布鲁塞尔东南的库洛特机场。为了让导航更加容易并确保抵达目的地，每个大队将由一至两架Ju 88导航机领飞。这意味着飞行员们不需要进行导航，可以把注意力放在自己在编队中的位置以及低空飞行上。JG 4联队长将率领第四大队。所有其他大队将在它们的大队长或副手的率领下出动。

12月31日下午6点，米哈尔斯基向包括大队长和全部四位中队长在内的第四大队飞行员们介绍了此次作战。他告诉他们这是一次重要作战，整个联队都会参加。他向飞行员们展示了一张库洛特机场的照片，可以看到有约60架“雷电”和一些四发飞机。米哈尔斯基在简报中细致描述了飞往目标的航线，飞行员们在自己的地图上做好了标注。从莱茵-美因到宾根（Bingen）的第一段航线因为保密原因而没有被画在上面。

JG 4其他大队从宾根到库洛特的航线都是一样的：宾根—布莱—普鲁姆—库洛特。飞机要以小队为单位保持较紧密编队低空飞行，一架Ju 88导航机将带它们走一部分路。整个飞行途中要保持严格的无线电纪律，但是FuG 16无线电可以在起飞后全程打开。飞行员们被禁止庆祝新年，并且被禁止饮酒。第15中队长洛塔尔·沃尔夫（Lothar Wolff）中尉记得那次简报，他说："12月31日晚上，中队长和其他飞行员被叫去参加关于第二天早上作战的简报。整个作战非常重要，他们试图提升我们的士气。据说在凌晨实施作战非常重要，这样可以出其不意，作战的成功与否对未来十分关键。他们估计我们可以摧毁800至1000架飞机。我们甚至得穿得好点（全套制服），这样如果某人被俘虏了可以给敌人留下一个好的印象。"

如上文所述，米哈尔斯基将在1月1日率领第四大队作战。8时20分，领航的Ju 88起飞，后面跟随的是联队长的Bf 109和第四大队的Bf 109G-14及Bf 109 K-4。虽然起飞时地面上有雾气和降雪，但是过程还算顺利。最终有一架联队司令部的Bf 109和16架第四大队的飞机从莱茵-美因机场出发攻击库洛特。在机场上空完成集结后，他们以小队为单位从前往后列队出发。第一个小队由洛塔尔·沃尔夫指挥，第一个小队里的飞行员都可以清楚地看见飞在前面的Ju 88。

编队飞到宾根并继续飞向布莱和普鲁姆，很可能在此阶段米尔哈斯基的飞机出现了问题，于是他只得单独返回基地。沃尔夫接管了第四大队。布莱以西约25公里处，第二（突击）大队在起飞时遭遇问题的两架Fw 190A-8/R2加入了第四大队的编队，它们无法再找到自己的母队了。这两架Fw 190的飞行员是第5中队的汉斯·佩舍尔（Hans Peschel）二等兵和瓦尔特·瓦格纳（Walter Wagner）三等兵。

越过普鲁姆并接近马尔梅迪地区的前线时，第四大队遭遇了密集的防空火力攻击。沃尔夫回忆道："在阿登一处Ju 88不能飞得太低的山谷上空，我们受到了猛烈防空火力的

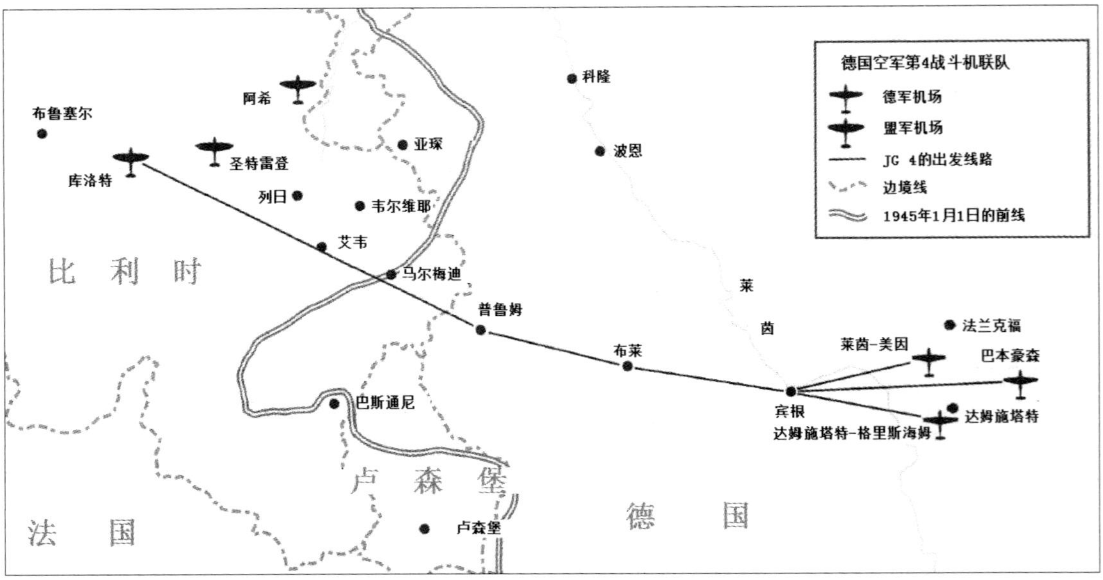

JG 4 的攻击路线图。

‘欢迎’。我可以看见领航的Ju 88被击中并立刻掉头返回。幸运的是，他得以再次抵达我们的基地。我把我的中队往上带以远离致命的防空火力，在800米高度穿过了云层。”

不是所有的飞行员都能跟上沃尔夫的动作。连他的僚机飞行员阿诺尔夫·鲁索（Arnolf Russow）军士长都短暂地和小队失去了联系，但是几分钟后他又回到了编队中。在这里，第四大队遭受了最初的损失。飞在编队尾部来自第15中队的洛塔尔·施密特（Lothar Schmidt）下士也与编队走失了，在努力寻找自己小队的途中被高射炮击落。施密特回忆道：“我们以一条向西的航线飞行，尽可能从低空越过前线以避免引起盟军注意。这么做没有用，在此地区集中强大防空力量的美军全力开火。我在编队尾部和另外两名飞行员在一起，这时我的飞机被一发75毫米高炮弹击中发动机。燃料覆盖在我的前挡风玻璃上，由于飞行高度太低，我决定进行一次机腹迫降。我迫降在比特亨巴赫（Bütgenbach）附近的一个森林里。我受了轻伤，加拿大人抓住我后把我带到了于伊（Huy）并转送往英国。”

防空炮火下的另一个牺牲品是来自第15中队的24岁上士卡尔·贝尔格（Karl Berg），他驾驶着Bf 109K-4“黄色3号”也在同一区域与部队失去联系，至今仍被列为失踪人员。第13中队的赫尔曼·霍尔特科特（Hermann Holtkötter）军士长坠机身亡在威布林（Wibrin）附近，他是一位来自JG 5的老兵，是大队里经验最丰富的飞行员之一。第16中队的埃尔马·埃克（Elmar Ecker）少尉可能也死于同样的防空火力之手，他坠落在乌尔门（Ulmen）东北约两公里远。

第13中队的维尔纳·阿内祖博（Werner Anetzhuber）下士也与部队失去了联系，他驾驶的Bf 109G-14/AS“白色2号”最终被击落在韦尔维耶西南五公里处，阿内祖博在坠机中身亡，他可能也成为了盟军高炮的牺牲品。

现在第四大队仅剩下八至十架飞机了，然而它们依然试图寻找库洛特的攻击目标。沃尔夫回忆道：“我们穿过云层并继续保持在1000米高度。我们处于正确的航线中，我检查了一下时间并计算我们到达库洛特上空的时间。十分钟后我觉得我们应该来到了目标上空并下降再次穿过云层，机场就在我们正下方。”

实际上，第四大队找到的是圣特雷登机场，美军第48和404战斗机大队的基地。德国飞行员看见一架“闪电”、五架B-17和20至40架“雷电”紧密地排放在机场上。抵达机场上空后，德机分散开来进行单独攻击。沃尔夫回忆道：“我们摧毁了地面上的一些飞机。我确信有六到八架飞机在燃烧。当我们到来时，一些地勤

图为第13中队的赫尔曼·霍尔特科特军士长，其于1945年1月1日死于盟军防空炮火力下。

人员正走向‘雷电’准备给它们做起飞整备。然后我们遇到了猛烈的防空火力，用尽所有弹药后我马上爬升到8000米高空，这救了我的命。”

第48大队和第404大队当时正在准备一次作战行动，对于这次打击完全没有做好准备。其中第492中队正准备在9时20分起飞，JG 4的攻击就早了仅仅五分钟。第493战斗机中队的报告作出了生动的描述：

1945年1月1日，新的一年以一记重击作为开始。一批来自柏林的Fw 190和Bf 109机群对我们简陋的机场完成了一次漂亮的扫射攻击。当天接近九点半，我们正在平静地考虑各自的事情，准备目送中队起飞执行一次作战。这时一个所谓“喷火”中队从地平线上突然出现并开始扫射我们。不用说也知道，这些“喷火”是拼命试图消灭我们的Bf 109和Fw 190。在一轮射击过后八秒钟，散兵坑里就挤满了人，我们第一次觉得呆在这里比在中队营房中还要舒服。

部分美军飞行员和地勤人员将这批敌机错误辨认为友军，但是很快他们就不得不到处躲避Bf 109和Fw 190的俯冲攻击。皇家空军的机械师乔治·佩恩（George Payne）当时在帮助劳埃德·怀特（Lloyd White）上尉做起飞准备：“我们注意到一个编队的战斗机在树顶上方高度从南边经过机场。我们第一眼将它们看成了英机，然后其中一架飞机抬了一下翼尖以避开什么（我猜是一棵树）。我认出那是一架Bf 109。怀特上尉差不多同时看到了它。他像被弹射出来一样冲出座舱。我们在战斗机盘旋并从西面发起第一轮攻击前跑到了掩蔽所（远离那架装了引信炸弹、3200发子弹和燃料的飞机）。他们以编队发起攻击并首先射击了一些沿着主跑道停放的受损轰炸机。然后他们散开并从各个方向袭来。”

稍远点的地方，第493中队的飞行员赫伯特·本森正在滑跑准备一次作战：“要在1944年元旦前夜的庆祝会后的清晨执行一次作战已经够糟的了，一起事件的发生让那个早上变得更艰难。当我们向跑道滑跑时，我们注意到我们以为是‘喷火’的飞机正在扫射机场作为新年问候。那些‘喷火’是Bf 109。在第二轮攻击中他们扫射P-47正在开去的跑道。不用多说，我们踩了刹车并匆忙逃离飞机。那些走运离跑道比较近的人，跳进了跑道附近的散兵坑。其他人则躲在任何能提供掩护的地方。我记得在机场上空的多轮攻击后，防空炮击落了其中一架Bf 109，飞行员跳伞降落在我和其他人躲避的散兵坑附近。我和一些飞行员及机械师逮捕了这位非常年轻的德国飞行员，并把他带去作战室审问。”

约翰·赫洛皮克（John

圣特雷登机场上，美军第48战斗机大队第493中队的一架P-47。

Chlopick）是第493中队的一位机械师，他当时已经给飞机做好预热，帮助飞行员进入飞机并系好绑带。他这样回忆道：

我听到了一些飞机的声音，抬头看见一群飞机飞行在树顶高度，我和飞行员说："那些英国佬今早出动得真早。"他抬头看后说："该死的，那些不是英国佬，它们是Fw 190。我们最好赶紧离开这个鬼地方。"他跳出飞机，我则站在飞机附近看着它们飞到了机场远端的那头。它们散开并开火射击。我认为它们干掉了机场那头的多联装防空机枪，然后它们继续前进，我们都被吓呆了。当它们飞到机场的另一头后，它们绕回来继续散开并飞过来。敌机来回地穿梭。其中一些被击落，飞行员跳伞离开飞机。一架飞机坠落在跑道上，着火并散架得到处都是。我看见一架飞机从机场远端朝我的方向飞来，但是飞机着火了，飞行在距地面约30至40英尺的高度。当它靠近我时，飞行员把飞机笔直拉起并跳伞。那架飞机旋转着向我所在的位置落下来。看着向我飞来的战机，我惊呼："老天爷啊，我这下要死了。"我把一块挡板举在头顶，飞机落地爆炸。我伸出头看见子弹在四处飞舞，我不敢钻出去因为我害怕被击中。总之，我看见那位飞行员落到地面。他坐在地上，手伸到口袋里掏出了烟斗并点着。他就在那儿坐着不动，我们的一打兄弟向他走过去。他们把他拉起来并带走。弗劳尔斯中士拿着一把冲锋枪指着他。他们靠近我的飞机并停了下来。飞行员脱掉了他的夹克并将它交给弗劳尔斯中士。他们走进了司令部。我知道是弗劳尔斯让他交出自己的夹克，他们走进司令部后指挥官问飞行员他的夹克哪里去了。他告诉指挥官是谁拿走了，指挥官让弗劳尔斯把它还给德国人。他无权拿走这个人的夹克。整个事件持续时间不超过十分钟。

沃伦·索伦森（Warren Sorensen）是第493战斗机中队的一位飞行员。攻击开始时他正在南北走向跑道南部的一个庄园里，对于空袭有绝佳的观察视角："我们的大队正在滑跑准备起飞。我和其他不用参加作战的飞行员被防空火力的响声惊动了。我们待在机场一英里外的一个矩形庄园里。我们冲向玻璃看到底发生了什么。在北面我看见一队飞机在地表上方向东飞。我记得机场仅有的防空力量是一些多联装机枪。几分钟内机枪开始怒吼，但没有多少敌机被击落在地。我记得一架Fw 190扫射机场时下面还挂着一个油箱，一发子弹击中油箱导致起火。飞行员完成了漂亮的拉升、半滚转及弃机跳伞，然后降落下来，没人能做得更好了。还有一架Bf 109在东西走向跑道的东边被多联装机枪击落。它落到跑道上摔成碎片。过了一会儿我们来到机场，看见飞行员躺在跑道上，一发子弹正好射入他两眼之间的前额。"

唐纳德·阿彻（Donald Archer）在元旦这天本不用出战，但是在前夜的聚会上另一位飞行员告诉他自己第二天早上不能飞行，询问阿彻是否可以顶替他的位置。阿彻同意了并立刻离开聚会去睡觉。他记得自己的起飞准备："在地面滑行时，我的地勤组长总是会在我的左翼上走动查看哪里有问题。我们距离跑道约一百码处时我注意到两队战斗机在逼近。我没有特意关注，直到他们向我们的跑道冲过来。接下来，我辨认出这些是Bf 109。我关掉发动机并向在我机翼上的组长大喊'快离开这儿！'离开飞机时我太过匆忙，都忘记解开自己的降落伞了。我们跑了25到30码远，没有看到散兵壕，于是肚子朝上躺在地上。我身下压着降落伞包，感觉到子弹在我鼻子上方十英尺高度射入飞机。空袭不到十分钟就结束了。我对驱赶Bf 109的防空人员产生了新的敬意，他们击落了至少两架。一位飞行员跳伞后被本森中尉和一些我不记得名字的士兵俘获。另一架坠毁在我们的跑道上，其飞行员前额被命中一发子弹而死。两位飞行员看起来都好年轻，不超过18至19岁。我试图憎恨他们，但是这只会让我想到安全待在家乡加利福尼亚的大约同龄的弟弟。”

虽然攻击的主要火力集中在第48战斗机大队的区域，第404战斗机大队也还是被扫射了。凯末尔·赛义德（Kemal Saied）是第404战斗机大队第508中队的一位飞行员，他在自己的回忆录《雷电奥德赛》中这些写道：“我当天早上不需要执行作战，待在我们用来消磨时间的备战室里。从跑道地区传来了武器射击的声音。那些在备战室的人冲到屋外查看发生了什么，他们的好奇多于受惊。来到门口，我们听见低空飞行的飞机轰鸣声和机枪射击的声音。从距地面20英尺到不超过500英尺的天空，到处都是德国Fw 190和Bf 109。第一轮攻击沿着跑道冲下来扫射到飞机之间的空隙，什么都没打中。第二轮攻击从各个角度俯冲下来越过跑道。那时机场上的防空机枪已经在射击了。一架Bf 109从南往北低空穿越机场射击，飞得又直又平。穿越机场半途中被击中变成火球，飞机笔直爬升，飞行员跳伞并在落地后被俘获。一架Fw 190的飞行员就没那么走运了。他的飞机坠落在距离地面上飞机只有几码远的跑道上。萨利跳出自己的飞机，不顾危险走到年轻的德国飞行员尸体躺着的地方。萨利后来回忆在查看这位飞行员依然冒着热气的尸体时，他想到可能有一天别人也会像他这样在一旁看着他的尸体。”

如上所述，有效的防空火力对JG 4这个小编队造成了破坏性效果。霍尔斯特·格吕纳（Horst Grüner）军士长在他的第二轮攻击中被直接击中，这位不幸的飞行员坠落在圣特雷登东西走向跑道的边缘。他被以无名飞行员的身份埋葬在比利时福斯（Fosse）的一个军事公墓，1949年被转移到在洛默尔的德国军人公墓。第5（突击）中队的飞行员佩舍尔二等兵在他的第一次攻击中射击了两个防空阵地，没有观测到攻击效果。在第二轮攻击中他射击了一架“飞行堡垒”，第三轮攻击中向一排“雷电”开火。在这之后，他的Fw 190A-8/R2“白色14号”马上被防空火力击中，爬升到约500米后他跳伞并降落在机场边界约200米外的地方，他的飞机坠毁在机场上。第493战斗机中队的人很快逮捕了他。大约在同时，他的第5中队队友，驾驶“白色11号”的瓦格纳三

第 404 战斗机大队第 508 中队的飞行员凯末尔 · 赛义德（右一）。

等兵也被迫完成了一次机腹着陆。他在第一轮攻击离开目标后发动机马上熄火，他将飞机停在圣特雷登机场南边的地面上。这是瓦格纳在战争期间的第三次也是最后一次作战。他的“白色11号”经过多次检查后由第404战斗机大队修好了。

第13中队的三等兵卡尔·诺班尼（Karl Noppeney）驾驶的Bf 109K-4也被防空火力击中了，但那不是圣特雷登机场上的防空部队干的。在完成了某次攻击后，他低空飞过位于圣特雷登西北的维尔德伦（Wilderen），被一位防空炮手击中座舱。诺班尼坠机身亡于维尔德伦北部800米处。沃尔夫的僚机鲁索也未能返航。驾驶“黄色13号”的鲁索在进行自己的第二轮攻击时被防空火力击中。他之后努力尝试返回基地，但是大约一分钟后被迫弃机跳伞。他降落在圣特雷登东北部地区。当地居民将鲁索抓住，他们让飞行员缴械后把他交给了美军士兵。

第5中队瓦尔特·瓦格纳三等兵的Fw 190A-8“白色11号”降落在圣特雷登机场上。

盟军在测试瓦格纳的Fw 190A-8，机上武器很明显已经被移除。

抵达圣特雷登的飞行员现在只剩下两人了，分别是沃尔夫中尉和约瑟夫·孔茨（Josef Kunz）少尉，两人试图独自返回基地。孔茨在空袭中射击了两架B-17和一架“雷电”。向东飞时他遇到了第352战斗机大队的“野马”并被击中了油箱。不过他驾着受伤的飞机躲避了追杀并抵达德国占领区内。他在伊达尔-奥伯施泰因（Idar-Oberstein）附近进行机腹迫降。现在轮到沃尔夫中尉了：“在8000米高度向东飞时我要在某一时刻越过莱茵河。当我来到那里后，我沿着莱茵河谷往南直到找到了我们的机场。我是唯一一位回到莱茵-美因的飞行员。其他两到三人降落在了别的机场，但是后来也回来了。我不得不马上向戈特哈德·汉德里克中校报告，他得知几乎无人返航后感到震惊。他随后命令我们要在第二天再执行一次同样的作战。我们在想这是什么鬼领导呀！由于第四大队的其他飞行员几乎都没有回来，联队长和大队长不得不放弃此次作战，我们强烈怀疑这些作战的意义何在，除了发出些动静外一点用都没有！理想的效果无法通过简单进行几次扫射取得。这有什么用？

如果你无法通过投下大量炸弹摧毁机场，那些少数被摧毁的飞机可以被轻易替换。对于我来说，新年的开头一点都不好。”

不过，JG 4的这批小分队给圣特雷登机场造成了相当程度的损失。美军第48战斗机大队损失最严重。第492中队比机场上其他任何中队的损失都大，三架P-47被摧毁，另有十架受损。其中一架飞机的主油箱被点燃，整架飞机完全被大火烧毁。中队的两辆卡车也受伤了。第493中队逃过一劫，第494中队有六架P-47受损，其中四架可以修复。三名士兵在德军的扫射中负伤，其中一人伤势严重。

第404战斗机大队损失较小。当空袭结束后，第506战斗机中队报告一架P-47被摧毁，四架受损；第507中队有五架P-47受损；第508中队所在区域免遭打击。大队没有人在空袭中受伤。防空部队有一些人员伤亡情况，两个大队都对他们的出色表现表示感谢和敬意。其他的损失还包括一些受伤停靠于此的B-17和B-24，它们被打得更为残破了。在圣特雷登机场，总共有约10架飞机被摧毁，还有31架受损。

第29战术航空司令部在空袭后的一份报告中记录了一些关于JG 4第四大队攻击的有趣细节：

> 从那个中队的战术中可以看出率领它的是一位经验丰富的飞行员，其余人则年轻且缺乏经验。指挥官逃走了，据报告他的飞行水平远超过其他人。完成了一轮扫射后他可以在低空进行急转弯，其他人则无法做到那么剧烈的转弯或飞得那么低。所有的防空战果都是在敌机转弯时取得的。一些敌机携带了机腹油箱，但是没有看见炸弹投下。空袭实施的高度从未超过500英尺。

虽然第四大队宣称出动的16架Bf 109中有15架进行了低空攻击，实际上仅有六至八架Bf 109和突击大队的两架Fw 190攻击了一个机场，而那甚至不是预定中的目标。德军飞行员声称摧毁三架B-17、一架P-47和一辆卡车，重伤两架B-17和两架“野马”，还干掉了两个轻型防空炮台，战果似乎少得可怜。然而正如上文总结的那样，圣特雷登机场的实际损失要严重得多。不过第四大队也可谓是损失惨重——七架Bf 109失踪，还有一架被摧毁，三架飞机受损。第二天，第四大队只有七架Bf 109可以参与空战行动。

5.4 第二大队的灾难性攻击

12月初，驻扎在帕恩多夫（Parndorf）的NJG 101第5中队教官飞行员京特·科奇绍特（Günter Kotschote）上士得到命令，飞往位于巴本豪森的JG 4第二（突击）大队执行一次特别作战。在对作战目的不知情的情况下，他和自己的机组一起准备转移。12月5日左右出发时，他的Ju 88G-1引擎出现问题，机组在维尔茨堡待了四天，又在大奥斯特海姆（Großostheim）花了14天时间，抵达巴本豪森时马上就到圣诞节了。还有一架飞机要在1月1日作为预备导航机，但是这架飞机机组的身份无法确认。12月24日，Ju 88抵达后不久，美军第3轰炸机师的96架B-17轰炸了巴本豪森。一些Fw 190被摧毁，地勤人员中有一人重伤和三人轻伤，Ju 88及其机组毫发无伤。然而机场本身被严重破坏，无法继续使用。平民和大队人员一起修复机场，到12月31日时已经足够用于飞机起飞和降落。

12月31日下午六点，第二大队的所有飞行员和Ju 88机组人员聚集在巴本豪森的营房里。几天前和第一大队一起降落在达姆施塔特-格里斯海姆的六位第6中队飞行员也赶到巴本豪森参加简报，之后他们又返回格里斯海姆。第7中队的戈特弗里德·莫里奥（Gottfried Morio）少尉回忆道："12月31日下午我们聚集在巴本豪森的一个大房间里。这座建筑被一群武装士兵围住，禁止有人离开和进入。他们在这里告诉了我们关于第二天作战的计划。"

简报开始之前，莱茵中部战斗机指挥部长官汉德里克中校向飞行员们发表了讲话。JG 4和JG 2以及JG 11都由莱茵中部战斗机指挥部管辖。汉德里克告诉飞行员们此次作战是一个大规模行动的一部分，由第二战斗机军军长佩尔茨少将协调指挥，整个联队都将要参战。新兵们对作战的热情非常高昂。汉德里克继续表示作战几乎不会遇到防空部队或战斗机的阻挠，因为敌人肯定会在元旦前夜举行庆祝活动。一份文件在飞行员手中传阅，那是日内瓦公约的摘要，他们都被告知在不幸被俘的情况下不要提供给敌人关于自己军衔、姓名、编号以及家庭住址以外的其他内容。汉德里克随后表示要去访问联队的其他大队并离开了那座建筑。随后，米哈尔斯基发表了简短的鼓舞士气的讲话，并警告飞行员们如果没有坚定决心成功完成作战，他们将被马上或择日派出继续完成任务。所有的飞行员随后返回了机场。

施罗德少校在巴本豪森又做了一次简报。飞行员们看到了展示库洛特机场的照片，有约96架"雷电"停放在一起，还能看到三架四引擎飞机。图片里还有一个较小的机场或着陆场，德军声称这是用来停放飞机的，可以被作为备选攻击目标。大队的飞机将在巴本豪森上空集结，第6中队的Fw 190也将加入他们。然后当编队完成准备后，他们要跟随着两架Ju 88导航机前进。Ju 88的任务是通过目测和估算引领编队，当可以看到库洛特机场时它将独自飞回到巴本豪森。

施罗德在简报中描述了前往目标地的航线，飞行员们把相关的细节标注在他们的地图上。为了防止泄露第二大队的位置，不允许在地图上画出从巴本豪森到宾根的第一段线路。盟军在JG 4突击大队两架坠落战机上找到的地图标注了如下的航线：

莱茵中部战斗机指挥部长官戈特哈德·汉德里克，他曾代表德国队在1936年奥运会中获得现代五项金牌。

返回巴本豪森的线路和出发时相反，第6中队也将在那里降落。

大队要以小队为单位从前往后列队飞行，高度大约180米。靠近前线后，编队再降至树顶高度直到飞抵目的地。飞行员被命令在目标上空完成至少四轮攻击，集中打击地面上的飞机。施罗德进一步强调了在整个行动期间保持严格无线电静默的重要性。飞行员们要在靠近前线时打开FuG 16无线电，随后除

经由	前往	磁航向	飞行时间
宾根	布莱/摩泽尔	280度	9分半
布莱	普鲁姆	288度	9分钟
普鲁姆	库洛特	198度	21分半

了收听指挥官的指示外什么都不要说。无线电纪律极为严格，连中队长们都不被允许使用他们的设备。施罗德建议飞行员们集中注意力保持编队和跟随他，这样可以从困难的导航使命中解脱，留出心眼搜寻盟军战斗机。当晚包括军官在内的所有飞行员都要在弗利格霍斯特（Fliegerhorst）的营房里睡觉，他们要禁酒，不参加新年前夜的庆祝活动并早点上床为飞行做准备。第8中队的飞行员霍尔斯特·塔兰（Horst Tharann）下士回忆道："12月31日晚，我们得到了关于1月1日作战的通知，为新年干杯后我们奉命上床睡觉。早晨六点整，飞行员们被带到各自中队所在的位置。由于只有少数人有夜间作战经验，我们不得不等待黎明的到来。"

据塔兰回忆，战斗机飞行员们对于此次作战充满热情，特别是那些没什么经验的菜鸟。

另一位第7中队的飞行员戈特弗里德·莫里奥（Gottfried Morio）少尉这样记录："我们前往地勤人员工作了整夜的机场。跑道覆盖了一层十厘米厚的积雪，当发动机开始运转时积雪被吹走了。暴风雪持续了很长时间才停歇，这意味着能见度在这个雾蒙蒙的早晨将变得更糟。"

8时8分，两架Ju 88起飞并环绕在巴本豪森机场上空，后面跟随着17架第二大队的Fw 190A-8/R2战斗机。首先起飞的是尼泽中尉指挥的第7中队，他也将在此次作战中指挥整个大队。接下来依次是汉斯·马丁·马克霍夫（Hans-Martin Markhoff）中尉的第8中队和弗朗茨·沙尔（Franz Schaar）军士长的第5中队。一切似乎进展顺利，Fw 190消失在水平线上。突然无线电中传来"黄色14号"发动机的声音，它返回并降落在巴本豪森机场。飞机刚停下来，飞行员瓦尔特·许布纳（Walter Hübner）下士就大喊自己的无线电设备出现了问题。第7中队的一位技师埃尔温·格拉泽纳普（Erwin Glasenapp）三等兵

第5中队的弗朗茨·沙尔军士长在考虑为自己的Fw 190A-8"白色16号"取个名字。

认为还有别的隐情。根据他的回忆，几乎所有飞行员都畏惧此次作战，虽然没有人就此进行讨论。几分钟后许布纳再次起飞，然而在起飞过程中飞机坠毁在跑道边缘的森林中。严重受伤的飞行员被紧急送往哈瑙（Hanau）的一家医院，1月12日因伤重在那里不治身亡。

第二大队升空后就快速组队在Ju 88后方，短暂的停留等待后，第6中队的飞机依然不见踪影。于是，科奇绍特驾驶带头的Ju 88G-1直接往西边的宾根飞去，打算在那里与JG 4其他大队会合。领飞Ju 88G-1的机组无视了地面辅助信号，仅凭估算飞行在50米高度。这架飞机和战斗机之间没有任何无线电联系。

与此同时，第5中队的两名飞行员在启动发动机时遇到了麻烦，瓦尔特·瓦格纳三等兵完成起飞时大部队已经离开十分钟之久了。在机场上空他遇到了经历同样问题的汉斯·佩舍尔二等兵，他们一起向西按照原定航向试图赶上自己的大队。在布莱西方约25公里处两名飞行员加入了一群在机尾标有JG 4联队识别带（黑白黑）的Bf 109，那就是JG 4第四大队。他们的故事我们在上文中已经讲述过了。

约15分钟的飞行后，第6中队的飞机终于在宾根附近加入大队，指挥该中队的应该是雅各布·西勒（Jacob Siller）中尉。JG 4没有在宾根完成联队会师，各个大队基本上是独自沿着预定路线向目标飞去。第二大队继续向布莱和普鲁姆飞去，Ju 88备用机非常有可能是在这时返航。在科奇绍特的Ju 88的引领下，大队在马尔梅迪附近越过前线。编队立刻遭到密集而精准的轻型防空火力打击，最初的牺牲品中就包括科奇绍特的Ju 88G-1，但机组成员全部在坠机中奇迹般的毫发无损。科奇绍特回忆道："越过前线后我的右侧引擎被击中起火。飞机变得无法控制，当我们撞到地面时那个燃烧的发动机在我面前滚动着。"

第二大队现在陷入了巨大的麻烦之中，密集的炮火击落了一架又一架飞机。飞在前面的第7、8中队似乎成为了防空炮的集火目标。第8中队京特·施瓦岑奥（Günther Schwarzenau）下士驾驶的"蓝色15号"被防空炮击伤引擎，飞行员拉升至约450米高度后跳伞逃生，最终在亚琛北方被俘。同样来自第8中队的霍尔斯特·塔兰下士也被防空炮击伤引擎，塔兰回忆道："越过摩泽尔（Mosel）西边的山丘后我们遭到了出乎意料的高密度防空火力射击。我身后的机身被击中多处，我的无线电被摧毁。我的僚机靠近并指向我的飞机，但是我听不见他在说什么。由于我的耳膜几乎在刚才被击中时破裂，我确信我的无线电在一个不恰当的时机坏掉了。同时我的引擎一定也是被击中了，因为它不再对调节油门作出任何响应。我只能以油门全开或全关飞行，这就搞得我要么跑到编队前面要么就落到后面。不过我不想独自飞回去再穿越一次地狱，于是决定继续和编队在一起，希望在用完我的弹药后和他们一起回去。然后发动机开始停转了，我在两垛干草堆之间找到了一块降落的地方并成功将飞机落下，没有发生任何爆炸。这是一个奇迹，因为机身和发动机上被击中了多处。加拿大士兵将我俘获并带我穿过了一些雷区。"

第7中队也伤得不轻，戈特弗里德·莫里奥成为美军防空炮下的又一个牺牲品，他回忆道："我们刚越过前线防空炮就开火了。我看到了火焰，我的Fw 190被击中了，速度在降低。我试图和大队呆在一起，但是距离越拉越大。当大队从我视线中消失时我决定放弃作战并试图返回德国。我转向东北边，越过比利时荷兰边境并越过了一条我认为是马斯河的河流。当时我飞行在10米高度，一定是每一位战斗机菜鸟的好目标！现在我试图找到一块地方降落。越过一条河后我看到了一块看起来不错的地方，只不过有一条铁轨穿过那里。重重地落地后我的飞机与铁轨相撞，螺旋桨叶片、引擎罩和副翼都飞到了天上。我感到背部剧烈疼痛。很快有人过来帮忙并告诉我这里是德国。我越过的河流不是马斯河而是莱茵河。一所女修道院提供了最初的救助，我对于离开那里毫无遗憾，最年轻的修女都超过70岁了！三天后我返回了我的中队。”

24岁的莫里奥在韦瑟尔附近完成一次迫降，他的Fw 190受损程度达到65%，无法修复。莫里奥飘行在一条东北方向的路线上，他本人没有受到太大伤害。

与此同时，15岁的学生汉斯·赫尔穆特·林德纳（Hans Helmut Lindner）正在试图打扫烟囱。他将在屋顶这个绝佳的观景台上目睹1945年1月1日马上要发生的事件：“大量飞机引擎的声音已经引起了我的注意，这时又从各个方向传来猛烈的炮击声。我一开始盯着天空看，仿佛被催眠了。空中到处是德国空军战斗机，在这个高度我可以认出它们是Fw 190。几秒钟内空中布满了一串串红点（美军使用红色曳光弹），像触手一样伸向德国空军战斗机。我周围全是0.5英寸机枪，在我爬上来的这间屋子后面还有一个40毫米高炮阵地。它们都同时开火，好像在比赛谁射出的弹药最多。此前或之后我都再也没见过像那天早上一样密集的火力。我甚至有点眩晕，必须靠在烟囱上以防从屋顶落下。很快第一批降落伞在空中打开并开始下落，我在这块地方总共数出了一打降落伞。突然我意识到身后的40毫米炮可能把在屋顶上的我给打成齑粉，于是我以最快速度爬了下来。来到街上，我看见一架拖着烟的Bf 109从北方逼近，它在快速下降中。飞行员正在离开飞机，并幸运地得以及时打开他的降落伞在空中飘浮了几秒钟。他一定是落在或靠近安娜二号煤矿的位置。他的飞机落在了施瓦兹的村前约150米处。发动机在地上钻出了一个大深坑，残骸的碎片在一个农场里散落了超过100米远。当我走到农场时，第二架Bf 109降至坠机地点上空仅20米的高度，很明显是一位战友来查看朋友的生死。这架飞机吸引了如此多的防空火力，我好奇为什么它没有被击中。坠机地点挤满了美国士兵。其中一些人在将一只完整的机翼搬上卡车。当被问到他们要用它做什么时（我当时的英语相当流利），其中一人答道他们要将摄像枪从机翼上取下。那

阿登战役中的美军40毫米博福斯防空炮。和JG 2一样，JG 4第二大队也在出发途中被盟军防空火力击溃。

架战斗机的机炮还上着膛，明显全都未发一弹。到处都是13毫米和20毫米弹药带。巨大的直列式发动机上的三个螺旋桨叶片都断掉了。我还记得自己尝试望向装在发动机里的机炮炮口。那位德国飞行员最后死在地上。街上的美国人告诉我那些美军招募的年轻荷兰士兵射击了依然悬挂在降落伞下的不幸飞行员。”

飞行员在降落伞下被射击的故事在战争期间多次出现，很明显个别德国和盟军飞行员做出了这样不光彩的行为，但这不是双方的常规举动。林德纳先生的故事里提到的梅塞施密特飞行员的身份无法查证，很可能是来自JG 11或JG 4。

至少有一架突击大队的Fw 190坠落在同一地区，第7中队埃里希·居尔登普芬尼希（Erich Güldenpfennig）上士的“黄色2号”被击伤后迫降在阿尔斯多夫（Alsdorf）附近。他的飞机应该是被美军第559高射炮营C连击中，该营声称在1月1日击落六架敌军战斗机。C连的一位士兵在敌机扫射时被击中胸口丧生。虽然居尔登普芬尼希将他的Fw 190较完整地降落在地面，他还是因伤势严重于三天后死亡，居尔登普芬尼希本人一定也是被防空火力击中了。由于不知道他落在了阿尔斯多夫附近，尼泽中尉给居尔登普芬尼希的父亲写了这样一封信：

1945年1月1日清晨，我们前往荷兰比利时前线地区执行一次对地攻击作战。越过前线直到列日，在极低高度飞行的编队被猛烈的防空火力打散了。我本人因为座机被五次击中而不得不在列日附近返航。我在所有作战中的好伙伴，您的儿子埃里希继续和其他人一起完成作战。之后没有再听到关于埃里希的消息了。我猜他一定也是被击中了，他的僚机肯定也是一样。两个人都没有从这次作战中归来。没有收到过空战的报告，所以我猜他一定是在敌占区完成了一次迫降。这对你我来说是仅有的慰藉了，这将让我们可以在战后与我们出色的同志一起握手。

很快，大队指挥官尼泽也不得不返航了，他在回到德军战线后完成跳伞。居尔登普芬尼希的僚机威利·布雷维斯（Willi Breves）下士也未能归来，他和他的“黄色6号”没有留下任何踪迹就消失在了马尔梅迪地区。

最后轮到第5中队了，原ZG 1第2中队的老飞行员埃里希·科勒（Erich Keller）下士未能返回巴本豪森，至今仍被列为失踪。汉斯·古斯塔夫·迪克斯（Hans-Gustav Dierks）下士的“白色7号”坠落在巴林根（Balingen）南部地区，飞行员未能生还，他可能是在返航途中坠机的。坠机点就在巴本豪森东南边仅20公里处。同行的一位飞行员战后报告那是一起事故。海因茨·里希特（Heinz Richter）下士最初也没有归来，但是他最终还是无伤返回了自己的中队。

第5中队最后的损失是指挥官沙尔军士长。很明显他也飞向东北试图返回德军战线。不过他在福斯贝格（Vosberg）附近被盟军轻型防空炮击落，飞机残骸散布超过800米，沙尔的遗体被葬在残骸附近的一个野坟里。第5中队是损失最惨重的中队，包括中队长在内共有六名飞行员未能返回部队。

与此同时，一队约四架Fw 190在马克霍夫中尉的率领下设法穿过了防空弹幕。他生动地回忆了当时的情形：“我们的编队马上就完全解散了，我看到我们的飞机落得到处都是。在山谷中我们飞得甚至比山上的一些防空阵地还要低。我们试图借用每个山坑和角落作为掩护。突然我看见了一架‘奥斯特’，我爬升并将其击落，但是同时也被防空火力多次命中。当我们穿过弹幕时，我们只剩下四架飞机了。我的僚机温弗里德·布雷勒（Winfried Brähler）上士撞到了一些杨树，伤到了螺旋桨和机翼前缘。其他飞机也都身负战伤。我们现在没有抵达库洛特的可能性了。当我们看到一个有美军飞机的机场时我们不顾强大的防空火力展开了攻击。我们完成了一到两次攻击，我看见我们中的一架飞机坠落。我的飞机在每次转弯时都会振动，我害怕自己将无法返回了。我和布雷勒上士一起向东边的亚琛方向前进。途中我们攻击了一列运货的火车。我降落在了盖尔森基兴-布尔（Gelsenkirchen-Buer）机场，布雷勒却以为我降落在盟军占领区并继续向东飞行。他在埃尔福特（Erfurt）附近用光了燃料并完成了一次完美的机腹迫降。几天后他回到了巴本豪森。我在盖尔森基兴-布尔给飞机进行了修补，当晚返回了巴本豪森。”

大队声称仅在一个未知身份的机场摧毁了一架P-47并击伤了两架双引擎飞机，很可能是阿希机场。两列火车也严重受损，两辆卡车被点燃。有报告称第6中队的沃尔夫冈·汉克纳（Wolfgang Hankner）少尉在攻击中受伤。一份盟军的报告显示JG 4的飞机也参与了在巴斯通尼地区的对地扫射。

马克霍夫击落的那架“奥斯特”可能是第125联络中队的一架斯廷森L-1联络机。当天早上，该中队在马斯特里赫特和列日之间遭到两架“Bf 109”拦截并损失一架飞机。飞行员尼尔中尉在躲过了第一架敌机后被第二架敌机击中，两名机组成员受了伤，其中一人不久后死在了一所陆军医院。虽然该地区发生了多起空战，但是马克霍夫声称击落的“奥斯特”应该就是这架斯廷森。现在，第二大队的Fw 190可以返回巴本豪森了，至少直到中午一点半大队都不知道到底发生了些什么。当少数幸存者在接下来几天陆续返回基地后，他们才知道整个大队实际上已经被完全消灭了。

5.5 第一、三大队对库洛特的攻击

第一、三大队均驻扎在达姆施塔特-格里斯海姆机场，它们将共同执行1月1日的作战任务。第一大队长威廉·施泰因曼（Wilhelm Steinmann）少校由于被禁飞而不能参与此次行动，由第三大队长埃贝勒上尉指挥整个编队。他们的备战情况与另外两个大队基本一样。第1中队的飞行员京特·维特博尔德（Günther Wittbold）候补下士回忆道：“1944年新年前夜首先有一顿非常丰盛的晚餐，米哈尔斯基少校也在场。然后我们来到了一个大房间，没人知道要发生什么。军官们守着入口，一次关于第二天作战的详细介绍开始了。我们在没有酒水和庆祝新年活动的情况下度过了整晚，只能抽烟和吃些饼干巧克力。凌晨时分发动机已经开始运转了。地勤人员整夜工作以图让尽可能多的飞机做好战斗准备。天很冷，机场被积雪覆盖。飞机排成了很长的队列，根据计算我们需要用到油箱里的每一滴油。在我们面前的是第三大队的飞机，他们的队长埃贝勒上尉将率领编队。我很遗憾我们的老家伙不被允许参加行动。飞行员们紧挨在一起快速抽了一根香烟。我们知道危险就要来临。8时20分，我们起飞前往鲁汶（Louvain）附近的博弗尚。我们很清楚那个机场，我们以前曾在那里短暂驻扎过。我们得在低空飞越巴斯通尼突出部前往目标！启动引擎时地勤人员以怀疑的目光望着我们。关闭座舱盖前每位地勤人员都与他的飞行员握了手。我突然想起了联队长前一晚说过

的话：‘任何觉得自己无法参加这次重要作战或因有妻儿在家而无法全力投入作战的人可以说不。’没有人回应也没有飞行员被替换，毕竟我们没有足够的飞机。”

两架Ju 88领航机率先起飞，第一架Ju 88G-1由NJG 101第6中队的京特·芬勒（Günter Fengler）下士驾驶，他和他的机组在12月初从奥地利来到JG 4第一大队，另一个机组可能也是来自NJG 101第二大队。8时20分，两架Ju 88身后跟随着第三大队的九架Bf 109，再往后则是第一大队的26架Bf 109。它们在机场上空组成了包含35架飞机的大编队，将沿着与姊妹大队同样的宾根—布莱—普鲁姆航线前往目的地。维特博尔德回忆道：“两架Ju 88飞在我们前面。它们要引导我们前往目标。我们的编队在刚经过最后一个烟雾信号并越过前线时就遭到了密集防空火力的打击。降低到地表是唯一的选项。我不能飞得再低了，否则螺旋桨将撞到树顶！我们撞上了防空火力组成的一堵墙。在那一刻谁的心不会凉一大截呢？特别不爽的是来自侧面的火力，虽然被它们击中的概率不大。你可以看见曳光弹在座舱盖上方飞过，每个人都尽可能地低身躲在座舱里。那几秒钟我不再观察两边和身后，只是缩在座舱里，眼睛偷瞄着引擎罩的前方。突然那架Ju 88猛地转向，黑烟从它的机身里冒出。另一架Ju 88在越过前线之前就已经离开了我们。我没看见在那架Ju 88身上发生了什么。”

芬勒的Ju 88G-1被击中了，不久这架飞机坠毁在阿登地区。没有JG 4的飞行员看到导航机发生了什么，整个机组全部失踪。直到2002年的一张照片才锁定了这架Ju 88G-1残骸的位置，它坠落在维尔萨姆（Vielsalm）地区，据说机组人员被葬在了他们的飞机旁边。

维特博尔德继续讲述：“一些Bf 109也被击中了。天啊，我们遇到了什么？我们得冲过去！突然第三大队转头向东边的太阳方向飞去。接下来怎么办？我们被召回了吗？我们收到了暗号了吗？每个人都飞向不同的方向，防空火力继续射击。我要来疯一把！我们一定要去博弗尚！但是下面的

夜间战斗机部队的一架Ju 88G，作为导航机的Ju 88在底板行动中的损失也非常严重。

那些家伙们射得也太准了。谁告诉我们他们新年前夜搞聚会去了！我们准备好了一切却没有想到这个。远离最后几串曳光弹后，炮火停止了。我们飞行在埃菲尔山上空。诺伊迈尔（Neumayer）中尉将他的飞机降下完成一次机腹迫降——他的飞机冒出了大量烟雾，是时候迫降了。我们一个接一个地抵达了格里斯海姆，许多人没能回来。我感到自己筋疲力尽。”

根据一份报告，由于盟军严密的防空火力体系，第一、三大队的飞机都没有抵达目标。实际上，有个别飞行员独自试图抵达目的地，其他人可能已经与编队失去了联系。第三大队报告有两架飞机被摧毁，一架受损。这意味着这些损失出现在德占区。第三大队的实际损失则是未知数。根据第三大队的损失报告，第9中队的格奥尔格·巴特尔斯（Georg Bartels）下士在1月1日失踪，但是据其他资料，这一损失实际发生在1944年12月31日。

第一大队的一些飞机继续执行攻击任务。第4中队长赫尔曼·韦伯（Hermann Weber）少尉与其他几位飞行员一起攻击了一个未知机场上的“喷火”。这很可能是奥普霍芬机场，在那里的第125“喷火”联队遭到攻击。同样来自第4中队的汉斯·克拉芬巴赫（Hans Klaffenbach）少尉也声称在一个不明机场将一架B-17和两架“雷电”点燃，他在10时10分返回到格里斯海姆。第4中队有两名飞行员未能归来。其中之一是30岁的弗朗茨·施耐德（Franz Schneider）上士，他在波恩-汉格拉尔机场北部坠机身亡，原因不明。

英国陆军第43威塞克斯师多塞特团的一位排长目睹了JG 4第4中队另一位飞行员的命运。他的团负责守卫美军防区的北翼，当时正在前往荷兰锡塔德（Sittard）地区的阵地应对德军可能实施的一次突破。他回忆道：“一大早我们就从洪斯布鲁克（Hoensbroek）的村子出发，半途中在锡塔德我们看见一枚V-1导弹就在道路的右边落下。就在九点半左右，突然有两架Bf 109出现在和我们前进道路平行的空中。我们立刻躲避起来，但是飞机很明显对我们不感兴趣并向赫伦市（在锡塔德西边）飞去。然后枪炮声大作，我们看着其中一架飞机落在了锡塔德前面的一座农场后。农夫和他的妻子向英国车队挥手，农夫手里的那双靴子明显是从坠

行军中的英国陆军第43威塞克斯师。

机飞行员身上偷来的！几分钟后第二架飞机的飞行员飞回来查看他的战友的情况。他飞行在约100英尺高，我们猜他随时可能会向我们开火。我从一辆卡车上拿起一挺布伦机枪向飞机射击。我把整个弹夹都打光了。弹夹里每五发子弹中就有一发曳光弹，我们看见它们射入了飞机的机身，几秒钟内飞机开始冒出黑烟，仿佛被绳子牵住一样，它缓缓下降坠落在锡塔德后面的一片树林里。抵达我们的目的地后，我立刻联系司令部上报击落了这架飞机，但是被告知另一支部队已经上报过了。那个上报的很明显是第一架战斗机而不是第二架。就这样，我被偷走了一枚勋章或一次表彰。”

一些当地人也目击了该事件。来自锡塔德的奥本多夫先生记得这是他在战争期间度过的最可怕的一天。他回忆道：“我躲在奥普霍芬铁路交叉口的咖啡馆附近。我确实看见了两架飞机。我看见第一架燃烧着坠落在桑德波特（Sanderbout），不久后第二架飞机从上方飞过。这架飞机也着火了。我看见飞行员离开了飞机，但是降落伞没有打开，我想他一定是落在了奥弗霍芬（Overhoven）教堂附近。燃烧的战斗机向图登（Tüddern）方向飞去，它一定是坠落在那里。”

荷兰小镇锡塔德位于与德国的交界地带。1月1日，德国边境的所有村庄和城市都被盟军疏散以准备对鲁尔区的攻击。因此该地区实际上是一块无人区，在这块地方不可能找到目击证人。结果，只有第一架Bf 109的坠机地点可以被找到，这位倒霉的飞行员是第4中队驾驶“蓝色3号”Bf 109G-14的维尔纳·策切施克（Werner Zetzschke）下士。他的最后时刻被记录在当地消防队的一份报告里：

那架从东飞来的飞机首先遭到了桑德波特地区一个牧场里的英国防空阵地射击，不过它继续沿着自己向西的路线飞行。越过铁路线后它再次遭到射击，这次它被反复地击中，开始燃烧并向偏东北方向调头。在执行此行动时，战斗机飞得太低以至于它的一边机翼撞到了在布洛门韦格的多尔斯家的房顶。那架被两个防空阵地夹击的飞机绕了一个大圈并逐渐落下。不久飞机的螺旋桨脱落了，它旋转着越过屋顶并落在了布洛门韦格后面。然后那架战斗机落到地面，它的右翼和前部机身撞上了布洛门韦格三间房子的正面。泄漏的燃料溅到了这些房子上，并把它们的正面给烧黑了，街上一片混乱。一位碰巧开门的居民被烧伤了面部。与此同时，由于巨大的撞击力，那架战斗机在街道上穿行。就像一个火球一样滑行了至少几百英尺才终于停在了铁路线的斜坡上。飞行员已经被冲击力甩出飞机，并在几分钟后死去。火势迅速蔓延，很快他的腿就着火了，但是一位围观者很快把火给熄灭了。锡塔德消防部门在9时32分得到报警，9时43分抵达现场，报告在10时20分控制住了火势。

官方的损失报告指出第一大队还有一名飞行员在1月1日阵亡。根据报告，库尔特·拉克（Kurt Lack）三等兵的Bf 109K-4在弗罗恩豪森（Frohnhausen）附近的一次空战中被击落，这位第3中队的飞行员丧生。但是1月1日在该地区上空没有发生过空战，而且拉克的损失报告是由第三大队提交的，这表示他当时很可能是与第三大队一起出战。此外还有一份报告把他的损失列在了1944年12月31日，因此拉克的损失实际应该是发生在12月31日。

之前提到第1中队长诺伊迈尔中尉不得不在返航途中迫

降。他把自己的Bf 109G-14降落在卡斯特劳恩（Kastellaun）附近，这架飞机的损伤程度为10%。维特博尔德回忆："诺伊迈尔在1月3日从埃菲尔回来，仅带着自己的降落伞。他的脊柱有点擦伤，但是他还是像往常一样快乐。"

第一大队司令部的奥斯卡·弗龙贝格（Oskar Fromberg）下士也没能飞回达姆施塔特-格里斯海姆。他的Bf 109K-4"黄色1号"在克莱斯海姆（Kleinseelheim）附近返航时被德军防空炮击中，可以看到机翼上有一个50厘米宽的大洞，于是弗龙贝格决定跳伞，中途撞上了电缆塔，伤到了膝盖。

最终第一大队汇报有两架飞机失踪，一架被摧毁，还有一架受损。这能与施耐德上士、策切施克下士、弗龙贝格下士和诺伊迈尔中尉的损失对应上。第一大队在1月1日的战果十分可怜，仅报告使一个机库、一架P-47和一些车辆着火，还有一个高炮阵地被打哑。奇怪的是克拉芬巴赫少尉的战果（一架B-17和两架P-47）很明显没有被添加到报告里。韦伯少尉的"喷火"战果也不在报告中。第三大队则报告有两架Bf 109被摧毁，一架受损。大队长埃贝勒的突然离场给第三大队带来了不良的影响。维特博尔德回忆道："埃贝勒上尉被指控在敌人面前表现懦弱。每位飞行员都参加了审讯。幸运的是，埃贝勒上尉被宣判无罪。"

第四大队的沃尔夫中尉也记得这件事："整个第三大队在埃贝勒的指挥下返航了，根据作战报告，埃贝勒上尉给出了返航的信号。他突然就离开了JG 4，很明显是被送去当步兵了。"

虽然不知道关于埃贝勒的审讯细节，但是他确实在1月8日被解除指挥权，接替者是格尔哈德·施特拉森（Gerhard Strasen）上尉。根据他的士兵证可知，埃贝勒被调到了战斗机总监手下干活。值得注意的是，在写于2月1日的月度报告中，米哈尔斯基中校没有提及第三大队的失败。报告里甚至注明第三大队没有参加1945年1月1日的作战！里面也没有提到关于埃贝勒的审讯，只有他在1945年1月8日被施特拉森替换的内容。

那么在库洛特到底发生了什么？既然JG 4没有抵达它的目的地，机场是否完全没有遭到攻击？美军第36战斗机大队的飞行员汤姆·格伦（Tom Glenn）回忆道："我清楚地记得那段我们称之为'突出部战役'的繁忙时光。我们从12月24日开始忙碌地投入到其中。据我所知没有德国飞机攻击过库洛特（A-89）机场。1945年元旦那天我率领蓝色小队执行了一次作战。到达目标地区之前我们被指挥所引导飞向敌机，那些所谓的敌机结果是'喷火'。我们又一次被引导向敌机，此时我们已经抛下了我们的炸弹，这一次我们找到了他们，但是当我们接近时，敌人避战并向德国转去。当天德国空军有大量活动，但是从未到过A-89。"

库洛特的另一支部队——第373战斗机大队也在1月1日执行了一次作战。8时53分，第412中队起飞11架飞机执行454号作战。每架飞机携带两枚500磅通用炸弹和一枚集束炸弹。指挥部将飞机引导向亚琛地区。在林堡（Limbourg）上空他们看到了一架Bf 109飞在3000英尺高度，向南追击时那架战斗机消失在云层中。十点整，保尔·沃尔什（Paul Walsh）中尉在圣维特上空击落了一架Bf 109，这架飞机可能来自JG 2或JG 4。所有11架飞机于10时57分降落在A-89机场。第412中队的另一位飞行员格伦·诺伊斯（Glenn Noyes）中尉当天早上起飞进行了一次测试飞行，他的回忆是这样的："大约早上九点，我被要求驾驶一架操纵出问题的P-47进行测试。我借了一辆吉普开到机场。与维修技师讨论了飞机故障后，我开始起飞的准备，爬进飞机并启动了发动机。天空万里无云，能见度极佳。地上有一些积雪，跑道和停机坪上有碎裂的冰块。由于是测试飞行，P-47上的机枪没有装配弹药。滑行到跑道途中，我看见一架Bf 109低空向我飞来，可能是在跑道上方50到100英尺高度。他在距离我的飞机约150英尺处经过并继续向西北方的布鲁塞尔飞去。虽然我那时是一个活靶子，他却没有试图转过来攻击我们机场。由于担心该地区还有更多的敌机，我选择起飞而不是在地面上被扫射。我迅速起飞并爬升到约6000英尺。我在空中只看到了一架飞机，那是一架低空飞向圣特雷登的Bf 109。没有武器的我决定不发动攻击。即使机枪装上了子弹，孤身一人进行攻击可能也是愚蠢的。向布鲁塞尔飞去，我可以看见一些'兰开斯特'和'哈利法克斯'轰炸机和至少一对B-17及B-24在停机坪上冒烟。空袭大约发生在之前的一小时。我没有看到一点空袭的过程。向东飞回时我看见圣特雷登的战斗机跑道严重受损。有一些相当大的火焰和多股浓烟。直到我发觉空袭已经结束，看不到一架敌机后。我呼叫了地区指挥所，但是没有从无线电中找到它。我们的指挥塔也可能是因为停工而未能回应我的呼叫。我继续飞行测试并在没有看到任何敌机的情况下着陆。我们的机场未被触犯，高射炮连也没有对威胁作出回应。我向我们的情报军官汇报了我看到的东西，但是据我所知没有后续的报告。此事（未遭德机攻击）让我困惑至今，因为第373和36大队当时有约150架P-47停在库洛特。还有一些重型轰炸机在修理。我们是一个非常有价值的目标。"

第412中队飞行员格伦·诺伊斯中尉。

很明显库洛特和库洛特东机场都没有在1月1日遭到攻击，两个机场上的部队可以说是非常幸运了。

5.6 总结

JG 4的攻击是一个彻底的失败，参与行动的75架飞机中仅有约12架飞机攻击了一个机场，仅占总兵力的15%。他们预定的目标根本没有遭到攻击。26架飞机被摧毁或失踪，六架受损。此外还失去了两架Ju 88，一架受损。结果竟有惊人的47%攻击兵力未能返回。

第六章　JG 6的失败导航

6.1　JG 6的战前状态

JG 6是德国空军最晚成立的战斗机联队之一，它是在1944年8月以原驱逐机联队ZG 26为核心改组而成，也继承了后者的称号“霍尔斯特·威塞尔”。首先成立的是第二大队，它的前身是ZG 26第二大队，飞行员们在8月初接受了改飞Fw 190的训练。至8月中旬，该大队被认为已经做好战斗准备并转移到法国北部。不过，它的初战被证明是一次彻底的失败，仅8月25日一天就在与美军第367战斗机大队P-38的交锋中损失19架Fw 190，14名飞行员阵亡。大队在九月初撤回德国，并在九月中旬的作战中再次遭遇惨败。大队至十月中旬已经筋疲力尽，并被撤回到哈格诺（Hagenow）机场重组。自九月起，大队就一直由长期服役于JG 26的约翰内斯·瑙曼（Johannes Naumann）上尉指挥，他拥有28次空战胜利的成果。

JG 6在10月又新增了两个大队。联队司令部和第一大队分别以原ZG 26司令部和ZG 26第一大队设立。飞行员们在佩勒贝格（Perleberg）训练改飞Fw 190A。约翰·科格勒（Johann Kogler）少校任JG 6联队长，这位33岁的奥地利人从1944年7月起就是ZG 26的联队长。指挥第一大队的是27岁的威利·埃尔斯特曼（Willy Elstermann）上尉，他曾在ZG 52和NJG 3取得过七次空战胜利。最后，JG 5第一大队更名为JG 6第三大队。这个大队几乎在法国被消灭，它撤到了文斯托夫（Wunstorf）机场。大队在这里得到通知——自己将更名为JG 6第三大队。几周后，该部被转移到什未林（Schwerin）附近的机场。在11月底，来自JG 52的老兵赫尔穆特·屈勒（Helmut Kühle）少校接管了该大队，他顶替的是要去JG 7驾驶Me 262喷气机的西奥·威森贝格（Theo Weissenberger）上尉。首先重新投入到战斗中的是第三大队。在11月26日的一次战斗中，它本应去加入JG 1的两个大队。但是他们没能成功组成一个大编队，15架Bf 109损失于第八航空队的远程护航战斗机下。另一个大队没有在11月参战，整个联队在12月中旬转移到德国北部参加阿登战役。

联队司令部和第二大队在12月10日前后来到库阿肯布

JG 6 联队长约翰 · 科格勒少校。

吕克（Quackenbrück）和费希塔（Vechta）机场。联队司令部、第二大队司令部和第5、8中队驻扎在库阿肯布吕克，第6、7中队在费希塔。第一次作战任务在12月17日。此时第一、三大队也分别转移到代尔门霍斯特（Delmenhorst）机场和比塞尔（Bissel）机场。两个大队也在这天完成了它们的第一次作战。直至1944年底，联队在西线执行了数次作战，损失严重。尤其是第一大队，至月底有16架Fw 190被摧毁，22架受损。11名飞行员阵亡，至少两人负伤。其他大队的损失相对较轻。然而就算这样，在12月31日联队还是一支实力可观的部队，共有多达78架Fw 190和21架Bf 109可以出动。

6.2 为新年突袭的准备

科格勒于1944年12月1日晋升中校，他参加了1944年12月5日在第二战斗机军司令部的会议，他很意外佩尔茨少将成为了第二战斗机军的司令。在场的还有第3、5战斗机师和莱茵中部战斗机指挥部的长官。回到自己的联队后不久，科格勒中校向他的司令部成员介绍了行动目标——沃尔克尔机场。他们准备了足够份数的地图，科格勒甚至还给每个大队准备了一个沃尔克尔机场的沙盘模型。科格勒的僚机飞行员候补军官格奥尔格·格拉夫·冯·科勒（Georg Graf von Keller）回忆道：“JG 6联队司令部位于库阿肯布吕克南部约10公里处一个名叫巴特贝尔根（Badbergen）的小村庄的旅馆里。当时它也是联队司令部的军官宿舍。（我们）在这里借助模型的帮助细致地准备1月1日的作战。”

尚不清楚大队长和中队长们得到空袭通知的具体日期。有消息称科格勒中校在从阿尔滕基兴返回后不久就通知了他的指挥官们。然而，冯·科勒确信具体的计划是在高度机密下进行的，只有联队司令部的高级军官们得到了消息。第2中队长埃瓦尔德·特罗斯特（Ewald Trost）上尉记得他直到12月31日才得到攻击的通知。很明显有些中队长在圣诞节前就得知了即将来临的作战。第1中队长伯恩哈德·冯·霍恩布鲁克（Bernhard von Hohenbruck）中尉在他的日记中称对攻击沃尔克尔等待已久。第三大队的飞行员赫尔曼·克尼（Hermann Knue）下士记得在12月中旬有一些第三大队的飞行员得到了一张沃尔克尔的航拍照片，并被命令研究细节以能够识别他们的目标。不过，目标的名字还没有泄露给他们。

一些Ju 88被分配给JG 6的大队作为导航机。联队司令部和第二大队将由NJG 5第8中队的汉斯·约阿希姆·鲍勃希安（Hans-Joachim Bobsien）上尉机组领飞。已经36岁的鲍勃希安是一位老飞行员，他在1924年就参军并在1934年2月加入德国空军。鲍勃希安的机组很可能是在12月18日加入在库阿肯布吕克的JG 6联队司令部和第二大队。NJG 5第三大队还有其他机组被派到JG 6第一和第三大队。12月5日，第9中队机身编号为“C9＋IT”的Ju 88从吕内堡起飞，汉斯·恩格尔哈特（Hans Engelhardt）军士长的机组没有被告知调动的原因。16时55分，他们降落在代尔门霍斯特。12月7日他们继续赶路并在10时26分降落在比塞尔，发现JG 6第三大队根本都没有抵达。在机场等了几天后，他们最终在12月16日得到命令：飞到第三大队的基地什未林。第二天，他们和第三大队一起回到了比塞尔，在10时13分着陆。

科格勒和他的参谋部的计划是这样的：所有三个大队要在库阿肯布吕克上空会合，然后整个联队在一架Ju 88导航机的率领下以260度磁航向前往须德海最南边的小镇斯帕肯堡空域。跟在Ju 88后面的是科格勒和他的僚机，飞行高度100米。紧跟其后的是瑙曼上尉的第二大队，接下来依次是第三大队和殿后的第一大队。抵达前线之前，导航灯将一直打开以辅助编队飞行。斯帕肯堡是第一个转向点，他们此段航线的飞行时间是30分钟。在斯帕肯堡南部会有绿色和白色的信号，在那里向南转向越过前线之前，Ju 88将转头返航，科格勒要率领编队到费赫尔（Veghel），那是定位沃尔克尔机场的最佳地标。来到费赫尔后，第一和第三大队将直接飞向机场，第一大队要爬升到500米高度并俯冲发起攻击。每轮攻击后，再次爬升到500米并以逆时针方向绕机场飞行。第三大队的梅塞施密特战斗机要在逼近机场时爬升到1500米高，在第一大队实施攻击时环绕机场警戒盟军战斗机。

第二大队在飞越沃尔克尔后，要跟着科格勒向南飞往海尔蒙德，然后调头从南边迫近沃尔克尔并爬升到500米高度。抵达那里时，第一大队应该刚好完成它的第一轮攻击，第二大队也将重复第一大队的攻击战术。这样，第一和第二大队将一起在机场上空盘旋，俯冲攻击再爬升到500米准备下一次俯冲，第三大队则在它们上方1000米处巡逻。最后，当两个大队的攻击结束后，第三大队将采用同样的战术发起攻击。攻击结束后，科格勒将下令集结，联队以59度磁偏角向基地返航。导航灯将再次亮起以协助在返航途中整队。整体而言，对沃尔克尔的攻击看起来准备得天衣无缝。到12月底，JG 6积极投身于西线支援阿登战役的作战。阿登战役开始后，对沃尔克尔的攻击命令迟迟不下达，科格勒还以为计划被取消了。12月31日，命令终于到来时他感到颇为意外。科格勒向他的大队长介绍了攻击计划，他们开始做准备。在

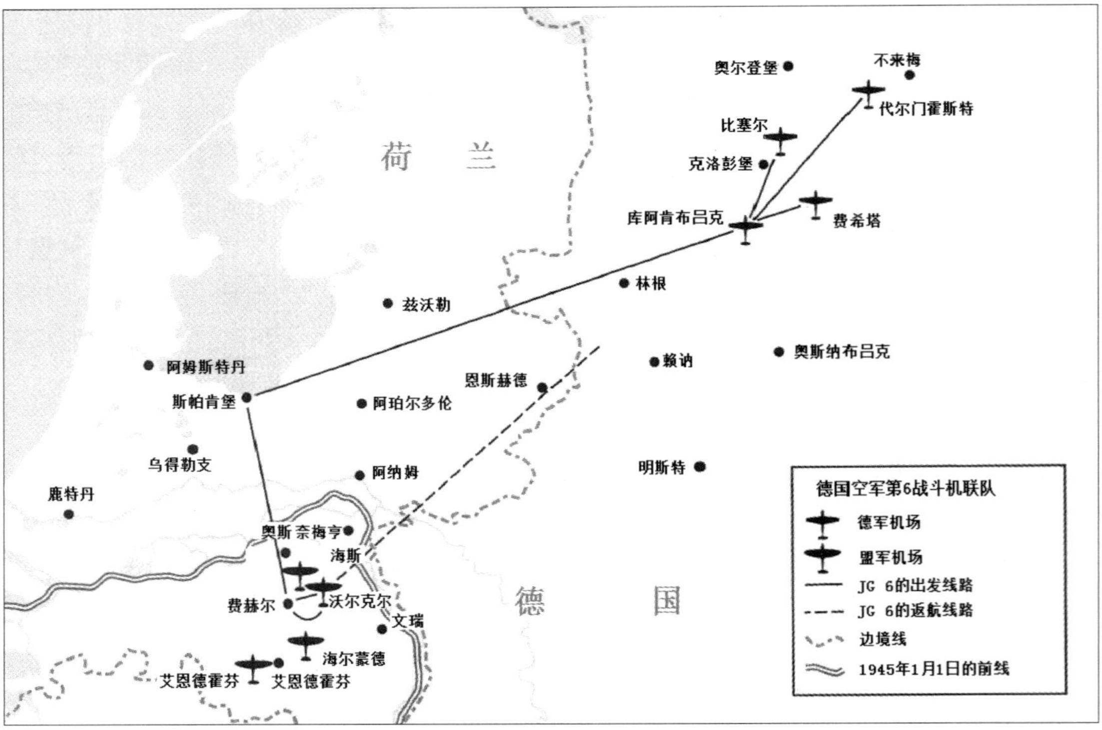

JG 6 的攻击与返航路线图。

代尔门霍斯特，埃尔斯特曼上尉于12月31日晚上为第一大队的飞行员们做了简报。地勤人员们设法将34架Fw 190中的29架调整到战备状态，飞行员则很早就上床睡觉。第三大队的飞行员在晚上九点钟左右被屈勒少校召集起来，他告诉他们要在第二天早上对一个机场发动一次攻击。屈勒表示，气象预报指出第二天的天气状况会很理想。第9中队的飞行员汉斯·约阿希姆·罗斯（Hans-Joachim Rose）回忆道："我们在12月31日晚得到指示。我们被禁止返回自己的私人宿舍，而要在机场上的营房里睡觉。晚餐后，我们的大队长屈勒少校将所有飞行员召集到指挥所，为我们介绍了第二天的作战。我们要去攻击沃尔克尔机场，我们可以通过航拍照片研究目标。我留在指挥所执勤，直到清晨才被一位没有作战飞机的飞行员接替。"

第二大队的简报模式也是这样。飞行员们不被允许离开机场，而且还不能饮酒。晚餐后瑙曼为飞行员们做了简报，每个人都被分配了在编队中的位置。简报结束后飞行员们上床睡觉。其中一些人此时可能百感交集并提笔写信。第8中队的年轻飞行员弗朗茨·施罗特勒（Franz Schröttle）下士在12月30日给他父母的信中这样写道：

每一天都是特殊而艰难的。危险一直存在，但是我们飞行员不会苟且偷生，因为我们知道战斗的重要性。后天是元旦了，我们将迎来什么呢？没关系，我们将是勇猛无畏的，当上帝觉得我们完成了人生的使命时他可能会召唤我们。然而，我们将不会失败，也不会辜负我们死去的战友。请为我祈祷敌机只会出现在我的枪前而不是我的身后。我现在驾驶的是我们中队长编号为13的战机，我希望它能为我带来好运……

22岁的施罗特勒下士未能在元旦当天生还。

6.3 荷兰沃尔克尔机场，1944年12月

沃尔克尔机场（B-80）位于艾恩德霍芬东北偏北约30公里，也是最靠近前线的机场之一。作为一个原德国空军机场，它现在驻满了英国空军的两个联队。之所以被驻满不仅仅是因为两个联队有大量飞机，还因为机场上还有许多弹坑，那是9月3日皇家空军轰炸机司令部空袭后留下的，此后德国空军就再没有使用过这个机场了。B-80机场有一个对地攻击好手——第121"台风"联队，联队长为皮特·布朗（Pitt-Brown）中校。另一个

1944—1945年冬的沃尔克尔机场上，第122联队的地勤人员聚在一架"暴风"旁唱圣诞颂歌。

联队是装备“暴风”的第122联队，它是第二战术航空军在欧陆最强悍的部队之一。“暴风”联队实力强劲，下辖第3、56、80、274和486中队。拥有为数众多“台风”和“暴风”的沃尔克尔机场是一个极具价值的攻击目标。约翰·雷上校回忆道：“当时我是在沃尔克尔的第122‘暴风’联队的联队长，我们有第3、56、80、274和486这五个中队。我们与装备‘台风’的第121中队共用沃尔克尔机场。战争早年我曾在法国、比利时和荷兰参加过大量低空搜索-摧毁作战，因此我十分精通在这些作战中采用的战术。在沃尔克尔有一条铁路线直通往德国。毫无疑问它曾在被德军占有时用来运输补给到基地。根据我的低空作战经验，我总是怀疑德国人将用这条铁路线对沃尔克尔发起一次低空突袭。因此每天早上我总是热衷于确保我有至少三个中队在第一时间升空作战。”

拥有如此多“台风”和“暴风”的沃尔克尔机场确实是JG 6的一个好目标。

6.4 JG 6前往沃尔克尔

1月1日凌晨时分，JG 6的地勤人员还在努力让99架Fw 190和Bf 109在机场上排好队列准备出动，这个数字对于一个1944年12月的战斗机联队来说是极为惊人的。科格勒和他的僚机冯·科勒在天还黑着的时候就离开了他们在巴特贝尔根的宿舍，赶往库阿肯布吕克机场。联队司令部和第5、8中队的飞机已经排列好了。跑道上有亮灯以辅助起飞。飞行员要严格保持无线电静默，只有联队长、大队长和中队长飞机上的无线电设备可以开启。其余飞行员只准在到达斯帕肯堡南部的信号点时才可以打开它。起飞前没有更多的训话了。由于第8中队长维克托·巴尔特（Victor Barht）因为24日的伤势而无法出战，一位副手被选定负责指挥中队。当这位副手在滑跑准备起飞时，他的飞机突然出现故障，于是在最后一刻汉斯·武尔夫（Hans Wulff）少尉被指定接任中队长一职。联队司令部和两个中队都要在机场上等待联队的其他飞机抵达库阿肯布吕克。

七点整，屈勒给第三大队的飞行员们下达了简短的最后指示。特别准备的地图被交到飞行员手中，他们被命令集中攻击飞机和机场上的燃料设施，指示没有提供其他备选目标。飞行员们得到了最新的天气预报并获知取消作战的暗号是“晚收”。各中队乃至每位飞行员在编队中的位置也在最后时刻确定。两架Ju 88起飞后，屈勒将率领一个小队跟着它，他的僚机飞行员是威廉·金德勒（Wilhelm Kindler）上尉。这是一个奇怪的安排，因为之前几周他的僚机通常都是第12中队的克尼下士。克尼问屈勒为什么他不再担当僚机，但是没有得到答案。实际上金德勒在几天前才刚加入第三大队，屈勒任命他代理第11中队长。我们对29岁的金德勒所知不多，可能是他由于作为战斗机飞行员的经验不足而仅在地面上指挥中队，在空中率领中队的则是一名经验丰富的士官。克尼这次要在司令部小队里担任长机，他的僚机是第11中队的保罗·施韦特费格尔（Paul Schwerdtfeger）军士长。这是施韦特费格尔作为战斗机飞行员的第一次作战，30岁的施韦特费格尔从1941年起就作为侦察机飞行员参加了大量作战，在1944年夏志愿成为一名战斗机飞行员之前多次获勋。简报结束后，飞行员们进入了他们的飞机并开始等待。起飞命令在八点过后不久下达，恩格尔哈特军士长驾驶的Ju 88G-6在8时17分起飞，接下来是第二架Ju 88。屈勒的第三大队司令部小队马上在8时

19分起飞，一架又一架Bf 109完成起飞并在导航机和司令部小队身后组成编队。跟在司令部小队后面的是仅有四架飞机的第9中队，中队长洛塔尔·格拉赫（Lothar Gerlach）中尉驾驶着“白色10号”，其他成员为驾驶“白色4号”的汉斯·约阿希姆·罗斯（Hans-Joachim Rose）下士，驾驶“白色7号”的布鲁诺·汤姆斯（Bruno Thoms）上士和驾驶“白色14号”的鲁道夫·施洛斯博恩（Rudolf Schloßborn）下士。其他的中队紧紧地跟在后面。8时31分，约20架Bf 109中的最后一架完成起飞，这是大队全部实力的一半。几分钟后，编队开始飞向南方约35公里外的库阿肯布吕克。

与此同时，埃尔斯特曼上尉也给在代尔门霍斯特的第一大队做了最后一次简报并进行起飞准备。大约在8时15分，第一大队的Ju 88导航机起飞，跟在后面的是埃尔斯特曼和他的司令部小队。一架架Fw 190从这个小型草地机场起飞。突然，第3中队长埃伯哈德·普夫莱德雷尔（Eberhard Pfleiderer）中尉的Fw 190失速坠毁在机场正西方，普夫莱德雷尔当场身亡。检查“黄色1号”的残骸后确认它的引擎出现了故障，普夫莱德雷尔没有逃生的可能性。受到惊吓的其余飞行员还是坚定地完成起飞并聚集在代尔门霍斯特上空。约29架第一大队的Fw 190向库阿肯布吕克飞去加入其他大队。

约8时35分，第三大队来到库阿肯布吕克上空并向第二大队和联队司令部的飞机发出信号。第一个起飞的是鲍勃希安上尉的Ju 88G-6，跟在后面的是科格勒和冯·科勒。第二大队以瑙曼的司令部小队打头，然后依次是武尔夫少尉的第8中队和诺伯特·卡茨（Norbert Katz）上尉的第5中队。

现在联队要集结成一个大型编队了。领头的是鲍勃希安上尉的Ju 88，之后是科格勒的司令部小队。紧跟其后的是瑙曼的小队，他身后是从费希塔飞来的第6、7中队，武尔夫带着他的第8中队来到第7中队后面，卡茨的第5中队位于编队的尾部。第二大队投入了约25架Fw 190。最终编队以260度磁航向飞往斯帕肯堡，第三大队和从代尔门霍斯特过来的第一大队飞在后方约六公里处。在50至150米高度JG 6的约75架飞机向沃尔克尔飞去。冯·科勒回忆道：“我们在其他大队来到库阿肯布吕克后马上起飞。在Ju 88的率领下，整个联队向西飞去。我估计那架Ju 88飞在50米高，我和联队长一起在70米高跟随着。转向点在须德海南部端点，航线磁偏角180度。我们要抵达我们的目的地。前往转向点的飞行平安无事，我只需要注意自己的位置和航线以防止编队破裂。”

约30分钟后JG 6来到了须德海南端。鲍勃希安的Ju 88在这里向左转弯并以178度磁偏角飞向沃尔克尔。一些飞行员没有看到在斯帕肯堡南边的绿色和白色地面信号，科格勒甚至还认为他们被带偏了路。但是第三大队的一些飞行员看到了信号并表示他们的Ju 88是在正确的时刻转向的。实际上JG 6还在沿着正确的航线飞向前线。越过莱茵河后不久，Ju 88离开了，现在轮到科格勒率领编队前往费赫尔了，他的编队在70米高度越过瓦尔河并经过了奥斯市（Oss）。虽然依然处在正确的航线上，JG 6却将要遇到意外。他们不知道自己正在笔直飞向奥斯市东南约六公里处的海斯机场。

盟军在10月至11月底建造了编号为B-88的海斯机场。很可能德国空军不知道这个机场的存在，因此在JG 6最初的计划中没有提到过它。12月2日，拥有五个“喷火”中队的加拿大皇家空军第126联队派出第一批人进驻该机场。12月6日，联队的“喷火”来到这里，两天后在此执行了第一次作战。机场由两个皇家空军地面团下级中队负责守卫，分别是第2734和2819中队。

12月31日，机场上的所有官兵都在准备迎接新年，但是他们得到提醒：1月1日将是一个平常的工作日，还得照常工作。

1月1日清晨，第126联队开始准备它当天的作战了。8时50分，第411中队的11架“喷火”起飞，在奥斯纳布吕克—明斯特地区执行武装侦察任务。七分钟后，第442中队的13架“喷火”也奉命在同一区域进行武装侦察。9时14分，第401中队的10架“喷火”在机场跑道排列整齐，准备在一分钟后起飞，就在这时JG 6突然出现了：

约9时14分，中队在跑道的尽头准备起飞，这时约超过40架Fw 190和Bf 109分两波次越过机场向南飞去。幸运的是这个联队不是他们的主要目标，因为除了射击地面“喷火”的个别飞机外，他们根本没有打扰我们。

由于集中注意力在保持飞行编队上，绝大多数德国飞行员甚至都没有看到机场或“喷火”。第411中队的迈克尔·多伊尔（Michael Doyle）上尉目睹了德机对海斯的“攻击”：“1945年元旦，我在B-88海斯机场，我清楚地记得德国空军飞越机场的时刻。我当时正走向我们的（第411中队）飞机疏散区，我不认为德国人知道在海斯有一个机场，因为他们从上方飞过时似乎没把它当做目标。当时有至少100架飞机，它们的高度非常低，我猜他们正飞向艾恩德霍芬、布鲁塞尔或可能是沃尔克尔。我不是很清楚，但是我知道当编队末尾经过海斯时，其中一架飞机一定是看到了跑道并用机炮开火。我当然是跳进了最近的战壕里，当编队的最后一架飞机消失时，我向飞机疏散区那里的一个旧库房走去。在那架飞机开火射击时，一枚子弹穿透了库房的屋顶并穿过了挂在库房中间布告牌上的气象地图，这个库房是飞行员的屋子。据我所知那是德国空军当天对B-88海斯机场造成的唯一破坏。”

1944年12月29日，第411中队的三位飞行员在向一位摄影师演示对一架Me 262的攻击。

第401中队马上紧急起飞，全部十名飞行员升空并散开对德机展开追击。驾驶“喷火”9的道格·卡梅伦（Doug Cameron）中尉是第一个加入战斗的飞行员：“我起飞并稍微向右转弯，看见了两架Bf 109在我左边100米低空。我从后面攻击了靠右的那架，300码外右偏十度短点射。我看见在靠近座舱的机身处发生了爆炸，这架飞机笔直地向距离不到50米的地面坠落。我立刻把枪口转向另一架，约200码外右偏15度短点射。我看见座舱后面的机身上发生了大爆炸，接着有火焰冒出。这架飞机也燃烧着向左俯冲下去，高度不到50米。我然后在右边看见了另一架Bf 109。我马上追逐它并在约400至500码外以靠左30至40度偏转角射击。我看见机身后部有小的闪光，我继续进行短点射，没有看到成效。我随后追赶到他后方约200码并完成了一次较长时间点射（2至3秒），看见乙二醇喷了出来。我用完了弹药并紧紧地飞在它右侧，直至它坠落在机场北部约两英里外的一大块空地上。这架飞机冒出了烟雾，但是没有燃烧。环绕坠机点飞行两圈后我剪切了一小段射击这架飞机的影片。我上报摧毁了三架Bf 109。”

卡梅伦在九点半降落回自己的基地，这时距离他起飞仅15分钟。虽然他上报击落三架Bf 109，但只有两架可以得到查证。其中之一肯定是第10中队卡尔·贝茨（Karl Betz）下士的Bf 109G-10。他的“黑色12号”以小角度撞上冰冻的地面，他的外挂油箱爆炸，飞机在费赫尔西北约三公里处解体。24岁的贝茨当场阵亡。毫无疑问，卡梅伦的最后一个战果是第12中队的约翰·克鲁姆（Johann Krumm）军士长，他的“绿色8号”坠落在海斯机场北部约七公里，它在那里完全烧毁。克鲁姆未能从坠机中生还，他被葬在尼斯特尔罗德（Nistelrode）当地的墓地中。

第401中队由约翰尼·麦凯（Johnny MacKay）上尉率领的另一个小队被引导到雷赫瓦尔德（Reichswald）地区。麦凯也取得了成功，他声称摧毁两架Fw 190和一架Bf 109。不过这些损失无法与JG 6挂钩。在海斯的皇家空军地面团也声称摧毁了几架飞机，但是只有一架JG 3的Bf 109可能是被海斯的防空炮手击落的。第2734中队后来被认可摧毁一架敌机并击伤五架敌机。

德军第三大队的其他飞

海斯机场上第126联队的“喷火”战斗机，他们的意外出现打乱了JG 6的攻击节奏。

行员并不是没有注意到第401中队的攻击。飞行员请求允许攻击“喷火”，但是屈勒命令他们保持原位。当两架Bf 109坠落后，飞行员们再次要求允许与敌机交战，屈勒命令一个小队攻击这些“喷火”。与此同时，在海斯的地面指挥所已经下令召回第442中队，那三个小队以最快的速度返航了。两位第442中队的飞行员已经来到了该地区，唐纳德·戈登（Donald Gordon）上尉因为引擎运转不畅而提前返航，史密斯上尉则因为外挂油箱无法使用而在离戈登不远处归航。戈登在基地上空7000英尺高看见防空火力，他以为下面有一架喷气机，所以俯冲下来查看：“我看见地面上方有超过50架Bf 109和Fw 190在向南飞。我选中了最近的一架Fw 190并在200码外以靠右60度偏转角射击半秒钟。我没有看见命中敌机，但是它翻向左侧并直落到地面爆炸。我又选中了正前方此前那架敌机左边的另一架Fw 190。我从正后方300码外给了它一个三秒钟的点射。我看见在机身和翼根处取得多次命中。飞机冒出了黑烟，笔直水平飞行约五秒钟后翻身落地爆炸。我上报摧毁两架Fw 190。”

JG 6只有一个损失可以与戈登上报的战果对上，那就是第5中队的卡尔·格拉布迈尔（Karl Grabmair）少尉驾驶的“白色7号”。格拉布迈尔的飞机坠落在费赫尔东南数公里处，他未能生还。戈登随后被来自后方的火力击中，伤到了背部和后脑勺。他迫降在于登（Uden）附近。他吃力地爬出飞机后，一位热情的荷兰女人跑过来重重地拍着他的背说道：“新年快乐！”

击落戈登的很可能是第5中队长卡莰上尉。他的僚机目睹了卡莰在该地区如何击落了一架“喷火”。史密斯上尉此时已经在附近得到了关于敌机的警告，他爬升到17000英尺高并听到了戈登报告自己的迫降。他在向南飞试图寻找戈登时突然看到艾恩德霍芬机场遭到了攻击，他看见Fw 190和Bf 109在约200英尺高盘旋并攻击了一些德机，史密斯的故事已经在JG 3的章节里讲述过了。

让我们把镜头转回JG 6，“喷火”的意外出现很明显干扰到了科格勒中校的导航工作，他继续带领着部队向南飞了很久，整个编队已经越过了费赫尔。这时根据先前的指示，第三大队开始爬升到1500米高度，准备为联队提供高空保护。第一大队也开始爬升以展开攻击，但是当部分飞行员注意到右手边飘起的烟柱后他们立刻向那个方向飞去。最终第一大队来到了艾恩德霍芬机场上空，这里正在遭受JG 3的打击！第二大队则在联队长的带领下继续向南飞行，跟随着的是第三大队的大部分飞机，最终它们来到了海尔蒙德地区，在沃尔克尔南方约20公里远。我们将分两部分介绍两个

1944年夏，JG 6第5中队的一架Fw 190A-8，当时驾驶它的是卡尔·格拉布迈尔少尉。

编队的攻击，虽然它们是在同时发生的。

6.5 第一大队对艾恩德霍芬的攻击

由于JG 3的攻击造成了明显的黑色烟柱，艾恩德霍芬机场不难定位。第一大队的主力就选择攻击了这个目标。第2中队长特罗斯特上尉看到了黑烟并转向西南方，飞临机场上空后他数出了40至50架飞机，他从西方俯冲，瞄准一架“喷火”并射击将其点燃。第1中队长霍恩布鲁克中尉也俯冲发起攻击：“我加入了机场上空的大混乱中。我确信射击并点燃了一架‘野马’，它马上就爆炸了。我看到绝大部分目标时已经太晚了，其他飞行员的战果更好。好吧，我总算是见识到了战斗的样子，下一次我一定会心态更稳，表现得更好！”

一些盟军档案提到了在第一轮袭击后有两波敌机攻击了艾恩德霍芬，但是无法证明其中一波是JG 6第一大队。不过，JG 6第一大队的大半主力应该是攻击了艾恩德霍芬机场并给它造成了严重破坏。大队声称摧毁了许多飞机。艾恩德霍芬的守军尽全力抵挡空袭并击落了一些德机，特别是皇家空军地面团。值得一提的是有一架Fw 190被布伦机枪火力击中，使用这挺机枪的是第438中队的资深武器士官拉奇中士：“1945年1月1日9时20分，我从飞机疏散区离开，等待中队起飞时看见大量敌机对机场展开了攻击。我一开始以为这是一次打了就跑的空袭，但是在第二轮和第三轮攻击后，我看到敌机还在机场上空盘旋并继续钻出太阳发起攻击，我意识到他们还将继续下去，就匆忙回到了飞机疏散区的房间，我们的布伦机枪就放在那里。我在那里看到了麦吉军士长，我们决定狠揍一切飞越疏散区上空的家伙。我们各拿了一挺布伦机枪和两盒弹

艾恩德霍芬机场上一架被摧毁的喷火战斗机。

夹，站在疏散区门口等待任何进入射程的德国佬。我相信我们总共射击了10或12架Fw 190和Bf 109。至少击中了两架飞机。一架飞机从南边向跑道飞来，在距离我们120码外大坡度爬升，高度不超过40英尺。我们都向它射击，打空了一整个弹匣。我们看见击中了引擎罩下方，有小碎片飞出。敌机翻向一侧，我们看见黑烟从飞机上冒出。由于另一架敌机从北方向我们飞来并开火，我们不得不停止射击。在此期间我们用掉了300发0.303英寸子弹。”

几天后，在艾恩德霍芬机场北部的一个村子外发现了一架Fw 190，那架飞机的左侧机身被小口径武器击打过，被俘飞行员身上也有0.303英寸子弹造成的伤口。这位倒霉的飞行员就是第2中队的特罗斯特上尉，特罗斯特在机场上空环绕了三周，俯冲攻击并再次爬升到500米高。他射中了三架“喷火”并看到它们在燃烧。当他第四次逼近目标时被防空火力击中发动机和座舱，特罗斯特回忆道：“当我来到艾恩德霍芬上空时，一些飞机已经着火了。我从西面发起攻击并再次爬升，向左转弯并再次从西面攻击。我重复了两遍此动作并专挑还没有燃烧的飞机攻击。准备进行第四次攻击时，我看到了另一架未受损的飞机并向它瞄准，突然我被防空炮击中了。我的弹药被击中并发生爆炸，火焰也进入了座舱里。我一拉座舱盖手柄，它就‘呼’地一声飞走了。我解开了带子，半个身子探出座舱时火焰熄灭了。我再次爬回座舱并决定进行一次机腹迫降。”

特罗斯特将他的“红色12号”降落在艾恩德霍芬机场北部约七公里外的一片荒野。他的面部被烧伤，右臂有子弹创伤。他在一家加拿大陆军医院得到医治，于1月底被送到英国审讯。

第2中队的飞行员瓦尔特·容（Walter Jung）军士长就不那么走运了，这位在中队内以特技飞行著称的飞行员跟随他的中队长飞向了艾恩德霍芬机场。虽然不清楚之后具体发生了些什么，但是容被防空火力或战斗机击落了，坠落在艾恩德霍芬。他当场丧命，遗体

JG 6被监禁的部分军官，前排左二就是第2中队长特罗斯特上尉。

和其他阵亡德国空军飞行员一起被葬在文塞尔（Woensel）的普通公墓里。

另一位第一大队飞行员的命运也是个谜。第1中队的20岁飞行员约瑟夫·赞格勒（Josef Zangerle）下士当时是冯·霍恩布鲁克的僚机。由于两人都来自提洛尔（Tyrol），他们的关系很好。就在快到目的地之前，霍恩布鲁克猛地向右转弯，此过程中飞在右翼的赞格勒从他的视线中消失。空袭艾恩德霍芬前后，霍恩布鲁克一直在搜寻自己的战友，但是一无所获。返回到代尔门霍斯特后，霍恩布鲁克能做的只有起草一份损失报告并给赞格勒的家人写一封慰问信。赞格勒的下落至今仍是未解之谜。

在对机场倾泻完全部弹药后，第一大队的飞行员开始向东北边飞去。回家的旅途并不是一帆风顺的。在介绍大队的返航之前，让我们回到JG 6的另一支编队，看看它们将经历怎样的磨难。

6.6　第二、三大队搜寻沃尔克尔

早在JG 6在库阿肯布吕克完成集结时，沃尔克尔机场上的盟军就已经开始执行第一次作战任务了。8时20分，首先出动的是第3中队的八架飞机，前去帕德博恩地区进行武装侦察，指挥官为杰出服务勋章和杰出飞行十字勋章获得者蒂勒（K.F.Thiele）少校。它攻击了该地区的一些机车，当JG 6飞越费赫尔时，中队已经开始返回沃尔克尔。8时35分，第184中队的六架“台风”起飞，前往恩斯赫德—奥斯纳布吕克—明斯特地区执行武装侦察任务，攻击了一辆列车后，全部六架飞机安全回到沃尔克尔。快到9点整，第56中队的八架“暴风”前往明斯特地区进行武装侦察，它们在那里攻击了一些火车头。9时15分，此时JG 6已经十分接近目标区域了，机场也派出了最后两个中队。第174中队的六架“台风”各携带六枚火箭弹和一个远程外挂油箱起飞，前往奥斯纳布吕克进行武装侦察。虽然一些德国战斗机已经出现在附近，中队继续爬升并向目标区域飞去。同时第486（新西兰）中队在杰出飞行十字勋章获得者阿瑟·欧内斯特·奥伯斯（Arthur Ernest Umbers）少校的率领下出动八架“暴风”5去汉诺威地区进行武装侦察，他们在阿纳姆-埃尔斯特（Arnhem-Elst）接收到艾恩德霍芬地区出现Fw 190的信息，奥伯斯少校马上请求返回，他的编队于是立刻丢掉副油箱赶往南方。

如前所述，JG 6在科格勒中校的带领下向南飞了太远，至9时25分已经来到海尔蒙德地区。科格勒身后是瑙曼上尉率领的第二大队，他们依然飞

第486中队的一架“暴风”正从沃尔克尔机场起飞。

行在50至100米高度，屈勒上尉的第三大队则在向1500米高度进行爬升，这时灾难突然降临。第三大队司令部小队遭到密集的防空炮火打击，大队长屈勒的飞机被直接命中，像火球一样坠落在海尔蒙德西北方，屈勒当场丧生。几秒钟后金德勒的飞机也被击中冒烟，他在勉强支撑几分钟后在欣瑟尔（Hunsel）附近弃机，安全落地后成为战俘。依然沉浸在大队长坠机的恐慌情绪中的克尼下士看见他的僚机施韦特费格尔军士长同样被击中，虽然他试图返回德军战线，但最终还是坠落毙命于赫鲁斯贝克（Groesbeek）附近。

此时，低空飞行的联队司令部和第二大队偶然发现了海尔蒙德东部的一条跑道，这实际上是英国皇家工程队正在修建中的B-86机场。所以这里没有一架飞机停驻，只有第2875和2881这两个皇家空军地面团下级中队。第2875中队长斯图尔特（D.A.W.Stewart）少校清楚地记得那天早上的事情：“我的司令部设在机场角落一小块地方，我的办公室在一个小屋里，从散兵坑里我可以观察机场并通过电话与防空炮取得联系。1945年1月1日空袭开始时我正在吃早饭，我立刻从散兵坑里探头观察空袭的进程。幸运的是当时地面上没有我们的飞机，于是我的炮手们成为了德国空军一开始的攻击目标。它们就贴在地面上方，我们的火炮很难以这么低的弹道射击，后来我们被告知射出的炮弹在爆炸前落到了附近的道路上。看到一架Bf 109在仅仅几码远外被炮火撕裂是一种特别的体验。很快一些‘喷火’飞来并将敌机驱散走，我们没有人员伤亡。”

毫无疑问，一些德国飞行员相信他们找到了沃尔克尔并开始攻击跑道。由于没有飞机在跑道上，一些德国飞行员选择了扫射别的可选目标。克尼攻击了跑道上的一些车辆，第8中队的武尔夫射击了一些运输车。两个皇家空军地面团下级中队开火并声称摧毁或击伤多架德国战斗机，其中就包括联队长科格勒的飞机。他在被击中后通过无线电将指挥权交给瑙曼上尉，之后将他的Fw 190A-9迫降在塞弗讷姆（Sevenum）西部约七公里处。科格勒受了点轻伤，被送入一家医院。几天后他被转移到一所战俘营，在那里的盟军情报军官注意到了科格勒的高军衔，故把他立刻送到英格兰审讯。

JG 6 第二大队长约翰内斯·瑙曼上尉。

第9中队的年轻飞行员罗斯下士也被盟军防空炮击落，他回忆道：“在我对机场的第二轮攻击中，我的螺旋桨突然停转了。虽然我们已经在和盟军战斗机交战，我还是相信我的飞机是被高射炮击中的。我试图抵达德军战线，但是由于高度太低，很快我就得找寻一块降落的好地方。我迫降在一条小溪附近的一块低地。我仅仅扭伤了背部，在没有帮助的情况下努力爬出了飞机。由于我很明显落在了靠近前线的地方，英国士兵在几分钟内就来到现场把我俘获。”

罗斯将自己的Bf 109G-14/AS“白色4号”迫降在格罗宁根西部，局势对于剩余的JG 6部队来说变得越来越不利，因为第一批盟军战斗机已经到来了。9时35分，第一个到来的是第3中队的三架“暴风”。布彻中尉当时指挥着这个小队：“我正驾驶着‘蓝色

1号’从帕德博恩—比勒菲尔德的一次武装侦察作战中返回。最初的七架飞机中有四架因为攻击火车时耗尽了弹药而提前返航。我的小队这三架飞机正在2000至3000英尺高度接近基地，这时我看见基地西南边约五英里远处有两股黑烟。当我们下降查看时，指挥站告诉我们在海尔蒙德地区有八架敌机。我们向那个方向俯冲并几乎马上就看到了至少四架Bf 109在地面上方穿越防空火力向南远离我们。我看见防空炮击落了一架飞机，然后我的二号机选择了最右边的一架Bf 109，我选择了最左边的一架。这一架飞机向左转弯并贴着地面往东飞去。我不认为他看到了我们。我和‘蓝色3号’一起跟着它并靠近到约200码处。我在200码外从正后方射了两个极短的点射，看见击中了中部机身，从那里冒出了白色的烟雾。敌机明显地降速了，我快速赶上它并从100至150码外完成又一次短点射，看见击中了机翼。然后我就得向右急转弯，转弯时我看到‘蓝色3号’（沃利准尉）靠近到（敌机）正后方极近的距离。我看见敌机坠落到地面，燃起大火。这架敌机不是在我追击途中被高炮击中的。”

布彻看到被防空火力击落的Bf 109毫无疑问是屈勒的座机。布彻和沃利很可能击落了JG 6第10中队的汉斯·绍普（Hans Schaupp）下士，后者和飞机一起坠亡在海尔蒙德东北约15公里处。编队中的另一位“暴风”飞行员罗斯（M.J.Rose）军士长报告：“我正驾驶着‘红色3号’前往帕德博恩—比勒菲尔德执行武装侦察，攻击火车时我与我的小队失散了。我加入了蓝色小队。当我们来到基地东边时，指挥所报告在德尔讷地区出现了德国佬，可能在超低空飞行。我们转向南边，我在海尔蒙德西北看到了轻型防空炮。随后看到约十架飞机在地面上方攻击目标。我在防空炮上方盘旋，辨认出下方的一些飞机是Bf 109，选中一架在低空越过高射炮的敌机并向它俯冲下去。我靠近到约200码以5度偏转角短点射。我不确定是否有击中目标，但是我看到了黑色的浓烟。我意识到在攻击完火车后我的留存弹药极少，所以我靠近到正后方不到100码并以剩余的弹药做了一次中长点射。我看见射击的末尾在机身上取得了不错的命中率，但是敌机似乎没有受到严重的损伤。我留在它的机尾并呼叫我的小队如果有弹药还没用完的可以帮我干掉它。那个德国佬突然向左急转弯，其间他似乎开火射击了，然后他拉升到约1500英尺高，翻转机身并跳伞。降落伞打开了。我认为那架飞机坠落在利斯豪特（Lieshout）附近的一块场地并着火了。”

这位倒霉的德国飞行员是第9中队的施洛斯博恩。他在FuG 16无线电中听到盟军战斗机出现，几秒钟后收到“‘白色14号’小心！”的警告并几乎马上被一架“暴风”攻击。结果他的发动机着火了，机尾也受损了。施洛斯博恩跳伞降落在布鲁克（Broek）附近，他一开始躲开了盟军的搜索，但还是在当天晚些时间被捕。返回沃尔克尔途中布彻和沃利偶然碰见了一对Fw 190，将其击伤后他们用尽了弹药。9时50分，全部三架“暴风”降落在沃尔克尔。

下一批出现在战场上的是奥伯斯率领的第486中队“暴风”战斗机。丢下外挂油箱后，奥伯斯的编队从9000英尺高度逐渐俯冲飞向艾恩德霍芬。逼近艾恩德霍芬机场时他们看见它已经遭到了攻击，同时还发现有三架Fw 190往东飞向海尔蒙德，两架在6000英尺高，一架在超低空飞行。奥伯斯派出丹齐（R.J.Danzey）中

第486中队长阿瑟·欧内斯特·奥伯斯少校。

尉的绿色小队追击在6000英尺的敌机，自己则转向左边追逐超低空飞行的那架。他在300码外开火，看见击中了敌机的翼根和机身，那架Fw 190冒出黑色和白色的烟雾撞上地面。奥伯斯随后向左爬升并看见1500码外有一架Bf 109与自己等高飞行在十点钟方向，他赶上敌机并将它击落。

我们无法确认奥伯斯击落的是哪架Fw 190，但是那架Fw 109很可能是第9中队长格拉赫中尉的座机，这位经验丰富的飞行员就是在此地区失踪的。奥伯斯的红色小队另外两位飞行员也上报击落一架德机。跟着奥伯斯返回基地时，特罗特中尉发现一架攻击沃尔克尔的Fw 190并将其击落，这实际上就是在第四章提到的那架JG 3的Fw 190。特罗特后来又看见地面上有一架Bf 109在向东飞，他用尽了弹药也未能将其击落。最后吉姆·斯蒂德曼（Jim Steedman）少尉在沃尔克尔地区也击伤了一架Fw 190。接下来我们再看看被派去攻击其他Fw 190的绿色小队。格斯·胡珀（Gus Hooper）少尉报告：“我当时是绿色小队的四号机，向西飞向艾恩德霍芬时我看见三架Fw 190在地面上方差不多并排飞向北边。我在约1000英尺高度飞向左侧的Fw 190。我靠近到正后方约200码处开火，但是没有看到击中目标。我的右侧机炮哑火了，但是我继续

今日的伊塞尔斯特恩德国战争公墓，无数德国军人长眠于此。

在几乎零距离射击，当我越过那架Fw 190时，我看见有烟雾从座舱右侧冒出来。我向右爬升并看见Fw 190落地摔成燃烧的碎片。就在此时我遭到左侧一架Bf 109的攻击。我做了两个转弯并赢得了高度，看见那架Bf 109退出攻击并大角度向地面俯冲。我马上跟上去并快速赶上它，在400码外后方偏上的位置完成两次点射。我靠近得非常快，看见那架Bf 109的右翼在冒白烟。我在极近的距离点射，但是我的机炮因为用尽弹药而哑火了。我向右爬升绕了一圈，在此期间Bf 109从我眼前消失。我上报摧毁一架Fw 190并击伤一架Bf 109。”

胡珀击落的可能是第7中队21岁的飞行员卡尔·海因茨·里德尔（Karl-Heinz Riedel）下士。里德尔最近刚加入JG 6第二大队，这可能是他的第一次作战。他的Fw 190坠落在文瑞西北约十公里处，里德尔被葬在一处野坟，1949年他的遗体被转移到伊塞尔斯特恩（Ysselsteyn）的德国战争公墓。

丹齐的小队返回到沃尔克尔并在基地上空环绕，这时驾驶“绿色3号”的吉姆·谢丹（Jim Sheddan）少尉看见在奈梅亨方向有高射炮弹在低空爆炸。他飞向那里，看见了一些德国战斗机，击落了一架Fw 190后返回了基地。10时25分，第486中队的所有“暴风”在沃尔克尔完成着陆。

当JG 6的飞行员与第486中队交战时，第442中队的一些被召回的“喷火”也到来了。诺姆·基恩（Norm Keene）上尉的黄色小队第一个飞回并看见约40架Bf 109和Fw 190在扫射芬洛西北的地面阵地。基恩从右侧攻击了一架Fw 190，在600码外的短点射没有效果。他再次从后方600码外射击并看到了命中，那架Fw 190爆炸落地。基恩枪下的猎物可能是第5中队的赫尔穆特·格里斯拉夫斯基（Helmut Grislawski）下士，他的“白色16号”迫降在文瑞东北约四公里的一个树林。一个荷兰人把半死不活的格里斯拉夫斯基从燃烧的飞机残骸中拉出来，严重烧伤的他被转移到奥斯塔姆（Oostrum）的一家英国医院。

驾驶“黄色3号”的莱恩·威尔森（Len Wilson）中尉向六架Fw 190俯冲下来，身后跟着戴夫·彼里（Dave Pieri）上尉。在空中格斗中两架飞机失去了联系，各自追逐着一架Fw 190。彼里击伤了一架敌机，但是他在干掉它之前遭到了一架Bf 109的攻击。彼里突然看见一架“喷火”身后跟着一架Fw 190，那架“喷火”就是威尔森的飞机。由于在射击时太过犹豫，威尔森只得把机鼻朝下避免碰撞，结果却跑到了自己目标的身前。他马上向左转弯，但是那架Fw 190轻易跟上并击伤了威尔森的机尾。就在德机开火时，彼里赶来开火击中了它的座舱。那架Fw 190稍向上爬升后坠落在一块开阔地爆炸。威尔森将受伤的“喷火”飞回海斯机场并成功完成降落。救了长机一命后，彼里看见了另一架Fw 190并再次发起攻击，看见击中了右翼翼根和座舱。这架Fw 190爬升到约1200英尺高后旋转着坠地爆炸。由于引擎遇到了些问题，彼里向基地返航，途中看到了又一架Fw 190在超低空往东北飞去。他俯冲接近到约600码距离从后方进行了一秒钟的点射，看见从飞机上剥落下一大块碎片。但是由于风挡玻璃被油覆盖，外加防空火力密集，彼里跟丢了德机并飞回基地。彼里的对手的身份无法确定，但是他们肯定都来自JG 6。基恩的小队不幸失去了戴夫·布里格登（Dave Brigden）中尉，他被击落坠机于文瑞西南方，当场阵亡。击落布里格登的是德军第8中队的武尔夫少尉，他参加了对地攻击，在攻击完运输车后转向时发现一些Fw 190在与占数量优势的“喷火”和“暴风”交战。他爬升并击落了一架“喷火”，当他在望着这架飞机时自己也被击中了。武尔夫的飞机失去了控制，他跳伞逃生。飞机坠落在布里格登的“喷火”残骸约50米远处。第412中队的布鲁斯·麦克弗森（Bruce MacPherson）上尉击落了武尔夫，他报告：“指挥所将中队引导向芬洛。大约9时55分，我们在半途中看见‘暴风’和Fw 190在地面上方交战。我看见500码外有一架单独的Fw 190在向东飞。他开始向云层爬升，快要钻进云层时我在后方250码外开火。看见在座舱周围取得命中并有火焰冒出，那架敌机改平了。我又在后方400码外射击命中了同一个位置，由于忌惮防空火力，我转向一边，转头我看见一个降落伞刚从飞机上离开，敌机则坠落在了地面。”

武尔夫降落在离他的Fw 190不远处，他受了一些轻伤，主要是几根肋骨断了。武尔夫请求一位荷兰农民把他藏起来，声称在战后会给予丰厚报酬。但是那个荷兰人还是通知了地方当局，英国士兵在约45分钟后赶到，将其逮捕。

9时31分，第412中队在迪安·多弗（Dean Dover）少校的率领下从海斯机场匆忙起飞，虽然他们之前得到的任务是前往赖讷—明斯特地区进行武装侦察，但却被马上引导向芬洛。他们在那里看到了“暴风”与Fw 190的空战并马上发起攻击。维克托·史密斯（Victor Smith）中尉在芬洛东北攻击了一架Fw 190，看见敌机被击中后燃烧坠落在一片树林中。乔·多克（Joe Doak）上尉在海尔蒙德东北迎战一架Fw 190，射击后看见敌机冒出黑烟翻身落在地面爆炸。多克的猎物可能是第14中队的埃里希·普施（Erich Pusch）下士，这位飞行员坠落在海尔蒙德东北约12公里处。第7中队的保罗·施耐德（Paul Schneider）下士也应该是损失于此处，他和他的“黄色12号”至今仍是失踪状态。多弗少校和凯利中尉也共同击落了一架Fw 190，那是第4中队卡尔·弗里斯（Karl Fries）下士的“蓝色13号”。这位23岁的飞行员可能是在第一大队完成对艾恩德霍芬的攻击后于返航途中被击落，他的Fw 190坠落解体在文瑞西北约12公里处的一小片树林里。检查残骸时发现弗里斯在空中就已经受了致命伤，一枚0.303英寸子弹击中了他的头部。

率领第411中队的迪安·多弗少校。

最后在10时5分，第56中队的几架“暴风”从它们的武装侦察作战中返回，听到第486中队在基地附近交战。内斯中尉和肖少尉在海尔蒙德东南偏东约六七英里外声称击落了一架Bf 109，肖少尉报告：“我左转然后向上看见那架Bf 109的引擎罩被扯开了，火焰从发动机的后部冒出来。飞行员正在打开他的座舱盖。继续向左转弯，我看见飞机在下降，它的螺旋桨像风车一样在慢慢转。他试图进行迫降，飞机落地后穿过了一排树木，翻身解体。我没有看见飞行员钻出来。”

遗憾的是这架德机的身份无法辨明。第56中队的所有“暴风”在10时20分返回，第412中队的最后一架“喷火”也在10时36分降落在海斯。海斯的“喷火”与沃尔克尔的“暴风”联手取得了一场大胜。他们在9时20分至10时10分的战斗中宣称击落25架德国战斗机，击伤12架。

6.7　JG 6的撤退

JG 6的飞行员们一个个或一双双地开始向他们的基地飞去。埃尔斯特曼上尉的第一大队第4中队的弗里斯下士和第2中队的卡尔·舒伯特（Karl Schubert）上士未能随队返航，后者在被击中前还在芬洛北边击落了一架“台风”。那可能是第439中队的一架“台风”，它损失了飞行员安格利尼中尉。舒伯特把飞机降落在特温特，当天晚些时候回到了代尔门霍斯特。第一大队损失的最后一人出现在约十点半，第1中队的威利·福斯（Willi Voss）下士试图在林根西部迫降，但是飞机撞上了一个斜坡后解体，飞行员当场死亡。第一大队还失去了另一架Fw 190，但是飞行员成功跳伞逃生。另有两架Fw 190受损，但是与盟军行动无关。

联队司令部和第二大队已经在海尔蒙德附近被“喷火”和“暴风”一顿暴打，然而他们的厄运还没有结束。英军第411中队的迪克·奥代特（Dick Audet）上尉在中队的扫荡作战中与小队失散，寻找队友途中他看到了一架Fw 190，他攻击了这架Fw 190并将其击落在恩斯赫德（Enschede）西南约12英里处。爬升到八九千英尺高度后，奥迪特又看到另一架Fw 190在同样的高度向同样的方向飞去，他靠近开火将其击落，敌机坠机时机腹下还悬挂着油箱。

那架Fw 190的驾驶者是第5中队长卡茨上尉。很可能他当时遇到了无法抛弃油箱的问题而提前返航。卡茨坠机身亡于哈克斯贝亨（Haaksbergen）东部，附近特温特机场上的一支德国空军部队找到了他的遗体。然而他们已经无法辨认遗体的身份，将他以无名上尉的身份葬在恩斯赫德的一个公墓中。第二大队长瑙曼一直到了1月20日才给卡茨的妻子写信告知她丈夫的失踪。1948年8月，无名上尉的遗体被转移到伊塞尔斯特恩德国军人公墓，检查遗体时发现了62722/98的身份编号，至此遗体的身份终于得到确定。

与此同时，JG 6联队司令部和第二大队的Fw 190正在从海尔蒙德地区撤离。冯·科勒回忆道：“当我检查我的燃料时，我发现是时候返回基地了。我以80至90度磁偏角航向越过前线，防空炮再次开火射

皇家空军第411中队的迪克·奥代特上尉击落了JG 6第5中队长卡茨上尉。

击。越来越多的我军战斗机聚集在我身后，他们也发出了燃料不足的信号。越过莱茵河后我看见一架Me 262在准备降落。由于我知道喷气战斗机驻扎在明斯特—汉多夫，我也在那里降落，18架其他飞机跟着我这么做了。其中只有两架属于JG 6，其余都是来自不同联队的。降落在明斯特—汉多夫后，我们在防空洞里躲了几个小时，盟军战斗机扫射机场并击伤了几架飞机。我们直到黄昏时分才得以给飞机加油，当我落在库阿肯布吕克时天都黑了。”

其他一些人未能返回基地。JG 6联队司令部的一架Fw 190迫降在德国境内，但是飞行员没有受伤。有些人就没这么走运了。武尔夫少尉的僚机飞行员施罗特勒下士的“蓝色13号”在与英军战斗机的战斗中被击伤，他试图返回德军战线，但是在基希黑伦（Kirchhellen）机场降落过程中机毁人亡。另一位第二大队的飞行员在被盟军战斗机击落后跳伞，他侥幸落在德占区并返回了部队。还有两架Fw 190进行机腹迫降，其中一架是因为引擎故障，两架飞机都只有轻微的损伤，飞行员安然无恙。

最后，第三大队的Bf 109也在试图返回比塞尔机场，大队司令部仅存的克尼下士与第三大队的其他飞行员一起向东北飞行。途中他们被四架P-47发现，别的飞行员都赶紧逃之夭夭，只有克尼还继续向前飞。P-47并没有发起攻击，克尼在几分钟后降落在阿赫默（Achmer）机场。傍晚回到比塞尔时，他发现自己居然是第三大队第一个飞回基地的人。第9中队剩下的最后一位飞行员汤姆斯上士也没回来，他将受损的战机降落在特温特机场，几天后才返回比塞尔。第三大队还有两位飞行员将受伤的飞机开回到德军战线后迫降，两人都没有受伤。

6.8 总结

JG 6对沃尔克尔的攻击可以说是一个彻底的失败，实际上联队根本没有找到这个机场。少数攻击此处的德国战斗机更可能来自其他联队，至少有一架JG 3第四大队的Fw 190和一架JG 27第一大队的Bf 109偶然袭击了沃尔克尔。如前所述，德军对海斯机场的破坏不值一提。在海尔蒙德，低飞的德国战斗机一直在机场上空扫射着跑道。由于没有飞机在那里，它们造成的损失极为轻微。

JG 6最成功的部分反而是第一大队对艾恩德霍芬的误击。根据德军的一份报告，JG 6共声称摧毁33架单发飞机和六架双发飞机，另外击伤十架单发飞机。虽然当时飞行员们声称是在沃尔克尔摧毁了这些飞机，但是很明显这些战果只能是在艾恩德霍芬取得的。在与沃尔克尔的“暴风”及海斯的“喷火”的空战中，JG 6声称取得六个空战胜利：

“台风”	卡尔·舒伯特上士 地点：芬洛北部	JG 6 第 2 中队
“喷火”	诺伯特·卡茨上尉 地点：海尔蒙德地区	JG 6 第 5 中队
“喷火”	汉斯·武尔夫少尉 地点：文瑞西部	JG 6 第 8 中队
“喷火”	不明 地点：不明	JG 6 第三大队
“暴风”	不明 地点：不明	JG 6 第三大队
“暴风”	不明 地点：不明	JG 6 第三大队

1945年1月1日，遭到两个德国空军战斗机联队重击的艾恩德霍芬机场。

实际上有两架“喷火”被击落，另一架严重受损。一架“台风”被击落，但是“暴风”没有损失。

然而JG 6的损失是十分可怕的。联队司令部放飞的三架Fw 190A-9中有一架被击落，一架受损。联队长科格勒中校在作战中被俘，继任者是来自JG 52的格尔哈德·巴克霍恩（Gerhard Barkhorn）少校，他将带领联队在东线开始作战。第一大队出动的29架Fw 190损失了七架，另有两架受损。考虑到在艾恩德霍芬取得的成功，这些损失似乎可以接受。但是失去特罗斯特上尉和普夫莱德雷尔中尉这两位中队长意味着老飞行员的数量又减少了。第二大队的25架飞机则损失了八架，同样有两架Fw 190受损，损失率约40%。第5中队的损失格外严重，它不仅失去了中队长卡茨上尉，还损失了格里斯拉夫斯基上士和格拉布迈尔少尉这两位经验丰富的飞行员。然而损失最惨重的还得是第三大队，20架出动的Bf 109中有多达12架未能返回，战损率高达60%。大队长屈勒少校和老练的第9中队长格拉赫中尉的损失最让人遗憾，这些人是无可替代的。

JG 6总共损失了约43%的作战兵力，16名飞行员阵亡或失踪，另有七人被俘。失败的原因主要有以下三条：

首先，德国空军似乎不知道海斯机场和海尔蒙德机场的存在。当JG 6经过海斯时，那里的“喷火”得到警告并在导致JG 6的失败中扮演了重要角色。当JG 6司令部和第二、三大队主力来到海尔蒙德时，一些飞行员又认为他们已经找到了沃尔克尔，这引发了更严重的混乱。

其次，科格勒将他的部队带过了头。实际上在费赫尔的转向点已经处于沃尔克尔南方，可能应该选择一个更容易识别的转向点。Ju 88导航机的工作无可指责，鲍勃希安在JG 6抵达海斯前就离开了，之前他走的线路都是正确的。

最后，海斯机场的“喷火”和沃尔克尔机场的“暴风”是促使其失败的重要因素。在JG 6抵达前一些中队就已经起飞了，从盟军战斗机到场的那一刻起，对沃尔克尔的攻击就已经没有指望了。在超低空被逮到的德国战斗机没有任何胜算。

几天后JG 6被撤出战斗，开始准备向东线的转移。

第七章　JG 11在阿希遭遇大屠杀

7.1　JG 11的战前状态

1943年，面对美国第八航空队对帝国本土日益增长的威胁，德国空军将JG 1的两个大队抽调出来成立了一个新的战斗机联队——JG 11。联队的任务是保卫德国北部海湾、挪威南部和丹麦西部，通过1943年与美国陆航的大量战斗迅速成长为一支防空尖兵。1944年6月，JG 11的第一和第二大队被派往诺曼底拯救危局。月底，随着巴格拉季昂行动的爆发，第三大队又被调到东线的明斯克机场抵挡汹涌袭来的苏联红军。在两个战场上的消耗战让JG 11不堪重负，三个大队先后于八月底至九月初从前线撤回德国本土。

几乎还没来得及喘口气，JG 11又马上投身到帝国防空战中。在西线五个星期的战斗中，联队共击落40架盟军飞机，自身损失为87架飞机被毁，28名飞行员阵亡，1人被俘，13人负伤。由于此时西线的战事逐渐平静下来，JG 11被调回德国中部地区进行人员和装备补充。

12月17日，JG 11转移到法兰克福南部地区的机场以支援德军的阿登反击战。所有的大队都在一架Ju 88的导航下前往它们的新基地。联队司令部和第一大队位于沃尔姆斯（Worms）东北部的比布利斯（Biblis）。第二大队驻扎在泽尔豪森（Zellhausen），奥芬巴赫（Offenbach）东南的一个小机场。第三大队在阿莎芬堡（Aschaffenburg）西南边的大奥斯特海姆。当天下午，JG 11在新基地第一次联队全体出动，也遭受了第一次作战损失。在12月的最后两周时间里，JG 11有142架飞机被摧毁或受损，33名飞行员阵亡或失踪，26人负伤。第一大队损失尤其惨重，有15名飞行员阵亡，另外13人负伤。这样的损失对于仅仅十天的作战来说是令人难以置信的。

关于联队司令部和第一大队为1月1日作战所进行的准备工作资料留存不多。毫无疑问，JG 11联队长京特·施佩希特（Günther Specht）少校和他的大队长一起参加了12月5日在第二战斗机军司令部的会议。不过我们不知道吕迪格·基希迈尔（Rüdiger Kirchmayr）上尉是否为他的第一大队进行了特别的准备。但是由于在12月的严重损失，大队已经要被耗光了，飞机仅剩16架Fw 190可用，更糟的是飞行员只剩六人可以出战。来自盟军“极”破译组的报告显示，在12月的最后两天，大队的全部兵力就只有两架Fw 190。第一大队在月底迎来短暂的喘息时机，22岁的第3中队长埃里希·洪特（Erich Hondt）中尉在12月31日给父母的信中写道：

……我们的大队依然没有

1944年秋，京特·施佩希特少校（左）向库尔特·谭克展示自己的Bf 109G。

参加作战。昨晚开始下雪了，机场已经被20厘米厚的积雪覆盖。我们已经在期待稍后在晚上举行的宴会了。虽然人员伤亡严重，大家的情绪还是极佳的。在庆祝宴会开始之前，我计划召开一个小型的追悼会以纪念我们阵亡的战友。今年我们失去了65位飞行员。

信中完全没有提到有为第二天的作战做任何准备。相反在1月1日的一封信中，洪特生动地描述了元旦前夜的宴会情景。1月1日，第一大队将仅有六名飞行员和JG 11联队司令部的四名飞行员一起参加作战。此时，第三大队拥有比飞行员数量更多的飞机，因此一些飞行员被调到大奥斯特海姆和第三大队一起参与行动。不清楚他们是否是自愿前来的，但是至少第2中队的格尔哈德·诺伊曼（Gerhard Neumann）少尉加入了JG 11第三大队司令部，第1中队的卡尔·海因茨·西斯特尼克（Karl-Heinz Sistenich）二等兵也加入了第三大队，他可能去的是第11中队。

12月31日晚，第二大队长卡尔·莱昂哈德（Karl Leonhard）上尉命令他的飞行员们来到机场北边的一所当地学校教学楼内。绝大多数飞行员的宿舍就在学校所在的村子里。飞行员们看到了目标机场的航拍照片和一张标注了航线的地图。第二大队的Bf 109将为JG 11另外两个Fw 190大队提供高空掩护。目标的名字直到第二天早上才揭晓，所有飞行员被命令禁止离开此楼。

从阿尔滕基兴回来后，霍尔斯特·京特·冯·法松（Horst-Günther von Fassong）上尉马上就告诉他的中队长和其他高级军官计划对盟军战术航空机场展开一次大规模攻击，第三大队也将参与此战。法松没有提到目标的名字和攻击的日期，在场的人被命令禁止泄露此机密。大队副官汉斯·菲德勒（Hans Fiedler）中尉也参加了那次简报。12月23日，菲德勒在阿登上空的一次作战中遇到引擎故障，他将飞机紧急降落在哥廷恩。菲德勒直到12月31日下午才回到大奥斯特海姆，因为长期缺席而遭到法松上尉的训斥。菲德勒听到了第二天可能有一次作战的流言，但是他没觉得自己会参加此战并在他的办公室工作到晚上十点，没有参加作战会议。这次会议在大奥斯特海姆的一所小学召开，法松向他的飞行员们讲解了作战的细节，每位飞行员都被分配了自己的飞机和在编队中的位置。飞行员们当晚奉命留在楼里过夜，第二天清晨赶去机场。简报结束后，怒气冲冲的法松找到了菲德勒并命令他参加第二天的作战。不过直到此时，菲德勒依然认为他不需要参战。

1944年末，第三大队长霍尔斯特·京特·冯·法松上尉在探望妻子和儿子时留下的照片。

7.2 比利时阿希和奥普霍芬机场，1944年12月

从12月28日开始，奥普霍芬机场（Y-32）就成为了皇家空军第125联队的新家，该联队由第41、130、350、610中队组成，全部装备“喷火”的后期型号。12月31日，第41和130中队的飞机从迪斯特（Diest）飞来，第610和350中队的飞机也离开了布鲁塞尔。根据联队的日志，“绝大多数小伙子在当天结束时都累坏了，但是还是有少数人坚持守夜向1944年告别”。

南方数公里处是阿希（Y-29）机场，它位于比利时亨克（Genk）东北的阿希村附近。1944年11月初由第852航空工程营修建而成，机场有一条由钢板铺设而成的5000英尺长跑道，两侧有可容纳约150架飞机的滑行道和停机坪。机场上的其他设施包括两个21000加仑储量油罐、五个防空炮阵地和一个机库。Y-29机场的防空任务由第784高射炮营B连和D连负责，指挥官为马克·考克斯（Mark Cox）少校。这个机场现在进驻着第八航空队的第352战斗机大队和第九航空队的第366战斗机大队。

1944年11月底，装备P-47的第366战斗机大队从A-70机场来到了阿希。Y-29机场实际上不过是从松林里打扫出来的一条跑道而已，而且它也不会被进一步修缮了。由于靠近前线，它频繁遭遇德国空军的夜间骚扰性空袭。阿登战役开始时，有关德军将席卷该地区的流言令许多人紧张不安。在1944至1945年的那个冬天，陆航战士们赢得了步兵的尊重。住在帐篷里的时光是糟糕的，他们仅有的享受是偶尔在亨克的煤矿洗个澡或是在附近的哈瑟尔特睡一夜。Y-29机场上的将士们只能靠木头和煤炉给他们的帐篷加热。燃料仅够使用几个小时，他们经常会在深夜被冻醒。

突出部战役中，第352和第361战斗机大队被选中增援第九航空队的战术空战。12月23日，他们分别来到比利时阿希和法国圣迪齐埃（St. Dizier）。第九航空队已经习惯了艰苦的作战环境，第352战斗机大队也很快就适应了：“Y-29机场不过是阿尔伯特运河后面六英里外的一条紧急跑道，当时它靠近前线地带。当我们去到那里时，一个第九航

空队的P-47大队正在金属跑道上工作。我们发现我们的帐篷被设立在机场上最荒凉的地方，我们在那期间一直住在这些帐篷里。这是欧洲最糟的冬天之一，我们几乎都要冻死了。（机场）也没有任何卫生设施。我们共用一个茅厕，把我们的头盔作为洗脸盆。由于要在飞行时戴着氧气面罩，所以我们得刮胡子。那是一段痛苦的时光。我们偶尔（几周一次）进入阿希的一座煤矿内淋浴。水是冷的，而且没有很多。我们并不担心变脏，但是严寒几乎是难以忍受的。我们有大量的毯子，但还是冻僵了。我们大多穿着飞行服睡觉以保温。我唯一感到暖和的时间是在飞机里的时候。你可以说我们在那里体会到了地面上士兵们的感受。那里不仅仅是下雪，还有可怕的泥泞。更糟的是，德军知道我们在那儿，并派侦察机飞来偶尔投下炸弹，我们的防空炮台向它们射击，这让睡觉变得更为困难。我们有几晚遭到了扫射，扫射没有造成多大破坏，人员伤亡可能也很少。我们的作战相当不同，不再是轰炸机护航，我们要阻止敌军战斗机出现在我军上空。在雷达站的监控下，我们从地面升至10000英尺高展开巡逻。他们真的相当狡猾，我们打出了一些漂亮的战斗。”

7.3 JG 11的出击

JG 11的飞行员们很早就醒来并接受了又一次指示。大奥斯特海姆的第三大队飞行员们参加了在六点半召开的简报会。这次会议中，法松打开了一封信，其中包含了关于目标的细节。飞行员们终于知道所有大队的目标是马斯特里赫特西北的阿希机场，机场驻扎有两个美国战斗机大队。

早晨八点刚过，由施佩希特少校、施密特下士、诺伊贝格尔候补军士长和克伦茨下士组成的JG 11联队司令部Fw 190小队就从比布利斯机场起飞，跟在他们后面的是第一大队的六架飞机，可能由第2中队长阿尔温·多普勒（Alwin Doppler）少尉带领。这一小群飞机在机场上空组队并向北飞去，他们将在那里与其他大队会合。

在泽尔豪森的第二大队飞行员也很早来到机场准备战斗。地勤人员整夜工作以使战机完成战斗准备。8时10分，几天前到来的那架Ju 88导航机起飞，之后是大队的20架Bf 109。飞机在泽尔豪森上空150米高度完成集结后，向法兰克福方向飞去，飞行高度为50米。

在大奥斯特海姆，依然相信自己将不会出战的菲德勒中尉走进了大队司令部。不过就在快到八点时，他被叫出去分配到一架新飞机，并被命令担任第11中队长海因茨·格罗塞尔（Heinz Grosser）中尉的僚机。第三大队的地勤人员设法将31架Fw 190调整至战备状态，Ju 88导航机和Fw 190于8时18分出动。Fw 190在机场北边的阿莎芬堡附近集结并向美因河畔的法兰克福飞去，飞行高度125米。他们在法兰克福上空看到了呈松散队形的司令部和第一大队编队，第三大队靠近它们，不远处第二大队的Bf 109也加入进来，最终JG 11组成了一个包含约60架战斗机的大编队。

元旦那天，奥普霍芬机场上的盟军士兵早早起床。8时35分，第350中队的三架“喷火”14在范韦尔施（Vanwersch）中尉的率领下从奥普霍芬起飞，他们进行了一次巡逻作战。第610中队B部及两位备用飞行员正在乘车从布鲁塞尔驶来，经过梅尔斯布鲁克（Melsbroek）时车队遭到了德军飞机攻击，但是所有人都安全到达了奥普霍芬。第130中队正在为一次作战做准备。8时50分，第610中队派出四架

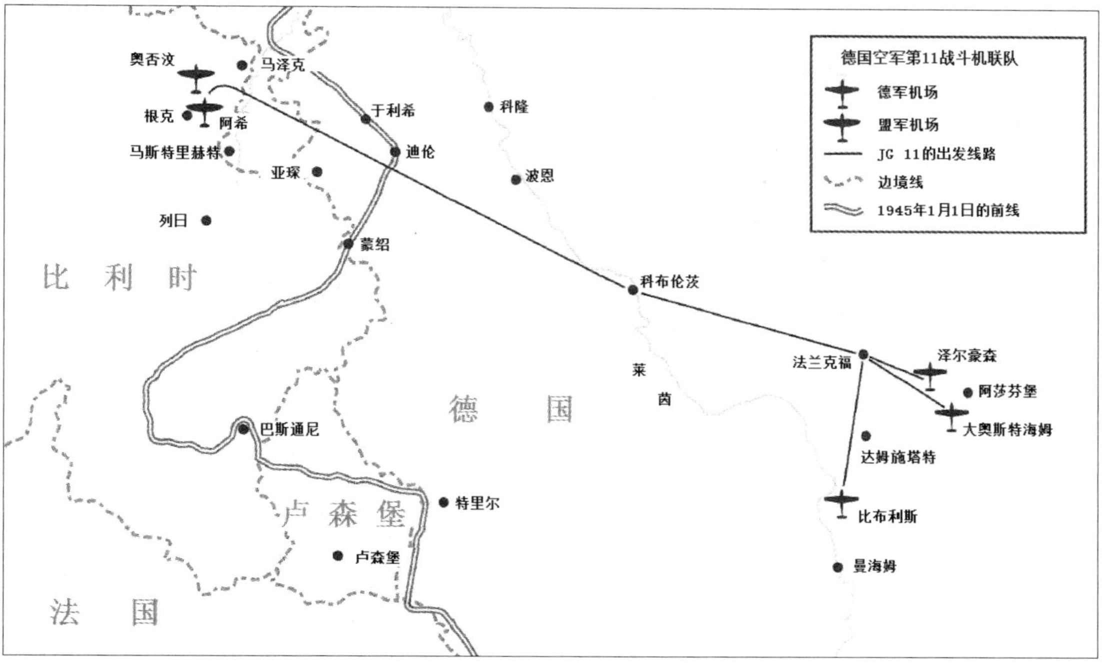

JG 11 的攻击路线。

飞机巡逻，结果它们在列日北部冲入了密集的友军火力中。采取躲避机动时，拥有7.5次空战胜利的澳大利亚飞行员托尼·加泽（Tony Gaze）上尉与队友失散，他的故事我们将在后面讲述。第41中队也早早出发，贝纳姆少校率领中队在8时35分起飞，沿着莱茵河向下来到科布伦茨北部。在这次武装侦察中，中队声称击沉一艘三吨排水量运输船及击伤15辆铁路货车。他们在10时20分回到了基地。

在Y-29机场上，第366战斗机大队最早放飞了一个中队。8时42分，第391中队的八架飞机在埃贝尔·辛普森（Eber Simpson）上尉的率领下起飞。“雷电”机群携带了500磅通用炸弹，一架飞机还装备有火箭弹。九点至十点钟，他们在马尔梅迪南部攻击了德军的四型坦克。通过轰炸和扫射摧毁了五辆坦克并可能击伤另外五辆，他们还摧毁了一辆汽车。轻型防空炮火力密集而精准，一架飞机迫降在列日东北偏北的特文（Teuwen）附近。不过飞行员只受了点轻伤并返回了基地。在马尔梅迪南部地区，唐纳德·霍尔特（Donald Holt）少尉和约翰·巴瑟斯特（John Bathurst）少尉上报摧毁两架单飞的Bf 109，第391中队的飞行员们还不知道接下来将有多少敌机袭来。

第352战斗机大队的机械师们在早上五点半起床给他们的飞机做准备工作。第352大队采用三班轮换的不间断巡逻模式，一个中队在空中飞行时，另一个中队在地面上等待接替，第三个中队则在这时休息调整。很快第328中队来到了会议帐篷里，第487中队则排成一列准备起飞。大队等待执行一次在十一点整为轰炸机护航的作战。八点整，飞机已经全部整备完毕。代理大队长约翰·迈耶（John Meyer）中校正准备将他的飞机升上天，虽然他们不应在这么早就起飞。迈耶预感德国佬将在这天大举出动，他请求第九战术航空司令部允许他们前往战场地区执行一次常规巡逻作战。迈耶的

第 352 战斗机大队代理大队长约翰·迈耶中校，他的准确预感成就了 Y-29 传奇故事。

理念是：如果你想要击败敌人，你就要像敌人那样思考。德国人是突袭大师，阿登战役已经证明了这一点。

JG 11的编队在离开法兰克福地区后以50米的飞行高度向科布伦茨前进。越过科布伦茨后，联队继续沿着同样的航线向亚琛北部穿越前线。这时第二大队的Bf 109爬升至350米高度为Fw 190提供高空掩护。几乎是刚刚进入盟军占领区，防空炮台就开始射击，JG 11遭遇了最初的作战损失。菲德勒中尉的Fw 190被击中，引擎被打坏，头部受伤失去意识的飞行员奇迹般地在之后的坠机中幸存，他似乎是被海尔伦（Heerlen）附近的一辆半履带卡车击落的。第12中队的赫尔曼·巴里翁（Hermann Barion）下士是另一位地面炮火的牺牲品，有人在马斯特里赫特地区目击到他的Fw 190带着大火坠落，虽然飞行员的遗体被找到，但是关于他的准确坠机地点没有线索留下。第二大队也遭受了人员损失，第6中队的赫伯特·胡斯（Herbert Huss）下士被防空炮击中后马上选择跳伞。降落在马斯特里赫特后他躲在了树林里，但是很快被农民发现并被转交给英军。第8中队的阿尔弗雷德·滕佩尔（Alfred Tempel）上士的Bf 109也在马斯特里赫特附近被击中，这名飞行员也成为了战俘。

继续向西北飞行的编队来到了在马斯河附近的最后一个转向点，Ju 88在这里离开了编队。第二大队的导航机攻击了一个向编队射击的炮台，虽然命中了目标，但是Ju 88自己也被击伤了，不过它还是成功飞回了泽尔豪森。现在德机编队转向西南方，准备从阿希机场的东北方向展开攻击。带头的施佩希特少校进入了地面的雾气中，这使导航变得十分困难，也让编队变得松散。这时德军依然试图攻击阿希机场，结果纯粹巧合的是，其飞行路线将带着它们直接来到Y-32奥普霍芬机场上方，驻扎第125联队的跑道就在Y-29阿希机场北边五公里。当德国飞行员发现机场跑道后，编队中的相当一大部分飞机都将其辨认为阿

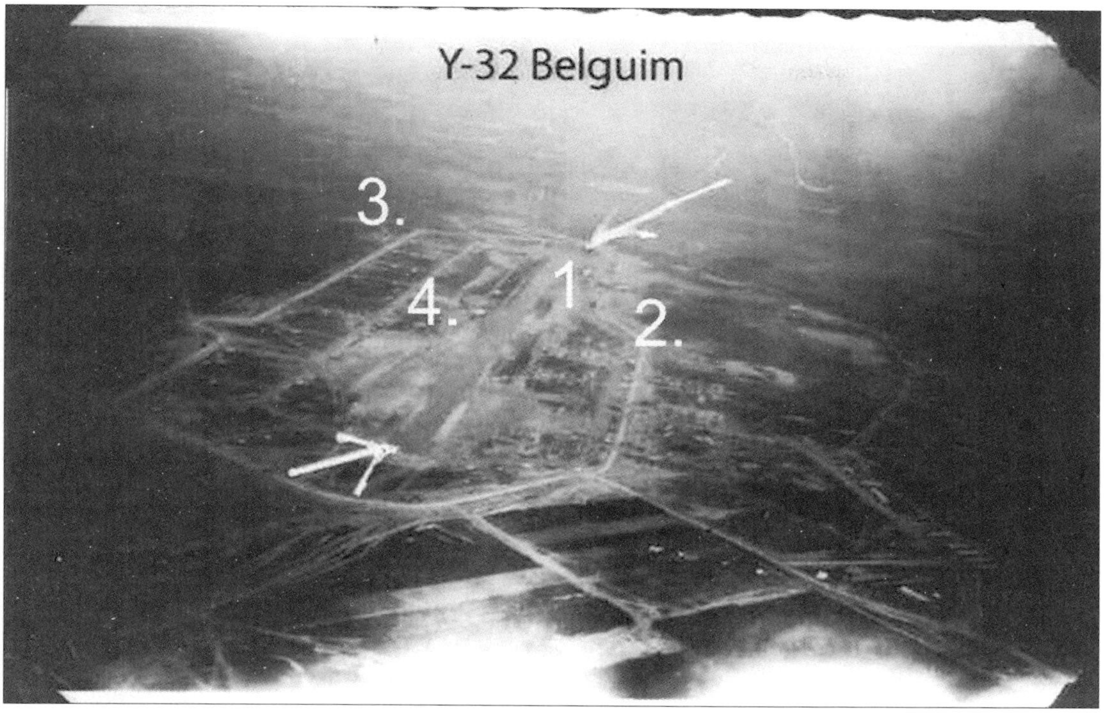

Y-32 奥普霍芬机场。

希机场并开始对奥普霍芬展开攻击，剩余的飞行员则继续飞往阿希！

约30架Fw 190和Bf 109攻击了奥普霍芬机场，驻扎在此处的部队包括第3206维修后勤部队，它在12月27日转移到奥普霍芬机场。普里查德（E.J.Pritchard）是该部队的一员，他清楚地记得那个早上："我们的工作是维护那些来到前线机场的飞机，直到它们可以进驻自己所属的机场。空袭开始时我正在我们用来维护飞机的场地附近挖散兵壕。当时我只挖了一英尺深，告诉你吧，我就这么脸朝下趴在了里面，至少它可以提供一些保护。"

第5中队长格奥尔格·菲雷德尔（Georg Füreder）是攻击奥普霍芬的德国飞行员之一，他回忆道："由于雾气我们起飞的比计划更晚，我认为这严重妨碍了作战的成功。大队加入了编队并在一对Ju 188导航机的率领下前往目标，我没注意到途中是否有飞机被我军或敌军防空炮击中，但是当我们接近目标时，我记得在无线电中听见有人被击中了。快到目标前我们爬升并向左右散开，从上空观察机场后冲下开火射击。我爬升后马上投入到攻击中。攻击机场东侧战斗机的俯冲角度太大，所以我瞄准了西北角落的四五架C-47运输机。然后我180度急转弯冲向在东侧的战斗机，这时曳光弹的轨迹从我身边划过。我一开始以为那是防空火力，然后我惊讶地发现两架'雷电'在我身后。其中一架在向我全力开火射击，但是他的准头太差了。我向左急转弯，他的子弹在我飞机身后飞过。跟随我的敌机和他的二号机放弃了追逐并向西飞走了。我开始跟着它们，然后撤出并向南对机场发动最后一轮攻击。这时我看见没有其他飞机在机场上空或附近了。一大团黑烟从机场的南半边升起，那是一些在燃烧的飞机。由于烟雾的存在我的射击高度提高了一些。”

如上所述，大量的JG 11战斗机攻击了奥普霍芬而不是阿希。机场的防空部队尽力保卫此处，第2794高炮中队射出约250发炮弹，上报摧毁一架Fw 190。第2876中队的十门炮射击437发炮弹，上报摧毁两架Bf 109和一架Fw 190。它们还上报击伤了七架Bf 109和四架Fw 190。最终，第610中队的加泽上尉独自一人从作战中返回，他惊讶地发现基地的多架飞机在燃烧。他遇到了一些Fw 190和Bf 109，在经过长时间追逐后击落了一架Fw 190D。不过这架德国战斗机属于JG 2。与此同时，JG 11的主力编队依然在沿着航线飞向阿希，德军相信自己可以突袭地面上的两个美国战斗机大队，他们将会大吃一惊。

7.4 “雷电”的鞭挞

9时16分，Y-29机场上第366战斗机大队的第390中队出动了两个P-47小队为突出部地区的战斗提供近距离空中支援。两个小队比预定计划提前15分钟出动，这纯粹是偶然。他们尚不知道自己将在打破JG 11攻击编队中起到关键作用。红色和黄色小队分别包含以下飞行员：

飞行员	红色小队
洛厄尔·史密斯上尉	红色1号
约翰·肯尼迪少尉	红色2号
梅尔文·佩斯利少尉	红色3号
大卫·约翰逊中尉	红色4号
	黄色小队
约翰·菲尼中尉	黄色1号
柯里·戴维斯少尉	黄色2号
罗伯特·布鲁勒中尉	黄色3号
乔·拉基中尉	黄色4号

我们将通过“黄色3号”布鲁勒中尉的口述了解接下来发生的事情。布鲁勒是比利时移民，他和他的父母在20世纪初来到了美国，他很高兴自己可以在解放父母祖国这件事上提供帮助：“我们从东向西从跑道上依次起飞。在最西边等待着的是迈耶中校的第352战斗机大队的12架P-51。我们在起飞后做了180度转向并组成了漂亮的紧密编队向前线飞去。这时我们看见左手边上方有防空炮火。转过去检查时我们看见一大群德国战斗机正笔直向我们的跑道飞来，一些已经在扫射英军的Y-32机场跑道。我们迎面遇上了德国飞机。它由约50架Bf 109和Fw 190战斗机组成。当我跃升半滚倒转俯冲攻击敌机时，我看见机场上12架P-51正以一个大编队在起飞中。在对敌机攻击的初始阶段，我们都在忙于甩掉束缚（丢下炸弹），调整瞄准器和机枪，切换到主油箱。我抓住了一架Fw 190，来到它机尾时还没有打开瞄准器。它俯冲下去并简直是贴着地面在滑行。我试图来到它的正后方，但是它的螺旋桨涡流差点搞得我撞上地面。我无法压下我的机鼻以把枪口对准那架飞机。由于我太渴望击落它，虽然子弹都在它上方飞过我还是忍不住继续射击。他突然一收油门，我差点冲到它前面去，但是我还是及时降速避免了此事发生。有那么一阵子我们一起组成了紧密的编队，我还记得看见那位飞行员蹲伏在他的操纵杆上。我们最终逼近了一个树林，当他转向拉升越过它时我完成了一次漂亮的射击，德机在我面前爆炸并坠落到地上。坠机地点就在机场东北五英里以内。我径直穿过爆炸的地点，风挡玻璃被其燃油遮

住，有几分钟的时间看不清前面的景象。另一架Fw 190在我面前拉升，我开始追逐它。我来到它身后的位置，开火射击时我看见有炮弹飞越我的座舱盖。急转弯时我看到一架Bf 109在向我射击。机螺浆轴炮发出的慢速闪光和引擎罩及机翼上机枪发出的快速闪光让我看得入迷。我持续做了大约180度的急转弯，他的炮弹在我身后飞过，那架Bf 109突然撤出了战斗。我随后来到另一架Fw 190的身后并向它射出了一些子弹。天空上到处都是飞机在穿行。我在对一架Fw 190射击时用光了自己的弹药，不得不退出战斗。当我意识到我没有子弹时，我拼命向西逃离该地区。我在约200英尺高度飞过我们的机场，所有的防空炮手都在向我射击。我剧烈地摇摆我的机翼，他们这才停止了射击。当我爬升到云层正下方的3000英尺高时，我感到安全了，因为如果有敌机来追击时我可以钻入云层中。我在那里四处盘旋，在最前排的观众席观看下方的战斗。观战时我看见一架Bf 109向德国飞回，身后约1000码处有两架P-51紧追不舍。当那架Bf 109来到我机翼下方时，我翻转机身继续看着他。他一定也是看到我了，以为我打算向他俯冲，所以向一旁转弯。这样其中一架P-51就可以转向靠近到足以完成一次致命的偏转角射击的距离。我一直觉得我应该获得一个协助击落敌机的战果。趁着空战平静下来的空隙，我把飞机降落下来。当我在跑道上停下时，我看见两架Bf 109笔直向我冲来扫射机场。我关掉发动机，钻出飞机并逃离它。他们扫射的是机场另一边的一架飞机。地勤组长随后将飞机开回到它停放的位置。当我走回我们的作战区时我看见了约翰逊，他是此战中我们八人里的一员。他骑着一辆自行车，携着自己已经打开的降落伞。几个比利时人在另一辆车上。他看到我后把车骑过来，让我谢谢这些让他使用自行车返回机场的比利时人。他在几英里外被击落，但是安全跳伞了。他说他干掉了那架把他击落的Bf 109，但是他的飞机严重损坏所以他只能跳伞。他降落在那架德国战斗机坠落的地点附近，走过去查看它的情况。那位飞行员死了，可能是因为被击中后失血过多，但他还是在死前把飞机迫降了下来。大卫说从飞行员携带的身份牌上看到那是一位中校。我们的飞机一架架返航了。菲尼中尉的飞机受损太过严重，他只能进行机腹迫降。肯尼迪少尉把他的P-47降落了下来，但是它已经是一堆垃圾了。这样我们失去了三架飞机，没有飞行员损失，但是上报击落了12架德国飞机。后来在检查了我们的摄像枪并处理了不明确的战果后，我们被认可摧毁了八架德国飞机。我的摄像枪捕捉到了我击落的Fw 190爆炸的景象。

罗伯特·布鲁勒中尉当天驾驶的P-47是哈罗德·霍尔特中校的“飞天魔毯”号，底板行动期间霍尔特正在休假。

佩斯利取得了三架飞机战果，是我们中队的得分王。战斗总共持续了大约30分钟。我终于参加了一次空战，而且是一次以寡敌众的战斗。”

约翰逊击毙的那位德国飞行员曾被误认为是JG 11联队长施佩希特少校，但是事实并不是这样的。首先，约翰逊声称击落了一架Bf 109，施佩希特当天驾驶的却是一架Fw 190A-9。其次，施佩希特当时的军衔是少校，死后才被追授中校军衔。实际上约翰逊的猎物是第8中队的奥古斯特·恩格尔（August Engel）中尉，约翰逊的飞机坠落在奥普赫拉贝克（Opglabbeek）郊外的一个水塘附近，而恩格尔的坠机地点就在离那里不远处。一位当地目击者埃米尔·贝里斯（Emil Berghs）回忆道：“清早我们就被巨大的响声惊动。弹壳不停地落在我们的屋顶上。在我居住的地方不远处，我们发现了一架迫降的德国战斗机，里面的飞行员已经死了。美国人正在取出他身上的文件，我清楚地记得那个人来自达姆施塔特，他的父亲名叫路德维希·恩格尔。附近有另外两个坠机点，但是那些飞机都烧毁了，飞行员的遗体也被烧焦了。我记得其中一具遗骸只剩一米长。”

让我们继续讲述第390中队“红色1号”史密斯上尉的作战：“1月1日，我正在指挥共和（P-47）中队执行一次密接支援作战。我们刚起飞并与共和（P-47）‘红色2号’组队后就被机场东北的防空炮火吸引。我率领中队前去查看。当我们靠近防空炮时，看见敌机正在扫射Y-32机场跑道。另一批部队则在向Y-29飞去。我们马上发起攻击。我来到了一架Fw 190机尾后，并看见击中了座舱周围。我飞到了它前面但是注意到它正在起火燃烧。我的僚机声称他看到这架敌机坠落。我随后来到了另一架Fw 190的机尾并向东追了它20至30英里。我无法赶上它，在极限射程处几次开火，但是没有看到击中目标。我停止追击并向Y-29返回。就在机场北边，我遭到一架Fw 190攻击。我向右转弯并在绕圈中胜过了它。我们的高度低于500英尺，它一个滚转栽到了地面上。”

史密斯上报摧毁了这两架Fw 190，其中一个战果由约翰逊准尉佐证。他看见史密斯大角度俯冲靠近一架Fw 190并看见敌机着火落地发生爆炸。肯尼迪驾驶的是“红色2号”也是史密斯的僚机，他在冲向德机后与自己的长机失去了联系。肯尼迪来到一架Bf 109身后开火，但是自己也被身后两架Bf 109击中了机尾。“雷电”开始起火燃烧，肯尼迪原打算跳伞，但是看到飞机的火势后放弃了这个想法。他钻入到云层中，此时火熄灭了，飞机依然能保持飞行。最后肯尼迪成功将飞机降落回Y-29机场，飞机的襟翼和刹车都坏掉

洛厄尔·史密斯上尉与阿希机场上的防空人员握手。

了。佩斯利中尉是中队当天的得分王，他不仅击落了三架德机，而且其中一架还是用空对地火箭弹摧毁的。

7.5 “野马”的屠杀

9时20分，第487战斗机中队的“野马”依然停放在钢板跑道的西头。第352战斗机大队第486中队的飞行员约翰·斯特恩斯（John Stearns）描绘了几秒钟后的画面：“简报结束了，我刚一走出来就看到远在东边有一个吕夫贝里圆环（一种空战中采用的防御机动）。突然有一条火焰从圆环中落下，我看到它们原来是P-47和德国战斗机。我开始大喊‘敌机！’一些人鸣响汽笛并将音量调大。第487中队正在跑道上滑跑准备起飞。第一个滑行的是迈耶，这时德国人已经开始穿越机场了。迈耶将飞机拉起，一架德机在他面前从右向左飞越机场。迈耶还没等完全收回飞机的起落架舱门就开火射击，他击落了那架敌机，它坠落在机场的北边。中队的其他飞机也起飞并直接投入到格斗战中，所有的油箱都是装满的。”

下表列出了迈耶的三个小队及其飞行员的名单和位置：

飞行员	白色小队
约翰·迈耶中校	白色1号
亚历山大·西尔斯中尉	白色2号
雷蒙德·李特奇中尉	白色3号
奥尔登·里格比中尉	白色4号
	黄色小队
威廉·霍尔顿少校	黄色1号
亨利·斯图尔特二世上尉	黄色2号
桑福德·莫茨中尉	黄色3号
迪恩·休斯顿中尉	黄色4号
	红色小队
威廉·惠斯纳上尉	红色1号
沃克·戴蒙德中尉	红色2号
尼尔森·杰瑟普中尉	红色3号
威廉·米勒中尉	红色4号

斯特恩斯继续自己的讲述：“一架Bf 109在约1000英尺遭到两架‘野马’从两个不同方向的射击，他做了一个破S机动下降消失在树林后面。我期待着看见一团火球升起，但是相反那架Bf 109从树林中钻了出来，迎面遇到更多的机枪射击并一头栽到地面上。我站在距离简报帐篷不远的地方拿手枪向飞过来的德国战机胡乱射击，当我听见‘砰’的一声响时，我看见一架Bf 109迎面飞过来进行扫射，机鼻处的机炮在开火。我跳进了附近有人挖好的一个小散兵坑里，落在了一堆人身上。看来在旁边的其他人也有一致的想法。那架Bf 109确实击中了一架‘野

两架Bf 109在阿希机场低空掠过。

马’并使其油箱着火，一位地勤人员很快将火给扑灭。德机的少数几次对地扫射主要都对准了在机场西南尽头停放的一架报废B-17。德国空军忙于与第487中队和一些P-47交战，没有造成多大破坏。第487中队只有一架飞机的螺旋桨整流罩受损，而且那还是地面火力造成的。”

让我们把视角转移到参战飞行员身上。首先出场的是迈耶中校，他回忆说：“正在把机轮收起来时我看见超过15架Fw 190从东面向机场飞来。我攻击了一架飞机，在300码外以30度偏转角射击，漂亮地命中了机身和翼根。那架敌机半滚转坠落在地面上。随后我选中另一架Fw 190并一直追逐它到列日西北附近。第一次攻击中，我以10度偏转角在250码外取得不错的命中。敌机半滚转并在树顶上方改出。我继续发起攻击，但是不时地要被密集的友军地面炮火打断。我至少三次漂亮地击中了那架Fw 190，在最后一次攻击中，敌机开始大量冒烟，接着坠向地面。弹药耗尽的我回到了机场，但由于机场正在遭受攻击而无法降落。我向西前进并两次遭到Bf 109的攻击，我利用俯冲和速度躲开了它们。”

西尔斯中尉是迈耶的僚机，他说：“我是‘白色二号’，迈耶中校的僚机。我们刚起飞就碰上了四五十架Bf 109和Fw 190。一架Bf 109向我迎面冲来，我们彼此迎击数次，我俩都开火了。在第三轮交手中，我在他的发动机上取得一些命中并击飞了机尾的一部分。他开始燃烧并缓慢地旋转着坠落。我上报摧毁了一架Bf 109。”

接下来登场的是驾驶“艾琳和杰瑞”号的里格比中尉：“如果我能够描述清楚1945年1月1日的那个早晨的话，我都可以靠写作谋生了。我会在我的记录和记忆允许的条件下努力讲述那一事件。实际上，那个历史性的时刻让人兴奋得难以遗忘。这一天早上七点钟，天空是如常的黑暗、雾蒙蒙的，气候潮湿、寒冷。雾气升高了一点，云层高度大约是1500英尺。我感觉过一会儿天气将有所改善到可以执行一次作战。我在早餐前查看了一下我的飞机，看到地勤人员正在把冰和霜从机翼和座舱盖风挡玻璃上弄下来。吃完饭后，吉勒特中士将飞机启动并进行起飞前的例行工作。大部分人还没起床，更不知道已经被安排好了要在当天晚些时候执行一次前往柏林的长途护航任务。我走进会议帐篷，从迈耶那里得知他已经请求在前往柏林前做一次短暂的巡逻作战。让我和休斯顿去找到一些头脑比较清醒的飞行员以防万一。大约九点整，雾气变淡了，可以看见东边跑道尽头处的树林。克萨达将军刚刚同意只使用一部分飞机执行一次简短的作战。发动机在九点整启动，计划在9时20分起飞，10时15分返回地面。这样我们还可以有时间补充燃料，在中午与上空的轰炸机会合。一些机场上的P-47飞行员也得到了同样的指示。简报是没必要的，因为我们都相信这次任务将不过是去看一眼‘突出部’就完事。迈耶中校将率领12架飞机，我将在他的小队中作为‘白色4号’机。今天是元旦，我们已经有两天没看到德国佬的飞机了。德国飞行员可能也在举行庆祝活动——大错特错！9时20分在阿希和其他15个盟军基地上，没有人知道他们的计划。”

“我踢了踢轮胎并在九点整爬进飞机。飞机已经被加热好，油箱也都装满了。座舱里很暖和，我滑行到中校身后的位置，准备好来一次舒适的飞行了。P-47已经在几分钟前起飞并在云层下向前线飞去。临时塔台亮出了绿灯，这时我们注意到机场东边有高射炮在开火。惊讶甚至是震惊都不足以

“白色4号”奥尔登·里格比中尉和他的座机“艾琳和杰瑞”。

形容我们当时的感觉。我们接下来就看见至少有50架德国战斗机准备对机场进行第一轮扫射。我们就是活靶子，我们的生机几乎为零。”

要知道对于战斗机飞行员来说，在起飞和降落时被敌机攻击是他们最大的噩梦。第487中队的飞行员们还有别的麻烦，由于油箱被全部装满，“野马”的机动性受到了较大影响。无需地面发出信号，第487中队的飞机开始向前滑跑起飞。“从地面上升起是十分困难的。我在与迈耶的螺旋桨涡流搏斗，所以我不得不让飞机在钢板上多滑一段距离以更好地控制住它。升空后的感觉舒服了一些。我们的地面炮手向敌军射出了大量炮弹，在混乱之中也向我们开火射击。这是他们第一次在这种情况下接受考验，所以他们啥也没击中，但是确实挺烦人的。”

起飞后，里格比很快击落了一架咬在李特奇身后的Fw 190，然后他又击落了一架向东逃窜的Fw 190，但是在攻击过程中他的瞄准器损坏，结果导致耗费了过多的子弹。飞回到机场附近，里格比看到一架P-47在与一架Bf 109比拼绕圈。很明显P-47无法在低空水平转向中胜过Bf 109，所以里格比没有选择的余地。他冲到敌机身后非常近的距离，开火命中它的座舱和双翼，那架Bf 109一头栽了下去。现在里格比剩余的子弹仅够他完成最后一次射击了。

“我最后一战的对手是我所见过的最出色德国飞行员。他足可以担任他们大队的指挥官。我是第二或第三个试图对他完成一次靠谱射击的P-51飞行员。他用那架Bf 109做出的动作让我们看呆了，例如在约1000英尺高的一个破S机动。我记得看见飞机颤了一下，然后他的翼尖拉出白烟，螺旋桨涡流扰动了树顶。随后他回到了战斗中并极具攻击性。我很高兴附近有另一架P-51，因为我的火力只能吓唬吓唬人。我记得那架Bf 109的飞行方式给我留下了非常深刻的印象，我希望能够设法来到一个可以有效射击的位置。我知道由于他的水平和我的弹药不足，我只有一次机会。大约五分钟后，我看见那架德机再也不开火了。他可能遇到了和我一样不利的情况。现在他的机动看起来更偏向防御。似乎过了十分钟后，另一架P-51将Bf 109驱赶到我的方向，它在离我不到30至40码的地方向我右方转。距离近到足够我看清楚飞行员，也让我能将最后的子弹射入它的左翼、发动机，并击碎了座舱盖和驾驶舱。我在没有瞄准镜的情况下以极近的距离赌对了这次高偏转角射击。有些人可能会想到‘走运’这个词。确实是这样的，但是我相信还有其他的因素（比如来自上方的助攻）。现在机场附近所有的战斗都结束了。”

“白色三号”李特奇的一个战果最为奇特。他为此一直飞到了巴黎地区。当其他所有人都降落后，李特奇依然没有报到：“然而一件有趣的事情发生在下午，当激动人心的大秀已经结束后，第487中队的飞行员李特奇从巴黎地区打电话报告他安然无恙——第487中队没有损失。”

李特奇随后报告说：“我当时是‘白色三号’，我们在起飞后还没有组好队就看到了在机场西北有超过50架Bf 109和Fw 190。我选中了一架飞行在3000英尺高的Fw 190并向右转向它，我击中了翼根和座舱。它猛栽向右边，改回后再次一头栽落地面爆炸。我随后又选中了另一架Fw 190，开始在地面上方追击它。我击中了机翼和发动机，它开始冒出黑烟。之后它做出了剧烈的闪避机动，我用尽了子弹也没能再击中它。它一直向西飞去，由于我已经无法再参加空战，我就跟着它一起飞。它几乎把我带到了巴黎。它在那里开始爬升，在约3000英尺高飞行员跳伞落入盟军占领区。”李特奇中尉上报摧毁了两架Fw 190。

由霍尔顿少校、斯图尔特上尉、莫茨中尉和休斯顿中尉组成的黄色小队击落了大量来袭的JG 11战斗机。战后，霍尔顿晋升为上校并在1952年驾驶P-51D阵亡于朝鲜战争，莫茨则在1971年以中将军衔从空军退役。霍尔顿少校对他的对手产生了敬意：“中队长迈耶起飞时我正率领着黄色小队。他冲入机场东北边的大批敌机中。我起飞爬升到3000英尺高并攻击向东北超低空飞行的三架Fw 190。我向其中一架俯冲，它被‘黄色三号’的火力击中坠落爆炸，我证实了他的这个战果。我以零度偏转角向一架飞机开火，它旋转落入一片树林中并爆炸。我向领头敌机射击并用光了剩下的子弹也没有击中它。我撤出攻击并返回了机场。我遭到Bf 109的三次攻击但是都设法闪躲掉了。敌机飞行员非常好战，那些Bf 109给我带来了大量麻烦。”霍尔顿上报摧毁一架Fw 190。

率领黄色小队的威廉·霍尔顿少校。

斯图尔特也与一架Bf 109在亨克地区绕着矿渣堆展开竞赛。他当天早上上报取得三次击坠，但是与他竞赛的对手却是被惠斯纳上尉干掉的：“我作为‘黄色二号’跟在霍尔顿少校的机翼后面。在我打开油门起飞前迈耶中校就让一架Fw 190燃烧着旋转坠落。我跟着霍尔顿少校起飞，他开始

雷蒙德·李特奇中尉在他的P-51D内。

追逐两架Fw 190。它们在地面上方向东边的前线飞去。我留在2000英尺高为霍尔顿少校掩护。他击中了一架Fw 190。地面火力太密集了，我不得不离开那里。我在离开时遇到了一架Bf 109。我和他一起绕了好几圈却无法来到可以射击的位置。我跟着另一架Bf 109往上以约150英里时速穿进云层，但是我无法靠近他并差点进入尾旋。我回到下面并与另一架Fw 190绕圈。我开火射击但没有看到取得命中。我随后向机场飞回，并来到了一架向我们机场飞去的Bf 109身后。我靠近他并按下扳机，什么都没发生。我的膝盖把开关关掉了。我重新打开开关并射击，取得了一些命中。我们开始在一个矿渣堆上空绕弯，惠斯纳上尉赶过来把他干掉了。我再次向机场飞回并看见两架P-51在追逐一架Bf 109。我开火并看见取得多次命中。那架Bf 109在空中爆炸了。我爬升到2000英尺并开始转向。我看见另一架Bf 109在超低空向东飞。我再次关闭油门向他身后俯冲。我在150码外开火，多次击中翼根和机身。那架Bf 109径直落向地面。在此期间地面火力一直非常猛烈，都是0.5英寸子弹和20毫米炮弹。我开始向机场飞回并选中了另一架超低空飞行的Bf 109，一架P-51正在追逐他。那架P-51撤出了，我向敌机俯冲。他转向一边，我跟着他向东飞。我靠近到150码并开火，命中的部位都在敌机的右侧。冷却液流了出来，那架Bf 109坠落在地面上。”

斯图尔特上报摧毁三架Bf 109，被惠斯纳击落的那架Bf 109撞在了煤矿的一座建筑上，穿透了两层地板并导致里面七名工人中的一人死亡，飞行员被烧焦，已经完全无法辨认其身份。

只有两位飞行员在那个早上击落了四架敌机，其中之一是莫茨中尉：“我在霍尔顿少校的小队中是‘黄色三号’机。当我起飞时，我看见三点钟方向有大约超过15架Fw 190在100英尺高度从北边飞来要扫射我们的机场。两架Fw 190闯入我的僚机、休斯顿中尉和我之间，我们在密集友军防空火力左边形成了一个吕夫贝里圆环。我靠近第一架Fw 190，回头看见一架Fw 190靠近了我的僚机机尾。Fw 190开始向他射击，我呼叫让他闪开。我随后在300码外对我面前的那架Fw 190完成一次30度偏转角射击，看见击中了座舱区域和左侧翼根。他着起火来，我看见他坠落并爆炸，飞行员没有逃出来。附近有大约50架敌机，整个地区到处是友军防空炮火。我选中一架正在扫射铁路货运站的Fw 190作为我的第二个目标。他向左转弯并开始爬升。我在200码外以20度偏转角短点射，看见射击集中命中了两侧翼根。敌机的两侧机翼都翻折到座舱盖上方，他直接坠落下去。飞行员未能离开飞机。我继续左转并滚转到另一架Fw 190后方稍上的位置。我短点射并看见击中了左侧机身、座舱盖和左侧翼根。他燃烧起来，座舱盖脱离并坠毁。飞行员没能离开飞机。我随后冲向一些从后方朝我飞过来的Bf 109和Fw 190，他们在向德国飞去。他们分散开来，我选中了一架向我冲来的Fw 190。我们进行了数次迎面对射后，我将飞机拉起并来到了他的机尾后面点射了两秒钟，看见从一侧翼尖打到了另一侧翼尖。他将飞机改平并贴地飞行。我靠近过去并从后方多次点射，看见打中的全是机尾和机翼部分。当我们飞临马斯特里赫特时，我的一次短点射打爆了他的机腹油箱，我的飞机则被40毫米地面炮火击中了。这时我只剩一挺机枪还能射击，当我们穿越前线时敌机一直在做剧烈的规避动作。我只要一有机会就向他开火射击，看见围绕翼根处取得一些命中。敌机转向左边，稍微爬升后俯冲向地面。飞行员没能钻出来。我回到了我们的机场地区，遭到了地面炮台的射击。一架单飞的Bf 109在穿越机场，我向他做出挑逗动作。他向我转过来，我在100码距离以90度偏转角射出了我的全部剩余子弹。他降到地面上方，我一路追赶他到了德国后返回保护我们的机场。又一架Bf 109飞来，我跟着他做了几个桶滚，但是由于我没有子弹了所以无法射击。他笔直向上飞并切断油门，试图来到我的机尾后，失败了。失速改回后在1500英尺做了个破S，拉起的高度仅仅高于树顶。又一架P-51此时来到该地区并在机场东北四英里处将这架敌机击落。我后来发现那架P-51的飞行员是斯图尔特上尉。所有的敌机都极具攻击性，最后一架Bf 109尤其厉害。我们都受到了机身全满油箱和地面火力的妨碍，我非常自豪我们中队的12架飞机在起飞后摧毁了23架敌机，没有任何损失。”

单日击落四架德国战斗机的桑福德·莫茨中尉。

莫茨上报摧毁多达四架Fw 190。休斯顿中尉当时是“黄色四号”机，他在起飞后跟上了莫茨的“黄色三号”。休斯顿在莫茨后上方约300码处，这时一架Fw 190逼近了莫茨的身后。莫茨正与另一架敌机交战，休斯顿呼叫莫茨向左转。莫茨照做了，那架Fw 190则跟在他后面。休斯顿来到了Fw 190身后100至200码处持续射击三秒钟，看见击中了机翼和机身，火焰马上就冒了出来。那架Fw 190从约2000英尺高俯冲坠落地面。休斯顿没有看见降落伞，他上报摧毁了一架Fw 190。

惠斯纳上尉率领红色小队加入到战斗中，他在战争结束时拥有15.5次空战胜利，驾驶F-86喷气机在朝鲜上空又添加了5.5个战果，个人总战绩为21次空战胜利：“我指挥的是红色小队。当我们滑行到跑道上时我看见机场东边天空上有一些动向。中队正在独自起飞，包含三个四机小队。当我开始沿着跑道滑跑时，迈耶中校呼叫指挥所询问附近敌机的情况。当我的机轮离开地面时，指挥所报告在机场东边有敌机。我们没有时间进行组队，而是敞开胸膛向敌机冲去。当我们赶到时，有一些P-47与敌机混在一起。我在1500英尺高冲入约30架Fw 190机群中。在他们上方有许多Bf 109。我选中了一架Fw 190并按下扳机。没有动静，我把手伸下去打开了机枪开关并给了他一梭子子弹。当我看着他坠落地面爆炸时，我感到自己被击中了。我向右急转弯并爬升，一架Fw 190在我身后约50码向我射击。当我转向他时，另一架P-51攻击了他，于是他放弃了对我的攻击。然后我看见我的两侧机翼上都有一些20毫米孔洞，我的油箱也被击中了一发。左侧副翼失去了控制。我正在损失燃料，但是我的油压和温度都是稳定的。在我军领空上我没有任何理由马上降落，所以我加入到一场大格斗战中并很快将另一架Fw 190放入我的瞄准器内。多次击中敌机后他试图跳伞，但是当他探头时我给了他一梭子弹，于是他和他的飞机一起爆炸并燃烧起来。附近有一些Bf 109，于是我与其中一架交手。我们搏斗了5~10分钟，我终于来到了他的身后。我出色地命中了敌机，飞行员在200英尺高跳伞。我在他跳伞时干掉了他，他跌落到地面上。这时我看见有15至20个坠落飞机燃烧的火堆。有人报告敌机正在扫射机场，于是我向跑道飞去。我看见一架Bf 109在跑道的东北尽头扫射。我向他冲去，他也向我转来。我们做了两次迎面对射，我在第二次击中了他的机鼻和机翼。他在跑道的东边坠落燃烧起来。我又追击了一些敌机，但是它们躲进了云层中。我的挡风玻璃和座舱盖上沾满了油，所以我飞回到跑道并降落下来。所有的敌机都极具攻击性，飞行员十分优秀。我很高兴我们能够无一损失地击落23架敌机。敌机数量是我们的五倍，我们的油箱还都是装满了的。机场上的P-47干得很好，给我们帮了大忙。我们的战斗机之间的协作非常出色，我们像一个团队一样在战斗。”

1944年11月21日，21岁的威廉·惠斯纳上尉上报击落六架敌机，其中五个得到美军官方认可。

惠斯纳上报击落两架Bf 109和两架Fw 190。戴蒙德中尉也击落了一架Fw 190，但是他使用弹药的方式不太经济：“我是作为惠斯纳上尉僚机的‘红色二号’。我们排成一条线起飞并马上投身到战斗中。我未能与惠斯纳上尉组队，在能靠得够近之前我就跟丢了。我来到了我看到的第一架Fw 190身后并靠近射击。我看见分散射中了机身和机翼。我们的高度非常低，就在我要超过他时敌机坠入了树林中。我来到了另一架Fw 190的身后并在转弯和平飞过程中向他射击。我看见击中了机翼，但是他没有坠落。我的弹药用完了，于是我撤出了战斗。我上报摧毁一架Fw 190和击伤一架Fw 190。”

戴蒙德对被他击伤的那架Fw 190飞行员持一种达观的态度：“最后那位很明显是一位菜鸟飞行员，他没有采取任何规避动作，而是任由我在身后胡乱开火并一直向前飞。我未能给他致命的一击，很快四挺机枪的子弹打光了，我决定放弃攻击并留下两挺机枪的子弹以防自己遭到攻击。重温那一天，我总是会后悔我未能以另一种方式实施攻击并为我的中队取得第二个战果。但是由于那天已经成为过去，而且此事对于战争的结果没有任何影响，我希望那位我放走的年轻德国飞行员能够成长为一个自由的德国的栋梁之材。”

杰瑟普中尉是惠斯纳小队中的“红色三号”，他回忆道：“敌机逼近时我们正坐在飞机里等待起飞。我们被地面上的大雾拖延了相当长一段时间，但是雾气现在开始升起了。迈耶叫我们启动发动机，我们在这么做时指挥塔开始发出警告。我是第11架起飞的飞机，我沿着潮湿的钢铁跑道滑行并急剧爬升，一架蓝鼻子的Bf 109正对着我向跑道冲来。我们间距约50英尺相互闪过。当我升空后天上一片混乱，每个人都在无线电中呼喊，到处都是飞机，我们的高射炮向所有在空中移动的目标开火，每次我转向一架敌机时他身后都跟着一架P-51。我最终挑中了一架向德国飞去的Fw 190。我跟着他飞了很长时间，没能缩短间距，但是他一定是觉得自己已经甩掉了我，于是稍微向左转弯并下降高度。我启动了紧急加力并终于进入了射程内。我在约600码外以10度偏转角点射两次，没有击中他。我在400码外再次点射，看见多次命中了座舱区域。他慢慢地滚向左侧，旋转着穿过云层中的一个窟窿并坠向地面。我没有看见飞行员钻出来。之后我爬升再次穿过云层并遭到了一架‘台风’的攻击，我俯冲穿过云层并返回了基地。”

最终，当德军战机离开，硝烟已经散尽后，可以对损失进行评估了。这是很简单的算术题：一场激烈的战斗和一次惊人的胜利。第366战斗机大队的作战报告对“关键阻截”进行了总结。第366大队在最初的空袭中打了JG 11一个措手不及，这只是因为它出现在正确的时机。引发的混乱给第487中队的“野马”营造了起飞并书写“Y-29传奇”的前提条件：

9时16分至10时48分，第390中队的八架飞机在洛厄尔·史密斯上尉率领下起飞。中队刚起飞并在机场上空组队时就看见东北方有超过50架Fw 190和Bf 109在超低空飞来。（他们）抛下了携带的炸弹（16枚）和四枚火箭弹。有两三架敌机独自在50至500英尺高度飞越机场完成扫射。扫射造成的破坏有：一架P-47 A级损伤，一架P-51 Ac级损伤，一架C-47 A级损伤。有两人负轻伤，一人负重伤。敌机和我们的飞机及第352战斗机大队第487中队的P-51展开了一场大混战。第390战斗机中队上报击落12架敌机，可能击落两架，击伤六架。第487战斗机中队上报击落21架敌机。防空部队上报击落四架敌机，击伤一架。我们有两架飞机在与敌机战斗中受到Ac级损伤，一架飞机被摧毁。飞行员在机场北部三英里外跳伞并返回。空袭的时间为9时20分至9时50分。我们的飞机在10时48分返航。

注：A级损伤代表飞机可以就地完成修理，Ac级损伤代表该单位无法自行修理，可能需要在原地由其他单位维修。

有人恰当地总结了那天早上的战斗：“此情景通常只会在电影里看到，如此真实而又如此伤感。毕竟那些敌军飞行员也是人，他们似乎在1945年元旦没有任何机会。”

另外一个人这么说：“只能用全景画来形容它了。我当时想我要是有台摄像机就好了——这是真实的历史。我们可以看到德国飞机向各个方向坠落。那些P-47在跑道上空做着桶滚动作，他们总是在取得一个击坠后这么做。机场的一侧有一架旧轰炸机的躯壳吸引了德国人的许多注意力，我们都被逗乐了。”

JG 11被卷入到激烈的空战中，这使得它没有机会对机场展开实际攻击。对地扫射未能伤到第352大队和第366大队的100多架飞机。第366战斗机大队报告有一架P-47 A级损伤，一架P-51 Ac级损伤。归属第352战斗机大队的一架C-47运输机也是A级损伤。已经被拆成空壳的B-17吸收了绝大部分敌机火力。在Y-32机场有一个燃料库被点燃，三架旁遮普中队的“喷火”14受损。一份资料显示，奥普霍芬机场上的一些运输机也受损了。受到最严重打击的是驻扎在那里的比利时中队，有七架飞机受损，其中包括一架B级损伤和一架E级损伤。即便是再算上空战导致的一架E级损伤的P-47和两架Ac级损伤的P-47，德军的战果与损失依然是完全不成正比的。（注：B级损伤代表无法就地修理，需要送到维护单位或指定修理厂维修。E级损伤代表飞机无法修复，只能报废处理。）

里格比中尉回忆道：“此后多年间我无数次在脑海中回想起那天。那对于参战的所有人来说都是铭记一生的体验。我们在几乎是错误的时刻来到了正确的位置。晚一分钟，甚至是30秒，当天就将成为一场彻底的灾难。我可能就会‘成为历史’而不是‘书写历史’。处在跑道起飞位置上的我们将会成为德军的第一目标。我当天的第二次作战平淡

对于里格比中尉来说，1945 年 1 月 1 日的空战毕生难忘。

无奇，除了发动机运行不太稳定。我的降落速度对于依然潮湿的跑道来说有点快。刹车减速时飞机的机尾多次抬起。从湿滑的钢铁跑道上起飞也是刺激的，我来到了与一架等待起飞的双引擎飞机相邻的位置。我友好地挥了挥手并向他们竖起了大拇指。几分钟后我才知道机上的两位将军是斯帕茨和杜立特。他们来到这里向我们‘早上的行动’表示祝贺。”

根据一些人的说法，两位将军在收到飞行员的报告和故事后乐开了花。第487战斗机中队成为了第一个也是唯一一个获得杰出部队嘉奖的中队：“一架银色的双引擎飞机在Y-29机场盘旋并降落。过了一会有人大喊‘立正！’，我们看到四位航空兵将领出现。他们正是吉米·杜立特中将、卡尔·斯帕茨中将、霍伊特·范登堡少将和克萨达将军。”

另一架来到Y-29附近的盟军飞机就没有受到这么热烈的欢迎了。可能是由于肾上腺素分泌太旺盛，第352战斗机大队的一位“野马”飞行员将皇家空军第183中队的“台风”误认为是又一批来袭的敌机并击落了其中一架。当时这个中队正从他们位于希尔泽-里根的基地飞往在谢夫尔（Chievres）的新家，不幸死于友军火力的是唐·韦伯（Don Webber）上尉，他的死让中队倍感伤心。赛勒斯·里普（Cyrus Reap）目睹了此次事故：“四架‘台风’很明显在向机场飞来，一位我们的飞行员将他们中的一架飞机击落，他明显是误以为他们是继早上那批后的又一伙袭击者。英国人对于这起事故非常愤怒，肇事的飞行员很快回到了伦敦，然后又返回了美国。”

7.6 JG 11的悲剧

JG 11遭到了一次惨痛的失利，在盟军占区上空损失了24架Fw 190和Bf 109，其中只有四名飞行员被俘。有些飞行员勉强越过前线后也不得不进行迫降或放弃他们的飞机。只有少数人回到了他们的基地。联队最大的损失莫过于施佩希特少校，他从1944年5月起担任JG 11联队长，是公认的西线最强指挥官之一。他取得过34次空战胜利，其中包括17架四发轰炸机，在1944年4月获得了骑士十字勋章。施佩希特的僚机索弗斯·施密特（Sophus Schmidt）下士也未能返回，两人都被列入失踪名单。

仅有少数人参战的第一大队有两名飞行员失踪，还有一架受损的Fw 190以机腹迫降。第3中队的海因里希·维特霍夫（Heinrich Wiethoff）上士未能返航，虽然他的飞机“白色10号”在阿希北部的奥普赫拉贝克附近被盟军找到，但是维特霍夫的下落依然是个谜。更痛心的损失无疑是第2中队长多普勒少尉，他自1942年初开始先后在JG 1和JG 11服役，已经拥有超过30次空战胜利，几乎全部是第八航空队的轰炸机。

多普勒长期处于失踪者名单中，直到1996年研究者才找到了他的墓地。

除去在前往阿希机场的路上损失的两架飞机，第二大队还在盟军领空损失了另外六架飞机。第二大队司令部小队的京特·霍夫曼（Günther Hoffmann）下士失踪至今，没有留下任何线索。第7中队的哈拉尔德·施瓦茨（Harald Schwartz）上士也在战斗中阵亡。根据原第二大队的飞行员描述，施瓦茨在躲避轻型防空炮火时撞上了树顶并坠机。虽然找到了他的尸体，但是他的准确坠地机点不明。除了已经提到过的恩格尔中尉外，第8中队还损失了一位优秀的小队长弗朗茨·迈因德尔（Franz Meindl）军士长。他曾作为JG 51第7中队的一员长期在东线作战，于1944年7月加入JG 11第二大队，他在1944年9月获得德意志金质十字勋章。很可能他就是那位在阿希上空以大胆的机动动作给美军飞行员留下深刻印象的Bf 109驾驶员。迈因德尔的遗体至今未被发现。另外两个损失出现在返航期间，第6中队的彼得·雷施克（Peter Reschke）上士在亚琛附近被击落，他的遗体被美军部队找到。第7中队的赫伯特·克拉申斯基（Herbert Kraschinski）上士在奥伊彭南部被击落，盟军检查了他的Bf 109G-14/AS座机。虽然有资料表示克拉申斯基跳伞并在1月5日伤重不治去世，但是他的埋葬报告清楚地指出他肯定是在坠机时当场身亡。最后，至少还有四架Bf 109受损，但是它们至少抵达了德军战线后方。只有少数飞行员回到了泽尔豪森，比如第8中队长赫尔曼·沃尔夫（Hermann Wolf）少尉，他的Bf 109也在对地扫射时被防空火力轻微击伤。绝大部分飞行员降落在其他地方，例如波恩机场和布赖特沙伊德（Breitscheid）机场。这个大队差点损失了它的导航机，那架Ju 88被高射炮击中，尽管升降舵严重损坏但还是安全回到了泽尔豪森。

第三大队的损失最为严重，在敌境上空损失12架Fw 190。大队长法松上尉被看到在阿希上空被两架“雷电”击落身亡。阿明·梅林（Armin Mehling）下士在此战中是法松上尉的僚机，他曾在1944年6月加入JG 51，而法松之前也曾在JG 51服役。法松邀请梅林加入他的司令部小队，梅林清楚记得与“雷电”的交战：“我们大队完全被‘雷电’打了个措手不及。我们在15米高度飞行，那些P-47从300米高向我们俯冲下来。当我们看见P-47时，冯·法松上尉和我试图抬升高度，但是我们身后紧跟着六架‘雷电’。冯·法松上尉的飞机被击中并马上燃烧起来。那架Fw 190从15至20米高跌至地面并侧翻成一团火球。冯·法松上尉毫无逃命的可能性。我的飞机也被击中多处，一枚子弹穿过

第8中队的弗朗茨·迈因德尔军士长，他在1944年9月获得德意志金质十字勋章，于底板行动中失踪。

我头部后面的钢板并穿透了前风挡玻璃。当时我座椅上的一枚螺栓松动了，因此我坐在座舱里的高度很矮，视线几乎与座舱等高。这救了我一命。”

法松的飞机燃烧坠落在奥普赫拉贝克附近，但至今未能找到他的墓地位置，他也一直被列为失踪。梅林立刻试图回到友军占领区，向东飞行时他身后跟着三架“野马”，但是他们在梅林越过德军战线后离开了。他抵达了大奥斯特海姆，降落时一侧主机轮无法放下来，所以只能迫降在机场上。

除了菲德勒以外，第三大队司令部还失去了京特·福温克尔（Günther Vowinckel）少校和格尔哈德·诺伊曼少尉，前者在作战中失踪，后者将燃烧的战机迫降在德军占领区，本人受了重伤，两个月后他回到了JG 11第一大队。另一位从第一大队过来的飞行员西斯特尼克未能返航。第9中队的格尔哈德·伯姆（Gerhard Böhm）三等兵同样失踪了，有资料声称他就是迈耶在起飞时击落的Fw 190飞行员，不过这没有足够的证据。同中队的库尔特·尼斯勒（Kurt Nüssle）下士也在阿希附近被击落身亡。第10中队失去了三位飞行员。恩斯特·诺赖施（Ernst Noreisch）下士的Fw 190坠落在马斯特里赫特附近，他的遗体就在飞机残骸内。瓦尔特·加特纳（Walter Gattner）下士和克萨韦尔·吉泽（Xaver Giese）军士长都下落不明，只知道吉泽的飞机坠落在奥普赫拉贝克西部。第11中队的罗伯特·施普雷克尔斯（Robert Spreckels）军士长将飞机迫降在亚琛附近，只受了点轻伤。最后，第12中队损失了除巴里翁下士外的另外三名飞行员。卡尔·希勒（Karl Hiller）军士长的Fw 190在被一架P-47和一架P-51击中后迫降，他的面部严重烧伤，成为一名战俘。马克思·米尔克赖特（Max Milkreiter）下士失踪至今，1月1日小队长保罗·海因里希·德内（Paul-Heinrich Dähne）中尉描述了米尔克赖特的最后时刻：“一月的第一天，我们在8时20分开始对比利时境内的敌占机场展开大规模攻击。9时20分，我们与许多刚起飞的敌军战斗机交战。这场空战是非常艰难且不可遗忘的。一些敌军战斗机被击落。不过我们也有一些飞机被击落。在战斗中他与作为小队长的我失去了联系。敌军的防空火力也十分密集，所以我相信他一定是被战斗机或防空炮击落了。我本人也只是能够将一架严重受损的飞机开回到友军境内。”

JG 11声称在阿希上空击落十架敌机，还有一架不确定是否击落。从美军战斗机大队的损失清单中可以很明显看出德军的战果是严重夸大的，不过考虑到在阿希上空的混乱格斗战，我们可以理解此情况的发生。第6中队长瓦尔特·克内

第6中队长瓦尔特·克内声称在阿希上空击落一架P-47，图片摄于他1940年服役于JG 52时期。

（Walter Köhne）清楚地记得他在阿希上空的战果："P-47在机场上空爬升到500至600米高。我的弹药射不了那么远，每次都在他身后落下来。与P-47相比我没有足够的动力追上他。我只剩下几次射击的弹药了，这时那架'雷电'突然向右转弯，这让我得以射中他的右侧翼根。机翼慢慢地开始着火并烧成一条线。他在转弯之前做的都是正确的。现在那架'雷电'猛地转身消失在一片松树林中。我没有看见那位飞行员，但是他可能跳伞了。空战后我向东飞试图抵达德军战线。我害怕燃料不够所以降低了引擎功率。我于10时20分降落在布赖特沙伊德。当我后来回到泽尔豪森时，维默斯少尉告诉我他觉得那架P-47没有坠落。他已经提交了我的战果的文件。"

克内击落的可能是约翰逊准尉的P-47，约翰逊在机场北

第 7 中队的西奥 · 瑙上士声称在阿希上空击落一架 P-47。

部跳伞。西奥·瑙（Theo Nau）上士也取得了一个被认可的P-47战果。他记得他与自己的长机一起攻击并击中了一架P-47，但是没有看见那架"雷电"坠落。第366战斗机大队的其他"损失"包括：菲尼中尉在被敌军战斗机击中了引擎、螺旋桨和左翼后将受损的P-47机腹迫降在阿希机场上。肯尼迪少尉将他的"雷电"降落在阿希，飞机机尾和右翼损坏严重。威廉·惠斯纳上尉的"野马"被敌军战斗机击伤，但是它也在阿希完成了降落。

一份德国档案记载，JG 11在Y-29和Y-32机场的扫射战果为摧毁13架单发战机、一架双发和一架四发飞机，还在奥普霍芬击伤了五架单发飞机。飞行员的高阵亡率或者说是高失踪率特别引人注目。有12位飞行员失踪至今。许多阵亡飞行员的尸体被烧至无法辨认可能是造成这一现象的主要原因。还有不少比利时当地人从德国飞行员身上偷走了肩章、领章和其他身份证明文件，这也使得后人在考证时遇到很多困难。不过即便是这些证件都被找到，身份辨认将依然是非常困难的。需要提到的是，至少有六位在阿希地区阵亡的无名飞行员墓地在洛默尔和伊塞尔斯特恩的德国军人公墓里被发现。

第八章 JG 26和JG 54第三大队攻击埃韦勒和赫林贝亨

8.1 JG 26和JG 54第三大队的战前状态

毫无疑问，JG 26“施拉格特”是德国空军在战争期间最著名的战斗机联队之一。作为在战前成立的老牌联队，它参加了西线的每一场重要战役，并一贯拥有出色的表现。联队拥有大量身经百战的王牌战斗机飞行员，在与盟军的长期战斗中甚至赢得了对手的高度敬意。

1944年的夏天，JG 26在法国一直处于高度紧张的战斗状态，他们面对的是占有绝对优势的盟军战斗机及轰炸机部队，这使得联队损失惨重。大量拥有丰富作战经验的空战老手阵亡，取而代之的是不到180小时飞行经验的新兵。在诺曼底，JG 26共击落盟军飞机至少182架，损失飞机172架，98名飞行员身亡，4人被俘。其中八月是联队在战争期间飞行员伤亡人数最高的月份，足见诺曼底战场的惨烈程度。

“市场花园”行动期间，JG 26驻扎在荷兰边境附近，他们所有干扰空降行动的努力在巨大数量的盟军战斗机面前都失败了。在此期间拥有72次击坠记录的第三大队长克劳斯·米特乌施（Klaus Mietusch）少校在作战中身亡，他在1938年就加入了联队，是这支部队中服役时间最久的人。

11月24日，JG 26的联队司令部和第一大队从明斯特附近的格莱温（Greven）机场转移到菲尔斯特瑙（Fürstenau）机场。他们将在这里呆到1945年3月，联队长是德国空军在西线最优秀飞行员之一的约瑟夫·普里勒（Josef Priller）中校，他拥有101次空战胜利。第一大队由卡尔·博里斯（Karl Borris）少校指挥，这位28岁的飞行员自从1943年夏天就成为该大队的队长，是西线最优秀的编队指挥官之一。在菲尔斯特瑙，大队换装了等待已久的Fw 190D-9战斗机，12月下半月共接收这种飞机63架。使用新飞机的第一次作战发生在12月24日，阿登战役中大队共执行约12次作战。损失至少17名飞行员，其中8人阵亡、5人负伤、4人被俘，同期声称击落12架敌机。第一大队在月底共有49架Fw 190D-9和三架Fw 190A-8。

第二大队在11月中旬从基希黑伦转移到莱茵塞伦，它在这里得到了一些时间进行训练，同样也收到了55架全新的

1945年1月1日，约瑟夫·普里勒在晋升上校后的留影，底板行动是他的最后一次作战任务。

Fw 190D-9，原先的A-8和A-9则交给其他部队使用。从十月份开始，这个大队就由老练的安东·哈克尔（Anton Hackl）少校带领，他是德国空军最优秀的飞行员之一，当时已积攒了166次空战胜利。12月17日，部队来到诺德霍恩东部几公里外的克劳什德（Klausheide）机场并重新投入战斗。在12月的最后两周内大队取得了17次空战胜利，有六名飞行员阵亡，三人负伤，至少九架D-9在作战中损失。12月31日，第3大队上报拥有39架Fw 190D-9战斗机。

十月底，JG 26第三大队转移到林根东南约15公里外的普兰特吕内（Plantlünne）机场，这是一个较大的草地机场。大队将在这里呆到1945年3月中旬。米特乌施阵亡后接替他的是东线老手瓦尔特·克鲁平斯基（Walter Krupinski）上尉。12月16日至31日，大队执行了一些作战任务，但是所获甚少。第三大队在作战中被盟军击落13架Bf 109，三名飞行员阵亡。至月底第三大队拥有45架Bf 109，其中29架是K-4型号。

JG 54也就是著名的“绿心”联队，它是德国空军有史以来战绩第二高的战斗机联队（第一名是JG 52）。作为称雄于东线北境的一大巨头，JG 54令苏联飞行员十分忌惮，他们甚至以为只有德国的王牌飞行员才能在机身上涂绘“绿心”标志。1943年2月，它的第三大队被调回西线参加帝国防空战。一开始他们以一支独立的Bf 109部队作战，后来被交给JG 26代管。第三大队在西线接受了更紧张和严格的训练，但结果并不完全成功，JG 26联队长普里勒经常干预他们的训练并且认为他们的水平未达到参战要求。最后第三大队被调到了德国北部，负责支持JG 1的作战。但是他们在适应新的作战环境之前经受了不少损失，比如大队在1943年5月15日一天就损失了京特·芬克(Günther Fink)和弗雷德里希·鲁普(Friedrich Rupp)这两位骑士十字勋章获得者。

诺曼底战役期间，JG 54第三大队表现突出，共击落盟军战斗机超过100架，成为在诺曼底最成功的德国战斗机大队。它也成为了德国空军第一个换装Fw 190D-9的大队，在1944年9月就已经接收了第一批多拉战机，但是直到12月25日才整体重新投入战斗。所有中队都驻扎在离克洛彭堡（Cloppenburg）北部约七公里远的瓦雷尔布什（Varrelbusch）机场。自八月起，大队就由罗伯特·维斯（Robert Weiss）上尉担任指挥官，他是一位拥有121次空战胜利的超级王牌飞行员。12月27日，大队从瓦雷尔布什出发，执行第一次作战任务，结果很糟糕。在与皇家空军第486中队“暴风”的战斗中，第三大队损失了五架Fw 190D-

罗伯特·维斯（中）上尉，他在12月29日的战斗中被“喷火”击落身亡。

9，仅击落一架“暴风”。12月29日的第二次作战则是一场灾难，在与第二战术航空军大量战斗机的较量中损失了17架Fw 190D-9，仅上报击落八架盟军战斗机。13名飞行员阵亡，二人负伤，阵亡者中就包括大队长维斯上尉。仅仅两天的战斗，JG 54第三大队就失去了三分之一的战机。幸存的飞行员将29日这天称为“黑色星期五”。12月的最后一天，他们又执行了一次作战任务并再次损失一架Fw 190，当天大队报告拥有49架Fw 190D-9。

8.2 为新年突袭的准备

无法确定普里勒和他的大队长们是否都参加了佩尔茨少将在弗拉默斯费尔德召开的简报会，但至少普里勒似乎是参加了。可以确定的是，即便大队长们都没有参加此次会议，普里勒也在回去的路上向他们告知了此事。

12月4日，一通电话打到了NJG 6第二大队在施瓦本哈尔（Schwäbisch-Hall）的司令部，命令它准备20个机组马上转移到肩负特殊使命的昼间战斗机部队所在机场。第二天，NJG 6第二大队的大约18个机组离开了施瓦本哈尔，前往在威斯特法伦地区的机场。其中六架Ju 88G-6奉命前往JG 26的三个大队所在处。赫尔穆特·邦耶（Helmut Bunje）军士长和洛塔尔·黑梅里希（Lothar Hemmerich）少尉是两位前往第二大队在莱茵塞伦基地的飞行员。邦耶回忆道：“我们在12月15日或16日从施瓦本哈尔被派往莱茵塞伦。落地后不久我们就向JG 26联队长约瑟夫·普里勒中校报到。大队长安东·哈克尔少校也在那里。两人都是拥有宝剑橡叶勋章的王牌飞行员。联队长的宿舍在一个兵营里，大小不超过六平方米。所以我们就站在离他二位约一两米远的地方。我从未在如此近的距离看过这么高等级的勋章。普里勒手里拿着一个笔记本，他读着笔记说我将要作为领头的导航机，黑梅里希则是预备机。这可能与我拥有较多的飞行经验有关，我曾经担任过多年的飞行教官。”

几天后JG 26第二大队转移到克劳什德，由两架Ju 88担任导航机。邦耶领飞，黑梅里希驾机作为预备领飞。黑梅里希回忆道：“我在莱茵塞伦的记忆是空白的。我只记得第二天或几天后这个战斗机联队要转移到诺德霍恩的克劳什德。我的战友赫尔穆特·邦耶和我一起为编队开路，我们的Ju 88就是所谓的导航机。我还记得那天起飞时他们的Fw 190完全杂乱无章。当我在起飞时，其中一架Fw 190横穿了跑道。几分钟内就有两架战斗机在空中相撞，其中一位飞行员弃机跳伞。要降落时，我决定等待其他所有飞机先着陆。”

从莱茵塞伦到克劳什德的转移过程中没有关于人员伤亡的记录。根据一些飞行员的日志，大队在12月17日转移到了克劳什德。JG 26的其他大队也得到了它们的Ju 88导航机。第一大队的导航机可能是在12月13日之前到来，因为当天这架Ju 88和八架Fw 190做了一次训练飞行。普兰特吕内的第三大队也大约在同时迎来了他们的夜间战斗机，两位飞行员中一人是NJG 6第5中队的埃里希·海德（Erich Heider）上士，另一位军士长身份不明。

一些JG 26的飞行员似乎很早就知道了即将对机场展开的攻击。至少第三大队就在普兰特吕内使用沙盘模型给飞行员进行了讲解。第9中队的一位老飞行员威利·泽斯特（Willi Zester）军士长回忆道：“一个机场的比例模型在12月初搭建在食堂里。建筑、机库、滑行道、加油站、跑道、防空阵地、灌木丛等所有东西都出现在其中。更有趣的是，我们都知道这个机场却想不起它的名字。每周我们都要用模型玩几次模拟游戏。当我们看到模型时，大家都无聊地打哈欠。如果这还不够的话，还有两个Ju 88的机组飞来教给我们一些仪表飞行技术。幸运的是，他们只是做了对于老旧的Bf 109的理论指导，它们翼下挂着机炮，鼻子里塞着30毫米机炮，吊着像熟透了的西梅干一样的辅助油箱。唯一没做的就是对着模型做仪表飞行训练。大约圣诞节前后，我们中的一人突然想起来那个模型是布鲁塞尔埃韦勒机场的复制品。我们大队在光荣的撤退时曾在那里待过。大队长当然对此表示否认，但是我们是正确的。”

奇怪的是要对同一目标实施攻击的第二大队飞行员则直到元旦前夜才得到作战通知，目标名称则等到1月1日凌晨的简报中才揭晓。无法解释为何第三大队这么早就知道了作战消息，可能是大队长有自主准备作战的权力。第一大队的飞行员们也直到12月31日才得到通知，但是与第二大队不同，他们的详细作战会议在下午就召开了。

12月31日下午两点半，JG 26第一大队接到命令马上停止当天的全部作战。五分钟后，他们收到了暗号“金星”及“条顿人”。同样的命令可能也下达给了其他大队。地勤人员变得异常忙碌，要将许多飞机调整到作战状态并装备好辅助油箱。为了让所有的Fw 109D-9都可以参加这次重要的战斗，第一大队的士兵们狂热地工作着。

大约在下午3时20分，第一大队的飞行员们有些意外地看到又飞来了20架Fw 190D-9。它们来自驻扎在瓦雷尔布什的JG 54第三大队。12月31日，JG 54第三大队在林堡地区执行了一次作战。代理大队长汉斯·多滕曼（Hans Dortenmann）中尉率领的30架Fw 190D-9遇到了恶劣的天气，在与一些“野马”的简短遭遇战后，飞行员试图返回瓦雷尔布什。大队的主力降落在阿赫默机场，其他人则回到了瓦雷尔布什或降落在其他机场。在阿赫默降落后不久，飞行员们被命令前往JG 26第一大队所在的菲尔斯特瑙。他们对此感到困惑不解。但是没有时间可以浪费了，加完油后超过20架Fw 190D-9向菲尔斯特瑙飞去。天气十分糟糕，他们在傍晚前到达了那里。飞行员们被告知留在飞机旁帮助地勤人员补充燃料和弹药，准备执行另一次作战。然而他们很快就被送上卡车，来到了克洛斯特-汉德鲁普（Kloster Handrup）的一所修道院。他们与JG 26第一大队的飞行员们一起接受了博里斯的指示，绘有准确飞行线路的地图被交到飞行员手中。

JG 26第2中队的飞行员卡尔·海因茨·奥森科普（Karl-Heinz Ossenkop）少尉回忆道：“12月31日下午大约三点

1944年末，瓦雷尔布什机场上的JG 54第三大队飞行员们，左起：容克工程师，尼贝尔少尉，克伦普少尉，施皮斯军士长。

半（天基本黑了），所有飞行员被召集到在菲尔斯特瑙的机场跑道中央。我们的大队长博里斯少校命令我们不准在菲尔斯特瑙或其他地方与当地人一起参加新年宴会。不允许我们离开机场。原因在修道院里才揭晓，我们被禁止与我们的地勤人员讨论此事。原来如此，我们还纳闷为什么大约20架JG 54的飞机要在下午降落在我们的跑道上。我们来到了修道院内的饭厅，在这里被告知了作战的细节。上面为我们飞行员准备了一个赫林贝亨机场的比例模型。军官解释了作战的目标：使用机枪和机炮在三到四波攻击中摧毁所有停放在那里的飞机。前往目标的航线是以270度磁偏角一直飞到须德海最南边，然后航线向南经过鹿特丹前往西边的布鲁塞尔。两架Ju 88夜间战斗机将带领我们。返航路线大致为东北方45度磁偏角。天一亮就要起飞，穿好救生衣，挂上250升油箱，不允许使用无线电。个别的中队、小队和双机被分配了例如压制防空炮之类的其他目标任务。我们奉命在晚上十点整熄灯。我们这些年轻飞行员上床时心中五味杂陈。”

根据德国空军的流程，每位飞行员都被指派了在编队中的任务。第4中队齐装满员，拥有13架Fw 190D-9。但是队内唯一的军官弗拉迪米尔·泽芬（Vladimir Soeffing）少尉因伤无法参战，汉斯·库克拉（Hans Kukla）下士被指定在此战中担任中队指挥官。库克拉鼓起勇气拒绝了这一任命。他的全部作战经验不过有12次而已，他觉得这一责任太过重大。博里斯表示同意并指派第3中队的埃里希·施瓦茨（Erich Schwarz）军士长率领第4中队。

三位JG 54第三大队飞行员回到了瓦雷尔布什后，在下午晚些时间由卡车送到了菲尔斯特瑙。他们抵达的时间太晚了，错过了绝大部分简报内容。所知道的只是要跟着他们的指挥官。最后一个来到菲尔斯特瑙的飞行员是JG 54第11中队长汉斯·普拉格尔（Hans Prager）少尉。他因为引擎故障放弃了大队的转场飞行，然后在“绿心”联队的赌场里喝得酩酊大醉。出乎意料的是，他被一辆汽车从瓦雷尔布什接了过来。普里勒上校把普拉格尔拉到旁边，指派他率领编队的掩护小队，对于像普拉格尔这种资历的飞行员来说这是一个具有侮辱性的任命。

在诺德霍恩-克劳什德的第二大队飞行员们没有在12月31日收到详细的简报。当晚，JG 26第二大队的飞行员们得到命令禁止在元旦前夜举办任何宴会。禁止饮酒并要提早上床。中队长们告诉他们即将有一次重要的作战，但是没有透露目标的名字，也没有下达进一步的指令。不是所有第二大队的飞行员都遵守了命令。少数老飞行员在诺德霍恩的酒吧度过了新年前夜。与大队的飞行员不同，两位领航机飞行员在傍晚就得知目标是布鲁塞尔的埃韦勒机场。负责领飞的邦耶回忆道：“我们现在得知我要沿着一条预先定好的线路率领大队来到一个特定地点，从那里战斗机将只需直线飞行五分钟即可以抵达他们的目标布鲁塞尔埃韦勒。黑梅里希少尉飞在我左边约100米稍高的位置，随时准备在我的飞机出事时接过领飞的责任。到我们要离开战斗机编队的位置时，我将三次摇摆我的机翼并向右急转返航。”

克鲁平斯基在晚上为他的第三大队飞行员们召开了作战指示会。航线与第一大队和第二大队基本一样，即飞到在斯帕肯堡的转向点之后前往鹿特丹地区，然后飞机要在那里改变航线，一直向南飞向他们在布鲁塞尔埃韦勒的目标。第11中队的飞行员瓦尔特·特佩里斯（Walter Tepperis）下士回忆

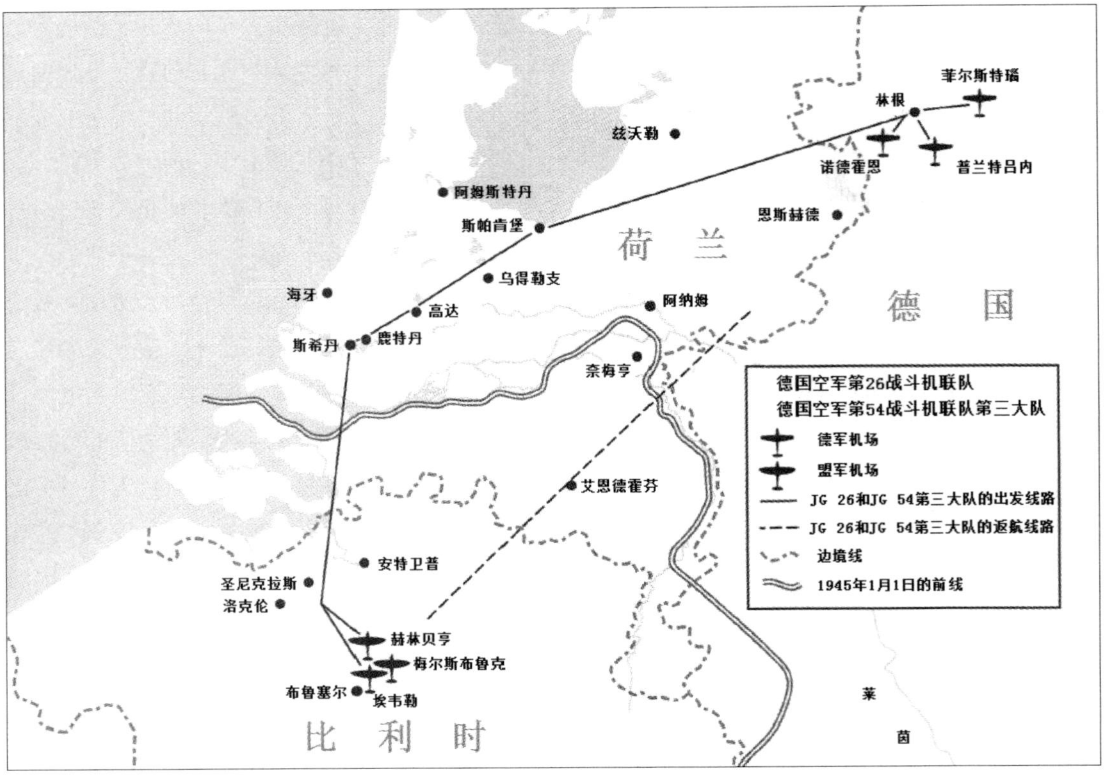

JG 26 和 JG 54 第三大队的攻击与返航路线。

道："我们如往常一样接受了作战任务，得知了往返航线、飞行高度及武器装备。我记不得除此以外的其他东西了。作战任务是使用机枪和机炮摧毁地面目标，特别是在布鲁塞尔地区某个机场上的飞机。我不记得机场的名字了，但是我们当时都知道它，因为我们之前曾驻扎在那里。往返时我们都要在极低的高度飞行。前线已经稳定在沿着斯凯尔特河的地方。"

克鲁平斯基结束了会议并让飞行员们解散。他希望飞行员们晚上好好休息并命令他们在晚上十点前上床。除此以外还禁止飞行员饮酒，克鲁平斯基亲自检查了所有宿舍。虽然JG 26第三大队共有43架Bf 109，其中只有20架在1月1日做好了战斗准备。Bf 109K-4有13架，飞行员人数是足够的。

8.3 比利时埃韦勒和赫林贝亨机场，1944年12月

德国空军不知道的是，他们的目标之一赫林贝亨机场（B-60）在12月31日已经几乎被完全废弃。仅在几天前这里还驻扎着四个中队的喷火战斗机，但是德国空军侦察机很明显未发现第132联队已经转移到了荷兰翁斯德雷赫特（Woensdrecht）。机场的新主人——第131联队长加布塞维茨上校和他的副官在一天前来到这里检查他们的新家。然而，在1月1日，这个波兰联队的飞机、人员和装备还留在圣但尼-韦斯特雷姆。

留在赫林贝亨的有价值目标很少，机场东南边有一架B-17和一架P-51，西南边有一架"兰开斯特"。机场周围还散布着两至三架处于不同战备

状态的B-17，余下的还有一架“喷火”和一架双引擎飞机。1月1日的早晨在赫林贝亨没有任何作战任务，从空中可以看见机场上有一个巨大的白色叉号。尽管如此，机场上还留有一些守军。皇家空军地面团第2777中队的两个小队和第2719中队的一个小队守卫着这个安静的机场，他们的装备主要是安装在侦察车上的布伦机枪。

赫林贝亨南部约十公里处靠近布鲁塞尔中心的埃韦勒机场（B-56）则是比利时西部最为繁忙的基地之一。这里的主力包括拥有超过60架“喷火”的第127（加拿大）联队，联队长是具有传奇色彩的杰出服务勋章和杰出飞行十字勋章获得者约翰尼·约翰逊（Johnnie E.Johnson）中校。加拿大联队四个中队中只有两个实际位于此处，共有超过40架飞机。12月18日，第443中队前往位于多塞特郡沃姆韦尔（Warmwell）的第17武器训练营，直到1945年1月3日才会回到埃韦勒。第421中队刚完成在沃姆韦尔的轰炸及空对空射击课程，正在前往坦迷尔（Tangmere）将“喷火”9换成“喷火”16的路上。第403和416中队还在埃韦勒。由于地面多泥泞，他们将飞机呈线形紧密停放在机场靠东侧的环形道上。

第127（加拿大）联队长是颇具传奇色彩的杰出服务勋章和杰出飞行十字勋章获得者约翰尼·约翰逊中校。

机场西边则是一个巨大的盟军飞机收集场，包括来自不同部队受损的B-17、B-24、C-47、“奥斯特”和“安森”。加上其他杂七杂八的飞机，机场上驻有超过100架飞机。防守埃韦勒的是两个皇家空军地面团，机场上第2742中队的两个小队装备布伦机枪，埃韦勒附近的第2800中队则使用博福斯防空炮。

8.4 JG 26第一大队和JG 54第三大队攻击赫林贝亨

JG 26第一大队和JG 54第三大队的飞行员们在早上四点半被叫醒，实际上很多人根本就没睡着。他们首先在常规就餐地点吃饭，JG 54第三大队的飞行员可能是与博里斯的大队司令部一起用餐。JG 54第9中队长威利·海尔曼（Willi Heilmann）在他的书《西线的警报》中这样描述出发前的情形：“我们在早上三点就醒了，半个小时后JG 26和JG 54第三大队的所有飞行员聚集在食堂里。沃纳上尉手中拿着已经打开的不祥信封走了进来。‘简单点说，孩子们，我们要在破晓时分和超过1000架战斗机一起起飞，去摧毁在荷兰—比利时边境地区的不同机场。’接下来就是关于起飞、飞行命令、目标和返程航线的细节。布鲁塞尔是JG 54第三大队的目标。整个作战在我们抵达目标前要在不到600英尺高度执行，这样敌军地面雷达站无法发现我们。为此在抵达目标前要保持无线电静默。我们得到了丰盛的早餐，肉排、烤牛肉和一杯酒，接下来还有油酥甜点和浓香咖啡。”

早餐后召开了最后的作战会议，重复了关于起飞和攻击的细节内容。所有飞行员都得到一张标注前往赫林贝亨航线的1:500000比例地图，出于保密原因没有标注出发的第一段航线，以防敌军得到地图后知道他们基地所在的位置。在每个转向点上都标注有罗盘方位，每段航线上也注有精确到分钟的飞行时间。地图上还在恩斯赫德、哈斯坎普（Harskamp）、米利根（Milligen）和苏斯特贝赫（Soesterberg）标有用于紧急降落的机场。大约六点整，飞行员们乘客车来到菲尔斯特瑙机场，那里的景象颇为壮观：68架Fw 190D-9整齐排列在机场上等待着他们，其中16架属于JG 54第三大队。地勤人员做了大量的工作，准备好了如此多数量的Fw 190。

起飞的顺序确定为两架Ju 88导航机打头阵，然后是JG 26第一大队司令部，跟着的是阿尔弗雷德·黑克曼（Alfred Heckmann）中尉的第3中队、弗朗茨·孔茨（Franz Kunz）中尉的第2中队、格奥尔格·基夫纳（Georg Kiefner）少尉的第1中队、埃里希·施瓦茨军士长的第4中队，最后面的则是多滕曼的JG 54第三大队。由于前一天JG 54第三大队飞来的部分飞机没有整备完毕，至少六名大队飞行员被指定驾驶JG 26第一大队的飞机并加入到它的编队中。

8时13分，菲尔斯特瑙机场上的两架Ju 88导航机起飞，一分钟后博里斯少校也跟着起飞。黑克曼的第3中队在8时15分起飞，接下来是第2中队。不过第2、3中队的几架Fw 190在启动发动机时遇到问题，因而延误了起飞时间。第1中队在8时22分出动，然后是第4中队，最后是JG 54第三大队，它在8时30分起飞。由于自己的地勤人员不在，“绿心”飞行员们在给他们的飞机备战时遇到了很大困难。他们从第一大队那里借了一些飞机，但是三位JG 54第三大队的飞行员还是得留下来。8时32分，JG 54第10中队的西奥·尼贝尔（Theo Nibel）少尉最后一个离开地面。他的Fw 190D-9“黑色12号”一侧襟翼被冻结，除冰后尼贝尔匆忙起飞并加入了最后一个小队。总计64架Fw 190D-9战斗机起飞并在菲尔斯特瑙上空整队，然后在20至40米的低空跟随着Ju 88前进。其中一架Fw 190D-9由联队长普里勒驾驶，但是实际率领整支部队的是第一大队长博里斯。编队一开始组成一系列V字队形，但是由于低空和地面雾气，机群很快延伸成一条长线，每四至五架飞机并列着松散飞行。奥森科普还记得起飞时的情形：“大清早，我们和其他天一样在黑暗中前去机场。地勤人员已经启动了一些发动机。天很冷。一些飞机无法启动，需要用到加热设备。那些座机已经准备就绪的飞行员绑好安全带等待着起飞命令。大约8点15分，中队以直线或对角线穿越机场起飞，这是为了节省时间。我驾驶着我的‘黑色8号’在第二个小队中穿过前机吹来的积雪，冲入晴朗而严寒的晨空。编队向左转连成一条线并很快向西飞去。一切顺利，无线电中没有一点声响，只有从圣诞节开始听惯了的Jumo 213A引擎单调的轰鸣声。我已经很久没看见过一个有65至70架飞机组成的机群在低空飞行了。我不知为何开始产生了信心，我确定此次攻击将取得成功。”

然而在接下来的一个小时里，约有14架Fw 190D-9将因为机械故障或防空火力而提前返航。大约在8时50分，编队越过在斯帕肯堡的第一个转向点并左转飞向鹿特丹。突然在乌得勒支和鹿特丹之间，编队撞上了20毫米防空炮火组成的弹幕。奥森科普少尉继续讲述：“在我面前、左边和右边都是在燃烧或冒烟的Fw 190，地上有一些坠机引发的火团。前进，前进……没时间浪费在纠结这到底是谁干的了。降低高度向鹿特丹前进！”

他们的路线经过了防守最为严密的地区之一：海牙周围的V-2发射基地。德国空军在制订计划时犯下了一个严重的错误：虽然第16高炮师已经收到在那个早晨将有大型友军

1944 年 12 月 20 日，一群第一大队的军官在菲尔斯特瑙机场上。

战斗机编队经过他们防区的警告，但是很明显许多炮台官兵并不知情。德军防空炮轰下来的第一位飞行员是JG 26第3中队的曼弗雷德·尼森（Manfred Niessen）二等兵，他将自己的“黄色5号”机腹迫降在乌得勒支西南12公里处的布洛克兰（Blokland）附近，但是没有受伤。接下来是第2中队长孔茨中尉，这位执行过超过400次作战任务的老兵被友军击中后迫降在波尔斯布鲁克（Polsbroek）的村子附近，当地居民将身负重伤的孔茨从飞机中救出来并送到高达（Gouda）的一家私人诊所。他直到1945年3月才返回部队。

编队继续向鹿特丹前进，不过灾难在斯希丹（Schiedam）附近的下一个转向点再次降临。德军防空炮又一次开火射击，格尔哈德·克罗尔（Gerhard Kroll）下士的“蓝色19号”被击中机尾。他立刻将飞机迫降下来，Fw 190刚停下来就开始燃烧。克罗尔只想马上离开飞机，但是他的降落伞索具缠在了安全带上，仅几秒钟的时间火焰就烧伤了他的面部。克罗尔吃力地爬出飞机，跑开时机身里的弹药已经开始爆炸了。那架飞机完全烧毁了。克罗尔很快被送到符拉尔丁根（Vlaardingen）的一家医院，后来又转到在鹿特丹的海军医院。两周后他回到了自己的部队。

此时编队在两架Ju 88的引导下继续向南飞去，他们飞过了瓦尔河和马斯河三角洲地带，德军在此放水淹没了大块土地以放缓盟军的前进步伐。约9时10分，德机编队已经接近前线，这时Ju 88开始返航，由博里斯率领编队走完最后一段航线。靠近前线时德国飞行员们遇到了更为可怕的盟军防空弹幕，很明显在编队尾部的JG 54第三大队吸引了大部分火力，而且处于最后的他们给了炮手们充足的反应时间。很快JG 54第11中队的维尔纳·策希（Werner Zech）军士长就被击中，他勉强控制住了他的“黄色8号”并将其降落在特温特机场。当他检查Fw 190D-9时，看到螺旋桨、冷却器和机翼前缘严重受损，策希惊险地死里逃生。JG 54第12中队的克劳斯·迈克斯纳（Klaus Meixner）候补军官也被击中，Fw 190D-9的辅助油箱着火了，但是他浑然不知。其余的飞行员惊恐地望着燃烧的火焰却什么忙也帮不上。迈克斯纳继续向前飞行，不过火焰自行熄灭了，并没有给他的Fw 190造成严重损伤。

数分钟后，德机来到了斯凯尔特河口，此处的英国海军炮兵使用40毫米博福斯高射炮再次开火，加入射击的还有守卫斯凯尔特河口的沿岸炮台。这次轮到JG 26第一大队遭殃了。JG 26第3中队长黑克曼的座机严重受损，他先行返回菲尔斯特瑙基地。其僚机飞行员迪特尔·克拉格洛（Dieter Krägeloh）二等兵也不走运，他回忆道："我们在斯凯尔特河口遇到了一些英国海军舰船，他们开火组成了密集的防空弹幕。我的飞机被多次击中。当我们继续前进时，我注意到发动机不再能以应有的转速运行了，我决定做一次紧急降落。我的高度太低无法跳伞。由于襟翼动不了我以高速降下来，飞机重重地碰触地面。安全带被扯断了，我一头撞上座舱面板。我伤到了脊柱，两条腿被卡住了。我在被抬出飞机后苏醒，一位医生照顾了我。"

比利时平民雅克·雷希勒（Jacques Reychler）先生是最早到达现场的人之一："附近只有七八个人，其中一位是一名英国军官。他试图解救这位飞行员，但是没有用。他痛得哭了起来。我们试图在机身上打一个洞，但是这非常困难。此时德洛斯（De Loose）医生从教堂回来了。他带了一支装了吗啡的注射器，但是那个德国人很害怕，他以为医生想要杀死他。在机身里找到了一个急救包后，德洛斯医生试图尽可能帮助这位飞行员。他想要一根香烟，但是只有在别人抽过后才能抽一根。他一直询问他在何处，他被一辆救护车带走了。"

克拉格洛将他的"黄色13号"迫降在瓦斯明斯特（Waasmunster）东北一公里的海德卡佩（Heidekapel）附近，他被带到了一家医院，之后又被送往英国。JG 54第三大队也在精准的炮火下遭难。实际驾驶着JG 26第3中队一架飞机的JG 54第12中队飞行员于尔根·拉茨拉夫（Jürgen Ratzlaff）少尉被炮火击落，他当时可能也处在JG 26第一大队编队中。拉茨拉夫的"黄色6号"坠落在克洛斯特赞德（Kloosterzande）附近，飞行员丧生。JG 54第12中队还有两架飞机在斯凯尔特河口被击中，阿洛伊修斯·范霍芬（Aloysius van Hooven）下士直接选择向东北飞回基地，我们还将在后文继续介绍他的故事。汉斯·约阿希姆·施泰因坎普（Hans-Joachim Steinkamp）上士的飞机直接被一枚37毫米炮弹命中翼根，他把飞机拉升到1220米高，希望能回到德军战线。但是当他试图转向时，飞机不受控制。于是施泰因坎普只能选择跳伞，他降落在斯凯尔特河南岸的许尔斯特（Hulst）附近并很快被波兰军队俘获。盟军审讯官发现这位曾在东线和诺曼底战斗过的JG 54老兵"非常顽固，他的士气直到最后依然高昂，而且他对于德国获胜的信心毫不动摇"。

穿越荷比边境后，编队遇到了新的威胁，12架"喷火"出现在安特卫普东部。编队保持着无线电静默，飞行员们祈祷他们不会被盟军飞机看见。然而德国人的运气没那么好。这些"喷火"来自第308波兰中队，他们从圣但尼-韦斯特雷姆起飞前往瓦尔河执行一次轰炸渡船的作战，返航时中队得知盟军的机场正遭受德机攻击。他们在洛克伦（Lokeren）东北发现了JG 26第一大队和JG 54第三大队的编队并马上发起攻击。位于编队后方的JG 54第三大队再遭劫难，波兰小队长马赫上尉报告："我在洛克伦地区看见了第一架向东飞的敌机。我处于4000英尺高度。我俯冲下来并从后方以约30度偏角攻击了一架飞行在约1500英尺高的Fw 190。敌机向右转弯，我跟上去在约200码外开火并靠近到100码距离。我看见射击命中了飞机整个机身。那架敌机翻过身来，飞行员跳伞落在登德尔蒙德（Termonde）附近的河里。"

这位倒霉的飞行员是JG 54第9中队的保罗·德鲁奇曼（Paul Drutschmann）上士。他在自己的"白色3号"被击中后拉升到200米高并跳伞落入河中，所幸河里水不多，德鲁奇曼可以依靠自己的力量离开冰冷的河水。一些比利时平民很快抓住了他。一位比利时警察要他交出自己的配枪，德鲁奇曼将它扔进了河里。JG 54第三大队还有两架飞机坠落在此区域。斯坦尼斯拉夫·布雷纳（Stanislaw Breyner）中士上报摧毁这两架Fw 190D-9："返回基地途中我看见似乎有两架敌机紧密组队飞行在洛克伦地区。我通过无线电向机长通报此事并离开了中队编队。我们在约4000英尺高。我向那两架低空飞行的飞机俯冲过去，由于正对太阳光我很难辨别它们的身份。我靠近到约100码处才认出它们是两架Fw 190，它们的高度约200英尺。我正准备射击时那两架敌机很明显也注意到了我。它们都以非常大的角度向上拉升，接着翻身坠落下去。其中一架Fw 190撞入了一栋建筑里，另一架撞上了地面。我觉得两架敌机似乎都是因为急剧爬升导致失速进入尾旋。"

两架Fw 190D-9的飞行员威利·博特伦德（Willi Bottländer）上尉和瓦尔特·埃克特（Walter Eckert）军士长都来自第11中队。他们可能是因为地面上的薄雾导致错误估计了飞行高度，结果无法将飞机改回。两架飞机坠落在斯纳依（Sinaai）北边，飞行员全部当场死亡。博特伦德自1944年9月起担任JG 54第11中队长，在他的中队里颇受欢迎。

还有一架Fw 190D-9在斯纳依附近被击落。齐格蒙特·索辛斯基（Zygmunt Soszynski）军士长从后上方攻击了一架Fw 190。他的对手向左转弯，波兰飞行员跟上去并在约100码距离开火射击。索辛斯基看见击中了机尾和座舱，那架Fw 190拉平并在片刻后滚向左侧坠落地面。Fw 190落在了从斯纳依到埃克萨德（Eksaarde）的公路上，在巨大的冲击力下解体。飞行员被弹出飞机，躺在街道上燃烧起来。比利时居民扑灭了火焰，但是飞行员已经死了。他几乎肯定是JG 26第2中队的海因茨·舒尔茨（Heinz Schulz）下士。由于"喷火"仅攻击了德机编队的尾部，舒尔茨一定是在从菲尔斯特瑙起飞时遇到问题的飞行员之一，所以才会处于编队末端。第308中队的波兰飞行员共上报在洛克伦地区摧毁四架Fw 190，与JG 26第一大队和JG 54第三大队的损失完全一致。

现在，这个德国战斗机编队只有约35架飞机了，在博里斯的带领下越过在博尔讷姆（Bornem）附近的最后一个转向点，距离赫林贝亨只剩数分钟的路程。博里斯将飞机爬高到200至300米处，其他的飞行员也一一效仿。突然，JG 54第10中队的彼得·克伦普（Peter Crump）少尉看见博里斯和普里勒向西飞得太过头了，似乎要完全错过他们的目标。克伦普快速决定转向左侧攻击赫林贝亨机场，他的中队跟着他一起这么做了。时间是9时22分，机场上似乎一片宁静。JG 26第一大队的编队很快意识到他们的错误并向东转弯，从西南方对机场发起攻击。

奥森科普回忆道："然后我们就看见了赫林贝亨机场的轮廓。第一架飞机提升高度准备实施一轮攻击。我在爬升时注意到机场上只有非常少的飞机，一架四引擎飞机正在燃烧。高射炮手可能才刚睡醒，因为（我们）几乎没有遇到任何防空火力。我瞄准了一个油罐车和一些士兵。向东爬升时我注意到约十公里外有黑烟升起。"

德国飞行员们惊讶地发现在赫林贝亨只有一架B-17、一架双引擎飞机和一架"野马"——到底发生了什么？说好的"喷火"呢？突然他们看见了机场上巨大的白色叉号——这个机场没有被投入使用!

库克拉下士回忆道:“当我们抵达机场上空时,其他的飞机已经离开了。我们从它的白色叉号上看出这个机场不在使用中。由于我们在机场上找不到目标,我们对机库做出了三次攻击,没有太大效果。我们中的七位在11点40分时耗尽最后一滴油,降落在了库阿肯布吕克。”

地面上,加布塞维茨上校和他的副官正准备前去食堂吃早饭,这时来袭的Fw 190破坏了他们平静的早晨。德国飞行员射击了仅有的少数几架飞机以及卡车、机库、防空阵地等所有有价值的目标。虽然JG 26第一大队后来报告没有在那里遇到防空火力,但是这不是事实。第2777中队的两个小队和第2719中队的一个小队使用侦察车上的布伦机枪射击,消耗了2300发子弹。上报摧毁三架Fw 190并击伤另外两架。第一大队进一步报告在目标上空有一些“喷火”出现,两架Fw 190被击落。这可能是从附近埃韦勒机场飞来的第403中队“喷火”干的。

一些Fw 190损失于对赫林贝亨的攻击过程中。其中之一是JG 54第10中队的尼贝尔少尉,但他并不是被敌军击落的。逼近目标时他看见了一架双引擎飞机并对它射击,之后他马上又看见了一个轻型防空炮阵地。尼贝尔立刻冲下发起攻击,从俯冲中改出时他的发动机突然熄火。螺旋桨在转了几圈后也停下来了,尼贝尔扔掉外挂油箱,将他的“黑色12号”迫降在韦梅尔(Wemmel)村附近。尼贝尔回忆道:“我率领的小队的任务是让赫林贝亨机场上的防空炮安静下来。我们总共对防空炮执行了三次攻击,它们猛烈地开火还击。当我在第三轮攻击后拉升时,我的发动机熄火了。我猜是一门防空炮击中了发动机。我已经来到了100米高,得在跳伞和迫降中快速做出抉择。我很快失去了高度,被迫做一次机腹着陆。我在一个农舍边找到了一块刚辟好的空地并完成了一次完美的降落。”

实际上击落尼贝尔的不是防空火力,而是一只山鹑,它在战斗机的散热器上撞出了一个直径数英尺的洞。由于担心落地时的冲击会引发爆炸,尼贝尔快速逃离了飞机。不过他又想起来不允许将完整的飞机留给敌人的命令,所以匆忙跑回来向飞机易燃的部位射出几发信号弹,结果完全没用。一群武装平民和宪兵赶来将他逮捕。宪兵先是把他带到韦梅尔警察局,然后又转送到埃韦勒机场。尼贝尔的“多拉”是盟

停放在韦梅尔村附近赫林贝亨机场上的尼贝尔少尉迫降的Fw 190D-9战机。

军完整俘获的第一架该型号战机，它随后接受了大量评估测试。

还有两架JG 54第三大队的飞行员在赫林贝亨上空被击落。第一位是第11中队的京特·埃格利（Günther Egli）上士，一些资料称他是被防空火力击落的，但是后来的研究揭示他其实很可能是“喷火”的受害者。埃格利不得不在低空弃机，重重地摔在地上后失去了知觉，他的飞机落在一排房子后面剧烈燃烧。过了一段时间，埃格利被英军发现，他是个机灵的家伙，在机场上被审讯者询问时，他谎称自己是JG 104作战中队的一位飞行员，还说中队有三位飞行员志愿参加底板行动。英国人也将这点记录在审讯报告中。在这份报告解密后，JG 104开始出现在英国史学家对底板行动的记述中。几年后，这份报告漂洋过海，德国历史学家也一致地提到了JG 104和它勇敢的教官飞行员们，即便是这支部队从未出现在任何德军原始作战记录中。实际上压根不存在什么JG 104作战中队，埃格利之前曾在JG 104学习，后来又在那里担任过教官，但是他在1944年3月加入JG 54后就一直是“绿心”联队的队员。如今他大方地坦白自己编造了JG 104作战中队这一谎言，目的是掩盖自己部队的身份。他不仅成功地骗过了他的审讯官，还忽悠了一整代英德航空史学家。同样是第11中队的格尔哈德·托斯（Gerhard Thoss）下士也在赫林贝亨附近被击落，虽然不清楚他的准确坠机地点，但是他成功跳伞并成为盟军的俘虏。

JG 26第一大队同样在赫林贝亨上空有损失，第3中队的候补军官汉斯·约阿希姆·维尔纳（Hans-Joachim Werner）的“黄色8号”在第二轮攻击中起火，推测可能是防空炮造成的。他将飞机快速拉升到200米高度后跳伞，落地后成为战俘。下一个成为战俘的是第4中队的原飞行教官卡尔·海因茨·哈特曼（Karl-Heinz Hartmann）上士，他在12月15日加入JG 26第4中队，这是他的第一次作战任务。哈特曼回忆道：“我们在低空继续向赫林贝亨飞去。我们在那里遇到了一些密集的轻型防空炮火。在我们的第二轮或第三轮攻击中我被击中了，发动机开始燃烧。座舱盖很明显也被击中了，因为我很难打开它。我的飞机快速坠落，我最终设法完成跳伞。仅在空中摇摆了一下后就落在了冻结的地面上。一辆吉普车将我带走。”

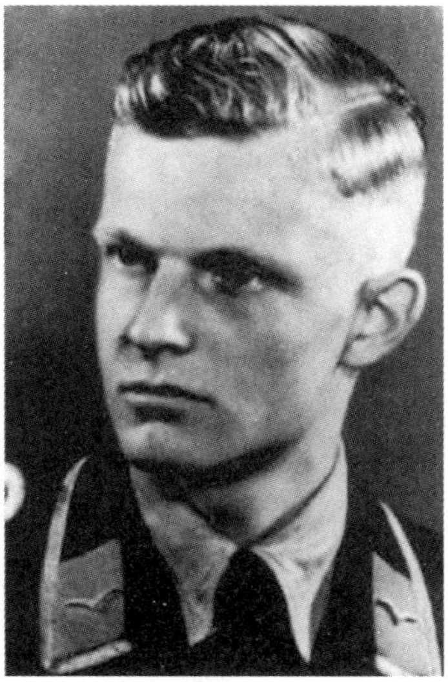

第3中队的候补军官汉斯·约阿希姆·维尔纳，他在对赫林贝亨的攻击中被击落成为战俘。

哈特曼上士的“蓝色3号”坠落在赫林贝亨机场西面的沃尔弗特姆（Wolvertem）。他不知道的是，在拉起飞机时，他的螺旋桨将奥森科普的飞机方向舵给打坏了。倒霉的奥森科普只得赶紧返航，最终将快失去控制的飞机降落在了特温特机场上。奥森科普的“黑色8号”被连夜修好，他在第二天飞回了菲尔斯特瑙。

对赫林贝亨的攻击在仅仅15分钟内就结束了，已经没有剩下任何值得射击的目标。德军声称摧毁六架飞机、许多车辆、几个机库和一个防空炮阵地。一名地勤人员在空袭中丧生，还有两人负伤。在赫林贝亨完成两轮扫射后，第1中队的哈拉尔德·维尔夫肯（Harald Wülfken）上士与JG 26第二和

第三大队的编队混在了一起。他与新队友一起攻击了埃韦勒机场，并声称在三轮扫射中摧毁了两架“喷火”。

值得一提的是，身为JG 26联队长的普里勒在本次作战中的出发阶段就与大部队离奇地失散了，他毫发未损地提前返回菲尔斯特瑙。普里勒已经有几个月没有参加过战斗了，对于他的新飞机D-9并不熟悉。

现在是时候返航了，然而归途如出发时一样凶险。损失的第一位是JG 26第4中队的卡尔·海因茨·布劳纳特（Karl-Heinz Braunert）二等兵，他在安特卫普东南的弗雷姆德（Vremde）附近坠机身亡。击落他的“蓝色10号”的是英军第296轻型防空营营部连的布伦机枪。第2中队的博多·福格尔（Bodo Vogel）二等兵在瓦尔赫伦岛（Walcheren）上空同样被防空火力击落，殒命于弗劳文波尔德（Vrouwenpolder）附近。底板行动是布劳纳特和福格尔的第一次也是最后一次作战任务。其他飞行员似乎采用了一条更偏向东北的航线，但是这同样是不乏凶险的。正在执行个人第二次作战的第2中队飞行员威利·叙多（Willy Sydow）下士在返航时飞临艾恩德霍芬机场上空，这里刚刚遭到JG 3的攻击，防空火力迅速将这架Fw 190D-9击落，叙多和自己的“黑色6号”一起坠亡于艾恩德霍芬西北地区。报告显示坠机时间是9时40分，这表示叙多可能提前撤出了对赫林贝亨的攻击。

当飞机穿越德军战线后还出现了一些损失。JG 26第4中队的海因茨·沃达尔奇克（Heinz Wodarczyk）下士在韦厄（Wijhe）东部坠机身亡，他已经为普里勒担任了一段时间的僚机，但是1月1日当天他应该是与自己的中队在一起。沃达尔奇克的坠机原因不明，但可能也是防空炮火下的牺牲品。他先是被葬在兹沃勒，后来又被迁入伊塞尔斯特恩的德军公墓。第1中队的格尔哈德·赖肖（Gerhard Reichow）下士带着被盟军防空炮击伤的飞机迫降在阿尔默洛（Almelo）附近。最后，第4中队的卡尔·海因茨·蔡德勒（Karl-Heinz Zeidler）下士也将他的“蓝色2号”迫降在伦格里希（Lengerich）附近的公路上，他摔坏了自己的鼻子，他的飞机则完全报废了。

第4中队的海因茨·沃达尔奇克下士，曾为普里勒担任了较长时间的僚机，他未能从底板行动中归来。

JG 54第三大队也在返航途中损失了两架飞机。第12中队的候补军官迈克斯纳虽然在之前被击中外挂油箱的事件中幸免于难，但因为剩余油料不足而无法赶到任何一个机场，他将自己的飞机迫降在基希黑伦机场东南15公里处。最后一位就是倒霉的范霍芬下士了，之前说过他在斯凯尔特河口上空被防空火力击中，提前返航途中在恩斯赫德南方被皇家空军第411中队驾驶“喷火”的奥代特上尉发现，这位22岁的飞行员没有任何逃生的机会，被击落身亡于哈克斯贝亨南部五公里。他的遗体直到1946年8月26日才被一个荷兰拆弹小组在特温特机场附近发现，范霍芬先是被葬在哈克斯贝亨的公墓，后来被转葬入伊塞尔斯特恩德军公墓。

由于燃料不足，很多飞行员选择降落在其他机场上，例如克伦普少尉和博里斯少校就降落在特温特。其他人则直接飞回到菲尔斯特瑙。第1中队长基夫纳少尉生动地描述了他回到菲尔斯特瑙后的感受：“这是我人生中最伤心的日子之一了。我们在清晨从菲尔斯特瑙起飞了76架（原文如此）飞机。只有包括我在内的12架回来了。桌上准备好了饮料和可口的食物。我哭了……23岁的我已经不再抱有幻想。不过我很高兴弗雷德·黑克曼回来了。他的外挂油箱被防空火力命中剧烈燃烧时我就飞在他的机翼旁。幸运的是，他成功地把飞机降了下来。”

最后一架Fw 190D-9在11时24分落在菲尔斯特瑙机场。许多飞行员将在接下来几天内返回部队，但是结果还是灾难性的。虽然攻击了正确的目标，但是在几乎空着的赫林贝亨机场上取得的可怜战果完全无法抵消巨大的损失。当晚怒气冲冲的普里勒编写了提交给佩尔茨的报告。德国战斗机上报仅在赫林贝亨摧毁六架飞机，这得到了航拍照片的证实。从菲尔斯特瑙出动的64架Fw 190D-9中至少有21架被摧毁，两架受损。至少有另外八架Fw 190D-9受轻伤。这也就是说损失了近半数的飞机。更严重的则是人员的损失。17名飞行员失踪，其中八人被俘。另有三名飞行员负伤，其中一人伤势严重。

8.5 JG 26第二、三大队前往埃韦勒

第二大队的飞行员们在早上七点钟就聚集在大队作战室，那些在诺德霍恩酒吧里过夜的老飞行员也回来了，他们让大家吃了一惊。哈克尔少校在大约七点整召开作战会议并揭晓目标是布鲁塞尔的埃韦勒机场。四位中队长分别为各自的中队做了细致的介绍，他们分别是第5中队长格尔哈德·福格特（Gerhard Vogt）中尉、第6中队长阿道夫·格隆茨（Adolf Glunz）中尉、第7中队长瓦尔德马·拉德纳（Waldemar Radener）中尉和第8中队长威廉·霍夫曼（Wilhelm Hoffmann）中尉。飞行员得知飞行高度仅在树顶上方，还知道了地面导航辅助和紧急降落机场等详细信息。每位飞行员都得到了一份特别准备的航线地图。从诺德霍恩出发以罗盘方位267度前往在斯帕肯堡附近的须德海南部端点，然后以262度磁偏角飞到鹿特丹附近的斯希丹。斯希丹附近的转向点处有烟雾和闪光信号。在这里可以打开FuG 16无线电。从鹿特丹开始航向调整为磁偏角197度，离开鹿特丹两分半钟后，要给机枪和机炮上膛并打开导航灯。导航机将在此处离开编队。当飞到圣尼克拉斯（Sint Niklaas）东南的斯凯尔特河后，航向将调整为磁偏角157度直指布鲁塞尔的埃韦勒。

19岁的维尔纳·莫尔吉（Werner Molge）三等兵是第8中队最年轻的飞行员，在队内被当做吉祥物一样对待。霍夫曼通常指派他做转运飞机或试飞之类的琐事，目的是让他获得更多的飞行时间和经验。之前他还没有参加过战斗，但由于这是一次全军出击的作战，莫尔吉要在底板行动中完成自己的处子秀：“早上五点，大队有序地来到一间间房前按下门铃叫醒飞行员们。六点整，在诺德霍恩贝尔宁酒店内的飞行员食堂供应了早餐。日常送我们到克劳什德机场的班车在这个早上六点半将我们拉走。在班车上，‘气象蛙’像以往一样给我们提供了作战地区的天气预报。他预测1月1日天空无云，西南方有小风，气温零下5摄氏度。当我们来到机场，壮观的景象呈现在我们眼前。地勤人员们已经把所有中队的飞机从它们的疏散区推过来，围绕机场排列成行，仿佛是为了检阅。50架Fw 190D-9在最后的月光照射下闪闪发光。为了让它们做好准备，机

械师们苦干了一整夜，有些人还在这里工作着。”

在11月中旬加入第6中队的另一位19岁飞行员赫尔穆特·霍伊泽尔（Helmut Heuser）回忆道：“我们在清晨得到指示，目标被揭晓是布鲁塞尔的埃韦勒。要通过低空攻击摧毁停放在那里的所有飞机。我们被禁止使用无线电，两架在我们编队前方的Ju 88将负责导航。我们还得知来自其他编队的一或两个中队将解决掉埃韦勒的防空炮。值得一提的可能是，在12月31日送来飞机的一些转场飞行员也参加了这次作战。如果我没记错的话，JG 26第二大队在天刚亮时出动了44架飞机。”

霍伊泽尔关于转场飞行员的回忆内容颇为有趣。12月31日，第二大队报告39架Fw 190D-9中的32架可用。所有幸存大队飞行员、导航机飞行员和随后的研究都指出JG 26第二大队参与攻击的飞机数量在44至52架之间。因此可以断定某个飞机转场联队的飞行员在12月的最后一天给JG 26第二大队送来了额外的Fw 190。当天第二大队报告50位飞行员中有41人可以参战，这意味着大队没有足够的飞行员来驾驶每架飞机。为了解决这个问题，普里勒命令由转场飞行员驾驶这些飞机。不清楚到底有多少转场飞行员参加了此次空袭，但是数量应该不会很多。只能确定一位转场飞行员的身份，他是来自第一转场飞行联队的鲁道夫·阿尔滕多夫（Rudolf Altendorf）下士。阿尔滕多夫奉命在1月1日驾驶第7中队的“棕色15号”。虽然有资料指出转场飞行员也参加了第一大队的攻击，但是没有找到相关的档案证据。

1944年12月，第6中队长阿道夫·格隆茨中尉（左）和队友在诺德霍恩玩耍。

会议结束后，飞行员们进入他们的飞机做最后的飞行准备。八点钟刚过不久，起飞的信号就发出了。8时7分，邦耶和黑梅里希的Ju 88G-6领航机起飞。紧跟其后的是哈克尔少校的大队司令部小队。中队的起飞顺序并不明确，但是应该是第5中队第一个起飞，跟在后面的是第8、7中队，最后是第6中队。一些飞行员在启动发动机时遇到困难，最后一架Fw 190D-9在8时30分左右起飞。

编队在诺德霍恩-林根地区上空集结并低空向位于斯帕肯堡的第一个转向点飞去。邦耶这么回忆此段出发的路程：“我们在八点钟迎着清晨的阳光起飞，按照计划组队并在低空开始第一段航线的飞行。在我左翼后面非常近位置的就是安东·哈克尔少校。我能够清楚地看见他的脸。在我们身后紧密聚集在一起的是大队惊人数量的‘长鼻子’们，看起来就像是一群饥饿的海鸥飞在一艘船后面。应该是有49架

1945年2月的诺德霍恩，第7中队的一架Fw 190D-9向起飞位置滑行。

Fw 190，我没法数清楚。我多次回头看着这一壮观的景象。在清晨阳光照射下由闪着金属亮光的威猛战机组成了似乎看不见尽头的编队，它永远留存在我的记忆中。我们还没有飞多久，无线电操作员弗雷德·魏曼（Fred Weimann）呼叫一架战斗机坠落了。我们后来才知道它是被我军的高射炮击落的……”

根据幸存飞行员的说法，编队首先在须德海附近遭到了德军高炮的射击。这里有一些20毫米高射炮守卫着“卡姆胡贝尔防线”上的雷达站。一些资料指出第二大队的第一个损失就出现在此时，黑梅里希的无线电员看见两架Fw 190D-9起火坠落。不过后来的研究发现，第二大队在此阶段没有出现人员损失。

8时45分左右，Ju 88越过了在斯帕肯堡的转向点并继续飞向斯希丹。在鹿特丹西部，德国防空炮再次开火，编队里又有飞机被击中。其中之一是第6中队的卡尔·赫特（Karl Hött）上士驾驶的“黑色2号”。他的飞机被击中左翼和引擎，马上燃起大火。他将飞机拉升到200米高度后跳伞，落地后被送入鹿特丹的海军医院，直到三月初才返回部队。

编队继续南行经过哈灵水道（Haringvliet）和赫雷弗林恩水道（Grevelingen），在这里防空炮声再次响起，这次被击中的是黑梅里希的Ju 88G-6。他回忆道：“大约20分钟后，高射炮再次开始射击（后来证实又是我军的高炮），这次我的飞机被击中了。右侧发动机一定是被击中了，因为有浓烈的烟雾冒出来。我把飞机拉起，切断燃料供应并把螺旋桨调整成顺桨。烟雾消失了，火也熄灭了，很明显是由于我快速切断了燃料供应。我离开了编队，我的战友邦耶要独自率领编队。我将只有一台发动机的飞机爬升至300~500米高并返回诺德霍恩。返航途中我们还遇到了另一件事。观察手（同时也是后射机枪手）突然呼叫‘后方有战斗机！’当飞机接近过来，我们认出那是一架明显与自己编队失去联系的我军Bf 109。那不是一架我们曾引导过的飞机。飞行员迷路了，他正确地猜到这架又肥又瘸的Ju 88可以找到返回某个基地的路。来到诺德霍恩-克劳什德，我未被许可将只有一台发动机的飞机降落下来，我们在地面上的战友们担心我会坠机，继而堵住他们自己战斗机的跑道。虽然发出了红色的闪光信号，我还是放出起落架以一台发动机将飞机降下来。”

邦耶率领着编队继续向南前进，并来到了托伦岛（Tholen），这时他们已经越过前线了。现在编队要面对盟军防空炮的威胁了，这是他们真正的对手。飞在中队长格隆茨身边的霍伊泽尔生动地描述了接下来几分钟的事情：“在斯凯尔特河口附近我看见格隆茨滑向右侧。我尝试完成同样的操作却未能躲开弹流。我的右翼被多次击中。其他一切似乎都运转如常。引擎运行流畅、油压和温度也是正常的。我继续前进，但是在两三分钟后回头看时发现身后有油柱冒出。大约在此时我再次被另一个防空阵地击中。这次被命中的是发动机，火焰开始冒出来。可能有一个或多个汽缸被击碎。我将飞机拉起，环顾四周看到到处都是水。我把跳伞搁到一边，看到约400米外有一个体育场大小的小岛。我降低油门并做了个180度转弯，转弯时速约330公里。我记得这么清楚是因为我看了空速表。我的高度为100~120米。我系紧了安全带准备以机腹着陆。我一定是一头撞上了仪表面板，因为我的左眼上方有一条流血不止的切口。而且我一定是被击晕了一段时间。当我恢复意识后看见飞机距离一条几米深的水渠约七八米远。飞机穿过这块土地犁出了一条沟。”

霍伊泽尔将他的“黑色16号”降落在舍尔彭尼西（Scherpenisse）东南两公里处。他走向一间农舍并交出了他的降落伞和手表。大约20分钟后，一位居民带着一把卡宾枪将霍伊泽尔俘获。他被带到波特弗利特（Poortvliet）交给皇家炮兵第62反坦克团的战士们。当天霍伊泽尔被转移到在津德尔特（Zundert）的战俘营，他在那里遇到了一些JG 26第二大队的战友。

大约9时5分，第二大队的编队经过了西斯凯尔特河口。盟军防空炮在这时开火。西斯凯尔特河南岸的炮台和斯凯尔特河上舰载防空炮一起上报击落两架JG 26第二大队的飞机。两架飞机的飞行员之一是第5中队的胡贝特·洛特（Hubert Lott）二等兵，他失踪至今。另一位就是转场飞行员阿尔滕多夫下士，他的命运则较为确定，也是被防空炮击落后坠落在克勒伊斯多普（Kruisdorp）附近阵亡。

看见战友燃烧坠落景象的第二大队飞行员们继续向南飞。在距埃韦勒约35公里的圣尼克拉斯附近，领航机的任务结束了。现在轮到哈克尔带领编队了，他们距离埃韦勒机场只剩约七分钟航程。

第5中队的胡贝·洛特二等兵，在底板行动中成为防空炮火下的牺牲品。

第三大队的飞行员们在早上五点整醒来。吃完早饭后克鲁平斯基召开会议并发放地图。飞行线路与第一、二大队完全一致，Ju 88将在前方一直用导航灯发出闪光信号直至抵达鹿特丹。作战要在超低空执行，保持无线电完全静默。

8时15分左右，两架Ju 88从普兰特吕内机场起飞，其后是第三大队的梅塞施密特战机。大约29架Bf 109参加了这次作战，占可用飞机的半数。接下来发生的事情至今仍有分歧。克鲁平斯基在普里勒写作的JG 26联队史中是这么说的：“我们想要在一次360度的转弯过程中集结好整个大队。结果完全搞砸了，我最后和我的司令部小队一起跟在领头的导航机后面，大队其他人则在后方一公里远跟随着第二架导航机。”

然而领头的导航机飞行员海德上士对起飞和整队的记忆完全不同。他是这么描述起飞的情况的：“12月31日晚的会议后，克鲁平斯基上尉命令两架导航机不要在机场上空绕圈以等待飞行员集结，而是直接按照预定航线向西飞去。来自飞行员的反对声没有被理会。1月1日早上，两架Ju 88直接向西飞去，紧紧跟着的是克鲁平斯基的双机和他的副官。但是也就这些了，没有其他Bf 109完成起飞。起飞时发生了一些问题。作为领头导航机的海德上士看到这一情况，考虑到克鲁平斯基的命令难以实施，于是左转飞向机场。另一位导航机的飞行员W军士长和克鲁平斯基的双机一起继续前进消失在远方，再也没有被看见。后来在下午W军士长告诉他的中队队友海德上士他刚一飞临荷兰境内，克鲁平斯基上尉的双机就再次向东转弯并降落在一个降落场，那架预备导航机也一起降落下来，这时距离起飞甚至还不到十分钟。据说克鲁平斯基上尉的飞机出现了故障。作战结束了。与此同时海德上士驾驶着他的Ju 88‘2Z＋CN’在机场上空低飞盘旋了12分钟，等待所有战斗机起飞并组成一个编队。然后这个由50架（原文如此）飞机组成的编队在20米高度轰鸣着向西北飞去，穿越荷兰边境和费赫特河（Vecht），然后以西南偏西方向飞往须德海南端。”

海德的叙述中包含对克鲁平斯基的控诉。但是在就此展开讨论之前，让我们看看克鲁平斯基在普里勒的书中是怎么说的：“飞行路线和其他大队一样，须德海南端、鹿特丹、发洪水的斯凯尔特河口南部，然后是飞向埃韦勒西北的最后一程。越过前线时我的引擎罩左侧铰链被轻型防空火力命中，引擎罩打开了，这导致我在空中有点发飘。我一开始想要返航，但是由于觉得自己还可以飞就继续前进，不过我没有参加对地扫射。”不久，克鲁平斯基和他的僚机卡尔·格奥尔格·根特（Karl-Georg Genth）下士返回了普兰特吕内。

JG 26第三大队长瓦尔特·克鲁平斯基，大队在起飞时的混乱与他下达的指令有直接关系。

哪一段故事是真的？海德的还是克鲁平斯基的？不幸的是没有官方记录可以证实任何一位的说法。但是可以做出一些推测。首先，起飞时的混乱似乎主要归因于克鲁平斯基的命令。海德对这一问题的声明非常清楚，混乱是克鲁平斯基自己造成的。海德关于克鲁平斯基和他的僚机在仅十分钟后就降落在德罗普的说法则纯粹基于第二位导航机飞行员的言论。海德自己并没有看见，实际上根据一份盟军战时审讯材料，一位在特里尔返航时被俘获的第三大队飞行员确认克鲁平斯基被防空炮击伤并向普兰特吕内返航。因此克鲁平斯基也许确实是在被防空炮击伤后继续飞到了布鲁塞尔，但是可能在空袭结束前就飞回了。

至少四位第三大队的飞行员在前往埃韦勒的途中被击落。首先是第11中队的哈拉尔德·伦茨（Harald Lenz）中尉，他在须德海南端的奈凯尔克（Nijkerk）附近被德军防空炮击落身亡，他很可能是JG 26当天阵亡的第一人。同样来自第11中队的瓦尔特·特佩里斯（Walter Tepperis）下士更幸运点，他回忆道：“越过前线后我们有时会被防空炮火射击。在布雷达附近我的飞机被击中了。发动机运转不良并冒着烟，但是没有起火。我转弯并希望能抵达斯凯尔特河的北边。如果我没记错的话，我向我的部队通告了自己的意图。我在河口飞向最近的岛屿并以机腹迫降在堤坝后面。地上发大水了。降落时没有遇到大困难，我的飞机几乎没有受到任何额外损伤。我试图摧毁这架飞机，但是没有完全成功。由于所处的环境视野有限，我一开始不知道这个岛的名字。到处晃悠了一阵子后，我跌跌撞撞地穿过了一个德军先头部队的阵地。我想这是某支海军炮兵部队。我在这里得知我降落到了斯豪文。由于这里与大陆并不相连，我不得不等了好几天，直到在一次偶然的巡逻任务中由海军将我送到上弗拉凯岛（Overflakkee）。我从那里经由格罗宁根返回到基地。我在这里从其他人那里得知此次作战没有取得大胜。由于没有向基地发回报告，我一直被列为失踪。”

特佩里斯的Bf 109G-14“黑色8号”具体着陆地点是未知数。没有报告提到过有一架飞机落在了斯豪文岛上。

还有其他飞行员在斯凯尔特河上空成为盟军防空炮火的猎物。泽斯特军士长回忆道：“在斯凯尔特河口有大量舰船热心地‘欢迎’我们。我必须得说那些英国佬或美国佬发射了大量的弹药，但是他们也射失了很多。一位飞行员在一块洪灾地区以机腹迫降。当他被捞起来时，他发现自己已经越过前线了。”

那位将飞机迫降下来的就是第12中队的卡尔·海因茨·贝恩特（Karl-Heinz Berndt）下士。他的Bf 109K-4被盟军轻型防空炮击中发动机，他降落在托伦岛后被第62反坦克团的战士俘获，与第6中队的霍伊泽尔一起被送到了津德尔特。

霍尔斯特·森皮尔（Horst Sengpiel）三等兵在斯凯尔特上空失去了踪迹，虽然无法确认损失原因，但很有可能是被盟军防空炮击落。一些飞行员看到他脱离编队并向西飞去，一开始以为他是擅离职守。但是从那以后再也没有人看见过森皮尔和他的Bf 109K-4“黑色15号”，他至今仍下落不明。现在，仅剩15架Bf 109的第三大队编队距离它的目标仅剩几分钟路途了。

8.6 JG 26第二、三大队攻击埃韦勒

埃韦勒机场在1月1日的凌晨并没有处于沉睡状态。第127联队已经在做一些作战计划。然而由于夜间严寒，唯一一条跑道被一层薄冰覆盖，因此无法早早起飞。第403中队的两架“喷火”在8时48分出发进行气象侦察，飞行员是迪克·里夫斯（Dick Reeves）上尉和他的僚机马克·里夫斯（Mac Reeves）少尉。起飞后里夫斯上尉马上通过无线电报告跑道可以安全使用，然后两个里夫斯就飞向韦尔特-艾恩德霍芬地区的轰炸线。接下来起飞的是第二战术航空军联络中队空运信件小队的两架“奥斯特”联络机。飞行员史蒂文森（Stevenson）中尉和哈维（Harvey）中尉将很快大吃一惊。九点过后不久，第403中队由斯蒂夫·布特（Steve Butte）少尉和林赛（G.K.Lindsay）军士长驾驶的另外两架飞机准备起飞。与此同时，第416中队正在待命出动12架战斗机进行巡逻。率领他们的是来自蒙特利尔的杰出飞行十字勋章获得者大卫·哈林（David Harling）上尉，“喷火”正在沿着机场的环形道滑跑。

埃韦勒驻军中，第一个注意到来袭德国战斗机的是两位“奥斯特”飞行员。史蒂文森迎面遇上德机并从右边穿进了编队的中央，在低空剧烈摆动着机翼。他应该是遇到了正飞往布鲁塞尔梅尔斯布鲁克机场的JG 27，因为JG 27第13中队一位飞行员声称在布鲁塞尔地区击落了一架“奥斯特”。不过史蒂文森躲过了攻击并继续向根特飞去，结果发现那个机场正被敌军扫射。他飞回布鲁塞尔，通过在大道和建筑间上下穿行保护自己直到空袭结束。驾驶另一架“奥斯特”的哈维就没这么幸运了。他在布鲁塞尔东北约45英里处遭遇敌

人，马上尝试将自己的“奥斯特”降落在利奥波德布尔格（Bourg Leopold）附近一条废弃的战术跑道。飞机还没完全停下来就被一架德机击穿了右翼，哈维跳机逃跑，跑了20步后他的“奥斯特”就在另一轮攻击中被点燃，很快就烧光了。

9时26分，布特和林赛打开油门，驾驶着他们的“喷火”16起飞。布特刚升上天空就看到左边约300码外有一个编队正从相反方向飞来。他一开始以为那是一个美军飞机编队，但是很快就意识到他们是德国人。他关闭座舱罩，向林赛发出警告并冲入敌机编队迅速开火射击。JG 26第二和第三大队几乎同时来到埃韦勒上空，盟军报告约有35架Fw 190和25架Bf 109。编队在机场上空绕了一个很大的圈，在机场边缘丢下外挂油箱并在9时26分发起他们的第一轮攻击。第416中队的“喷火”在地上被逮了个正着。只有中队长哈林上尉在空袭中起飞。他攻击并击落了一架德国战斗机，但是随后被两架Fw 190击落身亡，他的“喷火”坠毁在布鲁塞尔市。其他“喷火”都还在机场的环形道上，洛乌·诺（Lou Nault）上尉、洛乌·让（Lou Jean）准尉和肯·威廉姆斯（Ken Williams）少尉的飞机在滑行时遭到攻击，但是所有的飞行员都成功弃机逃生，没有受太严重的伤。

尼尔·罗素（Neil Russell）上尉在其中一架“喷火”中，他与哈林掷硬币决定谁来指挥这次作战，哈林输了。罗素回忆道：“武装侦察在九点半开始，我们在滑跑时遭到超过50架Fw 190和Bf 109攻击。哈林上尉起飞并干掉了一架Fw 190，然后两架敌机在布鲁塞尔中心上空将他击落。在环形道上的其他人都在第一波空袭中缩在装甲后面。接着我们跳出飞机，滑落到地上开始祈祷。我在空袭波次之间匍匐前进寻找掩体，爬到一条战壕时空袭已经结束了。”

中队里所有人都非常喜爱哈林，他的阵亡让大家感到十分难过。几天前他才刚被授予杰出飞行十字勋章。他的一位僚机飞行员查克·达罗（Chuck Darrow）中尉说，哈林已经完成了他的一轮作战任期，但是他申请延长了25个小时。就是在延期的最初几个小时内，哈林牺牲了。达罗称他完全无所畏惧。1月3日，中队绝大部分人都参加了哈林上尉的葬礼。

第416中队的戴夫·哈林上尉面对来袭的德国战斗机依然选择起飞，终因寡不敌众被击落身亡。

JG 26第二和第三大队在空袭的最初几分钟有怎样的体验呢？如上所述，两个大队几乎同时抵达埃韦勒上空。第9中队的泽斯特军士长这么回忆第三大队初始阶段的攻击：“埃韦勒依然在沉睡，我们在那里看到了超多数量的飞机。这真是一顿可口的‘早餐’，接下来到处都是火焰和烟雾。三架‘喷火’已经起飞。其中一架在起飞时被击中并翻身坠入一座机库，起落架和襟翼依然是展开着的。另外两架在机场上空被击落。一群Fw 190加入我们并伸出援手。不幸的是，机场防空炮干掉了他们中的一员，那个可怜的家伙几乎是打开降落伞落在机场中央。他在降落伞下像老鹰展翅一样展开四肢。我不知道他遭遇了什么。”

不清楚泽斯特看见在埃韦勒跳伞的飞行员是何人。没能找到相符的Fw 190损失。第二和第三大队在埃韦勒上空声称击落至少五架“喷火”。哈克尔少校、格隆茨中尉和西格弗里德·西（Siegfried Sy）少尉都在9时25分声称击落一架“喷火”，第8中队的戈特弗里德·布尔克哈特（Gottfried Burckhardt）下士一分钟后声称在布鲁塞尔上空击落一架，第11中队的海因茨·格尔克（Heinz Gehrke）下士声称在埃韦勒上空击落另一架。西少尉清楚记得他的那次空战胜利：“我们向停放的飞机发起了第一轮攻击。爬升时我突然在面前看见一架‘喷火’。事情发生得太快，我不记得它是从哪来的了。应该是紧急爬升上来的。总之，我将这架飞机击落了。我自己也差点被击落，因为另一架‘喷火’来到了我身后，但是格隆茨中尉注意到了并将它从我机尾后面给收拾掉了。”

然而在布鲁塞尔上空唯一一个真实的空战损失就是哈林。似乎有多名JG 26的飞行员声称击落了哈林的“喷火”，其他人可能是将扫射地面上第416中队的“喷火”算成是空战战绩。之前提到布特和林赛已经在空袭中起飞并投入战斗。布特上报摧毁一架Fw 190和两架Bf 109，但是他的战果可能都是正在攻击附近梅尔斯布鲁克的JG 27和JG 54第四大队的飞机。林赛上报摧毁一架Fw 190和可能摧毁一架Bf 109，Bf 109战果后来降级为击伤。虽然他们的努力完全无法抗衡占压倒性优势的德军，但是这个双机巡逻队已经做得非常好了。

此时，由里夫斯上尉和里夫斯少尉驾驶的两架“喷火”也加入了战斗。他们从无线电中听到了对B-56机场的空袭并马上返航。里夫斯上尉回忆道：“对于我来说，不走运的是我的发动机在加满油门的时候没有反应。我让马克·里夫斯冲上前去，他击落了两架飞机。马克是个很好的飞行员，也是个好人。这是我在战争期间最好的机会，但是我的发动机拖了我的后腿。我在迪耶普、D日和1945年1月1日都有特别的作战经历。”

马克·里夫斯个人的战斗报告对接下来的几分钟进行了描述，他在9时40分左右看见超过30架Fw 190和Bf 109在机场上空转来转去：“我从后方追逐一架Fw 190，在约250码外开火并靠近到150码。我看见多次命中机翼和座舱区域，敌机冒出了黑烟和火焰。那架Fw 190翻滚向左侧坠落到地面上，发生了大爆炸。”

过了一会儿，里夫斯少尉又选中一架Fw 190作为目标并在布鲁塞尔东北上空将其击落。那架飞机的飞行员弃机跳伞。里夫斯少尉击落的德机可能来自正在攻击梅尔斯布鲁克机场的JG 54第四大队。德国空军飞行员将“喷火”的表现记在了心中。来自第二大队的京特·布勒梅茨（Günther Bloemertz）少尉在他的回忆录《下一站天堂》中记载了当时空战的情景：“第一团火焰现在开始在停放着的飞机之间燃烧起来。当我们继续不受打扰地向成排的轰炸机俯冲时，厚重的蓝黑色烟云从附近的近40架飞机身上升起。突然孔雀之眼——英军圆环标志——向我们冲了过来，‘喷火’们一定是从其他机场起飞的。敌我识别很困难。所有人都散开了。大队和小队转向迎击来袭者，一场激烈的追逐展开了，这是一场没有界线的乱战。曳光弹从各个方向划过，受损的飞机拖着黑色的烟雾或是像彗星尾巴一样燃烧着俯冲向地面，在它们坠落的地方涌出巨大的烟云直冲云霄，一些降落伞正在缓缓地向地上落下。”虽然第403中队的“喷火”在英勇地战斗着，但是他们也无法阻止自己的基地遭到横扫。

如前文所述，对埃韦勒的第一轮扫射攻击发生在9时26分，指向的是停在机场东南侧的飞机。很快就有大量飞机着火。科宁汉姆中将那架崭新的C-47吸引了特别多的注意。德国飞行员的射术并不好，三轮攻击也没给这架飞机造成太大伤害，但是在12至15轮射击后飞机的前部剧烈燃烧起来。一位地勤人员回忆道："我在元旦前夜喝过了头，所以我在第二天早上决定不工作。中士走到我们住宿的地方并给我20分钟时间起来干活，否则就要指控我。我还是决定干活去。我们在一个机库的楼上睡觉。当我走出来时，到处都是飞机嗡嗡的声音。一位英国士兵对我说：'你们加拿大人庆祝新年的方式真厉害。'我听完过了一会儿后回复道：'你错了，那些是福克-武尔夫和梅塞施密特。'就在这时，一架飞机飞来向停在机库内的一架飞机射击！那里有一面砖墙和机库平行。我躺倒在墙边躲避来袭的飞机。突然两个英国士兵坐在了我身上。我只得狠狠一拳打过去，让他们从我身上离开。他们跳起来向下看着我说：'老天爷，我们坐在了一个该死的加拿大人身上。'我在墙后的角落四下张望，看见四架敌机击毁了我身后的机库。飞机的高度特别低，你可以很容易就看见飞行员。"

在跑道的尽头有一辆被机场指挥员充当办公室的房车，执勤的指挥员留在他的岗位上冷静地引导着那些依然在空中的"喷火"。联队的另一人，情报军官弗兰克·明顿（Frank Minton）上尉在另一辆作战房车内接听了一通电话。电话那头的参谋军官警告明顿有大型敌军战斗机编队接近埃韦勒，联队的"喷火"要立即出动。明顿不乏幽默地回应道："你太晚了。如果我把电话拎到外面你就会听到它们那该死的机炮声！"

德军第6中队长格隆茨声称在对埃韦勒的九次对地扫射中摧毁了五架飞机并击伤另外两架，甚至还通过敞开的机库大门射中了一架双引擎飞机。哈克尔完成七轮扫射攻击。第8中队长霍夫曼因在空袭期间的出色领导得到表扬。第5

JG 26 对埃韦勒的攻击结束后，机场上一架皇家空军"哈利法克斯"轰炸机的残骸。

中队的京特·赛义德（Günter Seyd）少尉和第7中队的戈特弗里德·迪策（Gottfried Dietze）少尉都声称摧毁了一架四发轰炸机。第三大队飞行员的个人战果所知不多，第11中队的沃尔夫冈·波尔斯特（Wolfgang Polster）上士声称击伤两架“台风”，但是毫无疑问那是第127联队的两架“喷火”。

德军和盟军的一些资料都指出埃韦勒机场上的防空部队几乎没有对空袭作出回应，或者是在几轮攻击后被打哑了。负责对付防空部队的是霍夫曼的第8中队，莫尔吉三等兵在第8中队格尔哈德（Gerhard Schulwitz）少尉的小队中担任一名僚机，他回忆道：“第一轮攻击就打哑了所有的防空炮。随后我们自由射击众多停放着的飞机，它们整齐地排成数排。在我的第二轮攻击中可以看见地面上有火焰，烟云开始升起来。第三轮攻击几乎是自杀性的，因为我不得不俯冲钻进厚重的烟雾中，到最后一秒才能看见我的目标。我在第四轮攻击中改平时遇到了困难，我离地面太近了。至此我放弃了，选中一条路向我的基地飞去。”

实际上两支防空部队都在全力守卫着机场。第2742中队的A、B小队透过兵营的窗户用他们的布伦机枪射击。用掉了约2600发子弹并声称击中多架飞机。第2800中队的炮兵看到来袭的德机时就在岗位上，得到开火命令后射击击落三架德机，击中十架，消耗350发40毫米口径炮弹。一辆桑尼克罗夫特卡车被燃烧弹摧毁。

实际上，第二、三大队仅在埃韦勒上空损失很少几架飞机。诺伯特·里斯基（Norbert Risky）下士的“黑色12号”在第二轮攻击中被防空火力击中，他这么描述当时的情形：“在我的第二轮攻击中飞机突然剧烈震动——高炮击中了！燃油遮住了我的视线。我试图将油擦掉却没有成功。机场一旁有大股浓烟在上升。逃进烟雾中我再次试图清理我的座舱——依然不走运。现在我脑子里想到最要紧的就是逃跑。我的发动机有些运行不畅，但是它的马力和仪表指示都没问题。我在布鲁塞尔的屋顶上空设定好航线……大约十分钟后我看见前方有飞机。我慢慢地尾随着它们，直到我认出它们是我们的飞机才舒了口气。我的发动机有希望撑到抵达我们的防线。我在缓慢地损失着燃料，油温慢慢地往上爬。我在低空飞越大海，再次遭到了警戒哨舰的射击。我加足马力越过了这一阻碍……油流得到处都是，碰到滚烫的金属后就化作了烟雾。我的战友们渐渐消失在地平线上。我独自一人穿过了牧场。突然我的油压降到了零，一声巨响后长长的火苗从引擎罩下冒出。炽热的金属噼啪作响。事情看起来不妙——我的高度对于跳伞来说太低了，选择爬升的话速度又不够。在我下面只有树……前方是一些适合迫降的平坦土地。我系紧自己的安全带，把头放低准备好迫降。不幸的是，降落场上有一些洞，一侧机翼折断了，发动机也同样损毁了。座舱里开始变热。当我钻出来时，滚热的弹药开始四散飞出，我不得不趴在地上。半个小时后，一辆陆军大众车捎上我并把我带到了兹沃勒。我在深夜回到了诺德霍恩。”

与里斯基同中队的队友威廉·施米茨（Wilhelm Schmitz）下士可能是在与第403中队“喷火”的战斗中被击落，飞行员当场身亡，这位24岁的飞行员完成了他的第三次也是最后一次作战。

根据盟军的记录，JG 26第二、三大队在埃韦勒上空的攻击持续了近半个小时，直到9时53分，最后一架德国战斗机才消失在视野中，然而在他们前方是一段危险的归途。

埃韦勒机场的建筑和飞机遭受了严重的损失。黑烟升到了13000英尺高，第二大队在诺德霍恩的基地里都能清楚地看见烟雾。第127联队在空战中损失一架“喷火”16，同时11架“喷火”在地面上报废，另有12架受损。这些损失大多来自第416中队，它在第二天报告只有四架“喷火”可用。11辆汽车受损，只有一辆被完全摧毁。地面上的人员伤亡相对较轻，一人死亡，九人负伤并有一人生命垂危。第二战术航空军联络中队损失了八架飞机，受损飞机14架，两辆汽车严重受损，幸运的是没有人受伤。再加上机场上来自其他部队的C-47、B-24、“安森”和“野马”等飞机，现存档案证明在埃韦勒约有60架飞机被摧毁或受损，另一份盟军资料则显示有61架飞机在埃韦勒被摧毁或受损。

第127联队长约翰逊中校在地面上一个安全的位置观察了空袭的过程并给出了专业的评价。德国战斗机以单机或双机在极低的航速下实施攻击，时速似乎不超过150英里。他们把火力浪费在机库而不是更有价值的目标上。他的报告里有句评语是这样的：“射术是糟透的，（他们）在埃韦勒的巡航让我们觉得更像是一群第一次单飞的初学者而不是一线中队的飞行员。”曾经创下“辉煌”战绩的阿布维尔飞行员们要是看到了这句话，自尊心一定会受到很大打击。

JG 26的袭击者们在返航途中并不是没有遇到风险。第5中队的埃德温·卡尔布斯（Edwin Kalbus）下士于10时4分在哈瑟尔特地区声称击落一架P-47，他可能攻击的是第366战斗机大队的一架P-47，然而盟军没有相应的损失记录。卡尔布斯因为这一战果在1月5日获得一枚二级铁十字勋章。第3中队的恩斯特·兰普弗霍夫（Ernst Lampferhoff）下士则没那么走运，他在埃韦勒摧毁了至少三架飞机后于返航途中被轻型防空炮击落，跳伞落地后被俘。兰普弗霍夫的“白色7号”坠毁在格斯（Goes）南部。他并不是唯一一位在格斯过夜的第二大队飞行员。第7中队的埃里希·阿伦斯（Erich Ahrens）上士与兰普弗霍夫选择了同一条返航路线，他的Fw 190D-9也被轻型防空炮击中冷却液箱。阿伦斯将他的“棕色6号”迫降在格斯西南后也成为了战俘。

第7中队还在返回诺德霍恩途中损失了另外三架Fw 190。初次出战的21岁飞行员汉斯·卡尔·格茨（Hans-Karl Götz）三等兵的飞机在出发时就已经被轻型防空火力击中，但是还能坚持下去。他在射击了埃韦勒机场上的一架双引擎飞机后往东北方向飞回。不久他的引擎起火，他跳伞降落在希尔泽-里根机场并被俘。

西少尉描述了另一位第7中队飞行员损失时的情景：“我与第7中队的施佩尔下士在一起飞回基地，我们的燃料要耗光了。在靠近前线的地方德军高炮一击命中，击落了位于300米高的施佩尔下士。德军高炮在这天肯定是没睡醒。我独自一人飞回到诺德霍恩并安全降落。”

莱奥·施佩尔（Leo Speer）下士坠机身亡于须德海南端的哈尔德韦克（Harderwijk）附近。他被葬在了哈尔德韦克当地的公墓，1950年被改葬到伊塞尔斯特恩德军公墓。第7中队最后的损失是威利·孔茨（Willi Kunz）三等兵，他在被防空炮击伤后选择迫降。由于地面颠簸，战机失控翻转，这位20岁的年轻飞行员当即身亡。孔茨迫降的地点位于荷兰北部阿森（Assen）东南约20公里的博赫尔（Borger）附近，这表示他的飞行线路太偏北了。根据一些作战日志，第二大队其余的飞行员在10时25分至10时50分回到了诺德霍恩-

第7中队的威利·孔茨三等兵，他在自己的第一次作战中阵亡。

克劳什德。

第8中队的莫尔吉直到下午五点钟才回到诺德霍恩。离开埃韦勒后他独自飞行了约15分钟，随后他加入到第二大队的四架Fw 190中，但是却莫名其妙地再次与它们失散。莫尔吉继续讲述他的故事："我看不见我的战友们了，突然我发现自己孤独地飞行在平原上空。至少我在返航中没有再遇到防空炮了。我飞过了在诺德霍恩的机场却没有看见它。在空中飞行了两小时五十分钟后，我降落在了JG 6第三大队的机场，真的是耗尽了最后一滴油。由于我的发动机转不动了，只得由一辆半履带车将我拖离降落场。我被禁止起飞，因为当敌军战斗机在帝国上空时是不允许这么做的，而且我还在补充燃料上遇到了麻烦。由于这是一个Bf 109机场，它只有B4燃料。Fw 190D需要的C3汽油只得靠装在桶里带过来。那个下午我得到了55加仑的汽油，经过菲尔斯特瑙飞回到诺德霍恩。"

第三大队的泽斯特军士长这么描述他返回普兰特吕内的归途："在三四轮攻击后我的弹药用完了。我的僚机和2号双机已经独自返回基地了。我决定在超低空向北飞去。突然我意识到有点不对劲，过了一会儿我注意到我的无线电失灵了。很快我遇到了一些其他的Fw 190，我们沿着相似的线路前进。两小时后我降落在了普兰特吕内。很明显在降落时我飞得有点低，一片螺旋桨叶片稍微有点弯曲。在螺旋桨轮毂后面有一些冷杉针叶和一个步枪子弹口径的弹洞，它穿过机身并切断了天线，这解释了无线电失灵的原因。当天有一些飞机被击落。我们的Ju 88被我军高炮击中了机身，但是它继续和我们一起飞到了安特卫普。当它在安特卫普上空被击中左侧发动机后，它返回并以一台发动机在普兰特吕内完成了一次完美的着陆。我们的政治军官就在那架飞机上，他一直想飞一次真正的作战任务。在Ju 88降落下来后，他一声不吭地消失去换内裤了……"

第三大队在返回普兰特吕内途中损失了两名飞行员。第9中队的戈特弗里德·迈尔（Gottfried Meier）少尉坠机身亡在圣尼克拉斯西北八公里处的弗拉瑟讷（Vrasene）附近，他的"白色15号"可能是被盟军防空炮击落。一位警察的报告指出他的脖子被击穿，因此他可能在坠机前就受了致命伤。最后第11中队的鲁道夫·莱因贝格尔（Rudolf Leinberger）少尉被防空炮击中飞机发动机，他试图降落在基希黑伦机场。结果由于降落速度过快冲入了树林中，飞行员受伤。其他飞行员都于10时10分至10时30分降落在普兰特吕内。克鲁平斯基将幸存的第三大队飞行员召集到一起吃午饭，祝贺这次作战取得的成功。

1月1日的作战令第二大队共损失约13架Fw 190D-9，还有两架受损。九名飞行员没有返回，其中四人被俘，其余全部阵亡或失踪，一名飞行员受伤。第三大队共损失六架Bf 109和四名飞行员，其中一人被俘，其余都阵亡或失踪。一名飞行员受伤。包括对赫林贝亨的攻击，JG 26声称共摧毁32架单发飞机、22架双发飞机和13架四发飞机，击伤九架单发飞机、六架双发飞机和一架四发飞机。如果除去JG 26第一大队和JG 54第三大队在赫林贝亨的战果，第二、三大队在埃韦勒的战绩为31架单发飞机、21架双发飞机和九架四发飞机，这与盟军在埃韦勒的实际损失基本相符。JG 26这两个大队的攻击可以被认为是取得了成功。当晚德国国防军最高统帅部还在公报中表扬了JG 26当天取得的对地扫射战果。一个关键点是第127联队损失的“喷火”数量不多，很明显JG 26部分飞行员集中攻击了埃韦勒的双引擎飞机而不是“喷火”。这些一线战斗机是比运输机更好的目标。依靠充足的飞机补充和地勤人员的努力工作，机场在仅两天后就重新投入使用。

8.7 总结

虽然飞行员的表现无可指摘，JG 26第一大队和JG 54第三大队对赫林贝亨的攻击依然是失败的。和以前发生过多次的事例一样，德军的情报工作被证明是不可靠的。JG 26第二、三大队对埃韦勒的攻击则获得了成功，虽然第二大队的损失相当严重，但是埃韦勒被摧毁的飞机数量完全抵得上这一损失。

第九章 JG 27和JG 54第四大队攻击梅尔斯布鲁克

9.1 JG 27和JG 54第四大队的战前状态

JG 27“非洲”联队是德国空军的元老级战斗机联队之一。成立于二战爆发当年的联队一直使用Bf 109战斗机至战争结束。从不列颠战役到巴巴罗萨行动，JG 27的表现中规中矩。直到联队整体开往非洲后，他们终于迎来自己最辉煌的时刻，因为在北非的耀眼表现被冠以“非洲”联队这一代称。联队的超级明星当然是“非洲之星”汉斯·约阿希姆·马尔塞尤（Hans-Joachim Marseille），他是击落盟军战机数量最多的飞行员。

随着德军在阿拉曼的战败和美军在北非的登陆，JG 27的压力越来越大，包括马尔塞尤在内的多位顶尖空战王牌飞行员的折损更是令联队战斗力锐减，终于在1942年末，JG 27永远离开了北非战场。此后联队整体投入到帝国防空战中，他们的风光不再。由于Bf 109的火力及抗损性均不如Fw 190，JG 27在对抗美军重型轰炸机编队中的表现较为平庸，不及JG 2和JG 26等以Fw 190为主力的战斗机联队。

6月7日至8月2日，JG 27第一大队一直在法国迎战登陆的盟军部队。大队在仅八周的时间内就损失了超过50架Bf 109，22名飞行员身亡，12人负伤。声称摧毁约35架盟军飞机。接下来的数周，大队撤回德国不来梅东南部的霍亚（Hoya）机场休整。其间补充了大量飞行员，绝大多数都是刚完成训练的新兵和原轰炸机飞行员。全新的Bf 109G-14也运抵大队。第一大队在十月中旬重返战场，他们转移到里萨（Risa）东南部三公里处的吕特维茨（Leutewitz）机场。11月2日的第一次帝国防空作战就以惨败告终，至少26架Bf 109被击落，11名飞行员阵亡。11月19日，大队转移到荷兰边境的赖讷机场。11月21日，大队损失了第2中队长卡尔·温施（Karl Wünsch）少尉，他是一位拥有23次空战胜利的老手。至12月16日，大队又损失了七名飞行员，其中之一是大队长约翰内斯·诺伊迈尔（Johannes Neumayer）上尉，他于12月11日阵亡。

从六月至八月底，第二大队一直在德国东南部地区作战。然后它转移到柏林南部的芬斯特瓦尔德（Finsterwalde），最终在9月17日来到居特斯洛支援对阿纳姆附近盟军的反击战。在这里它与JG 76第一大队和JG 4第三大队并肩战斗，由JG 11联队司令部负责指挥。至九月底，第二大队有五名飞行员阵亡，三人负伤。击落约10架盟军战斗机，但是损失了17架Bf 109。十月初大队回到芬斯特瓦尔德并暂时撤出战斗。几天后，第二大队转移到里萨-卡尼茨（Riesa-Canitz）并在11

1944 年 8 月，第二大队一架被彻底摧毁的 Bf 109G-14。

月2日执行了一次作战任务。11月19日，第二大队来到霍普斯滕（Hopsten）机场。直到阿登反击战开始前大队声称摧毁14架盟军战斗机，但是损失了约25架Bf 109。12名飞行员阵亡，八人负伤。

1944年10月，第三大队撤到德累斯顿西北约32公里处的格罗森海因（Großenhain）进行休整，在法国和西线三个月的作战中它损失了约100架飞机。有多达44名飞行员阵亡，20人负伤。大队已经彻底精疲力竭。在格罗森海因，他们接收了75架崭新的Bf 109K-4。大队没有得到很多休息时间，它在11月2日执行了第一次对抗美军第八航空队的作战任务并遭受严重损失。直到在12月转移到赫斯勃（Hesepe）支援阿登作战为止，第三大队还将损失23架飞机和12名飞行员，同期仅声称击落不超过两架敌机。

第四大队在八月就因为严重的损失而撤离法国，它在策勒（Celle）北部约八公里的胡施泰特（Hustedt）休整并在接下来的两周里补充了Bf 109G-14和飞行员，后者绝大部分都是直接从航校毕业的菜鸟。十月中旬大队重返战场，仅在11月的三次作战任务中就损失了36架Bf 109。15名飞行员身亡，七人负伤。其间声称击落14架美军飞机。11月19日，第四大队转移到阿赫默机场，它在12月12日的一次成功作战中上报攻击了一个皇家空军“兰开斯特”轰炸机编队并击落八架飞机。

12月16日，JG 27的全部大队都聚集在赖讷—奥斯纳布吕克地区：第一大队在赖讷，第二大队在霍普斯滕，第三大队在赫斯勃，第四大队在阿赫默，联队司令部在伊本比伦（Ibbenbüren）北部几公里外的村庄施泰因贝克（Steinbeck）。联队在支援地面部队的作战中遇到灾难性失败。至12月31日损失100多架Bf 109。人员方面，43名飞行员阵亡，29人负伤，一人被俘。然而，战果仅仅是击落58架盟军飞机。

损失掉的不仅仅是缺乏经验的飞行员，还有一些编队指挥官。12月27日，第4中队长赫尔穆特·贝克曼（Helmut Beckmann）少尉被击落，但是他只是受了点轻伤，跳伞降落在德军战线附近。第二大队在12月接连失去了弗里茨·科勒（Fritz Keller）上尉和赫伯特·库恰（Herbert Kutscha）上尉这两位大队长以及两位中队长。当第7中队长在12月27日未能从作战中归来后，整个大队没有剩下哪怕一位可以在空中率领大队的指挥官了。第三和第四大队没有损失指挥官，但是第四大队失去了队内最优秀的飞行员海因里希·巴特尔斯（Heinrich Bartels）军士长，这位拥有99次空战胜利的飞行员在12月23日的战斗中阵亡。

由于在12月下半月的严重损失，JG 27每个大队的实力都

JG 27第四大队在阿登战役期间失去了其最优秀的飞行员海因里希·巴特尔斯军士长。

大打折扣。12月31日，联队的全部兵力降至：第一大队22架飞机可用，飞行员22人；第二大队13架飞机可用，飞行员19人；第三大队15架飞机可用，飞行员13人；第四大队17架飞机可用，飞行员16人。

JG 54第四大队在1944年夏天接受了重组，由沃尔夫冈·施佩特（Wolfgang Späte）少校担任指挥官。装备Fw 190A-8的它在七月返回东线。九月初第四大队再次撤出战斗，在勒布尼茨（Löbnitz）补充了一些Fw 190和飞行员后于9月18日奉命转移到普兰特吕内支援德军对阿纳姆盟军的反攻。至该月底有16名飞行员阵亡，四人负伤。阵亡者中包括在东线拥有37次空战胜利的汉斯·兰斯迈尔（Hans Ransmayer）少尉。十月初鲁道夫·克莱姆（Rudolf Klemm）少校接任第四大队长一职，大队又一次撤出战斗并转移到莱比锡东北约22公里的默蒂茨（Mörtitz），直到11月中旬回到西线奥斯纳布吕克北部约20公里的弗尔登（Vörden）。第四大队由驻扎在同一地区的JG 27指挥执行作战。接下来的数日中他们执行了几次作战，损失依然严重。11月26日，第16中队长海因里希·施特尔（Heinrich Sterr）中尉在弗尔登降落时被“野马”击落身亡，拥有129次空战胜利的他是大队里战绩最高的飞行员。12月16日至31日，大队在阿登反击战中有23名飞行员阵亡，其中包括两位中队长。12月31日，JG 54第四大队报告23架Fw 190中仅有15架可用，21名飞行员可以出战。

9.2 为新年突袭的准备

关于JG 27和JG 54第四大队为元旦作战备战的信息留存不多。不过从仅存的资料来看，至少指挥官们在12月初知道作战计划的存在。JG 27第12中队长埃米尔·克拉德（Emil Clade）中尉回忆道：“12月16日我们得到通知有一个‘特别行动’已经被准备好。我们所知道的只有暗号‘金星’。我们继续在圣维特—埃菲尔地区执行日常作战，损失惨重。我几乎都把这事给忘了，直到12月31日从一次作战中归来降落在赫斯勃后，我的地勤组长迎接我并说出‘金星！’我突然觉得有点担心。我马上给我们在霍普斯滕的联队长打电话，但是没有得到更多的细节。当时不允许任何人离开机场，我被命令和弗兰齐斯克特少校一起去参加一次会议。”

会议中，大队长们得知在元旦清晨所有驻扎西线的战斗机联队都要攻击比利时境内的盟军机场。这次作战的名称是“底板”。克拉德中尉将率领第三大队并与汉斯·海因茨·杜德克（Hanns-Heinz Dudeck）上尉率领的JG 27第四大队组成一个编队。目标是布鲁塞尔附近的梅尔斯布鲁克机场。克拉德回忆道：“为了达成突然性我们要在黑暗中起飞，这样我们可以在破晓时抵达目标上空。前往布鲁塞尔的航线不是一条直线，我们要飞到乌得勒支然后南下，所以攻击将从北边发起。虽然由于新年庆祝活动预计不会遇到多少抵抗，还是有几个小队被命令攻击可能存在的20毫米防空炮台。”

第四大队长杜德克上尉大约在12月19日得知即将对布鲁塞尔的梅尔斯布鲁克机场展

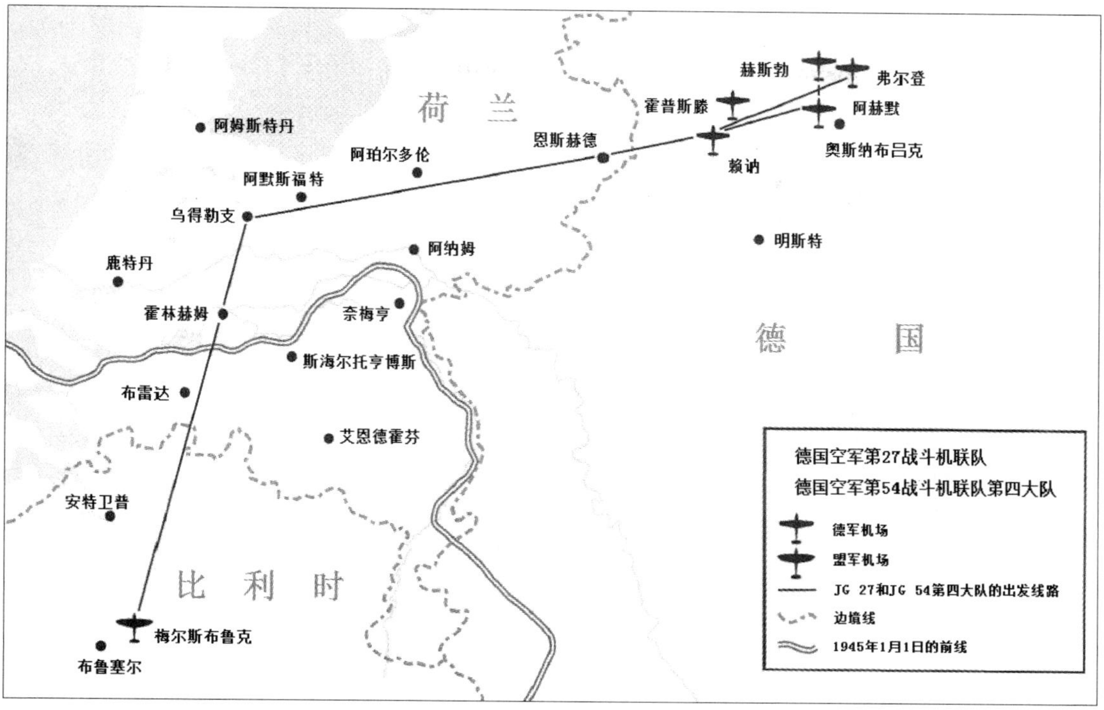

JG 27 和 JG 54 第四大队的攻击路线。

开攻击，JG 27联队长古斯塔夫·罗德尔（Gustav Rödel）上校告知了他此事。攻击发起的日期还没有被定下来，大队长也没有召开会议确定具体计划。12月底，杜德克申请休假得到批准，但是要留在阿赫默。于是他就呆在附近的一个乡村别墅休假。12月31日晚，杜德克接到电话通知要在第二天早上发起攻击。他对此感到有些意外，因为那时他都已经把计划中的作战给忘得一干二净，还以为它被取消了。得到空袭通知的杜德克给他的中队长们打电话，让他们根据从联队司令部收到的资料给飞行员们开作战会议。杜德克随后继续进行自己的元旦庆祝活动。

克拉德在参加完司令部的会议后于晚上十点回到赫斯勃。他将自己从联队长那里得到的消息尽可能细致地传达给了他年轻的部下们。会议结束时已经是半夜了，飞行员们不再参加任何庆祝活动，直接上床睡觉。

12月31日下午，JG 27第二大队残存的飞行员们得到通知，他们中的12人要在当天下午飞到赖讷。降落在赖讷后他们没有得到作战指示，也和第一大队一样没有获得任何细节信息。他们收到的消息只是准备在凌晨执行一次作战。

在弗尔登的JG 54第四大队飞行员们早在12月初就得知有一个在谋划中的作战行动。两架Ju 88的机组人员在他们的食堂里呆了好几周了。第15中队的飞行员库尔特·贝尔（Kurt Bell）少尉回忆道：“作战准备极为细致且极度保密。每个人都知道有些事情在发生着，但是细节都是秘密。即便是我们的中队长卡尔·雷施（Carl Resch）少尉也一言不发，虽然他参与了空袭的计划。”

12月31日晚上，大队长克莱姆少校和雷施少尉向小队长们告知了即将对梅尔斯布鲁克发动的空袭。小队长们又回头给各位飞行员下达通知。他们得到了目标的航拍照片，每个飞行员都要至少对机场完成四轮攻击，剩余的弹药要在返航途中使用掉。由于起飞要在黑暗中进行，一架Ju 88将率领大队一直飞到乌得勒支。

奇怪的是，领导此次作战的不是克莱姆或雷施，而是第15中队的弗里多林·巴赫胡贝尔（Fridolin Bachhuber）上士。很明显克莱姆不认同此次作战，雷施则是有病在身。巴赫胡贝尔在1944年8月加入JG 54第四大队，但是到12月底就已经获得了11次空战胜利。虽然飞行员们被禁止饮酒，绝大多数人却没有把这道命令放在心上。

9.3 比利时梅尔斯布鲁克机场，1944年12月

梅尔斯布鲁克机场(B-58)为德军提供了很多有价值的攻击目标。这里拥有B-24、P-51、“安森”、“奥斯特”、“普罗科特”、“牛津”和第271中队大量罕见的“哈罗”轰炸机。驻扎在这里的第139轰炸机联队由第98、180和320（荷兰）中队组成，使用B-25“米切尔”轰炸机。机场另一边是皇家空军第16中队的“喷火”、第69中队的“威灵顿”和第140中队的“蚊”式，它们一起构成了第34侦察联队。最后，在机场中间停放着的是第八航空队遭受打击损毁的轰炸机。和比利时西部其他机场一样，梅尔斯布鲁克几乎没有留下多少防空部队。这里只有皇家空军地面团的三个中队，其中的第2717中队只有一个小队，他们的武器是威力不足的布伦机枪。

9.4 前往梅尔斯布鲁克

早上七点整，赖讷机场上第一和第二大队的飞行员们参加了一次作战会议。飞行员们看到了梅尔斯布鲁克机场的照片，每个人还得到了一份1:500000比例的地图，上面标注有飞往目标的航线：赖讷—乌得勒支—布鲁塞尔。没有提供其他备选目标。一架Ju 88将引领第一和第二大队的编队直至乌得勒支南部约十公里处的莱克河（Lek），在这里要给枪炮上膛并关掉识别灯。FuG 16无线电要在乌得勒支打开。编队由自12月22日起

第139联队“米切尔”轰炸机整齐地停放在梅尔斯布鲁克机场，最近的那架飞机属于第320（荷兰）中队。

指挥第一大队的埃伯哈德·沙德（Eberhard Schade）中尉率领。Ju 88G-1导航机“2Z+EP”由来自NJG 6第6中队的温克勒军士长机组驾驶。

飞行员们被告知可能会在梅尔斯布鲁克发现B-24、B-25、B-26和“喷火”等机型，机场上飞机总数约有180架。他们被指示从300米外攻击四发飞机，从200米外攻击双发飞机，从100米外攻击单发飞机，这么做的话，目标飞机的翼展将刚好填满瞄准器。每位飞行员要完成四轮从北向南发起的攻击，期望每轮攻击可以摧毁一架飞机。第二大队的飞行员被告知完成他们的作战后要回到霍普斯滕机场。

赫斯勃的第三大队飞行员们在凌晨四点钟就醒了。吃完早餐后他们来到机场参加由克拉德召开的作战简报会。杜德克上尉在凌晨四点离开了元旦聚会，当他来到阿赫默时，最后的作战会议已经结束了，飞行员们已经拿到地图并知晓了飞行路线。杜德克匆匆熟悉了一下航线，然后他向飞行员们发表了简短的讲话，让他们跟着自己摧毁尽可能多的敌机。攻击目标的时间预定于9时20分，以小队为单位实施攻击，要在机场上空完成四轮对地扫射。

巴赫胡贝尔上士在弗尔登为他的飞行员们做战斗准备。巴赫胡贝尔将驾驶涂有大队长标志“＜＜”的飞机。第15中队将组成领飞的小队，巴赫胡贝尔的僚机是奥托·贝克特（Otto Beckert）三等兵，另一个双机由鲁道夫·瓦尔特（Rudolf Walter）下士带着格特·奥伦施拉格（Gert Ohlenschläger）下士组成。其余中队将跟着这个小队前进。

8时25分，第一大队的16架Bf 109从赖讷机场起飞，紧跟在后面的是12架第二大队的Bf 109。他们共同组成了一个V形编队，每一侧包含三个小队，每个小队的四架飞机并列成一线。领飞的小队以及编队左侧的飞机属于第一大队，右侧的属于第二大队。沙德中尉在领飞小队的最左侧作为编队指挥官。完成集结后，编队下降至树顶高度并由一架Ju 88带领，它在同样的高度向乌德勒支飞去。

在赫斯勃的第三大队也放飞了约15架Bf 109，它们在阿赫默上空加入了约17架Bf 109组成的JG 27第四大队编队，后者在8时15分起飞。在Ju 88导航机的引领下编队向西出发，处在第一、二大队混合编队后方稍远距离。克拉德回忆道：“发动机被预热好了，我们以小队为编组起飞。在我们前面的是Ju 88导航机。我们借助它的排气火焰作为导航辅助。天朗气清，当我们越过荷兰边境时天空开始变亮了。”

8时15分，JG 54第四大队的约15架Fw 190从弗尔登机场起飞，在它的Ju 88导航下，大队也沿着相同的路线前往乌德勒支。

低空飞行的编队来到了平静的荷兰乡村。接近9点整，第一和第二大队来到了乌得勒支附近，Ju 88在这里离开了编队。突然在编队的左侧出现了动静，几秒钟后第2中队海因里希·布劳恩（Heinrich Braun）下士的飞机燃烧着坠落在乌得勒支东部五公里的德比尔特（De Bilt）附近。出什么事了？

对照英军记录，8时29分，第2中队的两架“喷火”14从希尔泽-里根起飞前往莱文—希尔弗瑟姆—阿纳姆地区进行侦察。扬（J.M.Young）上尉和帕克伍德（L.J.Packwood）上尉驾驶着飞机向北前进。几分钟后的8时32分，默瑟（A.D.Mercer）上尉和莱克（J.B.Lyke）上尉驾驶着第268中队的两架“野马”飞向乌得勒支做战术侦察。在阿默斯福特以东，帕克伍德和杨看见了两架Ju 88在超过30架Bf 109和

Fw 190的“护航”下向西飞去。帕克伍德报告：“我们转向飞到了编队上方并攻击了最后一个小队。我从正后上方攻击了一架Bf 109，敌机没有做出规避动作。我用机炮和机枪完成了五秒钟的点射，从400码接近到150码。我看见击中了座舱和机身，敌机解体了，右侧机翼翻折到它的机背上并燃烧着落在地面。”

帕克伍德垂直爬升并脱离与敌机的接触。他击落的毫无疑问是布劳恩的Bf 109，当地的消防局在几分钟内就抵达现场，但是布劳恩已死亡。

两架“野马”也发现了一些德国飞机，默瑟在乌得勒支上空看到了它们。他报告：“我看到一些敌机从乌得勒支向东飞去。它们是由五架Bf 109掩护着的三架Ju 188。我向希尔泽-里根基地（长弓）报告后冲下去发起攻击。我选中了靠后的Ju 188，在它左侧有一架战斗机。我在正后方约500码处开火并靠近到100码，看见击中了机尾和机身，接下来它的右侧发动机起火并剧烈燃烧。我的二号机在我脱离后发起攻击并报告击中了机尾。敌机直着飞了一会儿后坠落在E.3289附近的一处树林中。我们看见它燃烧起来并升起了厚重的黑烟，直到我们越过斯·海尔托亨博斯（S-Hertogenbosch）附近的轰炸线都能看见烟雾还在升腾。”

那三架所谓的“Ju 188”很可能是JG 27和JG 54第四大队的Ju 88导航机。那些Bf 109可能是提前返航了。被默瑟击落的飞机实际上是威廉·菲舍尔（Wilhelm Fischer）下士驾驶的从赖讷起飞的Ju 88G-1“G9＋AC”。不过不确定他的飞机是否为JG 27第一和第二大队的导航机，也可能是JG 1第三大队的导航机。被默瑟击中后，那架Ju 88继续向东飞行。在巴纳费尔德的当地村民看见了被重创的Ju 88，还可以听见它的引擎发出怪异的声音。在危险的低空中，Ju 88似乎是为了闪避一些建筑而坠入了巴纳费尔德东北的森林中。四位机组人员全部当场阵亡，第二天他们被葬在了阿珀尔多伦。

不只是第一、二大队的编队在乌得勒支上空遇到了麻烦。在他们身后几分钟航程外就是第三、四大队。克拉德回忆道：“在乌得勒支上空Ju 88离开了我们，我们向左做了个90度的转弯，这对于约30架飞机来说并不容易。在莱茵河的瓦尔河支流上我们要向南飞往布鲁塞尔，这样导航会容易一些。不久，我注意到之前一直保持稳定的编队右侧出现了一些骚动。两架‘喷火’从后方赶来并从我们的编队中干掉了两架‘梅塞施密特’。我们得到的命令是不准卷入到空战中，于是我们继续沿着航线飞行。”

克拉德的记忆似乎出错了，因为盟军没有战果报告符合他的描述。不过确实有一架Bf 109损失在乌得勒支附近。

1943年，埃米尔·克拉德（左）和他的机械师坐在自己的Bf 109G上。

第16中队的阿尔弗雷德·曼申（Alfred Mannchen）上士阵亡在乌得勒支附近，但是他坠机的原因是个谜。曼申是中队内经验较为丰富的飞行员，在135次作战中击落过六架敌机。他被葬在乌得勒支并于1948年改迁入伊塞尔斯特恩德国战争公墓。

越过乌德勒支，JG 27和JG 54第四大队继续向南飞往布雷达。JG 54第四大队在乌得勒支附近没有遭遇任何问题，实际上它在前往布鲁塞尔的途中没有任何损失，然而对于JG 27来说，新的考验又来了。

9时5分左右，第一、二大队接近瓦尔河畔的霍林赫姆（Gorinchem）。这时第一大队编队的左翼（特别是第2中队）突然遭到防空火力的猛烈打击。海因里希·维泽（Heinrich Wiese）少尉的飞机凌空爆炸，其僚机约阿希姆·冯·施特肖（Joachim von Stechow）少尉见状试图通过机动避开密集的炮火。另一位第2中队的飞行员奥托·泰森（Otto Theisen）候补军官通过无线电警告他降到地面上方。当泰森俯冲时他看见冯·施特肖的Bf 109被击中了。座舱后段的机身断开，飞机机鼻朝下坠毁。施特肖没有逃生的机会。虽然无法确认，但是两架飞机很有可能都是被己方防空炮击落的。

维泽的Bf 109坠毁在韦尔肯丹（Werkendam）附近，德军士兵找到了重伤的维泽，但是他因头部的严重伤势在被送往医院的途中死亡。维泽在第二天被葬在韦尔肯丹当地的公墓。施特肖的Bf 109坠落在赞得（Zand）村附近，他当场死亡并被安葬在当地的墓园。

JG 27继续向布雷达前进，越过该城后编队笔直飞向布鲁塞尔。看到布鲁塞尔后，JG 27的编队在梅尔斯布鲁克附近逆时针绕行，这样可以从东南方向发起攻击。克拉德回忆道："我们在布鲁塞尔上空做了个120度的左转，然后我们要顺着公路向梅尔斯布鲁克前进。在向左的大半径转弯过程中我注意到一大群可能是要去教堂的人在向我们挥手，他们以为我们是盟军！"

以第一、二大队带头，JG 27和JG 54第四大队高速向梅尔斯布鲁克飞去。

9.5　对梅尔斯布鲁克的攻击

此时梅尔斯布鲁克机场上的盟军早已醒来，正在进行作战准备工作。

第139联队的"米切尔"奉命一早前往阿登地区执行一次作战，他们在机场上忙碌地工作着："（米切尔）从它们的疏散区滑跑出来进行一次早间起飞，'米切尔'们开始在跑道末端排成线列，抛光过的玻璃在阳光的照耀下闪闪发光，发动机咆哮的声音回荡在平坦宽广的梅尔斯布鲁克机场。每架飞机的腹部都装载了八枚500磅炸弹，它们要在稍后被用于摧毁对于冯·伦德施泰特的装甲师至关重要的达斯堡（Dasburg）村通讯中心。8时20分，领头的飞机向前冲去，速度逐渐加快，平稳地飞上了天。至8时45分，最后一个'米切尔'盒子编队也已经升空。它们绕着基地转圈，提升高度并组成紧密的编队。现在两波18架飞机开始前进，发动机有规律的轰鸣声逐渐减弱，六个间距整齐的盒子消失在遥远而平静的晨空中。有那么一会儿一切似乎都安静下来了。然后似乎突然间一切变了样……"

"机场指挥员第一个看见了它们。一架单发战斗机在非常低的高度逼近，它的一侧起落架机轮挂在翼下。指挥员以为它是要来这里降落，当他闪起红灯时突然看见尾翼上涂绘的万字符。其他的飞机也跟着它从太阳中钻出飞过来，绝大多数是‘梅塞施密特’。有三波飞机，每波12架从不同方向完成它们的第一轮攻击。鼓点一样的机炮咔哒声和增压发动机的轰鸣声突然打破了宁静的氛围。”

休·图德（Hugh Tudor）上尉是第140中队的一位飞行员，他和好友伊恩·尤因（Ian Ewing）上尉一同起床吃早饭：“我已经和第140中队在一起约六个月了，我的一位好朋友是澳大利亚人伊恩·尤因。1月1日清早，我们要回到英国接我的父亲，他在一战中是一位原英国陆军航空队飞行员，他回到了皇家空军。已经安排好让他来到梅尔斯布鲁克的一个作战中队和我们一起呆几天。一架‘蚊’式上可以容纳三个人，这就是原计划。伊恩和我在食堂里吃了早饭，刚钻进一辆吉普准备前往位于军官食堂所在道路另一侧的机场时，伊恩这位烟斗客说他忘了拿自己的烟斗。他回去找它，这耽误了我们10到15分钟。当他拿到它时，中队的小伙子们聚集站立在附近。那是一个晴朗的早晨，小伙子们中有一人说道：‘天哪！看那三架“飓风”。’那些低空飞行着的飞机正在穿越机场，我大喊道：‘去他妈的“飓风”——它们是Bf 109。’”

达特（E.R.Dutt）上尉是第16中队的一位飞行员，他回忆道：“1月1日我本要第一个出动，但是清晨的机场冰冻得厉害，虽然我已经得到指示飞往鲁尔区附近查看那些机场，我们的机场工作人员还是有必要再次检查跑道和滑行道的情况，因为他们认为它们不适合进行滑跑和起飞。在作战室里等待时，我们遭到了大量Bf 109和Fw 190的攻击。”

第一、二大队的Bf 109向机场上整齐停放的飞机尽情地倾泻着机枪和机炮火力，在两三轮攻击后机场上已是浓烟四起。几分钟后第三、四大队的飞行员来到了机场上空，发现一些飞机已经因先前的攻击燃烧起来。率领第三大队的克拉德则对此有不同的记忆：“当我们来到梅尔斯布鲁克上空时一片安宁。防空炮台无人值守，轰炸机和战斗机围着加油站排成圈圈，就像是围着一个水塘的牛群。来到机场上空，每个人都毫不犹豫地向猎物俯冲下去。几分钟后整个机场都在燃烧。轻型防空火力试图加以干涉，但是没有什么用。在第三轮攻击后，机场上覆盖着的烟雾如此厚重，以至于我很惊讶没有发生空中撞击事故。”

与此同时，JG 54第四大队的Fw 190也加入了战斗。它们纷纷在布鲁塞尔上空丢下副油箱并向下冲入梅尔斯布鲁克。现在机场上多处已经燃起熊熊大火，飞行员们把准星对准尚未被攻击的目标。Fw 190和Bf 109一遍又一遍地对地面上成排停放的飞机射击，残骸

梅尔斯布鲁克机场上，一架皇家空军的“米切尔”轰炸机在燃烧。

JG 27 和 JG 54 第四大队空袭后，一架烧毁的“米切尔”轰炸机残骸。

冒出的黑烟遮天蔽日。

那些留在梅尔斯布鲁克的“米切尔”轰炸机得到了特别关照。它们的飞行员总是习惯性地把飞机呈线形整齐地停放在跑道上，这成为了绝佳的攻击目标。很快，一架接一架飞机变成了燃烧着的火堆。第98中队损失了四架飞机，第180中队损失了五架，第320中队损失两架。

第34联队的飞机也是有价值的目标，麦克·肖(M.J.A.Shaw)中校用于夜间作战的“威灵顿”遭到了最沉重的打击。由于第69中队的“威灵顿”是从事夜间摄像侦察的飞机，它们的涂装色在白天特别显眼。第16中队的侦察型“喷火”也在昼间使用，因此其中一些免遭厄运。第140中队的飞机当天早晨没有任务，也受到了一定的打击，但是他们的损失都不如第69中队严重，肖中校回忆道：“我记得我们中的一些人在刚吃完早餐后走出军官食堂，这时低空飞行的飞机开始疾驰而来。我们以为这是皇家空军的小伙子们要给我们一个新年问候，直到我们看见它们的机翼上有黑十字！所以我们马上冲入食堂附近的掩体里。孱弱的防空守卫在德国飞机消失前几乎没有参战。它们很明显在梅尔斯布鲁克达到了目的，在地面上摧毁了最多数量的盟军飞机。我的第69中队的全部24架‘威灵顿’中有14架被完全摧毁，另外五六架飞机的受损程度太过严重，再也没有飞起来过。我不记得第16中队的‘喷火’和第140中队的‘蚊’式遭受了多少损失，但是也相当大。几个月前在阿纳姆作战后降落于此的一架‘肖特斯特林’刚被修好，它在我们的疏散区上被摧毁了。我当天本要驾驶它进行飞行测试，但是这个机会被剥夺了。也许这也无所谓，因为我之前从未驾驶过一架‘斯特林’！”

“我猜我还幸运地躲过另一劫。当我最终走进我在营地生活区的办公室时，我发现一枚德军子弹穿过窗户陷入对面的墙壁中。如果德国空军的攻击晚来五分钟，我将正好坐在我的桌前，我的头会处于子弹的飞行路线上。所以我想我当时就不应该上楼！”

第16中队的“喷火”分散停放在梅尔斯布鲁克的东北区域。迈克尔·韦茨（Michael Wetz）是第16中队的一位飞行员，和大多数其他飞行员一样，他参加了在滑铁卢开了一整夜的大聚会。韦茨在清晨返回基地，来到气象室喝了一大杯咖啡，这时传来一声巨响，他走出去查看并逐渐意识到机场正遭到空袭。“由于没有什么能做的，我们回到气象室又接了一杯咖啡，然后坐在一张结实的桌子底下直到空袭全部结束。我当时有点宿醉，不能确定我是不是在做梦。之后，我觉得我在机场上数出了150架燃烧着的飞机。我们部队有三架飞机被摧毁，三架受损。

由于当时并不缺飞机，它们很快就被替换掉了。”

霍斯福尔上尉也是第16中队的一位飞行员，他在自己的日记中这么写道：“德国佬扫射机场的开局不错。约70架Bf 109和Fw 190在梅尔斯布鲁克盘旋并以顺时针方向进行扫射。我记得德国飞机飞得相当低，而且我觉得它们中有相当多的注意力被避免撞机所牵制，妨碍了它们造成更大的破坏。”

然而破坏还是严重的，第140中队全木质机身的“蚊”式没有逃脱德军的注意，被摧毁的就包括图德上尉的座机：“当空袭结束，伊恩·尤因和我来到了机场。我们的许多飞机已经被击毁了。我自己的飞机身上布满了窟窿，我的头盔挂在操纵杆上，降落伞放在座位上。这架‘蚊’式报销了。头盔上有两个弹洞，降落伞包被撕碎。毫无疑问，如果伊恩没有忘掉他的烟斗，我们不是在飞机里就是在离它很近的地方。对我们俩来说这真是幸运地躲过一劫。”

沃尔顿（R.D.Walton）上尉也是第140中队的一位飞行员：“我在前一晚已经飞过了，当空袭开始时正在床上。休·图德和伊恩·尤因预定要将我们的一架‘蚊’式带回到英国，他们叫醒了我和我的导航员比尔·哈珀（Bill Harper），警告我们空袭来了。我们的第一反应是他们在撒谎，但是机炮开火的声音足够把我们带到营房的门口，我们第一眼看见的是一架尾轮落下在低空飞行的Bf 109战斗机。我们穿上了飞行靴，在睡衣外头套上大衣，带上钢盔和史密斯-韦森0.38口径手枪走到我们营房旁边的运动场。我们对战斗一览无余。我们都徒劳地用0.38口径手枪对飞过我们的飞机射击。一位伙计拿着一把双管霰弹枪连续开火，我想那是布朗少校。”

约翰斯顿是中队的一位发动机装配工，他在向厨房走去时德机突然袭来：“我们冲回到我们的营房，我拿起一挺布伦机枪和一个装满子弹的弹夹向德国人开火。我不知道我是否击中了他们中的任何一位，但是我希望我至少能吓到一些。我知道他们当然害怕我！清理机场期间我在布鲁塞尔市呆了两天，当我回来时一些补充的‘蚊’式已经来了，我被告知我们的‘蚊’式中只有一架在空袭中幸免。我们再也没有从官方口中得知所有被摧毁的飞机总数，但那是相当大的一个数字。”

官方确认仅损失了四架“蚊”式，不过另一位当事人的目击证明了中队的实际损失更大。伦特（Lunt）中士正在前去查看他的飞机状态的路上，看见所有的地勤组员都在

盟军的后勤补充能力远非德军能比，1945 年 2 月 15 日，焕然一新的第 140 中队“蚊”式战机正在梅尔斯布鲁克机场上预热引擎，准备起飞执行一次摄像侦察任务。

外面和飞机呆在一起："当我走向最近的一架时，我被机枪击中附近的地面所惊动。我向上看去，发现五架Fw 190从低空中耀眼的太阳处钻出。它们离我如此之近，我可以看见那位指挥官的脸和瞪大的双眼。我们的飞机是主要的目标，我跑向的那架飞机被击中发动机，机内的液体向我喷来。当天结束时没有一架"蚊"式留存下来，但是在三四天时间内我们就重新装备上了从英格兰发来的20架崭新的'蚊'式。"

奇怪的是有些人完全错过了这场战斗，第320中队的约翰·霍梅斯（John Hommes）回忆起了一个可能是最难以置信的故事："1944年12月28日，一架美军B-17紧急降落在梅尔斯布鲁克，它在德国上空被击中。虽然飞机受损严重，机组人员却没有大碍。他们在不同的餐厅里得到款待，尽情地在酒吧里享受着。一位机组人员当晚和我的一个朋友住在一起。他告诉我在那个决定性的早晨当一切乱成一锅粥的时候——飞机发动机的轰鸣，机炮和机枪的射击——他的美国客人摇摇晃晃地走到窗前，猛地拽开窗帘。就在此刻一架德国战斗机呼啸而过，猛烈地向前方的跑道开火。这位美国人再次关闭了窗帘并回到床上嘟哝着'伙计，我一定是醉过头了——我觉得我看见了一架"梅塞施密特"。'然后他又睡着了。"

机场的防空力量极为薄弱。由于炮手在执行机场巡逻任务，部分皇家空军地面团的火炮无人操作。仅有五门防空炮发射了约197发炮弹，上报摧毁四架敌机并击伤另外四架。不过这不仅仅是JG 27和JG 54第四大队面临的唯一威胁，两架在空袭前不久从埃韦勒机场起飞的第403中队"喷火"发现自己夹在对梅尔斯布鲁克和埃韦勒攻击的两批德机中间。布特和林赛马上插手干预并击落了至少四架入侵者，它们可能都来自JG 27和JG 54第四大队。

沙德中尉是第一大队在梅尔斯布鲁克上空第一个遭遇麻烦的人，他的飞机卷入了一次空中碰撞并失去了部分机尾，但是沙德成功控制住了飞机并安全返回。第一大队在布鲁塞尔至少损失了一架Bf 109，第4中队的阿尔诺·迪辛（Arno Diesing）三等兵坠机身亡于比利时首都地区，他可能是被英军第403中队的布特击落，后者声称在布鲁塞尔上空摧毁了两架"梅塞施密特"。

第二大队在布鲁塞尔上空损失了来自第7中队的彼得米歇尔·吉泽菲乌斯（Petermichel Gisevius）下士。他也很可能是第403中队"喷火"的枪下亡魂。第10中队的埃里希·海曼（Erich Heymann）二等兵也在布鲁塞尔上空被击落，原因可能是"喷火"或防空火力的攻击，飞行员被埋葬的地点已经无法确认。第四大队在梅尔斯布鲁克上空没有损失一架飞机。

JG 54第四大队也遭受了打击，他们在布鲁塞尔上空至少损失了一架Fw 190。布特报告了他与德国战斗机的交战并特别提到了其中的一架Fw 190："我是'黑色1号'，和我的二号机从B-56起飞时敌机来到了基地上空，但是我直到升空后才知道他们的存在。我收到的第一道警示是看见左侧约300码外呈反方向飞行的一个飞机编队。我马上就认出它们是Bf 109并将信息传达给我的二号机，还下令丢下副油箱。我的油箱未能脱离，于是我冲入敌机编队并选中了最近的飞机。我从约200码靠近到100码，完成几次点射并看见取得多处命中。那架飞机燃烧着坠落。我的二号机目睹了此事。接下来我来到一架Fw 190尾部并靠近到约100至125码。我看见首先击中了右翼，然后是左翼，然后是机身。那架飞机继续以直线飞行，在撞掉一块屋顶后坠落在第一排房子后面。”

那架Fw 190在雷耶斯兰（Reyerslaan）撞到了一些房子并坠落在布鲁塞尔迪亚曼特兰（Diamantlaan）的一个小院子里。这位倒霉的飞行员就是率领JG 54第四大队编队的巴赫胡贝尔上士，他当场丧命。皇家空军的报告列出了一架序列号为(7)5009(5)的Fw 190A坠毁在布鲁塞尔附近。毫无疑问这就是巴赫胡贝尔的Fw 190A-9，序列号750093。但不知道巴赫胡贝尔的遗体被怎样处理了，他至今仍被列为失踪人员。

JG 27第5中队的赖因霍尔德·屈尔（Reinhold Kühl）军士长和第14中队的弗朗茨·韦尔曼（Franz Wellmann）上士声称在布鲁塞尔的空战中击落一架“喷火”。然而已知的盟军损失记录只包含第403中队哈林上尉驾驶的“喷火”和从埃韦勒机场起飞时被突然攻击的三架“喷火”，这些都应该是JG 26的战果。JG 27第13中队的弗里茨·克吕格尔（Fritz Krüger）下士在布鲁塞尔西部发现了一架单独飞行的“奥斯特”联络机，他声称将其击落。很可能这就是由史蒂文森驾驶从埃韦勒起飞的那架“奥斯特”。他在布鲁塞尔西北部遭遇德军战斗机，但还是捡回了一条命。

巴赫胡贝尔上士的Fw 190的残骸，背景中可见被他的飞机冲撞后破碎的房顶。

虽然遇到了一些小麻烦，绝大部分德国飞行员都能够从容地选择目标并不受干扰地完成准确攻击。一些飞行员声称摧毁了多架飞机。第6中队的斯特凡·坎茨勒（Stefan Kanzler）上士声称在对地扫射中摧毁了一架“哈利法克斯”，并击伤B-24和B-17各一架。第四大队长杜德克上尉实施了五次攻击，战绩为摧毁一架四发轰炸机，一架双发轰炸机和一架战斗机，击伤两架战斗机。杜德克觉得防空火力并不猛烈，他也注意到一些火炮没有在射击。第16中队的维南德·乌贝尔（Winand Ubber）上士摧毁了地面上的两架飞机。从JG 54第15中队的飞行员鲁道夫·瓦尔特（Rudolf Walter）下士的回忆来看，对地扫射并不是没有风险的：“我的第一轮攻击瞄准的是像在阅兵一样排成一条线的四架‘喷火’。我瞄准第一架飞机开火并一直到击中第四架才停止射击。我在一轮攻击中把它们都干掉了！我逼近准备实施第二轮攻击时突然撞到了一棵树。很明显结着白色冰霜的树顶与被白雪覆盖的机场融为一体，我在瞄准新目标时没有注意到这棵树。我的整个右翼都被猛烈撞击，可以看见在起落架附近有一个口径十厘米的大洞。空速管一定也被击中了，因为我的空速表指示时速达到了800公里。我马上向东转弯，在整个飞行途中都得把操纵杆推向左侧。越过莱茵河后我想要通过辨认一些地标来确定自己的位置，但是由于操纵困难以及要在大雪覆盖的地面上低空飞行，这并不简单。最终我看见一架飞机在准备降落。好哇，一个机场！我缓慢地滑翔下来，虽然飞机受了伤，但落地是完美的。然而飞机越来越偏向左边，当我想用右手边的刹车来补偿时，我发现那一侧的刹车系统也坏掉了。向左侧的偏转变得越来越大，最终右边的降落支架断裂，我的Fw 190歪倒在它的右翼上。”

瓦尔特降落在了基希黑伦，他发现有部分飞行员也紧急降落在了这个机场，他和其中一些人一起在接下来几天回到了自己的基地。另一位在梅尔斯布鲁克上空遇到麻烦的飞行员是第7中队的约翰内斯·黑特莱因（Johannes Härtlein）下士。在目睹了队友的坠机后他注意到自己的发动机功率降低了，他与自己的小队失去了联系。很明显他也被击中了，但是因为紧张的战斗而没有注意到。黑特莱因试图低空飞行返回基地：“在机身前部的一击让我的‘梅塞施密特’突然颤动起来。慢慢地飞机被烟雾所吞没，然后第一簇火苗开始冒出来。我像被教导的那样用受损的发动机把飞机拉伸到尽可能高并跳伞。高度是足够的，我打开降落伞落在了一小片森林中。我藏起我的降落伞并走到森林的边缘，看见一些车辆停在了附近的路边。我拿出自己的手枪，但是很快两位英国士兵举着步枪走近我并从我手中夺走了手枪。他们把我带上了其中一辆车并将我带到附近的一个城镇。”

黑特莱因的“白色7号”被轻型防空火力击中坠落在蒂伦豪特（Turnhout）西南偏南约十公里的蒂伦（Tielen）附近。此时，德军战机已经离开，并组成小队或独自试图返回他们的基地。克拉德是最后离开梅尔斯布鲁克的飞行员之一，他回忆道：“飞行员们一用完弹药就马上向东转去。我一直在机场上空留到了最后以判定其受损的程度。由于要独自飞回基地，我留下了一些弹药。晴空万里，与天气预报相反，没有看到哪怕一块云可以给我们提供掩护。我决定继续超低空飞行，很快前线出现了。很明显炮手们现在清醒了，我径直飞向一门开始射击的20毫米防空炮台并开火还击。当我飞越它时我可以看见炮手们疯狂地试图将炮口旋转180度。在它可以瞄准之前我就已经溜走了。我是最后一个降落在赫斯勃的人。”

不是所有人都能像克拉德那样顺利地返航，一些Bf 109和Fw 190损失在回家途中。第1中队的费迪南德·芬克（Ferdinand Fink）下士坠机于芬洛西部15公里的贝灵恩（Beringe）以北，他当场死亡并被埋葬在坠机点附近，他很有可能是被防空炮击落的。

第2中队的候补军官泰森也用尽了自己的运气，他在返回赖讷的途中偶然飞到了沃尔克尔上空。三个皇家空军地面团下级中队的炮手们马上注意到了他那架单飞的Bf 109。炮击取得了命中，烟雾从那架“梅塞施密特”身上冒出来。飞机向东北飞去并消失在一些树后面。泰森迫降在沃尔克尔东部约七公里的哈普斯（Haps）西面。“梅塞施密特”撞上了一些电线，碰到了很多树木并在冰冻的土地上翻滚着，最终以正常的姿态停了下来。司令部距坠机地点约半英里的第8加拿大侦察团抵达现场，很快从“梅塞施密特”残骸中救出了受重伤的泰森。他被严重烧伤，脸部伤势尤为严重。泰森被带到了一所陆军医院。

第3中队的格特·格贝尔（Gert Gäbel）上士也可能是被防空炮击落，他坠机于凯尔克韦克（Kerkwijk）东南一公里处。作为中队仅剩的几位老飞行员之一的格贝尔当场丧命。他被葬入凯尔克韦克当地的墓园，1957年被转葬到伊塞尔斯特恩。在亲属的要求下，他在1958年被重新安葬在巴特布吕克瑙（Bad Brückenau）。

除了黑特莱因下士以外，第二大队幸运地在返回霍普斯滕途中没有再受到更多损失。第三大队还损失了两人，第11中队的海因茨·弗里克曼（Heinz Frickmann）下士坠机身亡在瓦森贝格西部，他可能是在飞行过程中不慎撞树。第12中队的海因里希·毛斯（Heinrich Maus）下士可能是在艾恩德霍芬南部被防空炮击中。后来发生的事情并不确定，但是最终腿部受伤的毛斯被送入位于韦塞尔南部施佩伦（Spellen）的军医院。他很可能是跳伞或将飞机迫降在该地区。

第四大队在返回基地途中损失了两架飞机，大队长杜德克上尉的Bf 109G-10在文瑞附近被轻型防空炮击中起火，他爬升到约45米高并跳伞。降落伞被飞机的碎片扯破，他以较高的速度降下，落在一棵树上后被送入医院。最后，第13中队的卡尔·雷哈克（Karl Rehak）下士在科宁斯卢斯特（Koningslust）附近被击落，此区域有数架来自不同部队的飞机被防空炮火击落，他在坠机中丧生。

JG 54第四大队也在返回弗尔登的途中损失了两架飞机，第15中队的奥伦施拉格下士在被防空炮攻击后决定调转机头攻击这个防空阵地，但是几乎立刻就被击中。他在极低的高度跳伞离开他的“黑色16号”，高速落地后摔裂了骨盆，被加拿大军队送入医院。根据奥伦施拉格本人的说法，此事发生在布雷达地区，但奇怪的是皇家空军记录在布鲁塞尔附近有一架坠落的Fw 190A-8，那应

自 1944 年 11 月 1 日起担任第 13 中队长的卡尔 · 布里尔少尉（左）。

该就是奥伦施拉格的Fw 190。最后第13中队的维尔纳·克普（Werner Köpp）下士在奈梅亨附近被击落，第13中队长卡尔·布里尔（Karl Brill）少尉后来报告了这一损失：“1945年1月1日，克普下士作为小队长起飞前去攻击布鲁塞尔的梅尔斯布鲁克机场。根据他的僚机沃尔夫冈·莱曼（Wolfgang Lehmann）上士的说法，他们在返航穿越前线时遇到了猛烈的轻型防空炮火。莱曼上士超过了克普下士，几分钟后他看见一架飞机燃烧着坠落在他左边约300米处。他没有看见降落伞。”

虽然莱曼认为克普是被防空炮击落的，但事实不是这样。撤退中的Fw 190被盟军战斗机盯上了。皇家空军第401中队的麦凯上尉在击落了一架Fw 190后看到了另一架被“暴风”追逐着的Fw 190向他靠近：“那架Fw 190开始急转弯。在大约一次转弯后Fw 190几乎来到了‘暴风’的机尾，于是我在低空迎击这架Fw 190。我短点射数次，但是弹药用尽了。我靠近到30至40码，那架Fw 190试图做一次陡爬升以改出浅俯冲。他的左翼和机鼻撞到了下方湖面上的冰层并爆炸了。摄影相片记录下了燃烧中的敌机。赫拉弗（Grave）以东。”

那架“暴风”可能是由谢丹驾驶，他声称在同一时间于同一地区击落了一架Fw 190。克普的Fw 190坠落在奈梅亨东南八公里，他被葬在当地的公墓直到在1951年迁入伊塞尔斯特恩。

JG 27剩余的Bf 109和JG 54第四大队的Fw 190一架接一架地回到了他们的基地。有些人没有直接返航，而是降落在其他基地。JG 27第16中队的维南德·乌贝尔（Winand Ubber）上士在10时25分降落于赖讷。他在下午四点驾驶着自己的“蓝色3号”回到了阿赫默。对于JG 54第四大队来说，奥托·贝克特（Otto Beckert）三等兵是少数直接回到了弗尔登的飞行员之一。

当“米切尔”机群从在达斯堡的作战中归来后，它们被指引向了埃皮努瓦（Epinoy），因为梅尔斯布鲁克已经容不下它们了。马尔科姆·斯科特（Malcolm Scott）少尉身处在一个“米切尔”编队盒子内，编队指挥官选择不去埃皮努瓦。他无视指挥站的指引，继续降落在梅尔斯布鲁克那条他们的常用跑道上。跑道看起来未被破坏或阻塞，其他飞机也在10时40分左右跟着降落下来。斯科特回忆道：“当我们滑行到我们的疏散区时，我可以看见空袭造成的混乱。它完全瘫痪了。烟柱从约20架‘威灵顿’、‘蚊’式和‘喷火’的废墟中升起，只有‘哈罗’的残骸还在燃烧。我们留在停机坪上的全部六架‘米切尔’都受损了，三架后来报废。通常从一次作战中归来后，地勤人员想要知道一切是怎样进行的，飞机是否运行正常以及是否有任何损伤。这一次不一样。当我们从‘米切尔’中爬出时，他们都向我们大谈自己的经历。他们激动不已，因空袭结束而感到解脱，感觉自己遭到了射击，他们与我们有共同之处。”

对梅尔斯布鲁克的攻击取得了巨大的成功。虽然盟军关于德国空军的零散报告提到，来袭的飞机依然悬挂着油箱，在空中接连发生碰撞，以及总体缺乏经验，但德军还是造成了惊人的破坏。如果“米切尔”们起飞得晚一会儿，灾难可能会变得更严重。

对于侦察联队来说，它损失了接近两个中队的飞机。第69中队有11架“威灵顿”被摧毁，两架受损。第140中队虽然只确认有四架“蚊”式被摧毁，但它实际上损失了几乎全部的飞机。第16中队损失了至少五架“喷火”，

一张摄于1945年3月26日的梅尔斯布鲁克航拍照片，1月1日被摧毁飞机的残骸依然留在机场的中央。

还有三架受损。第271中队有至少七架“哈罗”无法继续使用。第139联队报告有五架“米切尔”报废，还有另外九架受损。此外还有包括“安森”“奥斯特”“牛津”“斯特林”在内的至少15架其他型号皇家空军飞机被摧毁。机场中间为数众多的第八航空队轰炸机被射为碎片，数量大概为15至20架。除了这些物资损失外，有六名地勤人员在空袭中丧生，25人负伤。

9.6 总结

JG 27和JG 54第四大队的飞行员们最初报告摧毁了约85架飞机，击伤另外40架。后来，从梅尔斯布鲁克的航拍照片中可以看到，约49架飞机被摧毁。同时报告还指出由于烟雾浓重，梅尔斯布鲁克的受破坏程度无法被准确判定。

JG 27和JG 54第四大队的损失也不轻，但是与梅尔斯布鲁克所遭受的破坏相比，这些是可以接受的。JG 27有17架Bf 109被摧毁，至少两架受损。11名飞行员阵亡，三人被俘，一人负伤。JG 54第四大队损失三架Fw 190，还有一架受损。两名飞行员阵亡，一人被俘。

从作战目标来看，对梅尔斯布鲁克的攻击可能取得了胜利。但是回过头来看，克拉德清楚地指出了胜利仅仅是暂时的："我不知道其他联队发生了什么，但是从我自己的角度来看攻击是成功的。我也低估了盟军在几天内就替换掉被摧毁飞机的潜能。他们没有遭受人员损失，而在我们这边每一个损失都令人心痛。这将是德国空军最后的英勇壮举之一，现在我们所有人都承认：即便是发生奇迹也无法拯救我们。"

第十章 JG 53的法国之行

10.1 JG 53的战前状态

JG 53“黑桃A”联队毫无疑问是德国空军的一支老牌劲旅，作为伟大的空战战术先驱维尔纳·莫尔德斯（Werner Mölders）的母队，“黑桃A”联队从静坐战争直至斯大林格勒战役的成绩单一直堪称优秀。从1942年秋到1944年春，JG 53投身于地中海战场与盟军进行了漫长而残酷的消耗战，联队的精华在此期间折损过半。当东西两线的战局危如累卵之际，第一大队被调往罗马尼亚保护重要的油田，第二、三大队加入帝国防空战的作战序列。诺曼底战役期间，第三大队负责守卫本土，第二大队则驰援法国前线，两个大队都在各自的战场上伤筋动骨。

至1944年秋，JG 53联队主力汇集于帝国西南部地区，只有第一大队留在了匈牙利，直到战争结束，这个大队也未能与其他大队再次相聚。1944年10月，JG 53扩充为四个大队的规模，其第四大队直接来源于JG 76第三大队，后者的前身是原ZG 1第二大队，这支驱逐机部队在1944年7月接受了在单发战斗机上的训练。至10月中旬，该大队缺乏有经验飞行员的缺陷已显露无遗，于是它接受了其他大队提供的老手飞行员并被命令接受进一步的训练，直到11月26日才重返战场。

1944年12月初，JG 53联队司令部驻扎在巴特迪尔海姆（Bad Dürrheim），第二大队在马尔姆斯海姆（Malmsheim）和胡兴费尔德（Huchenfeld），第三大队在诺伊豪森（Neuhausen ob Eck）和盖默斯海姆（Germersheim），第四大队在斯图加特-埃希特丁根（Stuttgart-Echterdingen）和内林根（Nellingen）。JG 53在12月的任务主要是对抗美军

1944年10月末，第7中队的飞行员们在一架Bf 109G-14的引擎罩上，最前方的是中队长西格尔中尉。

第九航空队的战斗轰炸机部队。12月15日，JG 53联队司令部也转移到了斯图加特-埃希特丁根。当阿登反击战于12月16日开始后，该部负责在前线南部执行作战任务。第二天，第三大队转移到了斯派尔（Speyer）东南部的基尔拉赫，接下来两周它将呆在这里。

虽然在12月最后一周遭遇了一些损失，JG 53依然保有相当强大的作战力量。其他参与阿登战役的德国战斗机联队的损失要比JG 53大得多，尽管如此，联队在12月还是有至少25名飞行员阵亡，12人负伤和两人被俘。最令人痛心的损失无疑是第6中队的亚历山大·普赖因法尔克（Alexander Preinfalk）军士长，这位击落85架敌机的王牌飞行员在12月12日被P-47击落身亡。JG 53有至少39架Bf 109被毁，四架受损。同期声称摧毁约34架盟军战机，其中主要是P-47。

10.2 法国东北部的第九航空队，1944年12月

至1944年12月，美军第九航空队在法国东北部部署了相当强大的空战力量。负责支援在梅斯-萨尔地区美军第三集团军的是第19战术航空司令部。包括位于艾埃地区罗西埃（Rosières-en-Haye，A-98）机场的第354战斗机大队、在埃坦（Étain，A-82）机场的第362战斗机大队和第425夜间战斗机中队、在圣迪齐埃机场（A-64）的第405战斗机大队、在大穆尔默隆（Mourmelon-le-Grand，A-80）机场的第406战斗机大队、在孔夫兰（Conflans，A-94）机场的第10摄像侦察机大队。

为了支援第三集团军对德军的反击，第19战术航空司令部在12月23日又接收了四个战斗机大队的补充，分别是到梅斯机场（Y-34）的第365战斗机大队、到汝文古（Juvincourt，A-68）机场的第367、368战斗机大队和到圣迪齐埃机场的第361战斗机大队。

这样的增援也就意味着第19战术航空司令部的出动频率开始猛增。12月23日至31日，该司令部出动飞机4846架次，其中4090架次是战斗轰炸作战。在这些作战中美军摧毁了2883辆汽车，484辆坦克或装甲车和51个火车头。空战摧毁97架德机，总损失为60架飞机和49名飞行员。第19战术航空司令部的努力为抵御德军的攻击做出了重大贡献。

在南锡地区的第一战术航空军负责支援美军第七集团军和法国第一集团军，其第12战术航空司令部第64战斗机联队拥有四个P-47战斗机大队：图勒-奥谢（Toul-Ochey，A-96）机场的第50战斗机大队、多勒/塔沃（Dole/Tavaux，Y-7）机场的第324战斗机大队、图勒-梅斯十字架（Toul-Croix de Metz，A-90）机场的第358战斗机大队、唐通维尔（Tantonville，Y-1）机场的第371战斗机大队。第1法国空军联队使用“喷火”战斗机，驻扎在阿格诺（Y-39）和吕克瑟伊（Luxeuil，Y-8）机场。此外第12战术航空司令部还拥有位于图勒-奥谢机场的第415夜间战斗机中队和位于南锡-阿泽洛（Nancy-Azelot，A-95）机场的暂编侦察机大队。

底板行动中，第19和第12战术航空司令部的作战单位都将在最南端扮演重要角色，这不仅是因为他们的部分机场被选中作为德军的攻击目标。

10.3 为新年突袭的准备

至少有两位JG 53的指挥官参加了12月5日在阿尔滕基兴的会议，分别是联队长赫尔穆特·贝内曼（Helmut Bennemann）中校和第二大

队长尤利乌斯·曼贝格（Julius Meimberg）少校。根据贝内曼的回忆，战斗机总监加兰德也出席了此次会议，并且对于作战计划毫无热情，但他还是违心地宣称这会是“一次壮举”。坐在加兰德身边的曼贝格听到这一评论后回应道：“有什么意义呢，将军先生，这些（被摧毁的）飞机在几天后就会回来了，最晚14天。”

没有线索提到联队的其他飞行员在1944年最后一天之前就得到了作战指示。司令部的军官和大队长们可能就空袭展开过讨论，但是没有留下任何相关信息。不过Ju 88夜间战斗机突然来到JG 53的机场等迹象明显预示着一些特别的事情将要发生。一些战斗机飞行员疑惑它们来自何处，以及它们的目的是什么。代理第7中队长鲁道夫·霍克（Rudolf Hocke）少尉回忆道：“我印象中有两架Ju 88在1944年圣诞节前来到了我们的机场，一个机组和我们住在一起，另一个和第8中队住在一起。我们直到1945年元旦前夜之前都不知道他们为什么在这里。”

JG 53 联队长赫尔穆特·贝内曼中校，一位拥有93次空战胜利的老练指挥官。

这些Ju 88属于NJG 100第二大队，这支部队驻扎在布拉迪斯拉发西北部。12月4日晚，第二大队得到命令派出12个机组及其飞机前往SG 4和JG 53的各个大队。每个大队要接收两架Ju 88夜间战斗机。其中一位Ju 88飞行员是NJG 100第4中队的阿尔伯特·格贝尔（Albert Gerber）少尉，他回忆道：“1944年12月我们在奥地利和匈牙利上空执行夜间作战，迎击来自东方和南方的苏联及英国飞机。圣诞前不久，我从我的大队长那里得到命令，和另外两架Ju 88一起飞到在斯图加特-埃希特丁根的JG 53，准备在后面的某天执行一次特别任务。其他两位Ju 88的飞行员都是下士。我的机组还包括卡尔·霍夫曼（Karl Hoffmann）下士和阿洛伊斯·魏厄（Alois Weiher）下士。JG 53的战士们亲切地欢迎我们的到来，逗留在此期间，我们和它的士兵及军官相处得非常好。我不记得我们是否马上就被告知了留在此处的目的。”

至少部分Ju 88很快就抵达了目的地。NJG 100第6中队的威廉·格塞尔（Wilhelm Gössele）上士被派往位于马尔姆斯海姆的JG 53第二大队，他在12月6日到达那里。他的机组包括瓦尔特·福尔默（Walter Vollmer）上士和赫伯特·韦伯申克（Herbert Weberschinke）上士。还有另一架Ju 88和这个机组一起来到了第二大队。两架飞机分别与第7中队和第8中队呆在一起。NJG 100第二大队的另外两架Ju 88被派到基尔拉赫加入JG 53第三大队。这些夜间战斗机在接下来几周里完全不出动，目的是将飞机受损的概率降至最低。日子一天天过去，JG 53在圣诞节后继续执行它的作战，直到1944年的最后一天到来。JG 53已经在准备着元旦前夜的聚会，突然在傍晚该活动被取消，飞行员们被召集到一起开作战会议。

在斯图加特-埃希特丁根的联队司令部和第四大队就聚集在机场上开会，第13中队的原ZG 1老飞行员斯特凡·科尔（Stefan Kohl）军士长回忆道：“当飞行员们在12月31日晚上回到自己的宿舍时，他们收到了以下命令：每位飞行员要穿上干净的内衣并在飞行服里面穿上自己最好的制服，带上一盒巧克力后马上回到机场的简报室。我们在这里被告知简报内容是绝对机密。大队长打开了一份装有命令的信封，并通知我们要在元旦这天出动所有可用飞机攻击驻扎在梅斯-弗里斯卡迪（Metz-Frescaty）的战斗轰炸机。为了避免在恶劣天气下出现导航错误，一架Ju 88将率领编队。所有的无线电都要关闭，在抵达目标前不能使用。飞行高度定在30米。辅助油箱将在就要抵达目标前丢下。我们的航线是从内林根到凯泽斯劳滕（Kaiserslautern），然后向梅斯方向前进。我们的地勤人员按照编队的顺序将飞机推到机场的边缘。第一个小队要攻击机场上的防空阵地。最后一个要负责空中掩护，包括我和一位骑士十字勋章获得者。命令要求每位飞行员至少摧毁三架敌机。每个人都在一份手写的声明上签了字。如果编队没有完成它的目标，我部要自主将此作战重复一遍。”

Ju 88飞行员格贝尔少尉清楚地记得简报的内容：“12月31日晚，JG 53联队长召开了一次会议。空袭目标是梅斯机场，起飞时间、高度和航线都被确定。会上还决定只有一架导航机将执行此次作战，其他两架Ju 88不必出动。”

如上所述，航线确定为从第13中队所在的斯图加特-埃希特丁根和内林根前往凯泽斯劳滕，然后直线飞向梅斯-弗里斯卡迪。这将让Bf 109达到它们的航程极限，出发航线长达250公里！贝内曼中校的简报结束后，28岁的第16中队长汉斯·格奥尔格·施维德塔尔（Hans-Georg Schwidtal）中尉给他中队内的四位飞行员下达了指示。他让他们在出发途中飞得尽可能低，保持无线电静默，快要抵达目标前爬升到约300米高。每位飞行员要在此时选择地面上的一架或多架盟军飞机作为目标，使用机枪和机炮火力实施攻击。

大约在晚上八点，第二大队的所有飞行员聚集在位于马尔姆斯海姆的作战室。第8中队长卡尔·布罗（Karl Broo）少尉回忆道：“我们刚到在雷宁根（Renningen）的宿舍里就有一通电话打过来，命令所有飞行员穿好飞行服前往马尔姆斯海姆准备出发。我以为这是一个糟糕的新年玩笑并给曼贝格打电话，但是他也确认了这道命令。接下来我们在雷宁根乘卡车首先来到马尔姆斯海姆机场，然后抵达当地的一所学校。一位总参谋部的军官在学校内给我们做了作战简报。大队的目标是梅斯-弗里斯卡迪机场。宣誓仪式非常严格：每位飞行员都要承诺至少执行两次低空攻击，我们很清楚如果我们违背此诺言就可能会被以临阵怯敌的罪名起诉。”

在大队长曼贝格少校因伤缺席的情况下，会议由来自司令部（可能来自莱茵中部战斗机指挥部）的一位上尉主持。Ju 88的机组们也在场。飞行员们得知此次任务是一场大规模作战的一部分，参加的还有其他几支战斗机联队。地图被分发给所有飞行员，但是没有关于梅斯-弗里斯卡迪机场的近期影像资料，展示出来的照片还是在德占时期拍摄的。飞行员们被命令使用机枪和机炮攻击机场上停放的飞机。Ju 88将作为导航机在出发线路中飞在大队前面。会议中没有提到具体的备选目标，但是飞行员们可以在因某些原因无法扫射梅斯机场的情况下攻击任何毗邻的机场。他们还被额外要求在返航途中射击任何出现在盟军占领区公路上的运输车辆。会议中没有给出具体的返航线路，但是飞行员们可以自主选择最近的路线返回基地。

大队的飞机将逐一起飞并以小队为单位从前往后列队聚集在马尔姆斯海姆上空。小队长要马上打开FuG 16，但是其他飞行员在越过前线之前不能这么做。第二大队遇到的一大问题是队内经验丰富的飞行员都无法参加此次作战。曼贝格的腿部受伤，至于另外两位骑士十字勋章获得者，第7中队长京特·西格尔（Günther Seeger）中尉在休假，第5中队长赫伯特·罗尔瓦格（Herbert Rollwage）少尉在JG 106当教官。第6中队长阿尔弗雷德·哈默（Alfred Hammer）上尉也身患重病，他参加了作战会议，但是候补军官卡尔·海因茨·特雷陶（Karl-Heinz Trettau）在他的日记里写道：“……哈默上尉也出席了，戴着厚厚的口罩，看上去非常糟糕。”

因此在此次作战中，领导编队及第一个小队的是第8中队长卡尔·布罗少尉，第二个小队由代理第5中队长京特·武尔夫（Günther Wulf）少尉指挥，第三和第四个小队分别由第5中队的库尔特·奥皮茨（Kurt Opitz）军士长和代理第7中队长鲁道夫·霍克少尉指挥。最后，第五和第六个小队由从胡兴费尔德起飞的第6中队战机组成。

曼贝格少校描述了12月31日晚上的情形：“在12月31日晚上事情变得明朗了，将在第二天早上执行底板行动。一位信使给我带来了一份要播放给飞行员听的录音。现在我们没有留声机，但是我当然想要知道录音里有什么内容。这是最高机密，在被信使马上带到别的地方去之前只能为飞行员们播放。过了一会儿他们搞到了一台留声机，但是状态并不好。它由弹簧机构驱动，但是弹簧失效了，因此他们要不停地给它上劲，但是至少我们能听录音了。当时我平躺在床上，把设备放在我的胃部上面，然后我把我的妻子支开了一会儿，因为这是最高机密。接下来我播放了录音，转动着设备右侧的曲柄。我听到的可不是我所期盼的内容：一轮训斥！这是帝国元帅的录音，他鼓舞手下的方式就是先训斥他们一番。他讲话的主旨就是他们之前失败了，但是现在获得了一次赎罪的机会。好吧，现在我是独自一人，我自语道：‘稍等会儿，帝国元帅先生，我想要再听一遍。’我把唱针拨回去一点并把同样的内容再听了一遍。糟糕，非常糟糕。”

飞行员们随后收听了帝国元帅的这段“鼓舞”讲话。简报结束后，每位飞行员都得到了一杯香槟酒，他们又研究了一遍地图后上床休息。

第三大队在基尔拉赫的简报遵循着同样的程序。与往常一样，飞行员们在12月31日晚聚集在大队作战室参加日常的任务执行情况报告会。通常在会议上会揭晓关于第二天的命令。新年前夜大家都期盼着第二天不用出动，这样飞行员们可以享受一次聚会并能在床上躺到第二天早晨。第5战斗机师实际上做出了这一承诺，飞行员们可以解散并自由活动。但是开心的时光是短暂的，几分钟后飞行员们就被召回并前往基尔拉赫当地的一所学校，那也是其中一个中队的宿舍。第12中队的一位年轻飞行员恩斯特·迪特尔·伯恩哈德（Ernst-Dieter Bernhard）候补军官回忆道：“我们惊讶地看到在学校前面有两名持有步枪的守卫。这场面非同寻常。进入学校后我们得知要参加关于1月1日作战的会议，我们在作战开始前都不能离开这个房间。上面下达了严守机密的命令。我们的大队长弗朗茨·格茨（Franz Götz）少校告诉了我们有关此事的内容。要对西线敌军机场发动一次大规模空袭。所有可动用的战斗机联队都将参加，JG 53第三大队要去攻击埃坦机场。每位飞行员都要签一份手写声明，执行至少三次低空攻击并摧毁至少两架地面上的飞机。”

埃坦机场位于梅斯西北

第 11 中队的飞行员在他们的 Bf 109G 前，1944 年 12 月摄于基尔拉赫。

约38公里，凡尔登东北约20公里，也被称为A-82凡尔登机场。上文提到第362战斗机大队和第425夜间战斗机中队驻扎在埃坦。德机以直线飞往目标的航程为205公里。伯恩哈德继续他的回忆：“驻扎在基尔拉赫有些日子的两架Ju 88将率领我们前往目标。很明显他们信不过我们的导航水平。我们终于知道在基尔拉赫的Ju 88们在等待什么了！为了避免提前惊动敌人，我们要低空贴地飞行并保持绝对的无线电静默。同样在初始阶段，无线电设备是禁止使用的。只有在萨尔布吕肯（Saarbrücken）附近越过前线后才能打开FuG 16。要避免发生空战。只有通过直线飞向目标燃料才会足够使用。即便是在编队尾部的飞机遭到攻击，其他人也将继续飞向目标。对埃坦的低空攻击拥有绝对优先级。简报中交代了出发路线，并给每个小队分配了任务。我们的侦察机拍摄了目标的照片，上面显示了停放的飞机、防空阵地和机场建筑的位置。每个小队都分到了一个目标。几个小队要首先去攻击防空阵地和营房以压制任何抵抗力量并引发混乱。其他的小队将要首先攻击停放的飞机。每个小队都负责机场的某一部分，以避免大家都瞄准同一目标。我们要摧毁尽可能多的飞机。天气预报预测元旦当天低空有厚实的云层掩护。这对于确保我们在出发时的低空飞行中免遭来自上方的突袭很重要。关于起飞时间，我们认为我们要尽可能早地起飞。很明显我们要以几轮猛烈攻击轰炸机场。我们只有在黎明到来时抵达目标上空才可能在敌人开始作战前打得他们措手不及。我们还希望盟军飞行员将像我们曾计划的那样庆祝新年并在床上呆久一点。我们计划在天还黑着时就起飞，由于西边天亮的晚一些，我们应该能在太阳出来时来到目标上空。为了不在早上浪费任何时间，我们将飞机按照正确的出动顺序从机库里推到机场的边缘。我们甚至还沿着起飞跑道安装了‘跑道灯’，可以指明起飞方向并让可能要在黑暗中进行的起飞容易一些。”

会议结束后，JG 53的飞行员们上床休息，不过对于其中一些人来说那个夜晚实在是难以入睡。虽然存在着风险，飞行员们还是很有信心的。“某件大事”终于要发生了，计划似乎天衣无缝。对停放在敌军机场上的飞机实施空袭似乎很有希望，他们也急需取得一次胜利！

为了让尽可能多的飞机做好战斗准备，联队司令部和全部三个大队的机械师们都工作到了深夜。汉斯·巴赫曼（Hans Bachmann）在他的日记里提到了联队司令部地勤人员在1944年12月31日的活动：“下午三点，三架飞机不能用。汽油和弹药被运过来，比平常要多。发生了什么？作战官舍费尔上尉打电话过来，要求让所有的飞机都能够出动！新年前夜，

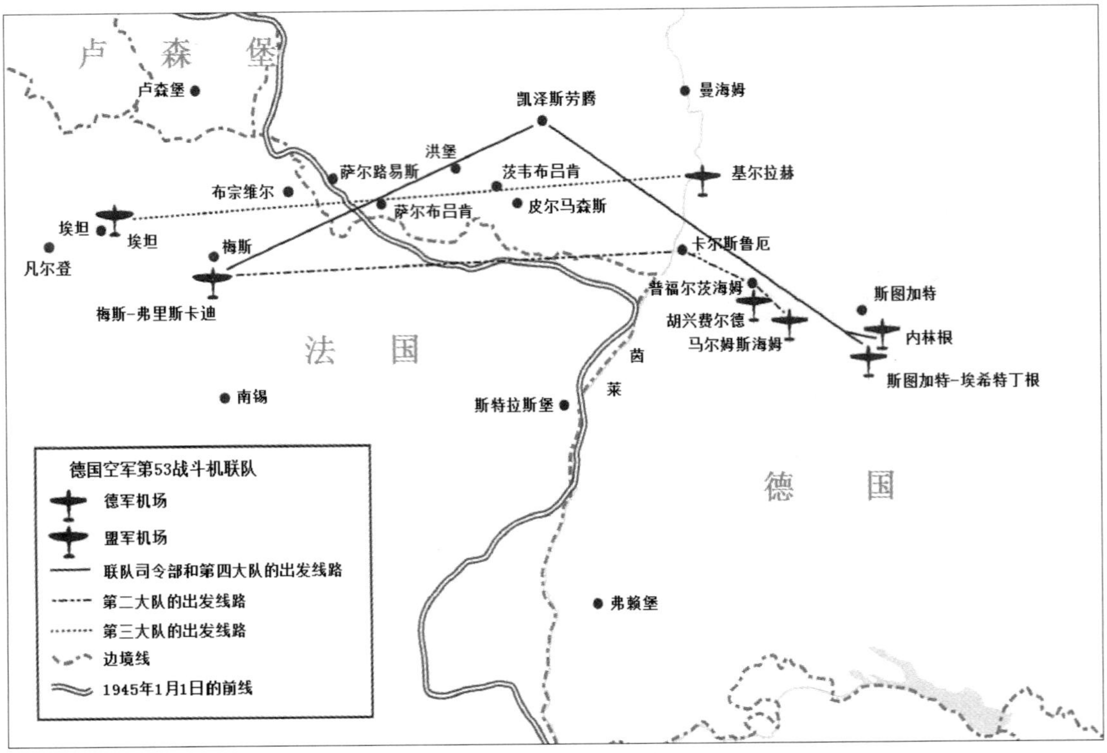

JG 53 的攻击路线图。

我们在疏散区一直呆到了11点半。全部可以出动！中队给在疏散区的我们带来了热红酒。积雪有20厘米厚。”

那个夜晚对于地勤人员们来说是短暂的，他们要在一大早就起床，赫伯特·贝克（Herbert Beck）回忆道：“我们在早上五点就出门去机场：飞机已经在前一个晚上加满了油。现在我们要把这些沉重负载的飞机推到起飞位置以节省燃料，虽然天气严寒，（我们）还是出了不少汗。当然第5中队的路是最远的，穿过整个机场，因为起飞是从东向西进行的。”

10.4 第九航空队在1月1日的早间活动

12月31日晚，美军第12和第19战术航空司令部的飞行员们都期盼着在元旦前夜举行一些庆祝活动。然而自阿登战役爆发起，司令部就变得有点小气，当天还是下达了早早上床的命令。例如第358战斗机大队长詹姆斯·蒂普顿（James Tipton）上校就在12月31日下达了清晰的指令，所有中队都要在第二天一大早起来执行任务。由于突出部战役中在盟军后方出现了不少伪装身份的德军间谍，司令部此时正处于高度警戒状态。

实际上采取谨慎的态度是完全合理的。就在零点前，德军在斯特拉斯堡地区发起了新一轮攻击，第21装甲师和第10党卫军装甲师向斯特拉斯堡北部的阿格诺进发，“统帅堂”装甲旅也从南方向斯特拉斯堡突击。“北风行动”的目的是在阿登反攻后继续赢得主动权，摧毁更多的盟军并为将来的作战占据地盘。虽然规模远小于“守望莱茵”，但这股攻势导致第12和第19战术航空司令部的战斗机大队们加强了戒备。在完全不知晓“黑桃A”

联队即将发起袭击的情况下，两个司令部都派出飞机在1月1日一大早就执行武装侦察作战。

8时19分，第50战斗机大队第10中队的12架“雷电”从图勒-奥谢机场起飞进行一次武装侦察。它们向一个弹药库和火车投下了16枚500磅炸弹和8枚100磅炸弹。9时15分，它们在萨尔布吕肯东南约十公里处遇到一架低空飞行的Ju 88，约翰·金德中尉摧毁了它。实际上那是JG 2第三大队的一架导航机，第三章中已经讲述了关于这架倒霉的夜间战斗机的故事。

第358战斗机大队开始作战的时间甚至更早。黎明时分，梅斯十字架机场上“橙色机尾”大队的地勤人员们正在寒冷的天气条件下不辞辛苦地工作着。他们在天亮前起床，给飞机做好检查并安装好了炸弹和弹药。在冰冻的泥土机场上第一个起飞的是詹姆斯·埃利奇（James Elledge）上尉率领的第365中队。8点整，11架P-47起飞前去执行一次武装侦察作战以支援第七集团军。它们要为地面指挥中心侦察在比奇-达恩（Bitche-Dahn）地区的铁路线。飞行路线为基地—阿格诺—比奇—凯泽斯劳滕—基地。8时10分，12架第367战斗机中队的飞机从梅斯十字架机场起飞执行另一次武装侦察作战。阿尔弗雷德·佩里（Alfred W.Perry）上尉将率领中队打出一次在第九航空队战史中值得铭记的漂亮战斗。8时22分，查尔斯·梅尔莱因（Charles Maehrlein）中尉率领第366中队的12架飞机最后一个离开梅斯十字架机场，计划前往洪堡（Homburg）地区执行一次武装侦察。第358战斗机大队的飞行员们还不知道自己将对JG 53的作战产生重大影响。

第12战术航空司令部的另外两个P-47大队也在清晨执行了作战。八点钟，第314中队的12架P-47从多勒机场起飞到凯泽斯劳滕地区做一次武装侦察，投下了炸弹并扫射了铁路。“雷电”机群在9时57分遭遇了两架向东北飞行的“梅塞施密特”战机，但是让它们溜走了。第371战斗机大队在8时15分执行它的第一次作战，第405中队的11架P-47起飞执行一次武装侦察。到当天结束时，第12战术航空司令部的四个作战大队共出动飞机多达419架次，第1法国空军联队也出动了12架“喷火”。第50、358和371战斗机大队各损失了一架P-47，还有12架“雷电”被防空炮火击伤，但是所有飞行员都安然无恙。

第19战术航空司令部的八个作战大队也在1月1日对敌军运输线、坦克和炮兵阵地发起了数次作战。作为JG 53主要攻击目标的梅斯拥有从比利时谢夫尔赶来的第365“地狱鹰”大队，它在12月27日到达了被冰雪覆盖的梅斯-弗里斯卡迪机场。机场上的建筑几乎都在之前的数次空袭中受到破坏。机场被500英尺高的山丘呈U字形包围起来，似乎得到了天然的屏障。防空阵地被战略性地部署在这些山丘上俯瞰着跑道。守卫梅斯-弗里斯卡迪机场的是美军第386高射炮营A连和C连。宿舍被安排在梅斯南部的原法国炮兵兵营和一座受损的砖房。照明设备并不太可靠，但是“地狱鹰”们的住宿条件已经比离开英格兰后的任何地方都要好很多了。梅斯无法为他们提供什么消遣方式，为争夺此城的战斗已经造成了巨大的破坏，绝大部分商店、旅馆和酒吧都关门了。毫无疑问在这里没什么乐子可找，连大队的性病率都明显下降了。由于在突出部发生的事端，没人真的想要在新年前夜好好庆祝一番。晚上8点的宵禁令更是让城里失去了生活气息，结果就是除了睡觉啥事也做不了。第二天早上8时28分，第387中队

地勤人员在为第 365 战斗机大队的一架 P-47 战斗轰炸机加热发动机。

首先出动12架飞机前往圣英贝特（St.Ingbert）地区做一次武装侦察。9点过后几分钟，第388中队的13架“雷电”在杰里·马斯特（Jerry Mast）上尉的率领下飞向凯泽斯劳滕—洪堡地区侦察。第386中队正在为计划于9点半执行的作战做准备工作，但是这次作战是注定无法完成的了。

当天结束时，第19战术航空司令部共成功出动飞机457架次。唯一的损失是两架第354战斗机大队的P-47在攻击巴斯托尼附近树林中的一处防空阵地和军队集结点时被击落，两位飞行员都阵亡了。

现在让我们回到JG 53对埃坦和梅斯-弗里斯卡迪机场的攻击。首先登场的是袭击埃坦的第三大队，然后是联合攻击梅斯-弗里斯卡迪机场的联队司令部、第二和第四大队。

10.5　第三大队对埃坦的攻击

在基尔拉赫的第三大队飞行员们很早就起床准备他们的作战任务。这是一个晴朗的夜晚，没有能掩护他们的低云。飞行员们做好了准备，但是起飞命令直到天快亮了都还没下达，紧张的气氛变得愈加浓厚，基于空袭突然性建立起来的信心开始跌落。起飞拖延的原因是地面雾气导致驻扎在西北部的几个战斗机大队无法按计划起飞，由于对盟军机场的攻击要在各处同时进行，其他的大队不得不等待天气变好到每个地方都可以起飞。

快到八点时，命令终于到来，26架“梅塞施密特”跟着NJG 100第二大队的两架Ju 88在8时30分起飞。编队绕了一个大弯完成集结，然后两架Ju 88向西边的萨尔布吕肯飞去。作战的第一部分没出现差错，编队在9时10分左右来到洪堡附近，灾难突然降临。作为中队长西格弗里德·卢肯巴赫（Siegfried Luckenbach）上尉僚机的候补军官伯恩哈德回忆道：“有那么一段时间一切按照计划进行着。但是随后我就看见后方的一对双机在爬升。‘雷电’从太阳中钻出向我们俯冲过来。当我再次向前看时我看见我的中队长也抛下了他的油箱并大角度爬升。我马上也抛下我的油箱并试图跟上长机。我们立刻卷入到一场与约30架‘雷电’进行的混乱格斗战中，它们俯冲到此时我们散乱的编队中。现在我们备战中的问题显现了出来，没有关于如何应对这一状况的命令。由于我们还没有越过前线，无线电联络并不存在，我们的设备还处于关机状态。第一个看见‘雷电’的人无法向任何人发出警告。我们的大队长格茨少校意识到继续低空飞行是无意义的自杀行为。不过他的迎战命令无法传递开来，大家得过一会儿才能明白要违背先前的命令，打开无线电。而且无线电还得要预热至少一分钟左右。然而，现在每位飞行员都跟着自己的长机并都试图提升高度。短暂的迟疑已经足够将我们的编队完全瓦解。‘雷电’拥有一个巨大优势，它们可以俯冲攻击我们的‘梅塞施密特’，然后利用速度优势占据高度。我们则相反，只能在爬升中像熟透的李子一样悬在空中。”

像之前提到的那样，12架第367战斗机中队的P-47在8时10分起飞前往茨韦布吕肯—洪堡地区进行武装侦察。它们将一些炸弹投在了洪堡东北五公里处的兰布斯博尔恩（Lambsborn），其他的投在了位于申贝格（Schönberg）的一个调车场。两个分别位于5000英尺和13000英尺高的小队在投弹后报告发现“超过30架Bf 109、Fw 190和两架Me 410”在低空向西南方飞去，第三个小队则正在向目标投弹的飞行途中。前两个小队随即向敌机发起攻击，第三个小队也在获取足够的高度后马上跟进。在这些美国飞行员眼里，德军飞行员非常缺乏经验且没有攻击性，他们选择避战而不是应战。查尔斯·卡西迪（Charles Cassidy）中尉是其中一位P-47飞行员，他回忆道：

“我不记得我们携带的是多大的炸弹以及是否有机腹油箱，但是当有人发现并报告大量Bf 109的位置后大家都急切地丢下我们的一切负重并匆忙迎击敌机。这些炸弹和/或油箱被快速抛弃并落在了空旷的乡间。这是我们一直想要的——与德国空军大战一场。我没花多少工夫就来到了一架Bf 109的机尾，这是一次短暂的战斗，我的八挺0.5英寸机枪的曳光弹刚击中他的飞机，他可能意识到了对于他来说最好的位置是在别处，于是他弃机跳伞。发现自己孤身一人后我开始回头寻找更多的德国飞机，我很快就找到了它们，唯一的问题是我遇到的每架敌机身后都跟着一架亮橙色尾巴的P-47。意识到我们原先的作战得要取消后我到处徘徊，看看是否有我的中队战友需要帮助，但是我可以骄傲地说没有人需要。”

第367中队长佩里上尉也分享了他的战斗经历：“当我们开始爬升回去与编队会合时，一位小队长呼叫在低空有超过30架Bf 109向西南飞去。所以当我们都回到10000英尺高后我们向下冲向它们。它们在约1000英尺高并且没有看到我们冲过来。我们有12架飞机，没有失去任何一人。我们上报了13-1-6的战果，摧毁13架，可能摧毁一架，击伤六架。后来才知道德国空军当天发起了一次大规模作战，要扫射在法国的所有前沿机场。我们的机场和南方约20英里外的一个机场没有被扫射。我们认为很可能拦截到的就是正要前去扫射我们机场的飞机。遭遇战仅持续了一两分钟。我猜我们在第一轮俯冲攻击中就干掉了那14架敌机中的大约半数。我在第一轮攻击中消灭了一架，然后我追上了另一架俯冲逃窜的敌机并跟着它。它们在我们的第一轮攻击后完全失去了组织性，全部往各个方向飞去。我们中有一人干掉了三架，我和另一位伙计各解决了两架。我靠近到约300或400码后开火。八挺机枪的准星都在400码外。我在射击第二架飞机时用光了子弹。我在扫射那列小火车时用掉了太多弹药。我们在自己的机场上空发出嗡嗡声，但是没有做任何胜利滚转。我们不能这么做，因为可能会有人因此受伤或死亡。在低空做滚转并不是安全的机动。”

佩里上尉因此次作战赢得了他的第二枚杰出飞行十字勋章。第367战斗机中队的攻击确实取得了胜利，他们声称看到有四到六位德机飞行员跳伞。下列飞行员声称取得了战果：

韦恩·欧文斯中尉	摧毁 3 架 Bf 109
	击伤 2 架 Bf 109
阿尔弗雷德·佩里上尉	摧毁 2 架 Bf 109
丹尼尔·奥赖尔登少尉	摧毁 2 架 Bf 109
乔治·弗赖费尔德少尉	摧毁 1 架 Bf 109
查尔斯·卡西迪中尉	摧毁 1 架 Bf 109
杰拉德·埃沃里特中尉	摧毁 1 架 Bf 109
	击伤 1 架 Bf 109
尤利乌斯·罗森费尔特中尉	摧毁 1 架 Bf 109
威廉·舒伯特中尉	摧毁 1 架 Bf 109
	可能摧毁 1 架 Bf 109
	击伤 1 架 Bf 109
罗伯特·于克少尉	摧毁 1 架 Bf 109
约翰·乌夏滕斯基少尉	击伤 2 架 Bf 109

第367战斗机中队在交战中没有损失。实际上，仅有舒伯特中尉的飞机受到了损伤：机翼中了一发20毫米炮弹。

这12架P-47并不是第三大队遇到的唯一对手。8时22分，第366战斗机中队也起飞前往洪堡地区进行武装侦察。9时20分，他们看见有20架Bf 109和一架Me 410在超低空向东飞。实际上这些是向基地飞回的JG 53第三大队残部。第366中队在8000英尺高，他们抛下了全部炸弹。只有两个小队与德机交手，上报摧毁一架

第 367 战斗机中队在 1945 年 1 月 1 日打出了一场堪称完美的战斗。

德机，击伤另外三架，全部是Bf 109。战斗中多菲尔·布鲁内蒂（Dofel Brunetti）少尉被击落，他在阿格诺附近的敌占区上空跳伞，在德军战俘营内呆了两个月后被苏联红军解救并回到他的部队。

第358战斗机大队的最后一个中队也介入了JG 53第三大队的这次作战。八点起飞的第365战斗机中队在轰炸完皮尔马森斯（Pirmasens）东部的目标后看到两架向东飞的“Me 210”。中队在施皮尔克尔巴赫（Spirkelbach）附近从6000英尺高冲向这两架德机。唐纳德·弗劳尔斯（Donald Flowers）依然记得那个早上，但是意识到他将Ju 88误认成了Me 210：“我们飞行在比奇东北部，这时我看见两架Me 210在低空向东飞去。我呼叫提醒我的小队长并一起开始降下。小队长找不到他们的踪迹，所以他让我领路，我照做了。我靠近过去并在约300码开外向其中一架飞机开火，看见击中了他的机翼。他向北逃去，于是我把他放到一边并向另一架继续向东前进的飞机射击。这次我看见机身上到处都被我打中，碎片开始飞出。随后左侧发动机着火了。这时我飞到了他前面，不得不停止攻击。当我爬升时我看见他迫降在一块开阔地。三个人从燃烧的飞机中爬出并匆忙逃离它寻找掩护。”

弗劳尔斯后来在报告中填写在比奇东北摧毁一架Me 210并击伤另一架。实际上这两架“Me 210”是JG 53第三大队的两架Ju 88导航机。NJG 100第二大队的一架Ju 88被盟军火力击毁，但是机组安全逃生。根据其他消息来源，另一架Ju 88以机腹着陆，但是这无法得到核实。

视角转回到正在执行任务的JG 53第三大队，让我们看看德国飞行员对于第358战斗机大队不同中队的攻击有怎样的体会。伯恩哈德回忆道：“当我在向着那些‘雷电’爬升时满脑子都在胡思乱想。抛下辅助油箱已经违背了作战命令。我们可以用所有飞机对付‘雷电’吗？我们可以完全脱离战斗并继续找到前往目标的路线吗？如果我们抵达目标上空，剩余的燃料将无法把我们带回到自己的基地。实际上它甚至可能都不够让我们抵达己方战线。我确实听见我们的大队长在呼叫他的手下，但是只有少数人给予了回应。我们中有些人被击中并跳伞。我们完全散乱开来并向各个方向飞去。我尾巴后面有一架‘雷电’，我得全力推动操纵杆才能做一次急转弯以躲避他的机枪火力。这么做的过程中我看不到自己的中队长了。我无法找回他。如果我和他呆在一起肯定就被击落了。后来我得知他的发动机报销并起火燃烧，卢肯巴赫上尉不得不选择跳伞。”

卢肯巴赫安全降落在了皮尔马森斯附近。第358战斗机大队的攻击给第三大队带来了灾难性的影响。约10架Bf 109被击落，一架受损。第9中队失去了三架Bf 109。赫尔曼·黑克（Hermann Heck）下士被P-47打了个措手不及，甚至都没时间打开他的无线电。他试图飞到萨尔布吕肯寻求防空部队的掩护，但是被击中并在1500米高度跳伞。由于担心在降落伞下遭到射击，他延迟了拉开伞包的时间。黑克落在了洪堡东南几公里外一个农场的粪堆上。一些国防军军官将他带到了凯泽斯劳滕，他见到了卢肯巴赫和其他一些飞行员。他们一起坐卡车回到基尔拉赫。第9中队的威廉·霍尔特弗雷特（Wilhelm Holtfreter）下士也被P-47击中，他将受损的“梅塞施密特”机腹迫降在皮尔马森斯附近。最后施泰因上士在声称摧毁一架P-47后在皮尔马森斯附近跳伞。这很可能就是第366战斗机中队詹姆斯·哈尔（James Hall）少尉的

P-47，它被一架Bf 109的机炮火力击中。

第10中队在战斗中损失了至少一架Bf 109，威廉·曼茨（Wilhelm Manz）少尉迫降在了皮尔马森斯附近。他的一只脚受了轻伤，被送到医院治疗。但是他并不想呆在那里，而是搭了一辆顺风车回到了基尔拉赫。十天后他再次升空作战并再次被击落，这次的对手是“野马”。曼茨跳伞逃生，但是腿部受了重伤，再也无法飞行了。

第11中队弗雷德里希·舍尔（Friedrich Scheer）军士长的整个小队被从天空抹除。舍尔回忆道：“我的整个小队在一场超过15分钟的持续空战中被击落。我本人‘荣幸’地成为我的小队中最后一个被击落的人，我在降落伞下飘向地面。”舍尔和其他两位飞行员安然无恙地跳伞降落在皮尔马森斯附近。海因茨·普勒特纳（Heinz Plettner）上士就没这么走运了。他的“梅塞施密特”被击中机身和机翼，普勒特纳的腿部受伤，跳伞后被送入皮尔马森斯的一家医院。除了卢肯巴赫，第12中队还失去了另一位飞行员，卡尔·格勒（Karl Göller）下士在被击中后撞击了一架P-47。他也完成了跳伞，但是受到重伤并被送入洪堡的一家医院。那架P-47很可能是第366中队布鲁内蒂少尉的飞机。

四散在空中的第三大队残兵们试图抵达他们的目的地或返回基地。伯恩哈德继续讲述他的经历：“当我终于甩掉尾巴后面的那架‘雷电’后，视线里已经没有一架友机或敌机。我完全落单了。无线电联络也断掉了，我试图与部队取得联系，但始终没有得到回应。从‘雷电’俯冲向我们到现在仅过去了几分钟时间。这不再让我感到惊讶，那几分钟足够让我们的作战终结了。没有被击落的人马上投身到各自的格斗战中，然后像我一样在该地区独自或成对飞行。我立刻飞向埃坦并希望在途中找到我的部队。飞行途中我思考了如何实施攻击，然后我意识到虽然我的燃料足够抵达埃坦，但绝对不够再次返回到前线。这可不妙，但是我还是觉得有执行命令的义务。不论如何我希望抵达目的地，剩下的事情以后再说。也许我可以跳伞或机腹迫降，然后尝试抵达德军防线。在格斗战中我已经来到了7000米高，现在我利用这一高度来获取速度。突然砰的一声巨响，飞机猛地转向左侧。我用很大的力气才稳住了飞机。我起初以为有人击中了我的机尾，但是没有人在我身后！我的飞机变得这么难操控的原因是什么？我看到外面什么都没有。一切都是徒劳的，我试图抵达基尔拉赫。我在想如果秘密还留在机身上的话我该对地勤人员说些什么。低速飞行的飞机更容易驾驶一些，我没有遇到更多的麻烦就来到了基尔拉赫。当我从座舱中爬出时，我看见左侧的翼根整流罩不见了。很明显在格斗时的急转弯中一些铆钉松掉了。我对于自己糟糕的运气感到很生气，猜测大队的部分飞机已经设法抵达了目标。然而当几个小时过去后，除了我以外只有包括第9中队长马丁·冯·瓦卡诺（Martin von Vacano）中尉在内的几架‘梅塞施密特’回来了，很明显这是我们大队黑暗的一天。”

起飞的26架Bf 109中，只有少数回到了基尔拉赫，还有一些降落到其他机场。超过总兵力40%的约11架Bf 109被第358战斗机大队的P-47击落。更糟的是，Ju 88还被击落击伤各一架。第三大队对埃坦的攻击彻底失败了，在那里的第362战斗机大队可能根本不会意识到自己欠了“橙色机尾”战友们一笔账——他们令德军的空袭企图夭折了。第358战斗机大队因1944年12月24日至1945

美军第358战斗机大队“橙色机尾”的三个中队合力将德军JG 53第三大队的攻击扼杀在出发途中。

年1月2日的作战表现被授予杰出部队嘉奖，大队飞行员可以在右胸口袋的上方戴上一条镶着金边的蓝色缎带。

10.6 JG 53主力对梅斯的攻击

1月1日清晨，联队司令部和第二、四大队开始准备对梅斯的攻击行动。飞机被推到机场边缘，以节省长途飞往梅斯的燃料消耗。位于斯图加特-埃希特丁根的联队司令部和第四大队主力的飞行路线是所有大队中最长的，从埃希特丁根到凯泽斯劳滕再到梅斯的路线总长度超过250公里。它们将在当天第一个起飞。第二大队从马尔姆斯海姆到卡尔斯鲁厄再到梅斯的路线长210公里。它将在几分钟后起飞。

联队司令部和第四大队的准备工作与在基尔拉赫的第三大队没什么不同。飞行员们早早起床，指挥军官们完成最后的训示。贝内曼中校将率领JG 53司令部和第四大队的联合部队前往梅斯-弗里斯卡迪。驻扎在内林根的第13中队将加入到编队的尾部。首先在埃希特丁根起飞的是NJG 100第4中队格贝尔少尉驾驶的Ju 88导航机。虽然文献中没有标注起飞的准确时间，但估计应该是在8时12分。跟在他后面的是贝内曼率领的四架司令部小队的“梅塞施密特”战机。贝内曼的僚机是候补军官赫尔穆特·巴勒维斯基（Helmut Ballewski），另外两架飞机的飞行员是弗雷德里希·迈尔（Friedrich Meyer）上士和鲁道夫·舒默尔（Rudolf Schummer）中尉。迈尔驾驶的是司令部仅有的两架Bf 109K-4之一。舒默尔实际上来自第四大队，但是被派到这里组成一个完整的小队。下一个起飞的是大队长弗雷德里希·米尔（Friedrich Müer）上尉率领的第四大队。第13中队也从内林根起飞加入编队的后方。大约有28架Bf 109参加了这次作战。第四大队在起飞时遇到了一些麻烦，威廉·胡贝尔（Wilhelm Huber）回忆道：“我已经获得了在巴特维塞（Bad Wiessee）的战斗机飞行员之家休息四周的假期，因为我在过去的三个月里被击落了三次，还与一架P-47发生了冲撞。我的休假令已经放在了我的口袋里。但是那个早上我还是被分配到了作为小队长出动的任务。不过当我在起飞滑跑时，我的飞机有一个机轮因为一块炸弹碎片而爆胎。我试图换上备用机，但是当我到那里时穆勒上士已经坐在了座舱里。他在一起滑跑事故中弄伤了他自己的飞机，‘下手’比我要快。”

在马尔姆斯海姆的第二大队于8时35分左右起飞。首先是两架NJG 100第二大队的Ju 88，领头的Ju 88由第6中队的格塞尔上士驾驶。起飞过程中他们可以看见第四大队的飞机已经在远方飞向凯泽斯劳滕的途中。第二大队的领飞小队飞行在约20米高，跟在后面的其他小队依次比身前的小队高200米。第一个小队由布罗少尉指挥，他也将率领第二大队。身后的三个小队按照先前的计划组好编队。几分钟后，一个从胡兴费尔德出动的第6中队作战小队加入到编队的尾部。这个小队由卡尔·海因茨·特雷陶率领，他顶替了患病的第6中队长阿尔弗雷德·哈默。大约20架第二大队的Bf 109将执行此次作战。

联队司令部和第四大队前往凯泽斯劳滕的路上安然无事，格贝尔关于作战第一阶段的记忆是这样的：“起飞是在1月1日凌晨。在机场上空组好编队后我领头在50至100米高飞向梅斯。我不记得有多少‘梅塞施密特’参加了。这些战斗机由JG 53联队长指挥。在萨尔布吕肯越过前线时及之后我们遇到了一些轻型防空炮火。我们的突袭似乎奏效了。防空火力没有造成损失。靠近梅斯前我收到了来自联队长的命令——‘Ju 88回去！’我以反方向飞行在2000米高，没有遇到任何麻烦地回到了埃希特丁根。”

格贝尔的判断大错特错，防空火力击落了多架“梅塞施密特”。美军第455高射炮营A连驻扎在萨尔劳腾（Saarlautern）西南的伊特斯多夫（Ittersdorf）附近。9时16分至9时20分，这个连发现了包括Bf 109、Ju 88和Me 210在内的20架敌机在100英尺高向东北飞行，并与其中的八架飞机交手。这就是JG 53联队司令部和第四大队的编队。他们的飞机似乎是以松散队形从克林根（Kerlingen）延伸至费尔斯贝格（Felsberg）。“梅塞施密特”编队开始扫射第455高射炮营和第739野战炮营的阵地。一场战斗机和防空炮的决斗就此展开，一架由第13中队飞行员赫伯特·马克西斯（Herbert Maxis）下士驾驶的Bf 109沿着从费尔斯贝格到布莱（Boulay）的公路向西扫射并越过了与之交战的防空小组，然后绕回来进行下一轮扫射。这个防空小组是由弗伦诺里·吉格斯（Flenory Giggs）一等兵操作的1号M-51四联防空机枪塔。马克西斯的Bf 109被机枪火力击中，他将自己的“白色13号”迫降在伊特斯多夫东部。马克西斯爬出飞机并举手投降，但是马上就被第739野战炮营A连的一位士兵击毙。“梅塞施密特”战机迫降时，它的机枪和机炮都在开火射击，一枚子弹击伤了A连的卡米尔·勒弗尔特（Camile LeForte）一等兵，这给了对方充足的理由当场射死马克西斯。开枪者被威胁送到军事法庭审讯，但是整起事件还是被掩盖下去。官方报告声称马克西斯做了不该做的动作，被野战炮兵理解为敌对举动。

第739野战炮营的士兵拿走了马克西斯的身份证明文件，所以在掩埋他的尸体时没有留下任何身份信息，他的埋葬地点至今不明。第455高射炮营A连在这次交战中声称取得四个Ⅰ类战果和三个Ⅱ类战果，但是该地区已知的唯一损失就是马克西斯下士。A连共消耗了1943发0.5英寸子弹和68发40毫米炮弹。

第四大队对野战炮兵和

JG 53 第 13 中队的赫伯特·马克西斯下士将他的 Bf 109G-14“白色 13 号”迫降在美军炮兵营阵地附近，他在离开飞机准备投降时被击毙。

美军士兵在查看马克西斯的 Bf 109G-14 的残骸。

美军士兵在查看马克西斯的Bf 109G-14的残骸。

防空阵地的攻击看起来不像是有组织的。似乎只有少数飞行员把注意力放在了这些阵地上，其他人则继续向梅斯飞去。不是所有人都能抵达梅斯-弗里斯卡迪。9时30分至9时50分，第455高射炮营D连在瓦尔德韦斯特罗-弗拉斯特罗（Waldweistroff-Flastroff）地区与正在攻击野战炮阵地的25架Bf 109和Fw 190交战。一些资料声称这些飞机正在从梅斯-弗里斯卡迪返航途中，其他资料则指出他们还没有抵达梅斯。无论如何，确实有一些飞机从各个方向对美军阵地发起了攻击。它们没有造成物资损失，但是D连有一个M-51四联防空机枪塔的三位组员在射击一架Bf 109时被身后的一架Bf 109击伤，唯一未受伤的组员乔治·肖斯（George Shouse）下士继续迎击逼近的敌机并用他的M-51摧毁了一架。当敌机离去后，肖斯给战友们做了急救，他以英勇的表现获得了一枚铜星勋章。

一架Bf 109迫降在了瓦尔德韦斯特罗，它的引擎被防空机枪子弹击毁。第16中队的飞行员阿尔弗雷德·米歇尔（Alfred Michel）三等兵试图逃向附近的树林，D连的一个小组向他发射了两发40毫米炮弹。米歇尔看到炮弹曳光后马上停下来，坐到地上束手就擒。检查后发现他的Bf 109“蓝色2号”之前没有开火过，佐证了这些Bf 109还没有找到梅斯的观点。另外两架“梅塞施密特”战机降低高度近距离查看坠机的现场，它们也被当场击落。实际上第455高射炮营D连在此次交战中上报取得至少十个I类战果，消耗至少3630发0.5英寸子弹和318发40毫米炮弹。检查到至少五具尸体，遗憾的是这些坠机地点都没有被记录下来。相信应该有以下几位第四大队的飞行员死于第455高射炮营的枪炮下：第14中队的西格弗里德·利斯（Siegfried Leese），第15中队的维尔纳·雅舍克

（Werner Jaschek）和沃尔夫冈·罗森贝格尔（Wolfgang Rosenberger），他们都失踪至今。作为中队长卡尔·威廉·罗迈因（Karl-Wilhelm Romain）中尉的僚机，利斯最后一次被人看见是在梅斯-弗里斯卡迪上空，他可能是在返航途中被击落的。一架有黄色标号的“梅塞施密特”在瓦尔德维斯（Waldwisse）附近被击落，那可能是雅舍克的“黄色2号”或罗森贝格尔的“黄色12号”。根据第455高射炮营的目击者报告，那位飞行员很年轻，所以坠落在瓦尔德维斯附近的应该是罗森贝格尔。不过其他资料则说他是在梅斯-弗里斯卡迪上空被防空火力击落。第四大队的余部继续向梅斯-弗里斯卡迪飞去。一架单飞的“奥斯特”恰好挡住了德机的前进道路，它遭到攻击并最终成为第13中队爱德华·伊斯肯（Eduard Isken）军士长的第50个猎物。那应该是第270野战炮营的一架炮兵观测机，它坠落在萨尔河附近，飞行员和观测员全部身亡。

第二大队以一条更靠南的线路前往梅斯，他们在维森堡（Wissembourg）西南方越过前线。几分钟后格塞尔上士驾驶的领航Ju 88G-6被防空火力击中，容克战机燃烧着坠毁在奥克费尔当（Hochfelden）北部的埃唐多尔（Ettendorf）附近，机组人员全部身亡。与此同时第二大队遇到了一些“喷火”，很明显它们没有注意到这些贴地飞行的“梅塞施密特”，布罗少尉击落了其中的一架：“其中一架‘喷火’就在我面前飞过，我只要稍微抬起我的机鼻就可以让它迎着我的火力撞上去。”

1945年1月1日，阿尔弗雷德·米歇尔的Bf 109 G-14“蓝色2号”被盟军防空火力击落。

两个编队现在都逼近了早已开始活动的梅斯-弗里斯卡迪机场。地勤人员在凌晨四点就起床为参加当天作战的飞机做准备，给它们装填子弹和炸弹。在给所有的飞机装好弹药后，军械技师们回到他们的临时司令部中休息。当天的第一次作战在8时28分，12架第387战斗机中队的飞机要到圣英贝特做武装侦察。当他们在9时13分离开目的地时，马斯特上尉正要率领第388战斗机中队的13架飞机前去洪堡地区作战。9时15分，他们已经飞到了距离梅斯约20英里外的地方。下一个是第386中队，它正准备在9时30分起飞。9时15分左右，远方传来了防空火力的噼啪声。地勤人员们抬头看见一群飞机从北方越过一座山丘飞来。一开始他们以为那是一个“喷火”中队，因为它们也是以松散编队飞行。飞机发出的火光很快让他们意识到这些是德国空军的战机。由于没有散兵坑，第386中队的士兵们到处找寻一切可以提供掩护的地方，甚至是茅厕的壕沟里。

第365战斗机大队司令部的马里昂·希尔（Marion Hill）技术军士回忆道：“元旦那天

晴朗而寒冷。每个人都期待着作战能够大获全胜。到九点半，两个中队已经起飞执行它们的作战，第三个中队，也就是第386中队正准备离开。作战情报组此时已经完成了给中队做简报的任务，开始处理当天的日常文书工作。通常在简报结束后，接下来大概一个小时的任务会比较少，我们可以借此机会休息。元旦那天我们第一次有机会在新基地搜寻一些可以在我们的帐篷和营房里使用，或是可以作为纪念品保存的东西。我和一些大队司令部的士兵们一起在一些被烧毁的建筑里搜寻任何有用的东西。当我们在这么做时，我偶然抬头看向以U形环绕着梅斯和基地的一圈约500英尺高的山丘。同时我们听见在梅斯传来高射炮的声音，然后看见从大量飞机机翼上射出的火光。每个人都几乎同时大喊‘梅塞施密特！’并冲向任何可以找到的掩体（由于冰冻的土地难以挖掘，那里没有可用的散兵坑）。我和另一位战友冲向一面被烧毁的兵营的基墙。这个掩体只可以在一个方向保护我们，但是总比什么都没有要好。当我们躺在那里时，第一轮攻击的德机正来到我们头顶上，他们错失了我们。然后我向机场的东侧尽头看去，看见德国飞机沿着与我们躺倒平行的线路来回穿梭。它们穿过机场持续射击，直到来到我们头顶上。当我向上看时，我看见一架飞机的腹部起火并开始坠落，落在了离我100码外。这意味着这些飞机和我们的距离近得可怕，我们可以听见它们子弹的嗖嗖声。当我把头转向躺在我前面的人准备就此表达看法时，我听见呼的一声！一枚跳弹击中了我的眼睛。然而我没有意识到被击中了。当我向下看时，发现我的手套和下臂被鲜血浸染。在前面的战友回过头来说：‘你的脸被击中了，血流的到处都是！’我人生中第一次觉得自己要死了，开始担心起苏珊和在家里的其他人的反应。我的战友开始呼叫救援。幸运的是，一位来自医疗组的医疗兵从另一侧来到了基墙。疲惫地拍了拍他始终携带着的纱布绷带后，他和其他人搞到了一辆救护车，将我放在了一个担架上，然后把我和另一位战友送到了梅斯的陆军第34流动医院。这时机场还在遭受着敌机的扫射。”

在第四大队的第一轮攻击中至少有九人负伤。接下来十分钟，机场上一片狼藉，德国飞机轮番射击，主要对准第386战斗机中队停在地面上的“雷电”。与此同时，镇守山头的第386高射炮营也在猛烈开火还击。一架“梅塞施密特”落在了一个防空炮位附近，飞行员被一枚0.5英寸子弹击中眼睛并被甩到飞机外面。一位防空炮手冲向他的尸体并回收降落伞。第二架飞机被击中并冲入一个机库，当它在机库内翻滚时机身碎片击伤了躲

第365战斗机大队一架被摧毁的“雷电”残骸。

第 365 战斗机大队帐篷附近一架被完全摧毁的“大奶瓶”。

藏在里面的卡尔·里格斯（Carl Riggs）少尉。

机场上许多人的经历在今天看起来有点滑稽，但是在当时可完全没那么轻松。最倒霉的可能是作为第388中队候补飞行员归来的拉文·奥尔康（Lavern Alcorn）中尉，他在靠近机场时受到了高射炮火的热烈“欢迎”，因为做出了剧烈的规避机动而被形容为是“某位在空袭中做特技飞行的疯子飞行员”。向下看时奥尔康发现了烟雾和燃烧中的飞机，他向德机撤退的方向飞去，但是什么也没找到。还有第388中队的唐·哈钦斯（Don Hutchins）中士，他在露天茅房内刚脱下内裤，空袭就来了，于是他跳进粪坑里熬到空袭结束。之后相当长时间里，只要哈钦斯出现在附近，身上散发的味道都会让战友们疑惑地抽着鼻子。乔治·沃森（George Wasson）上士在Bf 109就快抵达前正准备步行穿过机场，这时有人丢下了一根长烟蒂。作为一杆老烟枪的沃森每天都会很快吸完配给的香烟，他捡起了烟蒂并把它弄干。站在一旁的约翰·莱纳特（John Lehnert）上士递给了沃森一根骆驼香烟，他俩就站在那里交谈了好几分钟。接着有人喊道：“嗨，看那些在嗡嗡叫的P-51。”另一人高呼：“P-51个鬼，他们是德国人！”当沃森和另外两人一起冲进附近一个弹坑里时，沃森心想，要不是因为香烟，他此时将正处在机场中间的位置——谁说吸烟有害健康的？

不过还有两位飞行员在空袭中无处藏身，第387中队的托马斯·斯坦顿（Thomas Stanton）上尉和萨穆埃尔·卢茨（Samuel Lutz）中尉作为警戒小队位于跑道南侧的尽头。然而两架警戒飞机中只有一架可以出动，坐在飞机里的是斯坦顿上尉。他在发现敌机来袭后第一时间跳出机舱，躲在飞机后面躲过了空袭。卢茨永远忘不了那个早晨：“斯坦顿上尉和我很早就来到了机场，都没吃早饭甚至连杯咖啡也没喝，我十分确定。一切正常。只有一架飞机停在跑道尽头承担警戒职责。我站在附近和一群士兵一起聚在一辆蒸汽压路机周围取暖。向上看我发现有飞机呈横列在超低空逼近我们。有人大喊：‘这是一次空袭！’

我从未感觉自己如此暴露在光天化日之下。我冲向了附近的一个壕沟，里面全是水而且基本上冻住了，无法提供任何掩护。我和其他人一起躲到蒸汽压路机后头，但是那些Bf 109在右侧分散成对地扫射模式，从各个方向朝我们逼来。我觉得地面和空中的每门枪炮都在向我一个人开火！惶恐焦虑的我站起来开始用我的柯尔特手枪射击，当枪弹曳光扫过，我们的P-47燃烧爆炸并发出骇人的巨响，我像在观看一场足球比赛一样高声呼喊。我瞥了一眼我们的警戒机。我可以启动那玩意升上天空吗？就在这时，一架Bf 109冲向那架警戒机，将一枚20毫米炮弹射入座舱。当他飞过我时我本可以向他射击，但是我不认为我的手枪能起到作用。我看着这架Bf 109落在跑道上并在我眼前解体。飞行员的尸体从被烟火笼罩的残骸中冒出并在跑道上翻滚，一些防空炮手在尸体还未停稳下来前就跑出来脱下了他的飞行靴。另一位Bf 109飞行员坠落在机场对面的一处树林里，切出了一条整齐的道路，飞机和肉体都被割碎了，飞行员的残骸遗留在一个坑里。头、胳膊和腿都不见了，只剩下躯干在寒冷的空气中散发着蒸汽。一位士兵取出了飞行员的打火机并把它交给我。一个小时过后我依然脸色苍白，浑身发抖。第二天我参加了一次四机作战（我的第25次作战），在一处被雪覆盖的山林地带扫射一辆指挥车时我差点撞上地面和山顶上的一座房子，当时我在想他们找到我的遗体后我会是什么鬼样子。”

德国飞行员在空袭中有怎样的体会呢？第一个出现在梅斯机场上空的是JG 53的联队司令部和第四大队，在联队长贝内曼的带领下，Bf 109发起了攻击。如上所述，第365战斗机大队被打了一个措手不及。德国飞行员们可以看见第386战斗机中队的地勤人员在“雷电”边上作业。然而机场周围的防空部队马上投入反击，不久第一架德国战斗机就被击中。完成第一次攻击后第二大队也来到了战场，接下来Bf 109开始一遍又一遍地扫射着机场上停放的P-47。黑色的浓烟开始从机场上升起，一架架

第365战斗机大队的三名飞行员罗伯特·特雷西、鲍勃·托曼和约翰·维茨站在托曼的“雷电”残骸前合影。

底板行动期间一些在梅斯机场被摧毁的P-47战斗机。

“雷电”起火燃烧起来。

第13中队的伊斯肯军士长这样描述最初的攻击：“距离机场不远时我们突然遇到了防空炮火。然后紧接着就是第一轮攻击，敌机像在阅兵一样排成一条线。炸弹或外挂油箱就在它们的身下吊着。在我们的第一轮攻击后，一整排厚重的烟云在机场上空升起。”

由于机场的防空火力密集，JG 53在梅斯上空的损失严重。贝内曼的Bf 109在第一轮攻击中就被弹片击伤，但是依然能继续作战，他的头部受了轻伤。接下来就是斯特凡·科尔军士长驾驶的Bf 109G-14“白色11号”，他回忆道：“就要抵达梅斯-弗里斯卡迪前我们爬升高度，丢掉外挂油箱并给枪炮上膛。我们开足马力俯冲向停放着的美军战斗机。关于美国人还沉浸在元旦前夜聚会中的期盼落空了。轻型防空部队很明显清醒着并全力开火。作为编队最后一架飞机，我没机会躲开它。我从低空飞来，漂亮地射中‘雷电’并摧毁了其中几架。防空炮火击中了我的副翼和左翼，副翼被锁死了。超低空高速飞行状态下马上迫降是办不到的。我本能地解开安全带，将Bf 109拉起大坡度爬升，抛弃座舱盖并将操纵杆猛地向前推，我立刻被猛抛出飞机。由于这是我的第四次跳伞，我明白自己在这么低的高度必须要马上拉伞绳才能保命。降落伞打开和重重的落地几乎发生在同时。”

击中那架“梅塞施密特”的是第386高射炮营A连的0.5英寸防空机枪。科尔降落在机场东南一公里处马尔利（Marly）村的一个小墓园附近。由于他的制服上没有标明国籍的证章，科尔打算慢慢地向东走到前线。确实有些路过的人把他当成是一位美国飞行员。突然有人开了一枪，科尔没有作出回应，然后又是两枪。科尔觉得现在他得赶紧把手举到空中了。两位法国抵抗组织士兵向他走来，科尔马上用法语解释他住在萨尔布吕肯，正在回家的路上。那两个人把他带到一个小村子里，当地人告诉科尔对于他来说战争已经结束了。不久两位美国士兵过来把他带到了机场，实际上他们是第365战斗机大队的宪兵，他们惊讶地发现这位德国飞行员会说一口流利的英语和法语。

在给科尔拍照前，他坚持要把自己的头发梳理整齐，靴子擦得锃亮。第386战斗机中队长乔治·布鲁金（George Brooking）少校来到了科尔所在的大队司令部。在交谈中，科尔走向窗户并傲慢地指着依然在燃烧的飞机说："你对此怎么看？"布鲁金明显感到自己被羞辱了，并恼怒地大步走出房间。接下来几天，替换的飞机从巴黎来到了机场。布鲁金特意前往大队司令部找到科尔，带着他一起走到窗户边指着数十架全新的飞机问道："你对此怎么看？"科尔向窗外看了一眼，沮丧的神情浮现在脸上，他转向布鲁金说道："这就是我们失败的原因。"

第13中队被俘的斯特凡·科尔军士长拒绝在梳好头发，擦好靴子之前拍照。

被俘的德国飞行员们吸引了大量关注，科尔回忆道："我被带到机场上拍了几张照片。他们把我带到了一间办公室，我在那里受到了非常友善的欢迎。我得到了一杯咖啡和一些糖果。有许多访客过来看这只'陌生的鸟儿'。这个状态相当奇怪，就在一小时前，我们还在拼命地互相射击。访客中包括两位防空炮指挥官，他们在争论是谁把我击落的。我得做出决定。这太搞笑了，但是我没法帮他们。我整晚都呆在机场上，一位持枪守卫就在我床边。他们可能是怕我会偷走一架飞机并飞回家。第二天早上一位军官带着我乘一辆吉普去卢森堡审问。整个路途中我们都在交谈和唱歌，当我们来到卢森堡，那位美国军官让我穿着我的德军制服去问路。看着那些惊呆了的市民们，我们都笑开了花。"

另一位第13中队的飞行员就没这么走运了。奥托·本茨（Otto Benz）中尉被防空火力击落在梅斯北部约七公里处的圣雷米（St.Remy）附近，盟军情报人员检查了他的"白色3号"，但是没人知道本茨怎么了，他至今仍在失踪名单上。不过有一份报告声称在距“梅塞施密特”残骸约100码处找到了他的遗体。考虑到坠机的地点，本茨可能是在前进或返航途中被击落的。

第二大队在梅斯上空也损失了数名飞行员，率领第5中队一个小队的奥皮茨军士长在第一轮攻击中就击毁了三架“雷电”，脱离攻击时他的Bf 109G-14/AS被防空火力击中，引擎起火燃烧。他将飞机拉升到约400米高后跳伞，落在机场北边约200米处。他回忆道：“我们的突击是完美的。在第一轮攻击中我们对准了在机场对面的‘雷电’，这样我们可以在低空做出一轮恰到好处的射击，能够射击多架而不是一架飞机。我先是对准了一架开火，然后是第二架，我没能看见第三架是否也在燃烧。当我转过身来时，迎面就是一堵烟墙。我们要执行数次攻击，所以我要调头执行另一轮攻击。我在较高的位置穿过烟雾，然后在机场上空再次冲下来射击了在另一侧的一架双发飞机，可能是一架DC-3。随后我就被击落了。我降了下来，我的飞机左侧被高炮击中并开始燃烧。我一开始还留在飞机里试了试副翼，当时我大概在30至40米高。与此同时我拉升飞机以获取跳伞所需的足够高度。然后我抛掉座舱盖，用脚一踢操纵杆从左侧离开飞机。头朝下的我被从上方掠过的水平尾翼击中了脚。我马上拉动开伞索，在降落伞打开时落在了地上。”

同样是第5中队的鲁道夫·克尼茨尔（Rudolf Könitzer）下士也在第一轮攻击中被防空火力击中，他迫降在机场南方约250米处。这两名飞行员都成为了战俘。

第6中队的恩斯特·纳霍茨基（Ernst Nachotzky）上士也被防空火力击落，他坠落在机场上或是机场附近，遗体安葬在卢森堡的桑德韦勒（Sandweiler）军人公墓。最后一位已知损失在梅斯上空的飞行员是第8中队的恩斯特·奥夫（Ernst Off）上士，他的“蓝色9号”在第四轮攻击中被C连的一发40毫米炮弹命中机腹，发生爆炸。那架飞机继续向北飞并落在了机场西北数公里外的一个名叫镇圣吕凡（Sainte-Ruffine）的城镇附近，奥夫被葬入圣吕凡当地的公墓。

率领第7中队的霍克少尉也在机场上空经历了惊魂时刻：“下方大量的P-47已经在燃烧，我又点着了在机场西端的两架飞机，它们随意停放的方式让我感到惊讶，我们绝对承受不了这么做的后果。我呼啸着飞过机场上的草地，瞄准了东侧两个机库之间的一个防空阵地。我干掉了一门炮，但是另一门炮击中了我三次。第二击让我的飞机剧烈震动，以至于我想到了‘离开这儿！’但是我留在了靠近地面的高度，想要在做些什么之前尽可能远离此处。”

脱离攻击后霍克看见奥皮茨在他的左上方弃机跳伞：“我的‘梅塞施密特’引擎依然运转流畅，仪表指示一切正常。向左稍转，看见我的身后没有拖着烟雾，于是我调过头来。抵达机场前我遇到了已经完成他们第二轮攻击的队友。全部火力对准了防空炮，因为在浓烟中什么都看不见。我再次飞越机场上空。途中我看见了一架未受损的P-47，我给这个‘开心的猎物’来了一次点射。但是接下来的时间对于我来说太过漫长了。由于在第一轮攻击中的拖延，现在我是唯一一架飞机了，我感觉所有的防空炮都在向我开火。虽然我没有再被击中，穿过曳光弹组成的火力网和烟雾依然是令人不安的。”

守卫梅斯-弗里斯卡迪机场的第386高射炮营A连和C连上报至少摧毁八架“梅塞施密特”并击伤一架。这与JG 53第二和第四大队在机场附近的五个已知损失较为吻合。其他防空部队，例如驻扎在梅斯附近的第411和第465高射炮营也上报了六个Ⅰ类战果和四个Ⅱ类战果。本茨可能就是葬送在他们的炮火下。总共在梅斯地区发现了约十架飞机残骸，至今只有六架辨明了身份。外出的第387和第388战斗机中队都收到了基地遭到空袭的消息。第388中队马上丢掉了炸弹并返回基地，率领第387中队的亨利少校也收到了消息并匆忙往回赶。不过两个中队都来得太晚了，未能干涉到入侵的德机。

当最后一架Bf 109离开后，机场得以评估其物质和人员损失。33架“地狱鹰”大队的飞机被击毁或击伤，其中22架被摧毁，八架Ac级损伤，三架A级损伤。第386战斗机中队的损失最严重，有12架飞机被摧毁，七架重伤。第387战斗机中队有九架飞机彻底损失，一架受损。第388战斗机中队只有一架飞机被摧毁，三架飞机受损。报告虽然没有记录人员的伤亡情况，但是有很多勇敢的地勤人员在攻击中受伤。一些人冒着生命危险试图拯救他们的飞机，为了嘉奖他们的英勇表现，盟军上级机关共颁发了三枚紫心勋章和四枚士兵奖章。

第365战斗机大队在梅斯机场上损失最严重的是第386中队，共有12架飞机被摧毁，七架严重受损。

梅斯机场是底板行动期间唯一一个遭到攻击的法国机场。

当第365战斗机大队在清点自己损失的同时，JG 53的幸存者们试图返回己方基地。仅有少数人成功了，一些飞行员未能抵达德军防线，可能是被美国第三集团军的防空部队击落。第7中队的弗洛里安·尤萨克（Florian Juszak）下士失踪，飞行员遗体一直未被发现。他的中队队友约翰内斯·穆勒（Johannes Müller）上士也被击落身亡。穆勒在转飞战斗机之前担任过多年的侦察机飞行员，作为第12近程侦察机大队第1中队的一员，在1943年7月23日获得了德意志金质十字勋章。根据他的被埋葬记录，穆勒坠落在卢森堡的迪克维勒（Dickweiler）附近。

很多飞行员确实返回了德军战线后面，但是很多并没有到达基地，而是迫降在其他地方。JG 53联队司令部小队中有三架Bf 109回到了基地，贝内曼和他的僚机巴勒维斯基首先降落在了埃希特丁根。过了一会儿，舒默尔也驾驶着受损的Bf 109降落到机场，但是他没有负伤。迈尔则因为油料耗尽而将他的Bf 109K-4迫降在科布伦茨附近，他在几天后回到了埃希特丁根。第16中队的霍尔斯特·佩沙尔舍克（Horst Pechardscheck）下士的“黄色9号”在梅斯机场上空被防空火力击伤后也迫降在了埃希特丁根。虽然他的“梅塞施密特”受损程度只有5%，佩沙尔舍克还是因伤住进了伯布林根（Böblingen）的医院。他的中队长施维德塔尔中尉在飞越前线之前被防空炮火击中，不得不迫降在萨尔布吕肯附近。第四大队还有几位飞行员降落在其他机场上，在当天或接下来几天陆续回到埃希特丁根。第二大队也有一些飞行员在返航途中遇到困难，第6中队的埃里希·恩斯特（Erich Ernst）下士将他的Bf 109G-14/AS机腹迫降在胡兴费尔德机场。第6中队的扎克上士起初被报失踪，但是在几天后回到了胡兴费尔德。第7中队的弗朗茨·赖歇特（Franz Reichert）三等兵将他的“白色17号”机腹迫降在佩林根（Pellingen）东南部地区。第8中队的奥古斯特·贝尔姆波尔（August Bermpohl）上士在自己的Bf 109K-4被防空火力重伤后迫降在斯派尔附近，他因被弹片所伤而死在斯派尔的军医院里。第二大队的另外两位飞行员起初也被报失踪，但是第5中队的迪特尔·哈特尔（Dieter Hartel）少尉和第7中队的赫尔穆特·施耐德（Helmut Schneider）下士最终安然无恙地回到了马尔姆斯海姆，他们的飞机都完全报废了。

霍克回忆道：“当我脱离防空炮射程后，我向磁偏角100度方向飞去，尽我所能藏身在山谷之中。当我飞入莱茵平原时，我发现了大队中一架燃料不足的飞机，不久后又看到第二架。我与第一架飞机在卡尔斯鲁厄分别，与第二架飞机一起在马尔姆斯海姆上空‘摇摆’。我们惊讶地发现我们是第一个也是最后一个直接返回到那里的人。”

总共算下来，JG 53攻击梅斯的52架Bf 109损失了20架，还有七架受损，战损率高达50%。更糟的是人员损失，13名飞行员损失，其中三人阵亡，六人至今下落不明，四人被俘。此外还有数名飞行员负伤。

10.7　总结

JG 53对埃坦和梅斯的攻击很难算得上成功。首先第三大队根本就没有攻击到埃坦。梅斯的物资损失为：22架P-47被摧毁，11架受损。与JG 53上报的战果基本吻合：摧毁27架飞机，击伤八架。此外还要加上JG 53在空战中声称取得的四个战果。这样JG 53的攻击共摧毁26架飞机，击伤11架飞机。

JG 53自身的损失为30架Bf 109被摧毁，八架受损。这意味着总共出动的80架Bf 109损失了48%。13名飞行员损失，其中九人阵亡或失踪，四人被俘，还有数人负伤。JG 53的力量受到了较大削弱。面对第12和第19战术航空司令部的12个美国战斗机大队，JG 53在兵力上的一丁点缩减都会对德国陆军的空中掩护造成直接冲击。1月2日和3日，JG 53都只能在萨尔地区完成54架次作战。第19战术航空司令部仅在1月2日一天就出动了407架次战斗轰炸作战。

第365战斗机大队的物资损失仅在一周内就补充完毕，

大队齐装满员地重新上阵。为了弥补损失，JG 53在一月第一周接收了大量替换飞机，至1月10日报告拥有135架Bf 109G-14/K-4。新飞行员们也来到了这里，但是绝大多数是刚训练出来的菜鸟，还不适合参加一线作战。因此可以出战的飞行员人数从12月31日的88人降至1月10日的54人。底板行动给JG 53带来的负面影响很明显大于它取得的战果。

虽然遭受了严重的物资损失，“地狱鹰”们在一周内就恢复了战斗力。

第十一章　JG 77迷失在安特卫普上空

11.1　JG 77的战前状态

JG 77“红桃A”联队是德国空军著名的旅行家，其足迹遍及二战德军的所有主要战场，从西边的法国到东边的苏联，从北部的挪威到南部的地中海。JG 77在战争早期很少被作为核心联队使用，但是它向来能够打出不俗的战绩。从1942年秋开始，联队来到北非接替疲惫不堪的JG 27，此后与JG 53并肩成为地中海战场德国空军的两大防御支柱，并且是最后一个离开意大利战场的德国战斗机部队。

1944年10月中旬，JG 77撤离前线，全部三个大队驻扎在柏林地区。在这里他们换装了全新的飞机，补充了以菜鸟为主的大量新飞行员。12月初，联队被再次投入到作战中，这次是参加阿登反击战。

第二大队在12月9日回到西线并进驻韦尔（Werl）机场。联队司令部、第一和第三大队在数天后也返回战场。联队司令部和第一大队驻扎在多特蒙德，第三大队在杜塞尔多夫。12月17日，第二大队转移到更靠近前线的埃森-米尔海姆（Essen-Mühlheim），第二天NJG 6第5中队的两架Ju 88也来到这里。

JG 77在12月18日出动全部大队执行了第一次作战行动，七架Bf 109被摧毁，四架受损，飞行员三死两伤，仅上报击落三架敌机。接下来的几天天气恶劣不适合空战，JG 77直到23日才再次出动两个大队，它们的损失都非常严重。第一大队在两次作战任务中损失至少15架飞机，还有两架受损。六名飞行员阵亡，两人负伤，仅击落一架B-26和一架P-47。23日下午，第三大队执行了一次支援德军装甲部队的作战，在明斯特艾弗尔（Münstereifel）地区与“雷电”交手。接下来的战斗中第

1944年圣诞节在杜塞尔多夫的第三大队，左二是大队长阿明·克勒上尉，右二是第11中队长海因里希·哈克勒少尉。

三大队损失了十架Bf 109，三架受损。飞行员两死六伤，仅声称击落三架P-47。

12月24日，JG 77试图支援第5装甲集团军和党卫军第6装甲集团军的一次攻击行动。第一大队在早上九点从多特蒙德出动24架Bf 109扫荡在卢森堡的作战区域。越过在卢森堡的前线后不久，他们遇到了“闪电”和“雷电”。随后的战斗中第一大队惨遭屠杀，16架“梅塞施密特”被摧毁，两架受损。包括经验丰富的大队长洛塔尔·鲍曼（Lothar Baumann）上尉和第2中队长伊林·恩利施（Iring Englisch）中尉在内的十位飞行员阵亡。一位飞行员成为战俘。仅上报摧毁一架P-38。这样的损失给大队带来了毁灭性的打击，士气非常低沉。第三大队当天也执行了一次作战，在埃菲尔上空遇到了“喷火”和P-47。大队声称击落两架“喷火”和一架P-47，但是损失了两架飞机和一位飞行员。

JG 77当天的劫难还没结束。盟军对分布在前线地带的德军机场发起了一场全力打击行动，第八航空队投入了全部三个轰炸机师，出动2034架重型轰炸机和818架护航战斗机，绝大多数是“野马”。这将是战争期间最大规模的空中打击行动，主要目标是机场和前线后方的交通中心。皇家空军轰炸机司令部出动338架飞机，包括248架“哈利法克斯”、79架“兰开斯特”和11架“蚊”式。它们的目标是杜塞尔多夫-洛豪森机场和埃森-米尔海姆机场，分别是JG 77第三和第二大队的基地。

下午两点半左右，炸弹如冰雹般落在了两个机场上。在杜塞尔多夫的第三大队损失了两架Bf 109，一位地勤人员身亡。降落场上密密麻麻的弹坑和夜间的霜冻导致机场无法使用。几天后仅有一小块区域被清扫干净。埃森-米尔海姆受到的破坏更严重，所有的跑道上都是弹坑，无法继续使用，只能暂时用草场跑道应付。接下来几天如果地面变得潮湿而松软的话，飞行员在起飞和降落时都会遇到困难。然而霜冻这时发挥了它的效果，大队得以继续在草地跑道上执行作战。四架第二大队的“梅塞施密特”被摧毁，更糟的是有至少八位地勤人员阵亡，还有六人受重伤。驻扎在埃森-米尔海姆的两架Ju 88导航机也都受损了，一架受损程度达到70%，基本报废了。另一架的受损程度为20%。施图勒上士机组内的其他三位成员都在空袭中丧生，他们在机场附近的掩体被一枚炸弹直接命中。施图勒没有受伤，他随后可能返回了NJG 6第二大队。另一位导航机飞行员汉斯·斯特芬（Hans Steffen）中尉可能也回到了他的大队去领取一架新的Ju 88。由于杜塞尔多夫-洛豪森和埃森-米尔海姆都不适合Ju 88降落，斯特芬的机组飞到了多特蒙德再次加入了JG 77。

12月的最后一周里，JG 77依然试图支援德军的攻击战，但是遭受了严重的损失，尤其是第一大队。12月25日，联队长约翰内斯·维泽（Johannes Wiese）少校从多特蒙德起飞进行训练，但是被“喷火”击落。他死里逃生，可不得不将指挥权交给第二大队长西格弗里德·弗赖塔格（Siegfried Freytag）少校，他要代管联队直至接替维泽的人到来。当天第一大队执行了一次攻击双发轰炸机的作战，他们损失了两位飞行员和四架Bf 109，没有取得战果。12月27日，JG 77的三个大队全部出动，不过飞机数量却不多。击落三架“雷电”，付出三位飞行员和四架“梅塞施密特”的代价。12月29日，冰霜开始化冻，埃森-米尔海姆的草地跑道变得太过湿软。第二大队转移到了韦塞尔西南15公里外的本宁哈特南部机场

1944 年 11 月，第 9 中队的四架 Bf 109K-4 战斗机。

（Bönninghardt-Süd），一个小型草地机场。

12月31日，第三大队奉命将它剩余的飞机转移到多特蒙德。第11中队长海因里希·哈克勒（Heinrich Hackler）少尉率领着约12架Bf 109从杜塞尔多夫起飞。第10中队的一位飞行员约翰·特维特迈尔（Johann Twietmeyer）下士回忆道："12月31日下午，JG 77第三大队余部起飞转场到多特蒙德。突然我们收到消息要飞去明斯特地区。报告有敌军战斗轰炸机在攻击地面目标。率领编队的是第11中队长哈克勒少尉。能见度很差，云层高度约300米，其中部分几乎接近地面。我的僚机是海因里希·蒙宁格（Heinrich Munninger）下士。在明斯特上空一些'喷火'攻击了我们。它们穿过云层中的一处空隙俯冲下来，交战中我们的一些'梅塞施密特'被击落。"

第三大队此战损失三架Bf 109和两位飞行员，剩余的飞机降落在多特蒙德。没有战果上报记录。这个月的最后一天就如同12月18日开始的那天一样糟糕。JG 77在12月的最后两周时间内损失极为惨重，31位飞行员阵亡或失踪，13人负伤，一人被俘。86架Bf 109被摧毁或受损，联队折损了几乎一半的兵力。仅声称击落15架盟军飞机。

11.2 为新年突袭的准备

由于在12月的一系列惨重损失，JG 77在该月的最后几天时间里努力重建部队。在第三大队有大约30名飞行员没有飞机，因此大量（根据一份资料至少有27名）飞行员被命令前往雷根斯堡的梅塞施密特工厂领取新飞机。不过他们都无法及时归来参加1月1日的作战。其他的飞行员奉命去别的地方获取可用飞机。第11中队19岁的候补军官罗尔夫·布拉班德（Rolf Braband）回忆道："1944年12月的最后几天里我们驻扎在杜塞尔多夫附近的拉廷根（Ratingen）。12月31日，我和另外两位飞行员得到命令前往克雷费尔德转运三架飞机回到杜塞尔多夫。抵达克雷费尔德后，他们告诉我们要驾驶"梅塞施密特"到多特蒙德而不是杜塞尔多夫。我们在傍晚抵达了多特蒙德，看见大量其他飞机和飞行员已经转移到了多特蒙德。"

抵达多特蒙德的所有第三大队飞行员奉命前往第一大队的作战室与战友会合。特维特迈尔下士回忆道："我们降落在了第一大队所在的多特蒙德。我们在作战室得知我们不能离开兵营。在食堂一起吃完午餐后，我们知道了下此命令的原因。1月1日清晨约2000架德国战斗机将对荷兰和比利时的每一个敌军机场展开一次低空攻击。第77战斗机联队在第二大队长弗赖塔格少校的指挥下奉命攻击安特卫普-德尔讷（Antwerp-Deurne）机场。这个机场上驻扎着‘暴风’和‘台风’战斗轰炸机。全部都要摧毁掉。将以四机小队为单位攻击机场，每位飞行员要执行至少四次攻击。返航路线朝东，如果可能的话组成编队。同样命令要在低空飞行，在任何情况下都禁止使用我们的无线电设备。只有攻击过后才可以再次使用它。我们的编队将由两架Ju 88领路，这样我们可以把注意力都集中在低空飞行上。第二大队将在第一个转向点处加入我们。然后我们被告知自己在编队中的位置。我和我的僚机海因里希·蒙宁格下士一起加入弗赖塔格少校的司令部小队。我是三号机，蒙宁格下士是四号机。每位飞行员都通过与大队长握手的方式承诺将尽自己最大努力摧毁地面上尽可能多的飞机。新年前夜禁酒，我们被命令在晚上十点上床睡觉。”

第一和第三大队的所有飞行员都得到了详细标注航线的地图。编队将从多特蒙德向西北飞到博尔肯（Borken）附近的第一个转向点。他们将在这里遇到第二大队，接下来编队的航线为阿珀尔多伦—乌得勒支南部—鹿特丹/威尔哈文—安特卫普。返航路线为从安特卫普直线飞到东北方的斯海尔托亨博斯，然后向正东飞到基地。前往博尔肯的第一段航线没有标注在地图上，以防地图落在盟军手中后泄露基地的位置。有两处资料提到除了安特卫普-德尔讷机场外还有诸如安特卫普港口设施在内的其他工业及军事目标。但是幸存的飞行员都不记得在简报中有提到这些。简报结束后特维特迈尔偶然听到了哈克勒少尉和舒马赫少尉的对话。哈克勒说：“如果明天我从作战中归来，我将痛饮一整瓶科尼亚克白兰

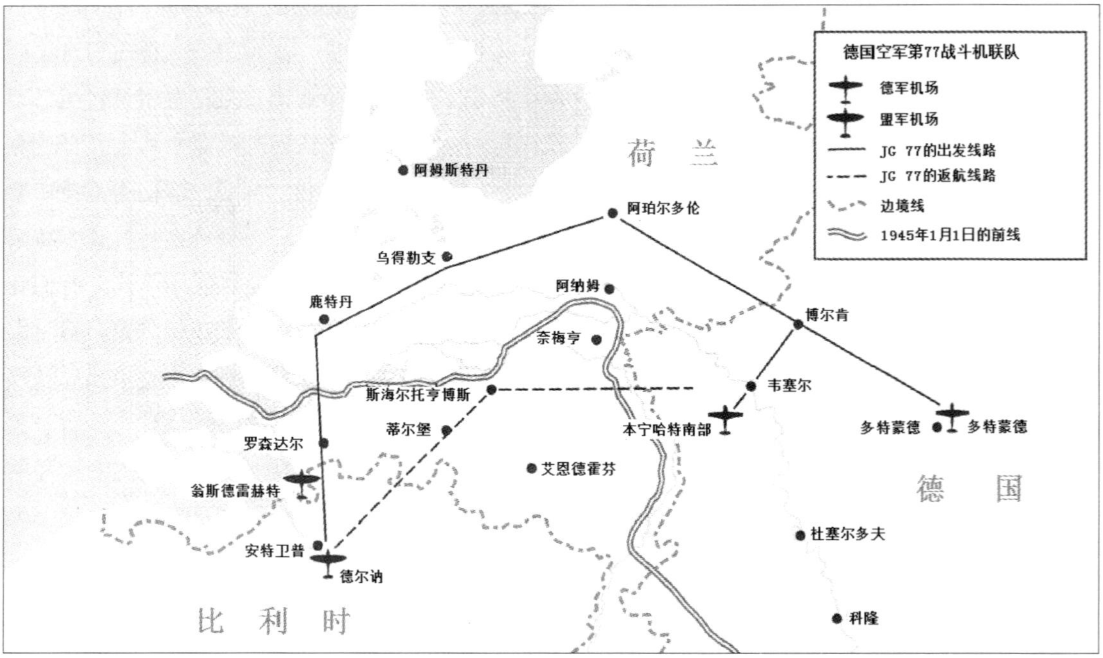

JG 77 的攻击与返航路线图。

地！”舒马赫答道：“你会留些给我，不是吗？”两位少尉和特维特迈尔及另一位飞行员在多特蒙德机场的一个房间里过夜。特维特迈尔睡了一个好觉，但是哈克勒跑到了锡根（Siegen）去探望他的父母。

第二大队的备战几乎一模一样。元旦前夜，第二大队的飞行员们被命令禁止饮酒，还要留在本宁哈特南部机场不能出去，第二天早晨可能有一次作战。不过作战会议直到1月1日凌晨才召开。很明显第二大队的会议也是弗赖塔格主持的，虽然他按计划应该要率领第一和第三大队的联合部队。会议时间在六点至七点间，飞行员们看到了安特卫普-德尔讷的照片，上面显示在机场的一侧停放着大量单发飞机和四发轰炸机。飞行员们得到了和第一、三大队一样的地图。他们得知一架亮着导航灯的Ju 88将在博霍尔特（Bocholt）附近与编队会合，然后率领它到瓦尔河口。第二大队的飞机将点亮它们的导航灯直到Ju 88在此处离开编队。飞行员们还得到指示要在Ju 88离开编队时打开无线电设备，但是在返回到德国领土前保持无线电静默。每架飞机自主实施攻击，要在目标机场上空绕四圈，每圈都要完成一轮攻击。飞行员们要尽可能回到本宁哈特南部机场，一盏旋转探照灯将指引他们返回基地。

11.3 比利时安特卫普-德尔讷机场，1944年12月

安特卫普-德尔讷机场（B-70）是盟军在欧陆驻扎作战飞机最多的机场之一。九个中队驻扎在安特卫普周围饱受V-1导弹骚扰的机场中。为了应对这一威胁，盟军在该区域部署了一条博福斯防空炮阵地。在泰尔讷曾（Terneuzen）至安特卫普之间，沿着斯凯尔特河部署有四个重型防空炮团和十个轻型防空炮团，全部由第105防空炮旅指挥。一个轻型防空炮团包含54个火炮阵地，主要是40毫米博福斯防空炮。

在德尔讷的九个中队来自一个“喷火”联队和一个“台风”联队，此外这里还有运输机司令部的大量C-47运输机。第145（自由法国）联队由四个“喷火”中队组成——第341、74、345、329中队，第146联队则有五个“台风”中队：第193、197、257、263、266中队，其中只有两个中队预定在1月1日有作战任务。第263中队将在多德雷赫特（Dordrecht）东部支援陆军作战，第193中队的目标则是莱克河上的菲亚嫩大桥。不过当晚下了一场大雪，跑道上结了一层冰。早上非常寒冷，温度接近零下20度。所有人都在进行清扫积雪和跑道上冰层的工作，对于JG 77来说这是一个很有价值的目标。

11.4 JG 77攻击安特卫普-德尔讷

在本宁哈特南部机场给第二大队做完简报后，弗赖塔格少校匆忙赶回多特蒙德指挥第一、三大队。两架Ju 88在约八点钟起飞，其中一架飞机由斯特芬的机组驾驶，弗赖塔格和第一、三大队的飞机跟在后面。由于在12月的惨重损失，两个大队都只能出动18架飞机，分别由卡尔·屈多夫（Karl Kühdorf）少尉和海因里希·哈克勒少尉指挥，这36架Bf 109一路向西北方前往在博尔肯的第一个转向点。特维特迈尔回忆道：“我们的飞机在清晨做好起飞准备。发动机被预热完毕，在两架Ju 88起飞后，我们也跟着起飞。编队在机场上空转了一个大弯，所有的飞机靠紧到一起。第二大队在博尔肯附近的第一个转向点加入我们的编队。第77战斗机联队聚齐了，大约有100架‘梅塞施密

负责指挥JG 77实施底板行动的代理联队长西格弗里德·弗赖塔格少校。

特'。我很骄傲自己身处在这一庞大壮观编队的司令部小队中。"

第二大队的23架飞机在大约8点从本宁哈特南部机场起飞。全部升空后编队在100至150米的高度向北前往博霍尔特（Bocholt）地区，最终在那里与第一、三大队会面。

Ju 88在前方约一千米处带队，后面就是联队司令部打头的整个JG 77机群。它们顺利地抵达了阿珀尔多伦，之后依次前往乌得勒支和鹿特丹附近的最后一个转向处。特维特迈尔回忆道："快到鹿特丹时我们向左转向安特卫普。这时我们遇到了猛烈的德军防空炮火。很明显他们很久没看到这么大的一个德机编队，把我们当成了敌军。"

不过，联队没有任何损失，他们继续向安特卫普飞去。在瓦尔河口附近，Ju 88和两架第二大队的"梅塞施密特"开始返回基地，其中一架是第6中队长的座机。那两架Bf 109可能是遇到了燃料不足的问题，因为飞行员们被告知只有在油料不足的情况下才可以自主放弃作战任务。其他报告指出至少有一架Ju 88与编队呆在一起，直到抵达安特卫普后才离开。

越过前线JG 77又碰上了盟军的防空火力，这一次他们又幸运地没有遭受损失。继续向南飞行的编队经过了翁斯德雷赫特机场（B-79），驻扎在此处的是罗尔夫·贝格（Rolf Berg）中校的第132联队，包含五个"喷火"中队——两个挪威中队（第331和332中队）、两个英国中队（第66和127中队）、一个荷兰中队（第322中队）。不过1月1日这天只有第322中队的地勤人员在翁斯德雷赫特。JG 77的一些飞行员可能以为这里是安特卫普-德尔讷机场，或者是看到机场上的盟军飞机后觉得这也是一个不错的目标。总之，部分飞行员对翁斯德雷赫特发起了攻击，这些飞行员可能来自殿后的第二大队。

在"红桃A"联队到来前的几分钟，12架第66中队和11架第127中队的"喷火"已经从B-79机场起飞，掩护第2大队的"米切尔"前去轰炸达斯堡。它们在目标地区执行了一次平淡无奇的扫荡，只有两架飞机因为未能跟上编队而提前

第322中队的一架"喷火"携带着炸弹正在翁斯德雷赫特机场跑道上滑行。

返航，还有另外五架因为燃料不足而降落在B-60机场，其他都在11时10分降落回基地。两个挪威中队当天没有作战安排，它们的飞机疏散在机场上，被地面上的一层薄雾掩盖着。

随着德军六至八架战机俯冲下来，驻扎在机场上的防空部队皇家空军地面团第2872中队开火迎击。短短几分钟后一切就结束了，德机没有射击、没有投下炸弹，也没有对基地造成破坏。防空部队共发射44发炮弹，4号炮台声称在9时41分摧毁一架Fw 190，它坠毁在炮台北边四英里处。四分钟后1号炮台报告击中一架Bf 109，看见它在冒烟并降低高度，坠落在翁斯德雷赫特机场附近。

不过这几架飞机的身份都无法辨明，JG 77的人员损失没有能与它们对得上的。第132联队及下属中队的作战记录本里也没有提及这次对翁斯德雷赫特的攻击。9时40分，在JG 77离开翁斯德雷赫特地区后不久，第127中队奉命出动三架飞机前去掩护安特卫普地区，但是没有找到德机的踪迹。它们在10时50分降落回基地。11时20分，第322中队起飞执行机场防御任务，但这又是一次一无所获的巡逻。

JG 77编队主力继续前进，现在德国飞行员可以看见巨大的码头和安特卫普大教堂了。特维特迈尔继续讲述作战的情况：“抵达安特卫普前我们飞越过一座一战时期的要塞。剩下的那架Ju 88在这里返航。依然低空飞行的我们在不到五分钟后就可以抵达目标。薄雾笼罩着地面。依然保持绝对无线电静默。随着我们靠近安特卫普，紧张感更强烈了。密集的防空炮火迎接我们的到来。弗赖塔格少校提升高度到100米，搜索着机场的位置。与此同时，每个人都开足马力飞行。突然我看见右手边有一条一字形的跑道。大队长继续沿着自己的路线飞去，他没有看见它！我打破无线电静默并高声呼叫大队长：‘目标在右边！’其他飞行员也看到了机场，他们不等攻击命令下达就向机场转去。我也调转方向，蒙宁格下士跟着我一起向机场飞去。我们遇到了猛烈的防空火力。‘暴风’和‘台风’在哪儿？我只能看见约12架飞机散布在机场边缘。我瞄准了其中一架，我的30毫米炮弹击垮了那架飞机，不过它没有燃烧。在我身旁的是蒙宁格下士，他射击了一辆卡车，它马上就着火了。”

第一和第三大队的其他一些飞行员也找到了目标。第11中队的布拉班德攻击了机场上的两架“喷火”并将它们点燃。不过不是所有德国飞行员都这么走运。为了寻找德尔讷机场，编队在安特卫普上空绕了好几次，但是很多飞机无法定位目标，这些飞机绝大多数来自第二大队。JG 77编队中的约半数飞机攻击了安特卫普-德尔讷。

盟军的报告有所出入，不过大约有12至30架飞机在9时25分至9时40分攻击了机场，它们在斯凯尔特河堤岸上空出现时就引起了守军的注意。据地面目击者描述，一大群敌机飞行在150至300英尺高度，德机看起来完全无组织纪律。它们确实“呈现了一场非常糟糕的演出”，完全未找到第145联队的飞机，没有一架“喷火”受到了哪怕一点擦伤。达尔泽尔（J.Dalzell）是第74中队的一位飞行员，他住在德尔讷机场一两英里外的房子里：“我们被防空炮火惊醒，我冲向窗户，难以置信地看见一些Bf 109和Fw 190飞行在屋顶高度。那些法国飞行员住在靠近我们的房子里，他们看到此情形焦急地扯着头发大声呼喊。我们都赶紧下楼跑到交通站前往机场，马上跳进我们的‘喷火’里，由于跑道被冰雪覆盖，在滑跑时遇到了麻烦。

我们在抵达跑道前被命令返回到疏散区，因为跑道上有积雪。我们刚离开飞机准备进入作战室时，防空炮火变得更猛烈了。我在门口转头看发生了什么，我看见两架Bf 109，一架正在射击约50米外的一辆油罐车，另一架则向我们在门口的四人开火。我猜它们已经扫射过了安特卫普码头，只剩下少量弹药，这对我们来说是幸运的。我们冲进了建筑里，后来我们数了门柱和地面上的子弹。我们都没有被击中。

第257中队的伊顿(S.J.Eaton)上尉回忆道："这是一个晴朗的大白天，天空稍微有点朦胧，这时听到了发动机的轰鸣声，我们十分惊讶地看到了一大批德国战斗机从堤岸那头飞来并穿越机场。这个庞大的编队看起来完全没有秩序，Bf 109和Fw 190混在一起乱哄哄地飞行在150至300英尺高度。袭击者开火射击，但堤岸以及或许是敌人的混乱让'台风'联队免遭到大规模破坏。第257中队损失了两架飞机，我认为'台风'的全部损失是六到八架。在远处的'喷火'联队遭到了攻击，但是我不知道是否有伤亡。"

Fw 190的出现无法解释，不过有资料报告，一些机身上有黑色识别带的Fw 190和Bf 109攻击了德尔讷，说明确实有少数JG 26的飞机可能也攻击了德尔讷。

考虑到第146联队停放的大量目标，机场的损失相对较轻。第193中队报告有三架飞机被摧毁，第257中队损失两架"台风"。第266中队损失一架飞机，联队还有另外四架飞机被销毁。大型飞机是入侵者们集中攻击的目标，一架暂留此处的B-17和第575中队的一架C-47运输机也被摧毁了。

第257中队总结德军的攻击是一场"糟糕的表演"。第197中队的日志也证实了此观点："从他们撤退时的怪异高度和速度来判断，他们的一些飞行员不是很有经验。"第146联队长吉勒姆（D.E.Gillam）上校给出的评价是："如果我的小伙子们中有人做出这种表现，我会把他们骂得狗血淋头。"一些很明显是菜鸟的德国飞行员一直在低空保持直线飞行，这就让他们很容易被防空炮手击落。

艾伦·福布斯(Alan Forbes)自诺曼底登陆就在第74中队服役。那个早晨他走出嘈杂的组员室，正好撞见一架德军战斗机在进行一轮攻击，他回忆道："我冲进邻近的散兵壕并保持头部朝下。就在机场的北部外围有一条严密防御任何V-1攻击的防空阵地。我们的德国朋友们可能毫不知情，在穿过它时经历了一段相当难熬的时光。我们此时没有飞机升空，一个工作组在试图给跑道除冰。据我所知，联队没有飞机被击中或损伤，也没有人受伤。我没有看见击伤或击落德国飞机。在机场远端有一个'台风'联队。我不知道他们的情况如何，但是没有看见着火。五分钟内一切都结束了。我想我们可能是太过关注V-1和V-2给我们造成的伤害，德国空军最近的表现没给我们留下什么太深的印象。"

驻扎在德尔讷的皇家空军地面团第2880中队发射了多达1270发炮弹，但是只击伤了一架入侵的Bf 109。这架飞机很可能是第11中队布拉班德的座机："当我过来执行第三轮攻击时，我被防空火力多次击中。我的部分左翼和冷却系统被击毁了。我几乎控制不住飞机。理论上在没有冷却系统的情况下你可以飞行约15分钟。简报期间我们计算得出需要18分钟才能抵达德军防线，所以我低空贴地飞行试试自己的运气。不过这不管用，事情变得更糟了，我再次被防空炮击中，一枚炮弹在座舱内爆炸。虽然多次失去意识，我还是设法完成了一次机腹迫降，我后

第 11 中队罗尔夫·布拉班德的 Bf 109K-4“白色 12 号”的残骸。

来在一所加拿大医院醒来。”

布拉班德将他的飞机迫降在罗森达尔（Roosendaal）北部，刚好停在一个反坦克壕前面，布拉班德非常侥幸地未受重伤。他被第62反坦克团俘获，他的“白色12号”后来被拆解。第10中队的特维特迈尔在德尔讷上空被防空火力击中：“突然我的右侧冷却器被一击命中，我马上关掉了冷却器并试图抵达德军战线。我的机身上也多处受伤。在使用一半马力和冷却液温度指示‘最大’的情况下，我向东北偏北方向飞去，拖着从被击毁的冷却器中冒出的白色烟雾。发动机依然正常运转着，我很有希望抵达德军战线。我已经和蒙宁格下士失去了联系，我看见其他一些‘梅塞施密特’，但是它们飞得快得多，消失在了地平线上。突然一架Fw 190D-9与我飞在一起。这架飞机的机身和机翼被多次击中。可能这是一位失去方向的年轻飞行员。虽然温度很高，但是由于发动机运转流畅，我确信我能够成功。我至少想要抵达前线并完成一次机腹着陆。然后我做了一个愚蠢的决定，攻击了一些停放着的卡车，我的新僚机也参加了攻击。当我从攻击中脱离时我再次被猛烈的防空火力击中，发动机在一声巨响后停转了。它可能是被直接击中或是过热了。又飞了几公里后我在一个农舍附近的田野上做了一次机腹着陆。

特维特迈尔的“红色7号”很可能是被第494高射炮营B连的一发90毫米高爆弹命中。特维特迈尔继续飞了一小段距离，但还是将他的“梅塞施密特”迫降在加尔德（Galder）西北部。他爬出座舱，询问农民自己身在何处。当他得知自己处于盟军占领区后他试图点燃飞机并走到前线。下午他在一个小森林里发现了一座地堡，决定在那里等到天黑下来。不过半个小时后加拿大军队找到并俘获了他。当天晚些时间他被交给宪兵并被一位下士毒打。一位加拿大军官过来阻止了暴行，特维特迈尔被转移到布鲁塞尔，在那里遇到了布拉班德，他们一起被船运到伦敦。

那些无法找到德尔讷机场的JG 77飞行员选择攻击安特卫普地区的其他目标，其中一些人也被防空炮击落。第9中队的赫伯特·阿本德罗特（Herbert Abendroth）少尉很明显错过了对德尔讷的攻击，他和另外两架“梅塞施密特”一起攻击了安特卫普北部约15公里处卡尔姆特豪特（Kalmthout）附近的第405高射炮营D连。美军炮手开火还击，阿本德罗特的“白色13号”被击中，他马上迫降在了卡尔姆特豪特东部。美军士兵很快俘获了他，阿本德罗特的飞机被留给比利时市民瓜分。

第3中队的赫尔穆特·科夫勒（Helmut Kofler）三等兵更加倒霉，他在码头攻击一些设施时被防空火力击中，坠机于安特卫普北部的赫芬恩（Hoevenen）附近。一位目击者回忆道：“我相信那位德国飞行员试图做一次迫降，因为他的起落架伸出来了。他降落在乔森斯家的一个牧场里。由于地势不平，那架飞机几次翻滚并解体。早上的弥撒刚刚结束，许多人聚集在残骸周围搜集纪念品，没人关心那位濒死的飞行员。过了一些时候，一位来自斯特布鲁克的神父过来试图与那位飞行员交谈，但是没有用。他已经失去了意识。他被送到了卡佩伦（Kapellen）的一所医院，后来死在了那里。”

科夫勒死于1月2日，被葬在卡佩伦当地的墓园。此外还有两名飞行员在安特卫普失踪了，分别是第3中队的卡尔·海因茨·巴特尔斯（Karl-Heinz Bartels）中尉和第8中队的保罗·谭克（Paul Tanck）上士。不知道他们是否坠落在当地，至少一处资料报告谭克攻击了安特卫普附近的目标，但是没有更多的细节信息。

空袭结束后，JG 77转向东北方开始返航。特维特迈尔的僚机蒙宁格完成了对德尔讷

阿本德罗特的Bf 109K-4“白色13号”机身在1945年5月的庆祝活动中被抬着穿过阿赫特布鲁克街头。

的攻击，他向东北飞行时来到了圣勒纳特斯（Sint-Lenaarts）附近，那里很靠近美军第494高射炮营B连的阵地。此前已经有一些德国飞机经过此处，但是炮手们当时完全措手不及，来不及瞄准那些低飞的战斗机。一些Bf 109还扫射了该连，不过没有造成人员伤亡。现在B连已经严阵以待，蒙宁格的“白色17号”刚进入射程就被开炮击中。他的战友看见这架飞机燃烧着坠落，一位年轻的比利时学生第一个到达坠机现场，看见飞机正在燃烧，机身上有一个大洞。蒙宁格死了。当飞机内的弹药开始爆炸时，围观者们散开了。蒙宁格的遗体被葬在了位于福斯的美军公墓。

在1月1日率领整个第三大队的第11中队长哈克勒也未能返回。他是大队最优秀的飞行员之一，1940年加入部队并参加了在巴尔干、克里特、苏联、非洲和意大利等地的战斗。他已经拥有56次空战胜利并在1944年8月19日获得骑士十字勋章。哈克勒参加了对德尔讷机场的攻击，在第三轮攻击中他的飞机被防空炮击伤。他努力控制住了飞机并向东北飞去，几分钟后他来到了津德尔特西部，前往教堂的当地人看到了这架低飞的“梅塞施密特”：“那架战斗机从南方过来，飞得非常低。飞行员向下看着一些走向教堂的路人。突然那位飞行员似乎试图避开一间农舍，向左转时左翼碰到了房前的树木。飞机坠地后翻转好几圈并完全解体。飞机的残骸和飞行员的遗体散落在地面上。英国士兵们将遗体埋在了路边的一个野坟里。坟头上有一个标有他姓名的木质十字架。根据英国士兵的说法，这是一位曾获得铁十字的老练飞行员。”

第 10 中队海因里希 · 蒙宁格下士的“白色 17 号”，这架飞机在 1945 年 1 月 1 日被美军击落。

像哈克勒这样老练的飞行员不太可能犯下在低空飞行中撞树这样的错误，他可能已经在之前与高射炮的交手中负伤，伤情导致他在飞行中出现失误。他的飞机坠毁在津德尔特北部几公里外一个叫拉姆贝格（Raamberg）的村子里。他的墓地在那里留了好几年，直到1949年10月才转移到了伊塞尔斯特恩公墓。

JG 77其他飞行员在抵达德国领土前还有很长的一段路要走。似乎绝大多数人都依照简报中给出的航线，向西北飞到斯海尔托亨博斯后再向正东方飞。其中一些人没能撑到德军战线。第4中队年仅19岁的飞行员埃尔温·曼维勒（Erwin Mannweiler）三等兵也撞上了一棵树，迫降在奥斯特豪特（Oosterhout）东边约五公里外的克莱因-东恩（Klein-Dongen）附近。他在试图逃跑时遭到盟军射击，但是侥幸地存活下来成为了战俘。

第10中队经验丰富的指挥官汉斯·于尔根·舒马赫（Hans-Jürgen Schumacher）少尉在向东前往奈梅亨的途中被第401

1945年1月1日负责率领第三大队的海因里希·哈克勒少尉未能从底板行动中生还。

中队的一架“喷火”发现。约翰尼·麦凯上尉在9时16分从海斯机场起飞，这时大约超过40架Bf 109和Fw 190从基地上方飞过，它们实际上是正前往沃尔克尔的JG 6。但是海斯不是主要目标，“喷火”战斗机得以顺利起飞。麦凯起飞后马上追赶这些德国战斗机并击落了两架Fw 190，在大约十点钟返回基地时看到了一架向东飞的Bf 109。在转了四分之三圈后他来到这架德机的身后并逼迫他降到地面上方。在做出剧烈的规避动作后，舒马赫被迫要直线飞一会儿。他做了一个浅俯冲并撞上一块开阔地，弹跳着窜入树林中，他的飞机摔成了碎片。舒马赫坠落在蒂尔斯代克（Teersdijk）附近，他当场丧命并被埋在附近的野坟里。

一些第二大队的飞行员选择了另一条路线返回基地。第6中队的年轻小队长阿尔弗雷德·霍夫施密特（Alfred Hoffschmidt）三等兵在安特卫普上空的混乱中与他的小队失联，燃料紧张的他与另外三架飞机组队向亚琛方向飞去。他们一起在圣特雷登地区扫射了一辆火车，其中一架飞机被击落。引擎出毛病的霍夫施密特不得不迫降在亚琛东北的埃施维勒（Eschweiler）附近。他离德军防线只有几公里远，被美军俘获。剩余的“梅塞施密特”一架架地降落回它们的基地或是其他机场，一架第一大队的Bf 109向北一直飞到了德罗普。

当天结束前还发生了一起作战损失。午后，一架Ju 88就在多特蒙德机场东边被击落。这就是斯特芬中尉的Ju 88G-6“2Z+CP”，JG 77的导航机。德国人认为这架飞机被防空火力击中了机翼，在接近机场时失事。实际上他有可能是被第412中队班克斯上尉驾驶的“喷火”击落。九架“喷火”在12点从海斯起飞前去多特蒙德地区扫荡。班克斯报告：“我是412中队的红色3号机。我看到了一架双引擎飞机在超低空大致向东飞行，我认为那是一架Ju 88。我在正后方约300码外开火一秒钟，击中了左侧发动机并看到有一点烟雾冒出。我在约250码外又射击了一秒钟，敌机左侧起火并坠落在地上爆炸燃烧。没有人跳伞。”

斯特芬的整个机组都在坠机中丧命，他们被葬在了多特蒙德的公墓。这个机组之前在KG 76第三大队服役，1944年6月被调入NJG 6第5中队。他们已经参加过几次夜间作战并在8月21日被击落过一次。很可能他们没有注意到班克斯的“喷火”。15时12分至16时20分，第二大队的大约四架Bf 109从本宁哈特起飞前去掩护在明斯特地区的德国喷气机。报告与六架“喷火”发生交战，没有损失也没有战果记录。对于JG 77来说，当天的战斗结束了，至少在杜塞尔多夫的第三大队的士气一定非常低沉。

11.5 总结

JG 77对德尔讷的攻击是一次彻底的失败，机场上只有约14架飞机被摧毁，还有大约九架受损。弗赖塔格少校声称击落一架“喷火”作为他的第102次空战胜利，但是没有留下任何细节。与有限的战果相比，联队的损失不小，11架飞机及其飞行员未能归还，还有两架飞机受损。11位失踪的飞行员中有六人阵亡，五人成为战俘。哈克勒少尉的损失对于第三大队来说是一个沉重的打击，他曾多次率领第三大队作战。其他的损失还包括像阿本德罗特、舒马赫和特维特迈尔这样长期在第三大队服役的飞行员。而且有两个Ju 88夜间战斗机机组及其飞机在作战中损失，还要加上那架在美军对埃森-米尔海姆的空袭中受损的Ju 88。与其他机场不同，没有证据表明德军在空袭后对德尔讷机场进行了拍摄，因此不知道JG 77是否清楚它在那里造成的有限破坏。

第十二章　KG 51和KG 76的轰炸作战

12.1　KG 51和KG 76的战前状态

德国空军在1944年夏天开始尝试将喷气机投入到实战中，第一支将Me 262作为轰炸机使用的部队是带有实验性质的申克飞行队（Erprobungskommando Schenck）。由著名的对地攻击机王牌飞行员沃尔夫冈·申克（Wolfgang Schenck）少校率领的这支飞行队在1944年7月来到法国执行它最初的战斗。由于Me 262数量很少且部队一直在向后方撤退，这支飞行队给盟军造成的伤害不过是挠痒痒的程度。到1944年9月初，申克飞行队被迫撤至德国西北部的赖讷。它在那里被KG 51第一大队吸收，大队指挥官是海因茨·昂劳（Heinz Unrau）少校，第1、2、3中队长分别是格奥尔格·丘鲁斯基（Georg Csurusky）上尉、鲁道夫·亚伯拉罕姆奇克（Rudolf Abrahamczik）上尉和埃伯哈德·温克尔（Eberhard Winkel）上尉。1944年12月5日，申克从沃尔夫·迈斯特（Wolf Meister）中校手中接过KG 51联队长的职位。

9月8日，大队在敌军占领区上空损失了第一架Me 262，第3中队的罗尔夫·魏德曼（Rolf Weidemann）少尉在低空扫射地面步兵时被轻型防空炮击落。他的Me 262A-2“9K＋OL”坠毁在比利时迪斯特东北八公里处。作为第一架被检查的Me 262样机，它吸引了皇家空军技术军官们的大量注意。至12月底，大队在战斗中至少损失了17架Me 262。约11位飞行员阵亡或失踪，另外六人负伤。最惨痛的损失之一是骑士十字勋章获得者第3中队长鲁道夫·勒施（Rudolf Rösch）上尉，他在11月28日对海尔蒙德机场的空袭中被博福斯高炮击落身亡。12月31日，KG 51第一大队又有一位经验丰富的飞行员受损，第1中队的埃里希·凯泽（Erich Kaiser）军士长在霍普斯滕的一次紧急降落中受伤，虽然起初伤势看起来问题不大，但实际上他的脊柱严重受伤，凯泽

1944年秋，一辆半履带车正在赖讷机场拖曳KG 51第1中队的Me 262A-2。

在1月3日死于医院。

1944年12月，KG 51第二大队也装备上了Me 262。在汉斯·约阿希姆·格伦德曼（Hans-Joachim Grundmann）上尉的指挥下，大队在施瓦本哈尔开始训练，至12月17日，部分飞机已经转移到阿赫默和赫斯勃开始作战。12月25日，大队遭受第一个作战损失。第4中队的汉斯·格奥尔格·拉姆勒（Hans-Georg Lamle）中尉未能从一次对列日的轰炸作战中返回。他的Me 262“9K＋MM”被皇家空军地面团的博福斯高炮击中，后被皇家空军第411中队博伊尔（J.J.Boyle）上尉驾驶的“喷火”击落。喷气机坠毁在费赫尔东南约五公里处，拉姆勒在坠机中身亡。第二大队在战争的剩余时间里只参加过少数几次作战。大队一直遭遇Me 262短缺的问题，补充飞机到达施瓦本哈尔的速度非常缓慢。

另一种喷气式飞机“阿拉多”Ar 234在1944年底作为轰炸机投入战斗。KG 76被选中作为第一支装备该型喷气机的轰炸机部队。八月，第三大队转移到马格德堡附近的布尔格开始训练驾驶Ar 234。8月26日，首批两架Ar 234被送到KG 76第三大队用于飞行员训练。1944年11月底，一个作战中队被组建起来，由第9中队长迪特尔·卢克施（Diether Lukesch）上尉负责指挥。中队的飞行员来自第三大队司令部和所有中队，以第9中队为主。12月18日，阿登战役爆发两天后，作战中队奉命转移到明斯特-汉多夫。共有16架Ar 234来到了汉多夫。接下来几天天气恶劣，中队直到12月24日才完成了初战。九架“阿拉多”参加了一次对列日的攻击。至12月底，中队又执行了另外八次作战，出动Ar 234共60架次。没有一架飞机被敌军摧毁，唯一的人员伤亡是埃里希·迪克（Erich Dick）少尉。他在12月27日起飞时因挡风玻璃起雾而撞上了机场边缘的一堵土墙，飞机坠落并被烧毁。迪克因为严重烧伤在1月4日不治身亡。

KG 76 第 9 中队长迪特尔 · 卢克施上尉。

12.2 为新年突袭的准备

目前没有资料表明KG 51和KG 76是否有指挥官参加了第二战斗机军司令部的会议，没有报告提到他们当时在场。不过申克确实在12月9日给KG 51第一大队发了一道详细的作战指令。这道指令留存了下来，包含有一些关于KG 51第一大队在元旦作战的有趣信息。

Ⅰ.命令

在第二战斗机军对荷兰-比利时地区敌军战术航空部队的空袭中，KG 51的任务如下；

（1）在我军的战斗机部队对目标实施攻击后，KG 51第一大队要应对敌军战斗机的回击并以此掩护我军的撤退。

（2）大队要来到被攻击的机场上空侦察并拍摄这些机场和停放着的飞机。

作战的主要目标：航空拍摄战斗机部队的战果。

Ⅱ.空袭的时间

（a）空袭开始前24小时将发布暗号为“金星”的预警。

（b）收到“条顿人”暗号要在空袭前一晚将飞机拉到机场的边缘上。

（c）收到“赫尔曼”暗号后将给出空袭的日期和时间。

（d）空袭延期将发布暗号“多萝西娅”。

大队长要亲自向联队长报告收到的暗号。

1944 年冬，KG 51 的地勤人员正在为 Me 262 装填炸弹。

大队很明显在12月9日就已经得到了关于空袭的通知，距离5日在阿尔滕基兴的会议不过几天时间。而且有趣的是KG 51第一大队的主要任务不是攻击机场，而是在战斗机部队攻击结束后去侦察机场。

奇怪的是KG 51第一大队还被命令在收到暗号“金星”后转移一个中队到奥伊斯基兴-奥登多夫（Euskirchen-Odendorf），由第二战斗机军负责燃料的补给。第一大队要派遣一名军官到奥登多夫检查战备情况。很明显KG 51第一大队认为这是做不到的，因为没有一架飞机调去了奥登多夫。联队自行选择起飞时间，这样Me 262将在活塞战斗机返航时来到目标上空。每位飞行员都被命令在两个机场拍照，以其中一个作为主要目标。机场的名字和它们在飞行员中的分配情况要向联队司令部报告。即使敌军战斗机对喷气机发起攻击也必须要完成航空拍摄。飞行员还被命令在可以掩护活塞战斗机撤退的时候攻击并击落敌战斗机。要特别注意敌我识别的问题。在起飞时为了保持稳定而携带的炸弹将被投向敌军防空阵地。

此外，在收到暗号“金星”后要从飞机上拆除所有的FuG 25a敌我识别信号发射机。最后，机组和其他人员被命令要绝对保守机密，命令会被记录下来。飞行员也被教导了在被俘后该如何应对。在起飞前要检查他们随身携带的物品，只允许携带一枚中队队徽作为身份证明。万一飞行员落在了敌军占领区，他们要尽力躲避敌军的搜捕。似乎只有司令部军官和三位中队长参加了初期的准备工作。

直到12月31日晚上，KG 51第一大队的飞行员们还没有得到战斗通知，他们只是被命令在晚上零点半前上床，还得知第二天将是“特别的一天”。不清楚在赫斯勃的KG 51第二大队是否也收到了同样的命令。

12月31日，KG 51第一大队的30架Me 262中有21架可用，第二大队的13架Me 262则仅有三架可用。这样在元旦能出动的只有第一大队了，但是有资料显示第二大队也有少数几位飞行员参加了1月1日的战斗。因此，格伦德曼可能也命令他的飞行员驾驶在赫斯勃的少数几架Me 262。

12月底，KG 76第三大队作战中队在KG 51联队司令部的直接指挥下执行战斗任务。因此作战中队从KG 51那里得到它的作战命令并不奇怪。虽然不知道最初的准备工作细节，但是1月1日的攻击命令

KG 51 第 5 中队的一架 Me 262 在测试起落架。

留存了下来。电报在1944年12月31日23时35分发来，上面写道：

1945年1月1日的作战指令——暗号赫尔曼——攻击时间9时20分——允许的条件下从高空逼近——携带炸弹的飞机攻击高度为1000米，不要滞留——对于其他的飞机则选择最合适的高度——目标区域是机场的南缘，不用考虑机场防御。

KG 51联队长申克签署了这道命令。虽然没有在命令中提及目标的名字，但是作战中队肯定在之前就得知了关于它的细节。中队奉命攻击希尔泽-里根机场（B-77），这是在布雷达东部约15公里外的一个较大型机场。盟军第35侦察联队的第2、4和268中队就驻扎于此。

KG 76第三大队作战中队在12月31日共有13架飞机，其中六架可用。很明显中队的地勤人员整晚都在工作。因为根据战争日志中的信息，在1月1日早晨共有至少十架Ar 234可以出动。

12.3　KG 76作战中队在1945年元旦的战斗

1月1日凌晨，作战中队收到来自德国空军西线司令部的一道直接命令，要求它飞到荷

KG 76 作战中队的一架 Ar 234。

兰南部、比利时和莱茵地区做一次气象侦察，为稍后即将开始的战斗做准备。实际上，这将是航空史上的第一次喷气机夜间作战。中队为此准备了四架Ar 234。四点整，中队长卢克施上尉和沃尔夫冈·施陶斯（Wolfgang Stauss）上士驾机从明斯特-汉多夫机场出动。一小时后，弗雷德里希·芬德里希（Friedrich Fendrich）中尉和保罗·温古特（Paul Winguth）下士驾驶另外两架“阿拉多”起飞。

两个双机编队的飞行线路都是汉多夫—奈梅亨—鹿特丹—安特卫普—布鲁塞尔—列日—科隆—汉多夫，飞行高度5000米。为了掩盖真实意图，他们携带炸弹并对布鲁塞尔完成了骚扰性攻击。市区有两处地点遭遇轰炸，布鲁塞尔北站被炸中一次，还有一枚炸弹落在了列日。卢克施和施陶斯分别在4时38分和39分投下炸弹，后者将他的SC 500炸弹投向布鲁塞尔车站。芬德里希和温古特分别在5时46分和56分投弹。德机总共投下了一枚SC 500和三枚SC 250炸弹。

德机观察到安特卫普的码头和车站灯火通明，在埃尔森博恩地区盟军炮兵在猛烈射击。没有关于盟军夜间战斗机或防空炮火的记录。作战的主要目的还是气象侦察，当夜月明星朗，能见度足有40公里。虽然在列日和科隆之间有积云，天气条件还是对活塞战斗机在早晨的作战十分有利。

上文中提到KG 76第三大队的地勤人员尽全力使十架Ar 234完成了对希尔泽-里根的攻击准备。8时55分，飞行员做好了起飞准备。对机场攻击的时间确定为9时20分。起飞时有四位飞行员的喷气机出现问题。卢克施和迪克斯上士飞机的左侧发动机都发生了故障，芬德里希的“阿拉多”轮胎破损，勒格尔少尉也无法起飞。很明显其他喷气机的起飞时间也被延误了。哈赫曼上士和施塔克中尉在9时13分首先起飞。参加此次空袭的飞行员名单如下：

1944年至1945年冬，KG 76第三大队的Ar 234喷气轰炸机。

（机身编号）

迪特尔·卢克施上尉 因引擎故障未出战	F1+BT
哈里·蒂姆下士 9时17分—10时40分	F1+CT
弗雷德里希·芬德里希中尉 因轮胎破损未出战	F1+FT
鲁迪·茨维纳下士 9时27分—10时34分	F1+HT
阿道夫·迪克斯上士 因引擎故障未出战	F1+NT
阿尔弗雷德·哈赫曼上士 9时13分—10时18分	F1+OT
赫尔穆特·西克特下士 9时14分—10时35分	F1+QT
埃伯哈德·勒格尔少尉 因不明原因未出战	F1+ST
瓦尔特·萨斯中尉 9时14分—10时22分	F1+CD
阿图尔·施塔克中尉 9时13分—10时3分	F1+DD

剩余的Ar 234以松散队形向西南飞去。由于茨维纳的起飞时间比其他人晚了超过十分钟，他落在了后面。航线为汉多夫—阿纳姆—蒂尔堡—希尔泽-里根机场。“阿拉多”爬升到5000米高空，然后在9时32分至52分俯冲到1200米攻击了希尔泽-里根。每架飞机都携带了一枚AB 500集束炸弹，内含24颗SD 15炸弹。德军飞行员报告炸弹落在了机场上，但是没有观察到轰炸效果，他们在机场上看到了30架单发战斗机。

盟军报告希尔泽-里根在9时22分遭到攻击，空袭间隔着持续到了10时5分。荷兰的目击报告指出三架“Me 262”在1500米高向机场投下炸弹。喷气机随后拉升并快速离开现场，防空炮的射击根本追不上高速的飞机。根据第2736中队的作战记录本，约30架敌机攻击了希尔泽-里根。可能是有少量来自其他战斗机联队的飞机错误攻击了希尔泽-里根。皇家空军地面团第2736和2845中队共发射806发炮弹，上报摧毁两架Bf 109和一架Me 262，击伤五架敌机。不过这些损失的身份无法被鉴定。一架JG 26的Fw 190D-9和一架可能是JG 1的Fw 190损失可以归因于皇家空军地面团。但是没有Me 262损失于该地区。希尔泽-里根受到的破坏很轻微，炸弹落在了飞行控制中心附近，但是没有造成严重损伤。一架第123联队的“台风”被毁，还有另外几架受损。第83和84大队联络中队分别有两架和一架“安森”轻微受损。第123联队有七人负了轻伤，此外第2736中队也有三人受伤。

完成对希尔泽-里根的攻击后，Ar 234继续向安特卫普和布鲁塞尔方向飞去，评估各战斗机联队的空袭效果。报告称，在德尔讷有三处着火，在梅尔斯布鲁克有超过20处起火。在埃韦勒的着火点数量多到数不清，有一根烟柱升到了6500米高。艾恩德霍芬机场北部可以看到八处着火点，其他的都被厚重的烟雾遮住。在弗洛雷讷（Florennes）和谢夫里斯（Chievres）没有看到火焰。不清楚该部侦察最后这两

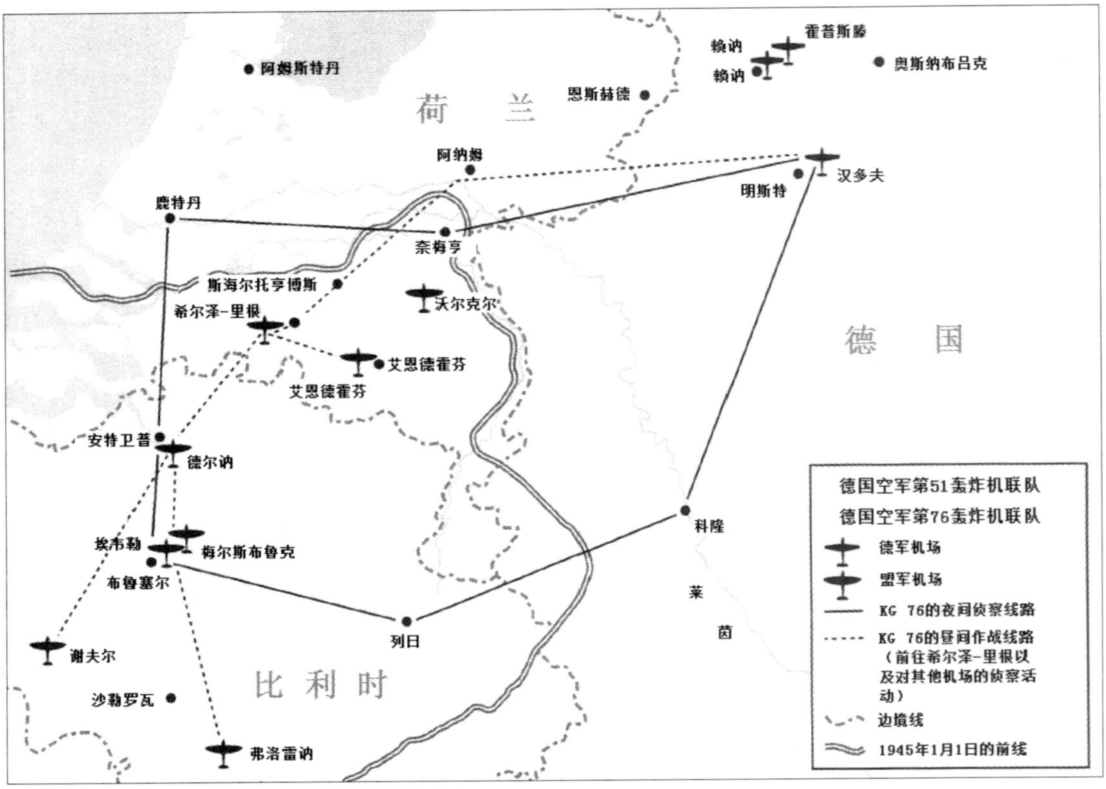

KG 51 和 KG 76 的攻击路线图。

个地方的动机，因为没有一个战斗机联队的目标是那里。虽然遇到了猛烈的防空炮火和“喷火”的拦截，全部六架Ar 234还是安全返航，只有蒂姆下士将飞机降落在了特温特而不是汉多夫。

飞行员们在回到明斯特-汉多夫后，似乎对空袭结果进行了讨论。中队的作战官瓦尔特·施米茨（Walter Schmitz）少尉在部队的战争日志中写下了如下评论：

> 调查显示一些飞行员没有攻击希尔泽-里根，而是攻击了该地区一个被误认为是希尔泽-里根的小机场。飞行员做出此误判与空袭前得到的信息有关。攻击开始前，中队多次要求得到希尔泽-里根的航拍照片，但是没有获得任何资料。由于该地区有数量众多的机场，发生错误是无可避免的。

根据卢克施的说法，希尔泽-里根的照片来得太晚了。从战争日志里的一张地图来看中队认为攻击的是尼斯特尔罗德（Nistelrode）附近的一个机场（B-88，海斯）。然而海斯方面没有记载曾遭到过喷气机袭击，因此似乎绝大部分Ar 234确实攻击了希尔泽-里根。不过有一件事是确定无疑的，那就是希尔泽-里根受到的伤害微不足道。

12.4 KG 51在1945年元旦的战斗

KG 51第一大队的地勤人员整夜工作以使尽可能多的Me 262可以出动。根据第1中队长丘鲁斯基所言，下达的命令是“所有带翅膀的家伙都要去攻击敌军机场”。像第3中队阿尔伯特·马泽尔（Albert

Maser）少尉这样的技术军官与地勤人员一起工作到了很晚。第一大队的飞行员们在早上六点钟醒来，过一会儿后都集合在作战室接受指示。起飞前一个小时，昂劳少校召开了作战简报会，飞行员们拿到了标注有目标细节、敌军防空阵地和其他必要信息的地图。中队长们和第一大队作战军官路德维希·阿尔贝斯迈尔（Ludwig Albersmeyer）中尉一起给每一位飞行员都分配了侦察任务。Me 262将至少要攻击艾恩德霍芬机场和希尔泽-里根机场，已知需要拍照的目标至少包括沃尔克尔机场。每架Me 262要携带一对250公斤炸弹，还要安装自动或手动照相机。绝大部分Me 262将独自起飞作战，有一些会组成双机出动。下列飞行员参加了底板行动。

汉斯·古茨默上尉（作战军官）	KG 51 联队司令部
海因茨·昂劳少校（大队长）	KG 51 第一大队司令部
威廉·巴特尔少尉（技术军官）	KG 51 第一大队司令部
安东·席梅尔少尉	KG 51 第 1 中队
阿尔弗雷德·费贝尔下士	KG 51 第 1 中队
维尔纳·施密特上士	KG 51 第 1 中队
卡尔·阿尔布雷希特·卡皮坦上士	KG 51 第 1 中队
鲁道夫·亚伯拉罕姆奇克上尉（中队长）	KG 51 第 2 中队
海因茨·施特罗特曼中尉	KG 51 第 2 中队
海因里希·黑夫纳少尉	KG 51 第 2 中队
奥斯瓦尔德·冯·里特尔少尉	KG 51 第 2 中队
库尔特·皮尔少尉	KG 51 第 2 中队
埃伯哈德·珀尔林下士	KG 51 第 2 中队
恩斯特·阿尔滕海默下士	KG 51 第 2 中队
赫尔穆特·克罗尔下士	KG 51 第 2 中队
埃伯哈德·温克尔上尉（中队长）	KG 51 第 3 中队
古斯塔夫·斯特凡中尉	KG 51 第 3 中队
阿尔伯特·马泽尔少尉	KG 51 第 3 中队
埃尔温·迪克曼少尉	KG 51 第 3 中队
格尔德·吉特曼军士长	KG 51 第 3 中队
恩斯特·维泽军士长	KG 51 第 3 中队
赫尔穆特·赛德尔下士	KG 51 第 3 中队

飞行员们大约在8时45分准备起飞，马上就出现了第一个问题。昂劳、巴特尔和亚伯拉罕姆奇克的Me 262引擎发生故障，他们不得不放弃起飞。只有昂劳在其他飞行员都升空之后才找到了另一架Me 262“9K＋AB”并驾机起飞。根据黑夫纳少尉的飞行日志，起飞时间是8时55分。由于亚伯拉罕姆奇克无法参加作战，黑夫纳接管了第2中队的指挥权：“起床铃在六点钟敲响，我们很快在作战室集合。我们在这里听到德国空军将要同时攻击荷兰和比利时全部机场的消息。还希望美国佬会为了庆祝新年而不那么早就做好战斗准备。我们的目标是希尔泽-里根。我们得到了航拍照片，仔细研究过它们后等待起飞。我们在霍普斯滕上空已经看到了几个由Ju 88率领的战斗机编队。我们不被允许使用无线电。我们在8时55分起飞。不幸的是，大队长昂劳少校和我们中队长亚伯拉罕姆奇克上尉的喷气机引擎无法启动。由我率领第2中队前往我们的目标。”

KG 51联队作战军官古茨默上尉可能是最后起飞的飞行员之一，他驾驶着第2中队的“9K＋KK”在9时32分从霍普斯滕起飞前去攻击艾恩德霍芬

KG 51 第一大队长海因茨·昂劳少校。

机场。梅塞施密特战机们向西南飞去，在几分钟后来到前线附近。黑夫纳和他的中队在阿纳姆附近遭到了15架盟军战斗机的攻击。然而Me 262们借助超快的速度轻易地甩开了它们并继续执行作战任务。

毫无疑问，这些盟军战斗机是来自皇家空军第422中队的“喷火”。这13架“喷火”在8时57分从海斯起飞前往奥斯纳布吕克—明斯特地区进行武装侦察。不久特鲁姆利（R.K.Trumley）上尉率领的绿色小队在聚特芬（Zutphen）东面遭到了一架Me 262的迎面攻击。小队所有四名飞行员都对德国喷气机完成一次射击，但是没有人看见击中了目标。不过，那架喷气机的左侧似乎有烟雾冒了出来。整个小队对那架Me 262展开追击，很明显它无法甩开身后的“喷火”。不过，在“喷火”飞行员们追上德机之前，他们就因为收到敌军战斗机出现的报告而被召回海斯。四位飞行员上报击伤一架Me 262。过了一会儿，红色小队的一号机拉姆斯登（J.P.Lumsden）上尉在雷赫瓦尔德南部看见了一架Me 262。那架喷气机正在向东飞往韦塞尔。拉姆斯登在400至500码外开火，看见在垂尾上取得一次命中。他上报击伤了一架Me 262。然而KG 51第一大队没有Me 262损伤的报告。黑夫纳继续描述道：“我们稳定地从9000米高滑翔到1000米并投下炸弹攻击希尔泽-里根机场。然后我们用机炮攻击了停放在那里的飞机。我第二次飞越机场上空并用自动照相机对燃烧的残骸和被摧毁的机库拍照。返航时我飞临沃尔克尔，这里的一切也正在燃烧，我可以清楚地看见16架被摧毁的飞机并拍了一些照片。”

黑夫纳少尉看到的景象无法得到解释。希尔泽-里根受到的损失极小，沃尔克尔则根本没有受到攻击！很可能黑夫纳来到的是艾恩德霍芬机场上空。

古茨默攻击了艾恩德霍芬并报告摧毁了机场上的四架飞机。他可能也对同一个机场拍摄了照片。

有一些关于Me 262攻击盟军机场的报告。如上所述，希尔泽-里根报告遭到了Me 262的攻击，毫无疑问这些飞机来自KG 51第2中队。艾恩德霍芬报告喷气机是第一批攻击机场的敌机之一，它们投下了炸弹。大约在11时30分，一位荷兰目击者看见一架银色的Me 262飞临艾恩德霍芬机场，但是这无法得到任何文档的证实。这可能是一次侦察行动。沃尔克尔报告曾出现过几架单飞的Me 262。9时25分，一架Me 262在5000英尺高从南向北飞越机场。第2874中队的三号高炮发射了15发炮弹，未能命中目标。飞机消失在北方，没有投下炸弹。10时20分，另一架Me 262在10000~12000英尺高从南向北飞临机场。三号高炮再次开火，但是只发射了几发炮弹。海尔蒙德在9时15分遭到了几架Me 262的攻击，10时20分机场上空又出现了两架Me 262，第2881中队的40毫米高炮开火，但是没有取得战果。在比利时奥普霍芬，一架Me 262在9时15分攻击了这个机场。这就是关于Me 262空袭的全部报告了。

所有Me 262都安全回到了霍普斯滕。黑夫纳在9时51分完成降落，古茨默在10

1944年12月，机腹下携带两枚SC 250炸弹的Me 262。

时43分归来。1月1日下午，KG 51第一大队离开了霍普斯滕并转移到吉伯尔施塔特（Giebelstadt）。18架Me 262在下午3时40分左右起飞。

遗憾的是，没有档案记录可以证明KG 51第二大队参加了1月1日的空袭。不过有线索指出至少该大队有少数几位飞行员从赫斯勃起飞并攻击了荷兰南部的几个机场。很可能至少在12月31日报告可用的那三架Me 262参加了作战。

12.5 总结

KG 51的Me 262和KG 76的Ar 234的空袭效果只能用微弱来形容。两支部队对希尔泽-里根的轰炸实际上没有任何成果。Me 262对艾恩德霍芬的破坏程度是未知数，不过可能不小。喷气机在该地区的存在对盟军战斗机与德军活塞战斗机的空战没有产生影响。像JG 3和JG 6这样的联队在撤退时没有得到KG 51第一大队的充分保护。喷气机对目标机场的航拍是真正有用的贡献，这使得第二战斗机军可以更好地了解众多盟军机场的受损程度。不过这不足以判定喷气机的作战取得了成功。

第十三章　底板行动的后果与总结

13.1　盟军在底板行动中的损失

详细列举每个德国战斗机联队声称摧毁的盟军飞机数量是无法做到的。只有少量关于击毁击伤飞机数量的资料。德国空军司令部在1945年2月25日的报告是一份主要的文档，这份报告中包含了以下信息：

1. 空中侦察确认在八个机场（艾恩德霍芬、根特、希尔泽-里根、赫林贝亨、马尔德赫姆、梅尔斯布鲁克、奥普霍芬、于瑟尔）上摧毁239架单发飞机、21架双发飞机、19架四发飞机；

2. 根据攻击部队的报告，在七个机场（阿希、德尔讷、埃韦勒、库洛特、梅斯、圣特雷登、沃尔克尔）上摧毁113架单发飞机、7架双发飞机、3架四发飞机；

3. 根据攻击部队的报告，在全部15个机场上击伤106架单发飞机、6架双发飞机、2架四发飞机；

4. 报告中还包含以下空战战果：摧毁65架，可能摧毁12架。

根据这份档案，德国空军声称在底板行动中共摧毁敌机479架，击伤114架。盟军机场的实际损失至今也没有完整的详细统计数据。第二战术航空军司令部在1月8日的一份报告中列出了如下损失数据：

第二战术航空军的作战飞机：75架报废，50架受损；

第二战术航空军的非作战飞机：15架报废，10架受损；

美国陆军航空队的作战飞机：22架报废，30架受损；

美国陆军航空队的非作战飞机：3架报废；

其他司令部在第二战术航空军机场上的作战飞机：25架（部分仅受损）；

其他司令部在第二战术航空军机场上的非作战飞机：9架（部分仅受损）。

总损失数字为：115架飞机被摧毁，90架飞机受损，还有34架被摧毁或受损。然而，之后的研究发现这个数据过于保守。实际上有更多第九航空队的飞机被摧毁，似乎没有一架第八航空队在机场上的飞机被算在报告中。对所有机场上已知飞机损失数据进行统计得到的表格如下：

型号	摧毁	受损
单发飞机	143	139
双发飞机	74	12
四发飞机	15	5
总计	232	156

此数据明显高于第二战术航空军司令部的报告，然而就算是这个数据也还是稍显保守，例如其中仅计入第八航空队的16架B-17/B-24和3架P-51，然而第八航空队在空袭

中实际损失了约16架B-17、14架B-24、8架P-51和2架P-47。考虑到这些疏漏的数据，实际的损失可能比上表多约15%，总计为约290架飞机被摧毁，180架飞机受损。这还不算盟军在空战中的损失，虽然德国空军有详细信息记录的战果大约有50个，盟军的实际损失仅为15架飞机被德国战斗机击落，10架在空战中受损。德国空军把空战战果夸大了三倍。

总结上述统计数据可以知道，盟军在底板行动中的实际损失约为305架飞机被摧毁，190架飞机受损。总数与德国飞行员声称的战果差距并不太远。

13.2　德国空军在底板行动中的损失

和盟军在地面上的模糊损失数据相比，德国空军的损失记录则较为精确。全部的损失数字为271架Bf 109或Fw 190被摧毁，65架Bf 109或Fw 190受损。基于德国空军投入的约850架战斗机和战斗轰炸机总数，仅完全损失的飞机比例就高达32%，若算入受损的飞机更是达到了惊人的40%。此外负责领航的Ju 88损失了9架，受损4架，44架导航机的战损比例也达到了30%。底板行动成为了德国空军在整场战争期间损失最大的一次单日作战，仅这一战就折损掉德军在西线超过20%的战斗机力量。

德国空军支援陆军作战的努力迎来了惨重的失败，阿登山区里到处是被击落的德机残骸，图为美军第6装甲师第68坦克营的一位士兵坐在一架被击落的Fw 190座舱内的留影。

更为糟糕的则是人员损失，143名单发战机飞行员阵亡或失踪，70人被俘，21人负伤。这也就表示德国空军在底板行动中损失至少213名飞行员，约占攻击兵力总数的25%。其中一些受伤的飞行员实际上直到战争结束也没能重返战场。

在完全损失的213名飞行员中有三位联队长，五位大队长，14位中队长和约45位作战经验丰富的飞行员。其余的约145位飞行员几乎都是只执行过不超过5至10次作战任务的菜鸟。22位指挥官级别的人员损失对于德国空军来说是无法承受的。这些人可以作为榜样引导激励年轻飞行员，他们的离去对于士气的打击几乎是立竿见影的。如果甚至连他们都无法生还，还有谁可以呢？

13.3　失败的原因

到底是什么造成了德国空军损失如此巨大数量的飞机？统计所有飞机的损失原因可以发现：盟军防空炮造成47%的损失，盟军战斗机造成23%的损失，德军防空炮造成5%的损失，飞行事故造成5%的损失，另有5%的损失不确定，盟军战斗机还是防空炮造成的，机械故障造成3%的损失，燃料耗尽造成1%的损失，还有11%的损失原因不明。

德国防空炮误击造成的损失远不如以前认为的那样巨大，仅有15架战斗机和2架Ju 88可以确定被己方防空炮击落，哪怕加入损失原因不明飞机数量的一半也仅有30至25架而已。德国空军损失的飞机中有约221架是被盟军防空炮和战斗机击落的，这与第二战术航空军司令部的报告基本吻合。该报告显示盟军的上报战果为：

第二战术航空军空战战果	57 架
第九航空队空战战果	40 架
总数	97 架
斯凯尔特河舰船防空战果	2 架
英国陆军防空战果	44 架
皇家空军地面团防空战果	43 架
美国第九集团军防空战果	40 架
总数	129 架

这清楚地显示盟军防空炮是德国空袭部队最可怕的敌人，全部损失中的几乎一半与盟军防空炮有直接关系。另一大敌人是在空中或正在起飞中的盟军战斗机。全部损失中的至少75%是盟军高炮或战斗机造成的。

为什么盟军防空炮和战斗机能够给德国空军造成如此巨大的损失？主要有以下几点原因：

1.由于所有联队的攻击时间都被统一固定在9时20分，所以有些盟军战斗机部队在空袭开始时已经升空了。而且当这些盟军部队迎击入侵者时，他们占据着比超低空飞行的德国战斗机更佳的位置。此外，年轻的德国菜鸟战斗机飞行员们的水平太差，这令他们在空战中几乎没有任何机会。这导致JG 1、JG 3、JG 6、JG 11和JG 53在空战中损失特别严重。有的盟军作战单位在早上八点钟就起飞了，这比德国攻击者还要早大约20分钟。

2.有的联队飞往目标的航线穿越了之前几周处于激烈交战中的前线地带，那里驻扎着大量的盟军防空部队。JG 11和SG 4的线路就经过了战况激烈的许特根森林。JG 2和JG 4则飞到了严密把守的蒙绍和马尔梅迪地区。因此这些联队都在前线上空遭到了密集防空火力的打击。他们都应该在出发时选择经过防守不太严密的前线地区。

3.有的联队设计的航线导致越过前线时已经过了九点钟了，比如JG 1和JG 26越过斯凯尔特河口。此时盟军的高炮炮组已经完全做好了战斗准备，结合良好的天气条件，来袭的德国战机将是一个受欢迎的目标。

4.德国空军的飞行员，特别是年轻的菜鸟飞行员缺乏低空扫射攻击的训练。有些部队在12月下半月展开了专项训练，但是这显然不足以补全欠缺的经验。因此部分德机在对地扫射时没有遵守基本的准则，有些损失就是这样产生的。最明显的就是第404战斗机大队目睹JG 4对圣特雷登的空袭。德国飞行员在完成一轮对地扫射后就在机场上空直接转向，盟军多数的防空炮战果都是在它们转向时取得的。

5.严格执行对机场展开多轮攻击的命令同样带来了灾难性的后果。在绝大多数机场上德军的第一轮攻击都起到了出其不意的效果，但是接下来多次来回的对地扫射给了盟军防御者足够的时间来瞄准击落许多敌机。采取“打了就跑”的战术也许是更合适的。

然而更重要的是，即便避开了上述所有的问题，德军能够指望通过这次作战取得多大的战果呢？最理想的收获也不过是在地面上摧毁约500至700架飞机，飞机里的飞行员则不会有折损。盟军可以轻易地替换掉损失的飞机，但是飞行员的损失则至少在短期内会是个

解放者降临！一位比利时男孩看着一队谢尔曼坦克进入他的村子。

问题。德国空军在盟军占领区每损失一架飞机就同时失去了一位飞行员，这是战斗机部队无法承受的，有的大队再也未能从1945年1月1日的重创中恢复过来。

最后，将讨论放大到此次作战的战术价值上。空袭按计划应该是与阿登反击战开始的时间相吻合。到1945年1月1日时，德军的进攻已经停滞，B集团军群和西线最高统帅部在阿登战役中越来越偏向守势。以支援地面进攻为目标对敌战术空军实施打击的时机太晚，所以此次作战应该被取消。

1945年1月3日，德国首都的市民们打开他们手中的《柏林早报》，看见了由戈培尔一手炮制的宣传文章《空袭荷兰和比利时机场：我军战斗机的一场大胜》。文章中完全没有提到那大约300架未能归来的飞机，当然更不会提及在作战中逝去的大量德国飞行员，他们的尸体或是和破损的战机一起散布在郊外，或是被埋入无名的荒野与沼泽中，更糟的则是被烧得完全无法辨认。真相只有在战争结束后才得以揭示。

附录1 德国空军作战序列（1944年12月31日）

单位	指挥官	驻地	目标
德国空军西线司令部	约瑟夫·施密德中将	德赫恩/林堡	
第二战斗机军	迪特里希·佩尔茨少将	弗拉默斯费尔德	
第3战斗机师	瓦尔特·格拉布曼少将	维登布吕克	
JG 1 联队司令部	赫伯特·伊勒费尔德中校	特温特	马尔德赫姆
JG 1 第一大队	格奥尔格·哈克巴特上尉(代理)	特温特	马尔德赫姆—于瑟尔
JG 1 第二大队	弗里茨·韦格纳中尉(代理)	德罗普	圣但尼—韦斯特雷姆
JG 1 第三大队	哈拉尔德·莫尔登豪尔上尉	赖讷	马尔德赫姆
JG3 联队司令部	海因茨·巴尔少校	赛尼	艾恩德霍芬
JG3 第一大队	阿尔弗雷德·塞德尔中尉	帕德博恩	艾恩德霍芬
JG3 第三大队	卡尔·海因茨·朗格尔少校	巴特利普施普灵格	艾恩德霍芬
JG3 第四大队	西格弗里德·穆勒少尉(代理)	居特斯洛	艾恩德霍芬
JG 6 联队司令部	约翰·科格勒少校	库阿肯布吕克	沃尔克尔
JG 6 第一大队	威利·埃尔斯特曼上尉	代尔门霍斯特	沃尔克尔
JG 6 第二大队	约翰内斯·瑙曼上尉	库阿肯布吕克/费希塔	沃尔克尔
JG 6 第三大队	赫尔穆特·屈勒少校	比塞尔	沃尔克尔
JG26 联队司令部	约瑟夫·普里勒中校	菲尔斯特瑙	赫林贝亨
JG26 第一大队	卡尔·博里斯少校	菲尔斯特瑙	赫林贝亨
JG26 第二大队	安东·哈克尔少校	诺德霍恩	布鲁塞尔—埃韦勒
JG26 第三大队	瓦尔特·克鲁平斯基上尉	普兰特吕内	布鲁塞尔—埃韦勒
JG27 联队司令部	路德维希·弗兰齐斯克特少校	赖讷	布鲁塞尔—梅尔斯布鲁克
JG27 第一大队	埃伯哈德·沙德中尉	赖讷	布鲁塞尔—梅尔斯布鲁克
JG27 第二大队	赫伯特·库恰上尉	霍普斯滕	布鲁塞尔—梅尔斯布鲁克
JG27 第三大队	埃米尔·克拉德中尉(代理)	赫斯勃	布鲁塞尔—梅尔斯布鲁克
JG27 第四大队	汉斯·海因茨·杜德克上尉	阿赫默	布鲁塞尔—梅尔斯布鲁克

续表

单位	指挥官	驻地	目标
JG 54 第三大队	汉斯·多滕曼中尉(代理)	菲尔斯特瑙	赫林贝亨
JG 54 第四大队	鲁道夫·克莱姆少校	弗尔登	布鲁塞尔—梅尔斯布鲁克
JG77 联队司令部	西格弗里德·弗赖塔格少校(代理)	多特蒙德	安特卫普—德尔讷
JG77 第一大队	卡尔·屈多夫少尉(代理)	多特蒙德	安特卫普—德尔讷
JG77 第二大队	西格弗里德·弗赖塔格少校	本宁哈特	安特卫普—德尔讷
JG77 第三大队	阿明·克勒少校	杜塞尔多夫	安特卫普—德尔讷
莱茵中部战斗机指挥部	戈特哈德·汉德里克中校	达姆施塔特	圣特雷登
JG2 联队司令部	库尔特·布利根中校	尼达	圣特雷登
JG2 第一大队	弗朗茨·赫尔德利奇卡上尉	梅尔茨豪森	圣特雷登
JG2 第二大队	格奥尔格·施罗德上尉	尼达	圣特雷登
JG2 第三大队	西格弗里德·莱姆克中尉	阿尔滕施塔特—埃廷豪森	圣特雷登
SG 4 联队司令部	阿尔弗雷德·德鲁施尔上校	波恩—汉格拉尔	圣特雷登
SG 4 第一大队	维尔纳·多恩布拉克少校	波恩—汉格拉尔	圣特雷登
SG 4 第二大队	汉斯·施托尔贝格上尉	科隆—布茨维勒霍夫	圣特雷登
SG 4 第三大队	格尔哈德·魏尔特少校	科隆—瓦恩	圣特雷登
JG4 联队司令部	格尔哈德·米哈尔斯基少校	莱茵—美因	库洛特
JG4 第一大队	威廉·施泰因曼少校	达姆施塔特—格里斯海姆	库洛特
JG4 第二大队	格尔哈德·施罗德少校	巴本豪森	库洛特
JG4 第三大队	弗雷德里希·埃贝勒上尉	达姆施塔特—格里斯海姆	库洛特
JG4 第四大队	恩斯特·劳贝上尉	莱茵—美因	库洛特
JG11 联队司令部	京特·施佩希特少校	比布利斯	阿希
JG11 第一大队	吕迪格·基希迈尔上尉	比布利斯	阿希
JG11 第二大队	卡尔·莱昂哈德上尉	泽尔豪森	阿希
JG11 第三大队	霍尔斯特·京特·冯·法松上尉	大奥斯特海姆	阿希
第5战斗机师	卡尔·亨切尔少将	杜尔拉赫—卡尔斯鲁厄	
JG53 联队司令部	赫尔穆特·贝内曼中校	斯特加特—埃希特丁根	梅斯—弗里斯卡迪
JG53 第二大队	尤利乌斯·曼贝格少校	马尔姆斯海姆	梅斯—弗里斯卡迪
JG53 第三大队	弗朗茨·格茨少校	基尔拉赫	埃坦
JG53 第四大队	弗雷德里希·米尔上尉	斯特加特—埃希特丁根	梅斯—弗里斯卡迪
第3航空师			
KG 51 联队司令部	沃尔夫冈·申克中校	赖讷	未出动
KG 51 第一大队	海因茨·昂劳少校	霍普斯滕	希尔泽—沃尔克尔—艾恩德霍芬

续表

单位	指挥官	驻地	目标
KG 51 第二大队	汉斯·约阿希姆·格伦德曼上尉	赫斯勃	不明
KG 76 第三大队作战中队	迪特尔·卢克施上尉	明斯特—汉多夫	希尔泽-里根
侦察机			
第 1 近程侦察机大队	维尔纳·维尔克少校	拜罗伊特—宾德拉	若干
第 13 近程侦察机大队	格尔哈德·迪肯布罗克上尉	奥埃德海姆	若干

附录2 底板行动德国空军作战兵力

单位	拥有飞机数量	可用飞机数量	拥有飞行员数量	出动飞机数量
JG 1 联队司令部	1 Fw 190A-9	1 Fw 190A-9	4	1
JG 1 第一大队	25 Fw 190A-8 2 Fw 190A-9	20 Fw 190A-8 2 Fw 190A-9	53	22
JG 1 第二大队	50Fw 190A-8	36Fw 190A-8	42	36
JG 1 第三大队	1 Bf 109G-6 2 Bf 109G-10 15 Bf 109G-14	1 Bf 109G-6 1 Bf 109G-10 10 Bf 109G-14	68	12
JG 2 联队司令部	1 Fw 190A-8/R6 4 Fw 190D-9	1 Fw 190A-8/R6 3 Fw 190D-9	3	3
JG 2 第一大队	8 Fw 190A-8/R6 38 Fw 190D-9	6 Fw 190A-8/R6 29 Fw 190D-9	42	33
JG 2 第二大队	20 Bf 109G-14 9 Bf 109K-4	13 Bf 109G-14 7 Bf 109K-4	40	20
JG 2 第三大队	7 Fw 190A-8 1 Fw 190A-9 35 Fw 190D-9	5 Fw 190A-8 1 Fw 190A-9 34 Fw 190D-9	43	28
JG3 联队司令部	5 Fw 190A-9	3 Fw 190A-9	4	4
JG3 第一大队	16 Bf 109G-10 14 Bf 109G-14/AS	10 Bf 109G-10 12 Bf 109G-14/AS	35	22
JG3 第三大队	16 Bf 109G-14 8 Bf 109K-4	12 Bf 109G-14 5 Bf 109K-4	44	15
JG3 第四大队	30 Fw 190A-8/R2	19 Fw 190A-8/R2	46	19
JG 4 联队司令部	1 Bf 109G-10 1 Fw 190D-9	1 Bf 109G-10 1 Fw 190D-9	1	1
JG 4 第一大队	5 Bf 109G-10 19 Bf 109G-14 2 Bf 109K-4	3 Bf 109G-10 18 Bf 109G-14 2 Bf 109K-4	35	26

续表

单位	拥有飞机数量	可用飞机数量	拥有飞行员数量	出动飞机数量
JG 4 第二大队	28 Fw 190A-8/R2	24 Fw 190A-8/R2	53	17
JG 4 第三大队	2 Bf 109G-14 26 Bf 109K-4	0 Bf 109G-14 10 Bf 109K-4	34	9
JG4 第四大队	10 Bf 109G-10 15 Bf 109G-14 7 Bf 109K-4	6 Bf 109G-10 11 Bf 109G-14 2 Bf 109K-4	36	16
JG 6 联队司令部	4 Fw 190A-9	3 Fw 190A-9	4	3
JG6 第一大队	34 Fw 190A-8	29 Fw 190A-8	35	29
JG 6 第二大队	52 Fw 190A-8 3 Fw 190A-9	43 Fw 190A-8 3 Fw 190A-9	57	25
JG 6 第三大队	7 Bf 109G-10 33 Bf 109G-14/AS	3 Bf 109G-10 18 Bf 109G-14/AS	43	21
JG11 联队司令部	2 Fw 190A-8 4 Fw 190A-9	1 Fw 190A-8 3 Fw 190A-9	4	4
JG11 第一大队	17 Fw 190A-8	16 Fw 190A-8	66	6
JG11 第二大队	1 Bf 109G-6/U2 38 Bf 109G-14/AS 11 Bf 109K-4	1 Bf 109G-6/U2 26 Bf 109G-14/AS 4 Bf 109K-4	62	20
JG11 第三大队	62 Fw 190A-8 1 Fw 190A-9	47 Fw 190A-8 0 Fw 190A-9	46	31
JG26 联队司令部	1 Fw 190A-8 2 Fw 190D-9	0 Fw 190A-8 1 Fw 190D-9	4	1
JG26 第一大队	3 Fw 190A-8 49 Fw 190D-9	0 Fw 190A-8 32 Fw 190D-9	52	46
JG26 第二大队	39 Fw 190D-9	32 Fw 190D-9	50	44
JG26 第三大队	14 Bf 109G-14 29 Bf 109K-4 1 Fw 190D-9	7 Bf 109G-14 13 Bf 109K-4 1 Fw 190D-9	40	29
JG27 联队司令部	1 Bf 109G-10 2 Fw 190D-9	1 Bf 109G-10 2 Fw 190D-9	1	0
JG27 第一大队	1 Bf 109G-10 8 Bf 109G-14 14 Bf 109K-4	1 Bf 109G-10 7 Bf 109G-14 14 Bf 109K-4	36	16
JG27 第二大队	7 Bf 109G-10 14 Bf 109G-14/AS	3 Bf 109G-10 10 Bf 109G-14/AS	30	12
JG27 第三大队	26 Bf 109K-4	15 Bf 109K-4	31	15

续表

单位	拥有飞机数量	可用飞机数量	拥有飞行员数量	出动飞机数量
JG27 第四大队	22 Bf 109G-10 10 Bf 109G-14	12 Bf 109G-10 5 Bf 109G-14	29	17
JG53 联队司令部	4 Bf 109G-14/AS 2 Bf 109K-4	3 Bf 109G-14/AS 1 Bf 109K-4	4	4
JG53 第二大队	34 Bf 109G-14/AS 3 Bf 109G-14/U4 5 Bf 109K-4	22 Bf 109G-14/AS 0 Bf 109G-14/U4 0 Bf 109K-4	31	22
JG53 第三大队	35Bf 109G-14/AS	26Bf 109G-14/AS	41	26
JG53 第四大队	36Bf 109G-14	28Bf 109G-14	38	28
JG 54 第三大队	49 Fw 190D-9	32 Fw 190D-9	51	17
JG 54 第四大队	17 Fw 190A-8 6 Fw 190A-9	11 Fw 190A-8 4 Fw 190A-9	37	16
JG77 联队司令部	2Bf 109G-10	1Bf 109G-10	3	0
JG77 第一大队	24Bf 109G-14/U4 1Bf 109K-4	17Bf 109G-14/U4 1Bf 109K-4	56	18
JG77 第二大队	15 Bf 109G-10 12 Bf 109G-14	10 Bf 109G-10 10 Bf 109G-14	68	23
JG77 第三大队	27Bf 109K-4	18Bf 109K-4	58	18
SG 4 联队司令部	3 Fw 190F-8	3 Fw 190F-8	3	2
SG 4 第一大队	29 Fw 190F-8	21 Fw 190F-8	42	21
SG 4 第二大队	36Fw 190F-8	27Fw 190F-8	42	15
SG 4 第三大队	36Fw 190F-8	24Fw 190F-8	42	12
KG 51 联队司令部	1 Me 262A-2	0 Me 262A-2	4	0
KG 51 第一大队	30Me 262A-2	21Me 262A-2	40	19
KG 51 第二大队	13Me 262A-2	3Me 262A-2	20	3
KG 76 第三大队作战中队	13 Ar 234B-2	6 Ar 234B-2	19	6
第 1 近程侦察机大队	28 Bf 109G	19 Bf 109G	23	19
第 13 近程侦察机大队	3 Fw 190F-8 29 Bf 109G	0 Fw 190F-8 16 Bf 109G	30	14
导航机	Ju 88G-1/G-6			44
合计	1446(含侦察机)	986(含侦察机)	1825	929

附录3 底板行动德国空军损失列表

单位	损失飞机	受损飞机	阵亡人数	失踪人数	被俘人数	负伤人数
JG 1 联队司令部	1					
JG 1 第一大队	12		4	1	4	
JG 1 第二大队	13	4	5	5	2	1
JG 1 第三大队	3		1		2	
JG 2 联队司令部	1					1
JG 2 第一大队	18	6	4	5	6	1
JG 2 第二大队	5	3	2	1	1	1
JG 2 第三大队	19	3	6	3	4	2
JG3 联队司令部		1				
JG3 第一大队	7		1	1	5	
JG3 第三大队	3	1	2	1		
JG3 第四大队	5	1	2	2	1	
JG 4 第一大队	3	1	2			
JG 4 第二大队	13	1	3	2	4	3
JG 4 第三大队	2	1				
JG4 第四大队	8	3	4	2	2	
JG 6 联队司令部	2				1	
JG6 第一大队	7	2	4	1	1	
JG 6 第二大队	8	2	4	1	2	
JG 6 第三大队	10	2	5	1	3	
JG11 联队司令部	2			2		
JG11 第一大队	2	1	1	1		
JG11 第二大队	8	4	4	2	2	
JG11 第三大队	13	3	3	7	2	2
JG26 第一大队	14	8	4	1	3	2
JG26 第二大队	13	2	4	1	4	1

续表

单位	损失飞机	受损飞机	阵亡人数	失踪人数	被俘人数	负伤人数
JG26 第三大队	6		2	1	1	1
第 1 转场飞行联队	1		1			
JG27 第一大队	9	1	5	1	1	
JG27 第二大队	2			1	1	
JG27 第三大队	2	1	1	1		1
JG27 第四大队	4		2		1	
JG53 联队司令部	1	2				1
JG53 第二大队	10	2	3	1	2	1
JG53 第三大队	10	1				2
JG53 第四大队	9	3		5	2	1
JG 54 第三大队	7	2	2	2	5	1
JG 54 第四大队	3	1	1	1	1	
JG77 第一大队	3		1	1	1	
JG77 第二大队	2			1	1	
JG77 第三大队	6	2			3	3
SG 4 联队司令部	1			1		
SG 4 第三大队	4	1	2		1	
Ju 88 导航机	9	4	15	6	3	3
合计	280	69	102	62	73	24

附录4 底板行动德国空军空战战果

飞行员	单位	机型	敌军	地区
威廉·阿德军士长	JG 1 第 2 中队	喷火	第 135 联队	根特
汉斯·贝格尔少尉	JG 1 第 3 中队	喷火	第 135 联队	根特
弗里茨·霍夫曼上士	JG 1 第 3 中队	喷火	第 135 联队	根特
汉斯·雷兴贝格少尉	JG 1 第 5 中队	喷火	第 135 联队	根特
埃尔温·库尔茨下士	JG 1 第 5 中队	喷火	第 135 联队	根特
赫伯特·多施上士	JG 1 第 5 中队	喷火	第 135 联队	根特
弗里茨·韦格纳中尉	JG 1 第 6 中队	喷火	第 135 联队	根特
海因茨·亨下士	JG 1 第 8 中队	喷火	第 135 联队	根特
海因茨·巴尔少校	JG 3 联队司令部	暴风	第 438 中队	艾恩德霍芬机场
海因茨·巴尔少校	JG 3 联队司令部	暴风	第 438 中队	艾恩德霍芬机场
弗雷德里希·哈迈斯特军士长	JG 3 第 4 中队	喷火	不明	艾恩德霍芬
奥斯卡·齐默尔曼少尉	JG 3 第 9 中队	暴风	第 168 中队	艾恩德霍芬机场
斯特雷贝尔上士	JG 3 第 9 中队	不明	不明	不明
罗伯特·赖泽尔军士长	JG 3 第 10 中队	喷火	第 401 中队	明斯特
彼得·贝希霍尔德下士	JG 3 第 11 中队	喷火	不明	艾恩德霍芬
奥斯卡·伯施上士	JG 3 第 14 中队	喷火	第 412 中队	居特斯洛
格尔哈德·施密特下士	JG 3 第 15 中队	喷火	不明	艾恩德霍芬
西格弗里德·穆勒少尉	JG 3 第 16 中队	台风	不明	艾恩德霍芬机场
哈里·瓦尔德上士	JG 3 第 16 中队	台风	不明	艾恩德霍芬
汉斯·马丁·马克霍夫中尉	JG 4 第 8 中队	奥斯特	第 125 中队?	不明
卡尔·舒伯特上士	JG 6 第 2 中队	台风	第 439 中队?	芬洛北部
诺伯特·卡茨上尉	JG 6 第 5 中队	喷火	第 442 中队	沃尔克尔
汉斯·武尔夫少尉	JG 6 第 8 中队	喷火	第 442 中队	沃尔克尔南部
不明	JG 6 第三大队	喷火	不明	不明
不明	JG 6 第三大队	暴风	不明	不明
不明	JG 6 第三大队	暴风	不明	不明

续表

飞行员	单位	机型	敌军	地区
卡尔·克伦茨下士	JG 11 联队司令部	P-51	第 352 大队	阿希
阿尔弗雷德·诺伊贝格尔候补军士长	JG 11 联队司令部	P-51	第 352 大队	阿希
弗兰克军士长	JG 11 第 4 中队	P-51	第 352 大队	阿希
海因茨·哈克施泰因少尉	JG 11 第 5 中队	P-51	第 352 大队	阿希
瓦尔特·克内少尉	JG 11 第 6 中队	P-47	第 366 大队	阿希
奥斯卡·维默斯少尉	JG 11 第 6 中队	P-47	第 366 大队	阿希
西奥·瑙上士	JG 11 第 7 中队	P-47	第 366 大队	阿希
理查德·弗朗茨少尉	JG 11 第 7 中队	台风	不明	亚琛
阿洛伊斯·约布上士	JG 11 第 10 中队	P-47	第 366 大队	阿希
阿洛伊斯·约布上士	JG 11 第 10 中队	P-47	第 366 大队	阿希
阿洛伊斯·约布上士	JG 11 第 10 中队	单发机	不明	马斯特里赫特北部
安东·哈克尔少校	JG 26 第二大队	喷火	第 416 中队	布鲁塞尔上空
埃德温·卡尔布斯下士	JG 26 第 5 中队	P-47	第 366 大队?	哈瑟尔特地区
阿道夫·格隆茨中尉	JG 26 第 6 中队	喷火	第 416 中队	埃韦勒南部
西格弗里德·西少尉	JG 26 第 7 中队	喷火	第 416 中队	埃韦勒南部
戈特弗里德·布尔克哈特下士	JG 26 第 8 中队	喷火	第 416 中队	布鲁塞尔上空
海因茨·格尔克下士	JG 26 第 11 中队	喷火	第 416 中队	布鲁塞尔
赖因霍尔德·屈尔军士长	JG 27 第 5 中队	喷火	第 402 中队?	布鲁塞尔南部
弗里茨·克吕格尔下士	JG 27 第 13 中队	奥斯特	联络中队	布鲁塞尔西部
弗朗茨·韦尔曼上士	JG 27 第 14 中队	喷火	第 403 中队?	布鲁塞尔
卡尔·布罗少尉	JG 53 第 8 中队	喷火	不明	凯泽斯劳滕
马丁·冯·瓦卡诺中尉	JG 53 第 9 中队	P-47(可能)	第 358 大队	不明
施泰因上士	JG 53 第 9 中队	P-47	第 358 大队	皮尔马森斯
卡尔·格勒下士	JG 53 第 12 中队	P-47	第 358 大队	凯泽斯劳滕
爱德华·伊斯肯军士长	JG 53 第 13 中队	奥斯特	第 270 野战炮营	梅斯—萨尔东部
西格弗里德·弗赖塔格少校	JG 77 第二大队	喷火	不明	不明

附录5 盟军作战序列（1944年12月31日）

第 83 大队			
第 121 联队	沃尔克尔	B-80	
		第 174 中队	台风 1B
		第 175 中队	台风 1B
		第 184 中队	台风 1B
第 122 联队	沃尔克尔	B-80	
		第 3 中队	暴风 5
		第 56 中队	暴风 5
		第 80 中队	暴风 5
		第 274 中队	暴风 5
		第 486 中队	暴风 5
第 124 联队	艾恩德霍芬	B-78	
		第 137 中队	台风 1B
		第 181 中队	台风 1B
		第 182 中队	台风 1B
		第 247 中队	台风 1B
第 125 联队	奥普霍芬	Y-32	
		第 41 中队	喷火 14
		第 130 中队	喷火 14
		第 350 中队	喷火 14
		第 610 中队	喷火 14
第 126 联队	海斯	B-88	
		第 401 中队	喷火 9
		第 402 中队	喷火 14
		第 411 中队	喷火 9
		第 412 中队	喷火 9
		第 442 中队	喷火 9

续表

第 127 联队	埃韦勒	B-56	
		第 403 中队	喷火 16
		第 416 中队	喷火 16
第 143 联队	艾恩德霍芬	B-78	
		第 168 中队	台风 1B
		第 438 中队	台风 1B
		第 439 中队	台风 1B
		第 440 中队	台风 1B
第 39 侦察联队	艾恩德霍芬	B-78	
		第 400 中队	喷火 9
		第 414 中队	喷火 9
		第 430 中队	喷火 14
第 84 大队			
第 131 联队	圣但尼-韦斯特雷姆	B-61	
		第 302 中队	喷火 9/16
		第 308 中队	喷火 9
		第 317 中队	喷火 9
第 132 联队	翁斯德雷赫特	B-79	
		第 66 中队	喷火 16
		第 127 中队	喷火 16
		第 322 中队	喷火 9
		第 331 中队	喷火 9
		第 332 中队	喷火 9
第 135 联队	马尔德赫姆	B-65	
		第 349 中队	喷火 9
		第 485 中队	喷火 9
第 146 联队	德尔讷	B-70	
		第 193 中队	台风 1B
		第 197 中队	台风 1B
		第 257 中队	台风 1B
		第 263 中队	台风 1B
		第 266 中队	台风 1B
第 35 侦察联队	希尔泽-里根	B-77	
		第 2 中队	野马 2/喷火 14
		第 4 中队	喷火 9
		第 268 中队	野马 1A/2

续表

第 2 大队			
第 139 联队	梅尔斯布鲁克	B-58	
		第 98 中队	米切尔 2
		第 180 中队	米切尔 2
		第 320 中队	米切尔 2
第 34 侦察联队	梅尔斯布鲁克	B-58	
		第 16 中队	喷火 11
		第 69 中队	威灵顿 13
		第 140 中队	蚊子 15
第九航空队			
第 366 战斗机大队	阿希	Y-29	
		第 389 中队	P-47
		第 390 中队	P-47
		第 391 中队	P-47
第 352 战斗机大队	阿希	Y-29	
		第 486 中队	P-51
		第 487 中队	P-51
		第 328 中队	P-51
第 48 战斗机大队	圣特雷登	A-92	
		第 492 中队	P-47
		第 493 中队	P-47
		第 494 中队	P-47
第 404 战斗机大队	圣特雷登	A-92	
		第 506 中队	P-47
		第 507 中队	P-47
		第 508 中队	P-47
第 36 战斗机大队	库洛特	A-89	
		第 22 中队	P-47
		第 23 中队	P-47
		第 53 中队	P-47
第 363 战术侦察大队	库洛特	A-89	
		第 33 摄像侦察中队	F-5
第 373 战斗机大队	库洛特东	Y-10	
		第 410 中队	P-47
		第 411 中队	P-47
		第 412 中队	P-47

续表

第 365 战斗机大队	梅斯-弗里斯卡迪	Y-34	
		第 386 中队	P-47
		第 387 中队	P-47
		第 388 中队	P-47
第 362 战斗机大队	埃坦	A-82	
		第 377 中队	P-51
		第 378 中队	P-51
		第 379 中队	P-51
第 50 战斗机大队	图勒-奥谢	A-96	
		第 10 中队	P-47
		第 81 中队	P-47
		第 313 中队	P-47
第 358 战斗机大队	图勒-梅斯十字架	A-90	
		第 365 中队	P-47
		第 366 中队	P-47
		第 367 中队	P-47

附录6　底板行动盟军空战飞行员损失

机型	单位	飞行员	命运	说明
台风	第 168 中队	霍华德・吉本斯上尉	阵亡	在机场上空被 JG 3 击落
台风	第 183 中队	唐・韦伯中尉	阵亡	被美军第 352 战斗机大队误伤击落
喷火	第 308 中队	瓦茨瓦夫・霍伊纳茨基上尉	阵亡	被 JG 1 击落
喷火	第 308 中队	斯坦尼斯瓦夫・贝德纳尔奇克准尉	安全	不明，可能是因为空战受损
喷火	第 308 中队	约瑟夫・斯塔诺夫斯基上士	安全	空战后燃料不足迫降
喷火	第 308 中队	塔德乌什・斯莱吉尔中尉	安全	空战后燃料不足迫降
喷火	第 308 中队	斯坦尼斯拉夫・布雷纳中士	安全	空战后燃料不足迫降
喷火	第 317 中队	塔德乌什・波维尔扎上尉	阵亡	被 JG 1 击落
喷火	第 317 中队	泽诺布斯・弗多夫钦斯基准尉	安全	空战后燃料不足？迫降
喷火	第 317 中队	切斯瓦夫・姆罗奇克上尉	安全	被 JG 1 击伤
喷火	第 329 中队	罗斯中士	安全	引擎故障在起飞时受损
喷火	第 416 中队	大卫・哈林上尉	阵亡	被 JG 26 击落
台风	第 438 中队	皮特・威尔森上尉	阵亡	起飞时被 JG 3 扫射击落
台风	第 438 中队	罗斯・科勒中尉	阵亡	起飞时被 JG 3 扫射击落
台风	第 439 中队	休・弗雷泽中尉	安全	被 JG 6 轻微击伤
台风	第 439 中队	塞缪尔・安格利尼中尉	阵亡	在与 JG 6 战斗中被击落
喷火	第 442 中队	莱恩・威尔森中尉	安全	被 JG 6 击伤
喷火	第 442 中队	唐纳德・戈登上尉	负伤	在与 JG 6 降落后迫降
喷火	第 442 中队	唐纳德・布里格登中尉	阵亡	被 JG 6 击落
P-51D	第 487 战斗机中队	威廉・惠斯纳上尉	安全	被 JG 11 击伤
P-51D	第 487 战斗机中队	迪恩・休斯顿中尉	安全	被美军防空火力轻伤
P-47D	第 366 战斗机中队	詹姆斯・哈尔少尉	安全	被 JG 53 击伤
P-47D	第 366 战斗机中队	多菲尔・布鲁内蒂少尉	被俘	被 JG 53 击落
P-47D	第 367 战斗机中队	威廉・舒伯特中尉	安全	被 JG 53 轻微轻伤
P-47D	第 390 战斗机中队	大卫・约翰逊中尉	安全	被 JG 11 击落
P-47D	第 390 战斗机中队	约翰・菲尼中尉	安全	被 JG 11 击伤

续表

机型	单位	飞行员	命运	说明
P-47D	第 390 战斗机中队	约翰·肯尼迪少尉	安全	被 JG 11 击伤
L-1	第 125 联络中队	尼尔少尉	安全	可能是被 JG 4 击落
		欧文·斯塔福德中士	负伤	
		威廉·弗莱彻中士	阵亡	
观测机	第 270 野战炮营	飞行员和观测员阵亡	阵亡	被 JG 53 击落
观测机	第 20 军炮兵部队	飞行员和观测员阵亡?	阵亡?	被 JG 53 击落
奥斯特	空运信件小队	哈维中尉	安全	被敌战斗机击落

附录7 盟军空战战果（1945年1月1日）

飞行员	单位	机型	战果	敌军	地区
第 83 大队					
D.J.布彻中尉	第 3 中队	Fw 190	击伤	JG 6?	海默特东部 6 英里
D.J.布彻中尉	第 3 中队	1/2Bf 109	摧毁	JG 6	海尔蒙德北部 3 英里
D.R.沃利准尉	第 3 中队	1/2Bf 109	摧毁	JG 6	海尔蒙德北部 3 英里
D.R.沃利准尉	第 3 中队	Fw 190	击伤	JG 6?	海默特东部 6 英里
M.J.A.罗斯军士长	第 3 中队	Bf 109	摧毁	JG 6	利斯豪特附近
D.E.内斯中尉	第 56 中队	Bf 109G	摧毁	JG 4	海尔蒙德东南偏东 6 英里
H.肖少尉	第 56 中队	Bf 109G	摧毁	JG 4	海尔蒙德东南偏东 6 英里
H.P.吉本斯上尉	第 168 中队	Fw 190	摧毁	JG 3	艾恩德霍芬机场
J.D.斯塔布斯	第 168 中队	Bf 109	击伤	不明	奥伊斯基兴北部
J.麦凯上尉	第 401 中队	Fw 190	摧毁	不明	雷赫瓦尔德地区
J.麦凯上尉	第 401 中队	Bf 109	摧毁	JG 77	赫拉弗—奈梅亨
J.麦凯上尉	第 401 中队	1/2Fw 190	摧毁	JG 54	赫拉弗东部
W.E.福斯特上尉	第 401 中队	Fw 190	击伤	不明	奈梅亨东北
G.卡梅伦中尉	第 401 中队	Bf 109	摧毁	JG 3/6	海斯机场北部 2 英里
G.卡梅伦中尉	第 401 中队	Bf 109	摧毁	JG 3/6	埃韦勒
G.卡梅伦中尉	第 401 中队	Bf 109	可能摧毁	JG 6	埃韦勒
S.布特少尉	第 403 中队	Bf 109	摧毁	JG 27	埃韦勒
S.布特少尉	第 403 中队	Bf 109	摧毁	JG 27	埃韦勒
S.布特少尉	第 403 中队	Fw 190	摧毁	JG 54	埃韦勒
G.K.林赛军士长	第 403 中队	Fw 190	摧毁	JG 26/54	埃韦勒
G.K.林赛军士长	第 403 中队	Bf 109	击伤(未核准)	JG 27	埃韦勒
M.里夫斯少尉	第 403 中队	Fw 190	摧毁	JG 26/54	埃韦勒
M.里夫斯少尉	第 403 中队	Fw 190	摧毁	JG 26/54	埃韦勒
R.J.奥代特上尉	第 411 中队	Fw 190	摧毁	JG 6	哈克斯贝亨东部
R.J.奥代特上尉	第 411 中队	Fw 190	摧毁	JG 54	恩斯赫德西南 12 英里

续表

飞行员	单位	机型	战果	敌军	地区
D.H.多弗少校	第412中队	1/2Fw 190	摧毁	JG 6	海尔蒙德东北
E.D.凯利中尉	第412中队	1/2Fw 190	摧毁	JG 6	海尔蒙德东北
V.史密斯中尉	第412中队	Fw 190	摧毁	JG 6	芬洛东北
J.B.多克上尉	第412中队	Fw 190	摧毁	JG 3?	海尔蒙德东北
B.E.麦克弗森上尉	第412中队	Fw 190	摧毁	JG 6	芬洛东北
G.旺纳科特少校	第414中队	Bf 109	摧毁	JG 3	艾恩德霍芬机场
G.旺纳科特少校	第414中队	Bf 109	摧毁	JG 3	艾恩德霍芬机场
G.旺纳科特少校	第414中队	Fw 190	击伤	JG 3/6?	海尔蒙德东北
L.沃洛舒克中尉	第414中队	Fw 190	摧毁	JG 11	鲁尔蒙德西部
L.沃洛舒克中尉	第414中队	Bf 109	击伤	JG6	鲁尔蒙德西北
D.W.A.哈林上尉	第416中队	Bf 109	未上报	JG 26?	布鲁塞尔
P.威尔森上尉	第438中队	Fw 190	未上报	JG 3?	艾恩德霍芬机场
A.H.弗拉泽中尉	第439中队	Fw 190D	摧毁	JG 3/6	德尔讷地区
A.H.弗拉泽中尉	第439中队	Fw 190	摧毁	JG 3/6	德尔讷东南
R.H.劳伦斯中尉	第439中队	Fw 190	摧毁	JG 3/6	德尔讷地区
R.H.劳伦斯中尉	第439中队	Fw 190	可能摧毁	JG 3/6	德尔讷地区
D.M.彼里上尉	第442中队	Fw 190	摧毁	JG 3/6	芬洛西部
D.M.彼里上尉	第442中队	Fw 190	摧毁	JG 3/6	芬洛西部
D.M.彼里上尉	第442中队	Fw 190	击伤	JG 3/6	芬洛西部
D.M.彼里上尉	第442中队	Fw 190	击伤	JG 3/6	芬洛西部
D.C.戈登上尉	第442中队	Fw 190	摧毁	JG 6	海斯南部3英里
D.C.戈登上尉	第442中队	Fw 190	摧毁	JG 6	海斯南部3英里
D.C.戈登上尉	第442中队	Bf 109	摧毁(未核准)	JG 3/6	不明
D.C.戈登上尉	第442中队	Bf 109	摧毁(未核准)	JG 3/6	不明
N.A.基恩上尉	第442中队	Fw 190	摧毁	JG 6	芬洛西北
R.C.史密斯上尉	第442中队	Bf 109	摧毁(未核准)	JG 3	艾恩德霍芬上空
R.C.史密斯上尉	第442中队	Bf 109	摧毁(未核准)	JG 3	艾恩德霍芬上空
R.K.特鲁姆利上尉	第442中队	1/4Me 262	击伤(未核准)	KG 51	聚特芬东部
W.H.邓恩上尉	第442中队	1/4Me 262	击伤(未核准)	KG 51	聚特芬东部
J.N.G.迪克上尉	第442中队	1/4Me 262	击伤(未核准)	KG 51	聚特芬东部
E.C.贝克少尉	第442中队	1/4Me 262	击伤(未核准)	KG 51	聚特芬东部
J.P.拉姆斯登上尉	第442中队	Me 262	击伤	KG 51	雷赫瓦尔德南部
J.P.拉姆斯登上尉	第442中队	1/2Fw 190	击伤	不明	雷赫瓦尔德南部
J.A.库西诺中尉	第442中队	1/2Fw 190	击伤	不明	雷赫瓦尔德南部
A.奥伯斯少校	第486中队	Fw 190	摧毁	JG 3/6	海尔蒙德

续表

飞行员	单位	机型	战果	敌军	地区
A.奥伯斯少校	第486中队	Bf 109	摧毁	JG 3/6	海尔蒙德
W.A.L.特罗特中尉	第486中队	Fw 190	摧毁	JG 3	沃尔克尔东部
W.A.L.特罗特中尉	第486中队	Bf 109	击伤	JG 4?	沃尔克尔南部
C.J.斯特德曼少尉	第486中队	Fw 190	击伤	JG 3/6	海尔蒙德
C.J.谢丹少尉	第486中队	Fw 190	摧毁	JG 54	沃尔克尔—奈梅亨东北
J.G.胡珀少尉	第486中队	Fw 190	摧毁	JG 6	海尔蒙德地区
J.G.胡珀少尉	第486中队	Bf 109	击伤	JG 3/6	海尔蒙德地区
A.F.O.加泽上尉	第610中队	Fw 190	摧毁	JG 2	马泽克东部
第84大队					
L.J.帕克伍德上尉	第2中队	Bf 109	摧毁	JG 27	阿默斯福特西部
J.B.劳利斯上尉	第198中队	Fw 190	未上报		特里尔西北
A.D.默瑟上尉	第268中队	1/2Ju 188	摧毁	NJG 1	德里贝亨北部
J.B.莱克上尉	第268中队	1/2Ju 188	摧毁	NJG 1	德里贝亨北部
J.B.莱克上尉	第268中队	Fw 190	击伤	JG 3/6	艾恩德霍芬东部
B.马赫上尉	第308中队	Fw 190	摧毁	JG 54	登德尔蒙德附近
B.马赫上尉	第308中队	1/2Fw 190	摧毁	JG 1	泰尔讷曾西部
B.马赫上尉	第308中队	Fw 190	击伤	JG 1	根特地区
W.霍伊纳茨基上尉	第308中队	Fw 190	摧毁	JG 1	圣但尼-韦斯特雷姆机场
I.奥尔谢夫斯基上尉	第308中队	Fw 190	摧毁	JG 1	根特东部
A.德罗姆莱维茨少尉	第308中队	Fw 190	摧毁	JG 1	根特上空
T.K.斯莱吉尔中尉	第308中队	Fw 190	摧毁	JG 1	根特西南
B.贝德纳尔奇克准尉	第308中队	1/2Fw 190	摧毁	JG 1	圣但尼-韦斯特雷姆西南
J.斯塔诺夫斯基上士	第308中队	Fw 190	摧毁	JG 1	根特城内
J.斯塔诺夫斯基上士	第308中队	Fw 190	摧毁	JG 1	根特西部
Z.索辛斯基上士	第308中队	Fw 190	摧毁	JG 26	洛克伦地区
J.格洛夫切夫斯基中士	第308中队	Fw 190	可能摧毁	JG 1	根特北部
S.布雷纳中士	第308中队	Fw 190	摧毁	JG 54	洛克伦地区
S.布雷纳中士	第308中队	Fw 190	摧毁	JG 54	洛克伦地区
M.凯尔梅奇少校	第317中队	Fw 190	摧毁	JG 1	圣但尼-韦斯特雷姆
Z.兹米格罗茨基上尉	第317中队	Fw 190	可能摧毁	JG 1	圣但尼-韦斯特雷姆
Z.兹米格罗茨基上尉	第317中队	Fw 190	击伤	JG 1	圣但尼-韦斯特雷姆东部
R.赫里查克上尉	第317中队	Fw 190	可能摧毁	JG 1	圣但尼-韦斯特雷姆东部
C.姆罗奇克上尉	第317中队	Fw 190	摧毁	JG 1	圣但尼-韦斯特雷姆
S.皮西克准尉	第317中队	Fw 190	摧毁	JG 1	根特上空

续表

飞行员	单位	机型	战果	敌军	地区
S.皮西克准尉	第317中队	Fw 190	击伤	JG 1	根特上空
Z.弗多夫钦斯基准尉	第317中队	Fw 190	摧毁	JG 1	根特东北
S.伊万诺夫斯基上士	第317中队	Fw 190	击伤	JG 1	根特上空
K.休伯特中士	第317中队	Fw 190	摧毁	JG 1	根特城
K.休伯特中士	第317中队	Fw 190	击伤	JG 1	圣但尼-韦斯特雷姆
第九航空军					
C.R.怀特少尉		Bf 109	可能摧毁	JG 2/4/11	M-3315
J.W.金德中尉	第50战斗机大队	Ju 88	摧毁	NJG 4	埃施林根
D.E.卡明斯中尉	第67战术侦察大队	Bf 109	可能摧毁	JG 2/4/11	韦尔维耶东北
J.C.迈耶中校	第352战斗机大队	Fw 190	摧毁	JG 11	阿希机场
J.C.迈耶中校	第352战斗机大队	Fw 190	摧毁	JG 11	列日西北
W.T.霍尔顿少校	第352战斗机大队	Fw 190	摧毁	JG 11	阿希东北
H.M.斯图尔特二世上尉	第352战斗机大队	Bf 109	摧毁	JG 11	阿希东部
H.M.斯图尔特二世上尉	第352战斗机大队	Bf 109	摧毁	JG 11	阿希东部
H.M.斯图尔特二世上尉	第352战斗机大队	Bf 109	摧毁	JG 11	阿希机场附近
W.T.惠斯纳上尉	第352战斗机大队	Bf 109	摧毁	JG 11	阿希机场东部
W.T.惠斯纳上尉	第352战斗机大队	Bf 109	摧毁	JG 11	阿希附近
W.T.惠斯纳上尉	第352战斗机大队	Fw 190	摧毁	JG 11	阿希附近
W.T.惠斯纳上尉	第352战斗机大队	Fw 190	摧毁	JG 11	阿希东部
A.P.里格比中尉	第352战斗机大队	Fw 190	摧毁	JG 11	阿希附近
A.P.里格比中尉	第352战斗机大队	Fw 190	摧毁	JG 11	阿希东部5英里
A.P.里格比中尉	第352战斗机大队	1/2Bf 109	摧毁	JG 11	阿希机场附近
A.P.里格比中尉	第352战斗机大队	1/2Bf 109	摧毁	JG 11	阿希机场附近
S.K.莫茨中尉	第352战斗机大队	Fw 190	摧毁	JG 11	阿希附近
S.K.莫茨中尉	第352战斗机大队	Fw 190	摧毁	JG 11	阿希附近
S.K.莫茨中尉	第352战斗机大队	Fw 190	摧毁	JG 11	阿希北部
S.K.莫茨中尉	第352战斗机大队	Fw 190	摧毁	JG 11	马斯特里赫特东部
R.H.李特奇中尉	第352战斗机大队	Fw 190	摧毁	JG 11	阿希西北
R.H.李特奇中尉	第352战斗机大队	Fw 190	摧毁	JG 11	列日—巴黎西南
W.G.戴蒙德中尉	第352战斗机大队	Fw 190	摧毁	JG 11	阿希附近
W.G.戴蒙德中尉	第352战斗机大队	Fw 190	击伤	JG 11	阿希附近
A.F.西尔斯中尉	第352战斗机大队	Bf 109	摧毁	JG 11	列日北部
D.M.休斯顿中尉	第352战斗机大队	Fw 190	摧毁	JG 11	阿希附近
N.R.杰瑟普中尉	第352战斗机大队	Fw 190	摧毁	JG 11	阿希东部

续表

飞行员	单位	机型	战果	敌军	地区
D.S.弗劳尔斯少尉	第358战斗机大队	Me 210	摧毁	NJG 100	比奇东北
D.S.弗劳尔斯少尉	第358战斗机大队	Me 210	击伤	NJG 100	比奇东北
F.L.希利斯上尉	第358战斗机大队	Bf 109	摧毁	JG 53	洪堡东北
F.L.希利斯上尉	第358战斗机大队	Bf 109	击伤	JG 53	洪堡东北
F.L.希利斯上尉	第358战斗机大队	Bf 109	击伤	JG 53	洪堡东北
J.O.哈尔少尉	第358战斗机大队	Bf 109	击伤	JG 53	洪堡东北
D.J.布鲁内蒂少尉	第358战斗机大队	Bf 109	击伤	JG 53	洪堡东北
A.W.佩里上尉	第358战斗机大队	Bf 109	摧毁	JG 53	洪堡北部
A.W.佩里上尉	第358战斗机大队	Bf 109	摧毁	JG 53	洪堡北部
W.E.欧文斯中尉	第358战斗机大队	Bf 109	摧毁	JG 53	洪堡北部
W.E.欧文斯中尉	第358战斗机大队	Bf 109	摧毁	JG 53	洪堡北部
W.E.欧文斯中尉	第358战斗机大队	Bf 109	摧毁	JG 53	洪堡北部
W.E.欧文斯中尉	第358战斗机大队	Bf 109	击伤	JG 53	洪堡北部
W.E.欧文斯中尉	第358战斗机大队	Bf 109	击伤	JG 53	洪堡北部
W.H.舒伯特中尉	第358战斗机大队	Bf 109	摧毁	JG 53	洪堡北部
W.H.舒伯特中尉	第358战斗机大队	Bf 109	可能摧毁	JG 53	洪堡北部
W.H.舒伯特中尉	第358战斗机大队	Bf 109	击伤	JG 53	洪堡北部
R.R.于克少尉	第358战斗机大队	Bf 109	摧毁	JG 53	洪堡北部
J.J.乌夏滕斯基少尉	第358战斗机大队	Bf 109	击伤	JG 53	洪堡北部
J.J.乌夏滕斯基少尉	第358战斗机大队	Bf 109	击伤	JG 53	洪堡北部
D.E.奥赖尔登少尉	第358战斗机大队	Bf 109	摧毁	JG 53	洪堡北部
D.E.奥赖尔登少尉	第358战斗机大队	Bf 109	摧毁	JG 53	洪堡北部
G.R.弗赖费尔德少尉	第358战斗机大队	Bf 109	摧毁	JG 53	洪堡北部
G.R.弗赖费尔德少尉	第358战斗机大队	1/2Bf 109	摧毁	JG 53	洪堡北部
C.W.卡西迪中尉	第358战斗机大队	1/2Bf 109	摧毁	JG 53	洪堡北部
J.P.埃沃里特中尉	第358战斗机大队	Bf 109	摧毁	JG 53	洪堡北部
J.P.埃沃里特中尉	第358战斗机大队	Bf 109	击伤	JG 53	洪堡北部
J.J.罗森费尔特中尉	第358战斗机大队	Bf 109	摧毁	JG 53	洪堡北部
L.B.史密斯上尉	第366战斗机大队	Fw 190	摧毁	JG 11	阿希机场
L.B.史密斯上尉	第366战斗机大队	Fw 190	摧毁(未核准)	JG 11	阿希机场
R.V.布鲁勒中尉	第366战斗机大队	Fw 190	摧毁	JG 11	阿希机场
R.V.布鲁勒中尉	第366战斗机大队	Fw 190	击伤(未核准)	JG 11	阿希机场
J.W.菲尼中尉	第366战斗机大队	Fw 190	摧毁	JG 11	阿希机场
J.W.菲尼中尉	第366战斗机大队	Fw 190	击伤(未核准)	JG 11	阿希机场
M.R.佩斯利少尉	第366战斗机大队	Fw 190	摧毁	JG 11	阿希机场

续表

飞行员	单位	机型	战果	敌军	地区
M.R.佩斯利少尉	第366战斗机大队	Fw 190	摧毁	JG 11	阿希机场
M.R.佩斯利少尉	第366战斗机大队	Fw 190	摧毁	JG 11	阿希机场
M.R.佩斯利少尉	第366战斗机大队	Fw 190	击伤(未核准)	JG 11	阿希机场
M.R.佩斯利少尉	第366战斗机大队	Bf 109	摧毁(未核准)	JG 11	阿希机场
M.R.佩斯利少尉	第366战斗机大队	Bf 109	击伤(未核准)	JG 11	阿希机场
M.R.佩斯利少尉	第366战斗机大队	Bf 109	击伤(未核准)	JG 11	阿希机场
J.J.肯尼迪少尉	第366战斗机大队	Fw 190	击伤(未核准)	JG 11	阿希机场
J.F.拉基中尉	第366战斗机大队	Bf 109	摧毁(未核准)	JG 11	阿希机场
J.F.拉基中尉	第366战斗机大队	Bf 109	击伤(未核准)	JG 11	阿希机场
J.F.拉基中尉	第366战斗机大队	Fw 190	击伤(未核准)	JG 11	阿希机场
D.C.约翰逊中尉	第366战斗机大队	Bf 109	摧毁	JG 11	阿希机场
D.C.约翰逊中尉	第366战斗机大队	Bf 109	摧毁(未核准)	JG 11	阿希机场
C.B.戴维斯少尉	第366战斗机大队	Fw 190	摧毁(未核准)	JG 11	阿希机场
D.G.霍尔特中尉	第366战斗机大队	Bf 109	摧毁	JG 2/4/11	马尔梅迪东南
J.F.巴瑟斯特中尉	第366战斗机大队	Bf 109	摧毁	JG 2/4/11	马尔梅迪西南
P.J.沃尔什中尉	第373战斗机大队	Bf 109	摧毁(未核准)	JG 2/4/11	圣维特地区

附录8 盟军机场防空部队战果（1945年1月1日）

沃尔克尔	
第2809中队	1个Bf 109 Ⅰ类战果
第2834中队	摧毁3架敌机，击伤2架
第2874中队	1个Bf 109 Ⅰ类战果，2个Ⅱ类战果
艾恩德霍芬	
第2703中队	上报摧毁5架敌机，击伤19架，核准为摧毁5架敌机（与其他中队共享）
第2773中队	摧毁5架敌机，击伤多架
第2817中队	上报摧毁10架敌机，取得31次命中
第2806中队	看见取得多次命中
奥普霍芬	
第2876中队	摧毁2架Bf 109和1架Fw 190，击伤7架Bf 109和4架Fw 190
第2794中队	摧毁1架Fw 190
海斯	
第2734中队	摧毁1架敌机，击伤5架
第2800中队	3个Ⅰ类战果
埃韦勒	
第2742中队	击中多架敌机
第2800中队	消耗350发40毫米炮弹，摧毁3架敌机，击伤10架
赫林贝亨	
第2719中队	摧毁3架Fw 190，击伤2架（与第2777中队共享）
第2777中队	
圣但尼-韦斯特雷姆	
无防空部队	
翁斯德雷赫特	
第2872中队	消耗44发炮弹，摧毁1架Bf 109和1架Fw 190，击伤1架Fw 190
马尔德赫姆	
无防空部队	

续表

德尔讷	
第 2880 中队	消耗 48 发炮弹,击伤 1 架 Bf 109
希尔泽-里根	
第 2736 中队	摧毁 3 架敌机,击伤 5 架(与第 2845 中队共享)
第 2845 中队	
梅尔斯布鲁克	
第 2701 中队	摧毁 4 架敌机,击伤 2 架
第 2717 中队	无上报战果
第 2871 中队	无上报战果
海尔蒙德	
第 2873 中队	摧毁 3 架敌机,击伤多架
第 2875 中队	摧毁 3 架敌机
第 2881 中队	1/4 个 Ⅰ 类战果和 4 个 Ⅱ 类战果
阿希	
第 784 高射炮营 B 连	4 个 Ⅰ 类战果,1 个 Ⅱ 类战果
第 784 高射炮营 D 连	3 个 Ⅰ 类战果,3 个 Ⅱ 类战果
圣特雷登	
	摧毁 4 架敌机,可能摧毁 1 架,击伤 1 架
梅斯—弗里斯卡迪	
第 386 高射炮营 A 连	4.5 个 Ⅰ 类战果,1 个 Ⅱ 类战果(都是 Bf 109)得到核准
第 386 高射炮营 C 连	3.5 个 Ⅰ 类战果(都是 Bf 109)得到核准

参 考 书 目

1. John Manrho & Ron Pütz. Bodenplatte The Luftwaffe's Last Hope The Attack on Allied Airfields, New Year's Day 1945[M]. Hikoki Publications, 2004.

2. Arthur Bishop. Destruction at dawn The air-raid coded "Bodenplatte" Luftwaffe vs. the allies, New Year's Day[M]. McGraw-Hill Ryerson, 1998.

3. Norman Franks. Battle of the airfields Operation Bodenplatte 1 January 1945[M]. Grub Street Publishing, 2008.

4. Danny S. Parker. To Win The Winter Sky The Air War Over The Ardennes 1944-45[M]. Da Capo Press, 1994.

5. Erich Mombeek. Defenders of the Reich Jagdges-chwder 1 Volume 3 1944-1945[M]. Classic Publications, 2000.

6. Marek J.Murawski. JG 11 [M]. Kagero, 2004.

7. Donald Caldwell. JG 26 Top Guns of the Luftwaffe[M]. Frontline Books, 2014.

8. Jochen Prien. Jagdeschwader 53 A History of the Pik As Geschwader Volume 3 January 1944 - May 1945[M]. Schiffer Military History, 1999.

9. David Clark. Angels Eight Normandy Air War Diary[M]. 1st Book Library, 2003.

10. Alfred Price. The Last Year of the Luftwaffe[M]. Wrens Park Publishing, 2001.